인·적성검사

2025
고시넷
대기업

이랜드그룹
인적성검사

E-land
Strength &
Aptitude
Test

최신 기출유형 모의고사

gosi*net*
(주)고시넷

정오표 확인 방법

고시넷은 오류 없는 책을 만들기 위해 최선을 다합니다. 그러나 편집 과정에서 미처 잡지 못한 실수가 뒤늦게 나오는 경우가 있습니다. 고시넷은 이런 잘못을 바로잡기 위해 정오표를 실시간으로 제공합니다. 감사하는 마음으로 끝까지 책임을 다하겠습니다.

고시넷 홈페이지 접속 > 고시넷 출판-커뮤니티 > 정오표

www.gosinet.co.kr

모바일폰에서 QR코드로 실시간 정오표를 확인할 수 있습니다.

학습 질의 안내

학습과 교재선택 관련 문의를 받습니다. 적절한 교재선택에 관한 조언이나 고시넷 교재 학습 중 의문 사항은 아래 주소로 메일을 주시면 성실히 답변드리겠습니다.

이메일주소 **qna@gosinet.co.kr**

1

이랜드그룹 소개

이랜드그룹에서 추구하는 경영과 목표, 기업가치 등을 수록하였으며 이랜드그룹 계열사들에 대한 정보를 한눈에 파악할 수 있도록 구성하였습니다.

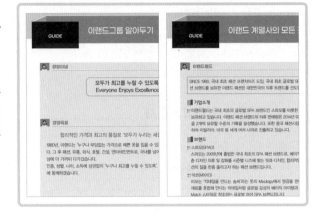

2

이랜드그룹(ESAT) 개요

이랜드그룹의 채용절차와 특징, 시험영역 등을 쉽고 빠르게 확인할 수 있게 구성하였습니다.

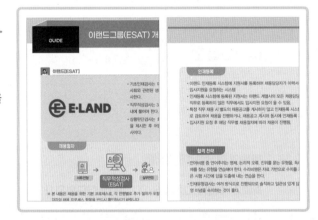

3

영역별 빈출이론

이랜드그룹 ESAT의 출제영역인 언어추리, 독해, 수리에서 자주 출제되는 이론을 정리하여 주요 이론과 개념을 빠르게 학습할 수 있도록 하였습니다.

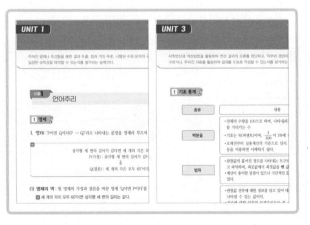

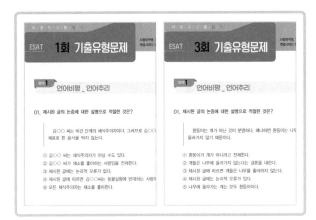

 4

기출유형모의고사

최신 기출문제 유형에 맞게 구성한 총 4회분의 기출유형문제로 자신의 실력을 점검하고 완벽한 실전 준비가 가능하도록 구성하였습니다.

5

기초인재검사 & 상황판단검사

최신 이랜드그룹 ESAT 유형에 맞게 구성한 4가지 영역의 기초인재검사와 총 3회분의 상황판단검사를 통해 기업의 비전과 가치를 시험에 적용할 수 있도록 구성하였습니다.

6

인재유형검사 & 면접가이드

채용 시험에서 최근 점점 중시되고 있는 인재유형검사와 면접 질문들을 수록하여 마무리까지 완벽하게 대비할 수 있도록 하였습니다.

경영이념

> 모두가 최고를 누릴 수 있도록!
> Everyone Enjoys Excellence

경영목표

합리적인 가격과 최고의 품질로 '모두가 누리는 세상을 만들어 갑니다.

1980년, 이랜드는 '누구나 부담없는 가격으로 예쁜 옷을 입을 수 있는 세상'을 꿈꾸며 출발했습니다. 그 후 패션, 유통, 외식, 호텔, 건설, 엔터테인먼트로, 국내를 넘어 해외까지 전 세계 고객의 일상에 더 가까이 다가갔습니다.
인종, 성별, 나이, 소득에 상관없이 '누구나 최고를 누릴 수 있도록', 이랜드는 늘 고객의 일상 속에 함께하겠습니다.

기업가치

✓ Sharing(나눔) – 벌기 위해서가 아니라 쓰기 위해서 일합니다.
   기업은 반드시 이익을 내야하고, 그 이익을 바르게 사용해야 합니다. 지속적으로 수익을 낼 뿐 아니라, 순수익의 10%는 사회에 환원합니다.

✓ Rightness(바름) – 돌아가더라도 바른 길을 가는 것이 지름길입니다.
   기업은 이익을 내는 과정에서 정직해야 합니다. 빛과 소금의 선한 영향력을 끼치며, 바른 성공 모델을 만듭니다.

✓ Growth(자람) – 직장은 인생의 학교입니다.
   일하는 과정에서 배우고, 그 과정도 우리의 목표입니다. 성숙한 인격과 탁월한 능력을 갖춘 바른 지도자를 양성합니다.

✓ Serving(섬김) – 만족한 고객이 최선의 광고입니다.
   기업은 고객을 위한 운영되어야 합니다. 기업은 모든 고객과 사회 전반에 플러스를 남겨야 합니다.

채용소개

이랜드는 빠른 성장과 정직한 비즈니스의 기회를 드립니다.
이랜드에서 최고 수준의 보상과 품격 있는 기업문화를 경험하세요.

✓ 빠른 성장의 기회
이랜드는 직원들에게 다양하고 수준 높은 기회를 제공하고, 3×5 CDP 제도를 통해 청년 글로벌 CEO를 배출해 내고 있습니다.

✓ 업계 최고의 보상 제도
이랜드는 2011년 창립 30주년을 맞이하여 최고의 급여 제도를 발표하였습니다. 기본급, 업적급, 성과급으로 구성된 성과 연봉제도는 이랜드의 우수한 인재들에게 또 하나의 프라이드가 되고 있습니다.

✓ 품격 있는 기업문화
이랜드는 창업 초기부터 송페스티벌, 전 가족수련회, 전 직원 체육대회, 김밥 송년회 등 다양한 문화활동을 지속해 왔습니다. 문화활동을 통해 우리가 하는 일의 의미를 되돌아보고, 가정에 감사를 표현하는 시간을 갖고 있습니다.

✓ 높은 기준의 윤리경영
정직은 이랜드그룹의 첫 번째입니다. 이랜드는 높은 윤리경영 기준을 가지고 직원들이 양심을 가지며 일을 할 수 있도록 합니다.

행동강령

Everyone's Sustainability for Generation		
거버넌스	환경	사회
Essential Governance	Environmental Responsibility	Empowering Everyone
이랜드의 파이코노믹스(Pieconomics)		

이랜드그룹은 ESG 경영을 통해 사회 · 환경적 가치를 창출하고, 이를 통해 확장된 마켓과 영향력 범위에서 이윤을 창출해 나가는 '파이코노믹스' 전략을 가지고 있습니다.

이랜드월드

> SINCE 1980, 국내 최초 패션 프랜차이즈 도입, 국내 최초 글로벌 SPA 브랜드 런칭, 국내 최다 패션 브랜드를 보유한 이랜드 패션은 대한민국의 의류 트렌드를 선도합니다.

■ 기업소개

⁘ 이랜드월드는 국내 최초의 글로벌 SPA 브랜드인 스파오를 비롯한 150개 브랜드 13,000개 매장을 보유하고 있습니다. 이랜드 패션 브랜드의 의류 판매량은 2014년 97,500,000, 전 국민이 자사 제품을 2개씩 보유할 수준의 기록을 달성했습니다. 또한 중국 패션시장을 필두로 글로벌 M&A를 확장하여 이탈리아, 미국 등 세계 여러 나라로 진출하고 있습니다.

■ 브랜드

⁘ 스파오(SPAO)

스파오는 2009년에 출범한 국내 최초의 SPA 패션 브랜드로, 베이직 아이템부터 최신 트렌드에 맞춘 디자인 의류 및 잡화를 시즌별 니즈에 맞는 핏과 디자인, 합리적인 가격으로 제공하여 데일리 패션의 질을 한층 올리고자 하는 패션 브랜드입니다.

⁘ 미쏘(MIXXO)

미쏘는 '칵테일을 만드는 솜씨'라는 뜻의 Mixology에서 영감을 얻어 탄생한 이름으로, 여러 가지 재료를 혼합해 만드는 칵테일처럼 글로벌 감성의 베이직 아이템과 트렌디 디자인을 나만의 Mix & Match 스타일로 창조하는 글로벌 여성 SPA 브랜드입니다.

이랜드리테일

> 대한민국 최초의 아울렛인 2001아울렛 당산점을 시작으로 국내 최다 유통망을 보유한 이랜드리테일은 고객의 합리적인 쇼핑을 위한 혁신과 변화를 주도합니다.

■ 기업소개

⁘ 1994년 2001아울렛 당산점 오픈을 통해 시작된 이랜드리테일은 뉴코아, 킴스클럽마트, 동아백화점을 잇달아 인수하며 현재 전국 최다 유통망을 보유한 대형 유통그룹으로 성장하였습니다. 차별화된 PB 상품군, 산지 및 현지 소싱을 통한 상품 차별화, 통합 물류를 통한 원가 절감 등 20년이 넘는 시간 동안 축적된 경영 노하우를 바탕으로 준비된 차별화된 유통 서비스를 제공하고 있습니다.

이랜드이츠

> 전 세계의 전 세대가 최고의 '맛'을 경험할 수 있도록 끊임없이 노력하겠습니다.

■ 기업소개

:: 누구나 마음껏 즐길 수 있는 외식 대중화를 선도하고 있는 이랜드 외식사업부는 애슐리, 자연별곡 등 우수하고 다양한 외식 브랜드를 운영한 노하우를 바탕으로 국내 최정상을 넘어 세계에서 사랑받는 글로벌 NO.1 종합 식품회사로 발돋움하기 위해 전사적인 역량을 집중하고 있습니다.

■ 미션

정직하게	정성 다해	정갈하게
정직하게 고릅니다. 정직한 재료	정성 다해 차립니다. 최고의 맛	정갈하게 드립니다. 최상의 서비스

 이랜드건설

> Everyone's land, 이랜드. 모두가 행복한 주거환경을 누릴 수 있도록 노력하는 기업입니다.

■ 사업분야

:: 주택사업

이랜드그룹 35년 라이프 스타일 노하우로 의식주로 대표되는 일상을 넘어, 편히 잘 쉬고(休), 아름다움을 가꾸고(美), 마음껏 즐길 수 있도록(樂) 공간을 넘어 생활을 짓습니다.

:: 건축사업

창의적인 설계방안으로 건축주와 사용자 모두 만족하는 똑똑한 건축을 실현합니다. 이랜드건설은 오피스, 교육문화, 공장, 상업시절 등 건축 전반에 걸친 영역에서 신속하고 합리적인 원가로 최대한의 고객권익을 보장합니다.

:: 복합개발

낡은 건축물을 새롭게 변화시켜 더욱 편리함을 제공합니다. 1994년 대한민국 최초의 패션아울렛 2001 아울렛 당산점 오픈을 시작으로 대형마트, 아울렛, 백화점 등 유통점포 외에도 문화시설, 호텔, 리조트, 레스토랑 등 다양한 분야에서의 풍부한 인테리어/리모델링 경험을 자랑합니다.

:: 해외사업

이랜드건설은 중국 이랜드그룹의 유통시설(백화점, 물류센터)을 시작으로 사이판, 베트남 리조트 등 세계무대로 향하고 있습니다. 끊임없는 도전 정신으로 글로벌 건축사업의 선두가 되겠습니다.

이랜드그룹(ESAT) 개요

 이랜드[ESAT]

- 기초인재검사는 이랜드의 인재상에 부합하는지, 사회와 관련된 생각을 묻거나 자신의 성향을 검사한다.
- 직무적성검사는 3개 영역으로 70문항을 60분 이내에 풀어야 한다.
- 상황판단검사는 회사에서 일어날 수 있는 상황을 제시한 후 어떻게 행동할 것인지를 묻는 검사이다.

채용절차

서류전형 → 직무적성검사 (ESAT) → 실무면접 → 최종면접

※ 본 내용은 채용을 위한 기본 프로세스로, 각 전형별로 추가 절차가 포함될 수 있으므로 계열사별 지원 전 각각의 채용 프로세스 항목을 반드시 확인하시기 바랍니다.

서류전형
- 이랜드 채용 홈페이지 온라인 접수를 통해 입사 지원서를 작성, 제출
- 채용계획에 적합한 지원자를 선별한 후 서류전형 과정을 거쳐 합격자를 선별

직무적성검사(ESAT)
- 지원자의 조직적응력 및 직무적합성을 판단하기 위한 인재유형, 언어, 수리영역 검사
- 서류전형 합격자를 대상으로 성공적인 업무능력과 직무적합여부를 판별하기 위한 검사

실무면접
- 다양한 방식을 이용하여 하루 동안 ONE-STOP으로 실무진과 면접 진행
- 지원자의 역량, 가치관 및 발전 가능성을 종합적으로 심사

최종면접
- 실무면접을 통과한 합격자 대상으로 면접 진행
- 지식을 기반으로 성과 내는 이랜드인을 선별하기 위한 마지막 절차

인재등록

- 이랜드 인재등록 시스템에 지원서를 등록하여 채용담당자가 이력서를 열람 · 검토하여 지원자에게 입사지원을 요청하는 시스템
- 인재등록 시스템에 등록된 지원서는 이랜드 계열사의 모든 채용담당자가 열람할 수 있으므로 관심 직무로 등록하지 않은 직무에서도 입사지원 요청이 올 수 있음.
- 특정 직무 채용 시 별도의 채용공고를 게시하지 않고 인재등록 시스템에 등록된 지원서를 우선적으로 검토하여 채용을 진행하거나, 채용공고 게시와 동시에 인재등록 지원서 검토를 진행할 수 있음.
- 입사지원 요청 후 해당 직무별 채용절차에 따라 채용이 진행됨.

합격 전략

- 언어비평 중 언어추리는 명제, 논리적 오류, 진위를 묻는 유형을, 독해는 접속어 넣기, 내용일치, 주제를 찾는 유형을 연습해야 한다. 수리비평은 자료 기반으로 수치를 계산하는 유형이 출제되므로 짧은 시험 시간에 답을 도출해 내는 연습을 한다.
- 인재유형검사는 여러 방식으로 진행되므로 솔직하고 일관성 있게 답변하고 미리 기업의 인재상, 경영 이념을 숙지하는 것이 좋다.

구성 및 유형

구성	영역		문항 수	시간(분)	출제유형
기초인재 검사	기초조사		100문항	40분	성격, 성향을 묻는 유형 자신에게 맞는 형용사 고르기
직무적성 검사	언어비평	언어추리	20문항	10분	명제, 논리적 오류, 진위
		독해	25문항	25분	주제 찾기, 순서 배열, 내용 일치
	수리비평		25문항	25분	자료해석, 수치 계산
상황판단검사			32문항	45분	성향파악
인재유형검사			462문항	60분	성향파악

※ 2023년 하반기 기준
※ 시험영역명, 문항 수, 시험시간이 계열사마다 상이할 수 있음.

고시넷 **이랜드그룹(ESAT)** 인적성검사 **최신기출유형모의고사**

영역별 출제비중

▶ 언어추리 : 참 · 거짓 추론, 논리적 오류 찾기, 순서 추론, 위치 추론, 조건추론
▶ 독해 : 세부 내용 이해하기, 중심 내용 찾기, 글의 내용 추론하기, 필자의 주장 반박하기, 빈칸 채우기, 글의 구조 파악하기, 문단 배열하기
▶ 수리 : 자료의 수치 분석하기, 자료의 수치 계산하기

이랜드(ESAT) 인적성검사의 출제 영역은 1. 언어추리, 2. 독해, 3. 수리로 구성되어 있다. 언어추리 영역은 조건에 따라 참과 거짓, 순서와 위치를 추론하는 능력과, 논리적 오류의 개념을 이해하고 이를 적용하는 능력을 측정한다. 독해 영역은 설명문 · 보도자료 등의 내용을 이해하고 이를 응용하는 능력을 측정한다. 수리 영역은 기초적인 수리능력과 함께 제시된 도표의 수치를 해석하고 이를 응용하는 자료해석능력을 측정한다.

파트 1 영역별 빈출이론

언어추리

주어진 명제나 조건들을 통한 결과 도출, 참과 거짓 추론, 나열된 수와 문자의 규칙을 파악하는 능력, 도식과 도형에 나타난 일정한 규칙성을 파악할 수 있는지를 평가하는 능력이다.

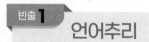

✓ 01 언어추리

언어추리

1 명제

1. 명제 : 'P이면 Q이다(P → Q)'라고 나타내는 문장을 명제라 부르며 P는 가정, Q는 결론이다.

> **예**
> 삼각형 세 변의 길이가 같다면 세 개의 각은 모두 60°이다.
> P(가정) : 삼각형 세 변의 길이가 같다.
> ⇓
> Q(결론) : 세 개의 각은 모두 60°이다.

(1) 명제의 역 : 원 명제의 가정과 결론을 바꾼 명제 'Q이면 P이다'를 말한다(Q → P).

> **예** 세 개의 각이 모두 60°이면 삼각형 세 변의 길이는 같다.

(2) 명제의 이 : 원 명제의 가정과 결론을 둘 다 부정한 명제 'P가 아니면 Q가 아니다'를 말한다(~P → ~Q).

> **예** 삼각형 세 변의 길이가 같지 않다면 세 개의 각은 모두 60°가 아니다.

(3) 명제의 대우 : 원 명제의 역의 이, 즉 'Q가 아니면 P가 아니다'를 말한다(~Q → ~P).

> **예** 세 개의 각이 모두 60°가 아니면 삼각형 세 변의 길이는 같지 않다.

(4) 역 · 이 · 대우의 관계 : 원 명제가 옳을(참) 때 그 역과 이도 반드시 옳다고 할 수 없으나 그 대우는 반드시 참이다. 즉 원 명제와 대우의 진위는 반드시 일치한다.

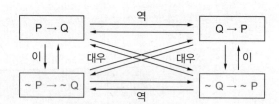

2. 삼단논법

(1) 두 개의 명제를 전제로 하여 하나의 새로운 명제를 도출해 내는 것을 말한다.

> **예**
>
> [명제 1] P이면 Q이다(P → Q).
> [명제 2] Q이면 R이다(Q → R).
> ⇓
> P이면 R이다(P → R).

(2) 여기서 'P → Q'가 참이고 'Q → R'이 참일 경우, 'P → R' 또한 참이다.

> **예**
>
> 테니스를 좋아하는 사람은 축구를 좋아한다.
> 축구를 좋아하는 사람은 야구를 싫어한다.
> ⇓
> 테니스를 좋아하는 사람은 야구를 싫어한다.

2 논증

1. 연역추론

전제에서 시작하여 논리적인 주장을 통해 특정 결론에 도달한다.	**예** 사람은 음식을 먹어야 살 수 있다. 나는 사람이다. 나는 음식을 먹어야 살 수 있다.

2. 귀납추론

관찰이나 경험에서 시작하여 일반적인 결론에 도달한다.	**예** 소크라테스는 죽었다. 플라톤도 죽었다. 아리스토텔레스도 죽었다. 이들은 모두 사람이다. 그러므로 모든 사람은 죽는다.

3 참·거짓[진위]

1. **의미** : 여러 인물의 발언 중에서 거짓을 말하는 사람과 진실을 말하는 사람이 있는 문제이다. 이런 문제를 해결하는 기본 원리는 참인 진술과 거짓인 진술 사이에 모순이 발생한다는 점이다.

2. **직접 추론** : 제시된 조건에 따른 경우의 수를 하나씩 고려하면서 다른 진술과의 모순 여부를 확인하여 참·거짓을 판단한다.

(1) 가정을 통해 모순을 고려하는 방법

① 한 명이 거짓을 말하거나 진실을 말하고 있다고 가정한다.

② 가정에 따라 조건을 적용하고 정리한다.

③ 모순이 없는지 확인한다.

> **예**
> 네 사람 중에서 진실을 말하는 사람이 3명, 거짓을 말하는 사람이 1명 있다고 할 때, 네 명 중 한 사람이 거짓말을 하고 있다고 가정한다. 그리고 네 가지 경우를 하나씩 검토하면서 다른 진술과 제시된 조건과의 모순 여부를 확인하여 거짓을 말한 사람을 찾는다. 거짓을 말한 사람이 확정되면 나머지는 진실을 말한 것이므로 다시 모순이 없는지 확인한 후 이를 근거로 하여 문제에서 요구하는 사항을 추론할 수 있다.

(2) 그룹으로 나누어 고려하는 방법

① 진술에 따라 그룹으로 나누어 가정한다.

② 나눈 가정에 따라 조건을 반영하여 정리한다.

③ 모순이 없는지 확인한다.

A의 발언 중에 'B는 거짓말을 하고 있다'라는 것이 있다.	A와 B는 다른 그룹
A의 발언과 B의 발언 내용이 대립한다.	
A의 발언 중에 'B는 옳다'라는 것이 있다.	A와 B는 같은 그룹
A의 발언과 B의 발언 내용이 일치한다.	

※ 모든 조건의 경우를 고려하는 것도 방법이지만 그룹을 나누어 분석하는 것이 더 효율적일 때 사용하는 방법이다.

　－ 거짓을 말하는 한 명을 찾는 문제에서 진술하는 사람 A～E 중 A, B, C가 A에 대해 말하고 있고 D에 대해 D, E가 말하고 있다면 적어도 A, B, C 중 두 사람은 정직한 사람이므로 A와 B, B와 C, C와 A를 각각 정직한 사람이라고 가정하고 분석하여 다른 진술의 모순을 살핀다.

(3) 그 외

① 반은 진실이고 반은 거짓인 경우

> ▶ 특정 발언만 진실이거나 거짓이라고 가정한다.
> ▶ 가정한 조건과 주어진 조건들을 대응표로 정리한다.
> ▶ 답이 도출될 때까지 반복하여 결론을 찾는다.

② 순서 관계와 혼합문제로 출제되는 경우

> ▶ 주어진 조건들을 잘 파악한다.
> ▶ 거짓말을 하는 사람(진실을 말하는 사람)을 가정하거나 발언 내용을 그룹으로 나눈다.
> ▶ 그것에 따라 조건을 기호 등으로 표시하여 정리한다.

③ 대응 관계와 혼합문제로 출제되는 경우

> ▶ 문제를 파악한다.
> ▶ 거짓말을 하는 사람(진실을 말하는 사람)을 가정하거나 발언 내용을 그룹으로 나눈다.
> ▶ 나눈 것에 따라 대응표를 만들고 조건을 정리한다.

3. **간접 추론** : 제시된 진술이 모두 참이라고 가정하고 모순이 발생하는 진술을 찾아 문제를 해결한다. 특히 제시된 정보가 상당히 제한적일 때 직접 추론을 통해서는 너무나 많은 경우를 고려해야 한다면 간접 추론을 통한 문제해결이 더 적절할 수 있다.

> **예**
> 네 사람 중에서 진실을 말하는 사람이 3명, 거짓을 말하는 사람이 1명 있다고 할 때 거짓을 말하는 사람을 찾아가는 방법은 진술이 모두 참이라고 가정하고 진술 간의 조화 여부를 검토하여 다른 세 진술과 조화를 이룰 수 없거나 제시된 조건에 부합하지 않는 진술을 찾는 것이다.

4 자리 추론과 순위 변동

1. 자리 추론

(1) 기준이 되는 사람을 찾아 고정한 후 위치관계를 파악한다.

(2) 다른 사람과의 위치관계 정보가 가장 많은 사람을 주목한다.

(3) 정면에 앉은 사람들의 자리를 고정한다.

(4) 떨어져 있는 것들의 위치관계를 먼저 정한다.

(5) 좌우의 위치에 주의한다.

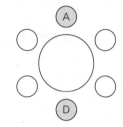

2. 순위 변동

마라톤과 같은 경기에서 경기 도중의 순서와 최종 순위로 답을 추론하는 문제이다.

(1) 가장 많은 조건이 주어진 것을 고정한 후 분석한다.

(2) '어느 지점을 먼저 통과했다' 등으로 순위를 확실하게 알 수 있는 경우에는 부등호를 사용한다.

> 예 A는 B보다 먼저 신호를 통과했다. A > B

(3) 순위를 알 수 없는 부분은 □, ○ 등을 사용하여 사이 수를 표시한다.

> 예 B와 D 사이에는 2대가 통과하고 있다. B○○D, D○○B

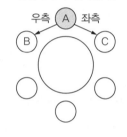

(4) 생각할 수 있는 경우의 수를 전부 정리한다.

> 예 A의 양옆에는 B와 D가 있다. BAD, DAB

(5) 'B와 C 사이에 2명이 있다', 'B와 C는 붙어 있지 않다' 등 떨어져 있는 조건에 주목하여 추론한다. 선택지에 있는 값을 넣어 보면 더 쉽게 찾을 수 있다.

5 단어 관계

1. 유의 관계 : 의미가 같거나 비슷한 단어들의 의미 관계

특징		예
• 의미가 비슷하지만 똑같지 않다는 점에 유의한다. • 가리키는 대상의 범위가 다르거나 미묘한 느낌의 차이가 있어 서로 바꾸어 쓸 수 없다.	→	곱다-아름답다 / 말-언사(言辭) / 지금-당금(當今) 등

2. 반의 관계 : 서로 반대의 뜻을 지닌 단어들의 의미 관계

특징

- 대상에 대한 막연한 의미를 대조적인 방법으로 명확하게 부각시켜 준다.
- 반의 관계에 있는 두 단어는 서로 공통되는 의미 요소 중 오직 한 개의 의미요소만 달라야 한다.

→

예

낮−밤 / 가다−오다 / 덥다−춥다 등

3. 상하 관계 : 두 단어 중 한쪽이 의미상 다른 쪽을 포함하거나 포함되는 의미 관계

특징

- 상위어와 하위어의 관계는 상대적이다.
- 상위어는 일반적이고 포괄적인 의미를 가진다.
- 하위어일수록 개별적이고 한정적인 의미를 지닌다.

→

예

나무−소나무, 감나무, 사과나무 / 동물−코끼리, 판다, 토끼 등

4. 동음이의어 관계 : 단어의 소리가 같을 뿐 의미의 유사성은 없는 관계

특징

- 사전에 서로 독립된 별개의 단어로 취급된다.
- 상황과 문맥에 따라 의미를 파악해야 한다.

→

예

배(선박)−배(배수)−배(신체)−배(과일)

5. 다의 관계 : 의미적으로 유사성을 갖는 관계

특징

- 의미들 중에는 기본적인 '중심 의미'와 확장된 '주변 의미'가 있다.
- 사전에서 하나의 단어로 취급한다.

예

다리
1. 사람이나 동물의 몸통 아래 붙어 있는 신체의 부분. 서고 걷고 뛰는 일 따위를 맡아 한다.
   예 다리에 쥐가 나다.
2. 물체의 아래쪽에 붙어서 그 물체를 받치거나 직접 땅에 닿지 아니하게 하거나 높이 있도록 버티어 놓은 부분. **예** 책상 다리
3. 안경의 테에 붙어서 귀에 걸게 된 부분
   예 안경다리를 새것으로 교체했다.
4. 오징어나 문어 따위 동물의 머리에 여러 개 달려 있어, 헤엄을 치거나 먹이를 잡거나 촉각을 가지는 기관
   예 그는 술안주로 오징어 다리를 씹었다.

빈출2 추론의 오류

1 형식적 오류

추리 과정에서 따라야 할 논리적 규칙을 준수하지 않아 생기는 오류

1. 타당한 논증형식

(1) 순환논증의 오류(선결문제 요구의 오류) : 증명해야 할 논제를 전제로 삼거나 증명되지 않은 전제에서 결론을 도출함으로써 전제와 결론이 순환적으로 서로의 논거가 될 때의 오류이다.

> 예 그의 말은 곧 진리이다. 왜냐하면 그가 지은 책에 그렇게 적혀 있기 때문이다.

(2) 자가당착의 오류(비정합성의 오류) : 모순이 내포된 전제를 바탕으로 결론을 도출해 내는 오류이다.

> 예 무엇이든 녹이는 물질이 존재합니다. 그것은 지금 이 호리병 안에 있습니다.

2. 부당한 논증형식

(1) 선언지 긍정의 오류 : 배타성이 없는 두 개념 외에는 다른 가능성이 없을 것으로 생각하여 생긴 오류이다.

> 예 인간은 폭력적인 종족이거나 자만적인 종족이다. 인간은 폭력적인 종족이다. 그러므로 인간은 자만적인 종족이 아니다.

(2) 전건 부정의 오류 : 전건을 부정하여 후건 부정을 타당한 결론으로 도출해 내는 오류이다.

> 예 바람이 부는 곳에는(전건) 잎이 있다(후건).
> 그 숲에서는 바람이 불지 않았다(전건 부정). 그러므로 그 숲에는 잎이 없다(후건 부정).

(3) 후건 긍정의 오류 : 후건을 긍정하여 전건 긍정을 타당한 결론으로 도출해 내는 오류이다.

> 예 눈이 오면(전건) 신발이 젖는다(후건).
> 신발이 젖었다(후건 긍정). 그러므로 눈이 왔다(전건 긍정).

(4) 매개념 부주연의 오류 : 매개역할을 하는 중개념의 외연이 한 번도 주연이 되지 않았을 때 결론을 내는 허위의 오류이다.

> 예 1은 숫자이고 2도 숫자이므로 1은 2다.

2 비형식적 오류

논리적 규칙은 준수하였지만 논증의 전개과정에서 생기는 오류

1. 심리적 오류

(1) 공포(협박)에 호소하는 오류 : 공포나 위협, 힘 등을 동원하여 자신의 주장을 받아들이게 하는 오류이다.

> 예 제 뜻에 따르지 않는다면 앞으로 발생하는 모든 일의 책임은 당신에게 있음을 분명히 알아두십시오.

(2) **대중(여론)에 호소하는 오류** : 많은 사람의 선호나 인기를 이용하여 자신의 주장을 정당화하려는 오류이다.

   예 대다수가 이 의견에 찬성하므로 이 의견은 옳은 주장이다.

(3) **동정(연민)에 호소하는 오류** : 연민이나 동정에 호소하여 자신의 주장을 받아들이게 하는 오류이다.

   예 재판관님, 피고가 구속되면 그 자식들을 돌볼 사람이 없습니다. 재판관님의 선처를 부탁드립니다.

(4) **부적합한 권위에 호소하는 오류** : 논지와 직접적인 관련이 없는 권위(자)를 근거로 내세워 자기주장에 정당성을 부여하는 오류이다.

   예 환자에게 수혈을 하는 것은 환자 자신에게 좋지 않아. 경전에 그렇게 쓰여 있어.

(5) **원천 봉쇄의 오류(우물에 독 뿌리기)** : 자신의 주장에 반론 가능성이 있는 요소를 나쁜 것으로 단정함으로써 상대방의 반론을 원천적으로 봉쇄하는 오류이다.

   예 나의 주장에 대하여 이의를 제기하는 사람이 있습니까? 공산주의자라면 몰라도 그렇지 않으면 나의 주장에 반대하지 않겠지요.

(6) **인신공격의 오류** : 주장하는 논리와는 관계없이 상대방의 인품, 과거의 행적 등을 트집 잡아 인격을 손상하면서 주장이 틀렸다고 비판하는 오류이다.

   예 넌 내 의견에 반박만 하고 있는데, 넌 이만한 의견이라도 낼 실력이 되니?

(7) **정황에 호소하는 오류** : 주장하는 사람이 처한 개인적인 정황 등을 근거로 하여 자신의 주장에 타당성을 부여하거나 다른 사람의 주장을 비판하는 오류이다.

   예 아이를 낳아보지도 않은 사람이 주장하는 육아 정책은 절대 신뢰할 수 없습니다.

(8) **역공격의 오류(피장파장의 오류)** : 비판받은 내용이 상대방에게도 동일하게 적용될 수 있음을 근거로 비판을 모면하고자 할 때 발생하는 오류이다.

   예 나한테 과소비한다고 지적하는 너는 평소에 얼마나 검소했다고?

(9) **사적 관계에 호소하는 오류** : 정 때문에 논지를 받아들이게 하는 오류이다.

   예 넌 나하고 제일 친한 친구잖아. 네가 날 도와주지 않으면 누굴 믿고 이 세상을 살아가라는 거니?

2. 자료적 오류

(1) **무지에 호소하는 오류** : 증명할 수 없거나 반대되는 증거가 없음을 근거로 자신의 주장이 옳다고 정당화하려는 오류이다.

   예 진품이 아니라는 증거가 없기 때문에 이 도자기는 진품으로 봐야 해.

(2) **발생학적 오류** : 어떤 대상의 기원이 갖는 특성을 그 대상도 그대로 지니고 있다고 추리할 때 발생하는 오류이다.

   예 은우의 아버지가 공부를 잘했으니 은우도 틀림없이 공부를 잘 거다.

(3) **성급한 일반화의 오류** : 부적합한 사례나 제한된 정보를 근거로 주장을 일반화할 때 생기는 오류이다.

   예 그녀는 이틀 동안 술을 마신 걸로 보아 알코올 중독자임이 틀림없다.

(4) 우연의 오류 : 일반적인 사실이나 법칙을 예외적인 상황에도 적용하여 발생하는 오류이다.

예 모든 사람은 표현의 자유를 가지고 있다. 그러므로 판사는 법정에서 자신의 주관적 의견을 표현해도 된다.

(5) 원인 오판의 오류(잘못된 인과관계의 오류) : 한 사건이 다른 사건보다 먼저 발생했다고 해서 전자가 후자의 원인이라고 잘못 추론할 때 범하는 오류이다.

예 어젯밤에 돼지꿈을 꾸고 복권에 당첨되었습니다.

(6) 의도 확대의 오류 : 의도하지 않은 결과에 대해 의도가 있다고 판단하여 생기는 오류이다.

예 난간에 기대면 추락의 위험이 있다고 적혀 있다. 그러므로 이 난간에 기댄 사람은 모두 추락하고 싶은 것이다.

(7) 복합 질문의 오류 : 한 번에 둘 이상의 질문을 하여 답변자가 어떠한 대답을 하더라도 질문자의 생각대로 끌려가 한 개의 질문에는 긍정하게 되는 오류이다.

예 어제 당신이 때린 사람이 두 사람이지요? / 아니오. / 음, 그러니까 당신은 어제 사람들을 때렸다는 것을 인정하는군요.

(8) 분할의 오류 : 전체가 참인 것을 부분에 대해서도 참이라고 단정하여 발생하는 오류이다.

예 스페인은 남아공 월드컵의 우승국이므로 스페인의 축구선수는 모두 훌륭하다.

(9) 합성의 오류 : 부분이 참인 것을 전체에 대해서도 참이라고 단정하여 발생하는 오류이다.

예 성능이 좋은 부품들로 만든 컴퓨터이므로 이 컴퓨터는 아주 좋다.

(10) 허수아비 공격의 오류 : 상대방의 주장을 반박하기 쉬운 다른 논점(허수아비)으로 변형, 왜곡하여 비약된 반론을 하는 오류이다.

예 방사능 피폭으로 인간은 각종 암과 기형아 출산 등의 큰 피해를 입었다. 그러므로 이 지역에 원자력 발전소를 세우는 것에 반대하는 바이다.

(11) 흑백 논리의 오류 : 모든 문제를 양극단으로만 구분하여 추론할 때 생기는 오류이다.

예 민주주의자가 아니라면 모두 공산주의자이다.

(12) 논점 일탈의 오류 : 어떤 논점에 대하여 주장하는 사람이 그 논점에서 빗나가 다른 방향으로 주장하는 경우에 범하는 오류이다.

예 너희들 왜 먹을 것을 가지고 싸우니? 빨리 들어가서 공부나 해!

(13) 잘못된 유추의 오류(기계적 유비 추리) : 서로 다른 사물의 우연적이며 비본질적인 속성을 비교하여 결론을 이끌어 냄으로써 생기는 오류이다.

예 컴퓨터와 사람은 비슷한 점이 많아. 그렇기 때문에 틀림없이 컴퓨터도 사람처럼 감정을 지녔을 거야.

(14) 오도된 생생함의 오류 : 직접 대면한 개인에게 전해 들은 지나치게 인상적인 정보에 쏠려 합리적 귀납을 거부할 때 나타나는 오류이다.

예 거시적 경제 지표만 좋으면 뭐해. 주위 사람들은 다 경제적으로 힘들다는데...

(15) 공통원인 무시의 오류 : 여러 원인 중 하나가 원인의 전부라고 오해하여 발생하는 오류

예 영화 〈알라딘〉이 흥행한 이유는 4D 영화이기 때문이다.

3 언어적 오류

1. 강조의 오류 : 문장의 어떤 부분을 부당하게 강조함으로써 범하는 오류이다.

[예] 친구를 헐뜯으면 안 되느니라. / 그럼 친구 아닌 다른 사람은 헐뜯어도 되겠죠.

2. 애매어의 오류 : 둘 이상의 의미가 있는 다의어나 애매한 말의 의미를 혼동하여 생기는 오류이다.

[예] 꼬리가 길면 결국 잡힌다. 원숭이는 꼬리가 길다. 그러므로 원숭이는 결국 잡힌다.

3. 애매문의 오류 : 구나 문장의 구조가 애매하여 발생하는 오류이다.

[예] 아내는 나보다 고양이를 더 좋아해(아내가 고양이를 좋아하는 정도가 내가 고양이를 좋아하는 정도보다 크다는 의미일수도 있고 아내가 나를 좋아하는 정도보다 고양이를 좋아하는 정도가 더 크다는 의미일수도 있다).

4. 은밀한 재정의의 오류 : 어떤 용어의 사전적 의미에 자의적 의미를 덧붙여 사용함으로써 발생하는 오류이다.

[예] 그런 완벽한 남자의 청혼을 거절하다니 제정신이니? 정신 병원에 한번 가 보자.

5. 범주의 오류 : 단어의 범주를 잘못 인식한 데서 생기는 오류이다.

[예] 아버지, 저는 과학자가 되기보다는 물리학자가 되고 싶습니다(물리학자가 과학자의 하나라는 점에서 보면 단어의 범주를 잘못 인식하고 있다).

빈출 3

수적추리

◯ 01 언어추리

1 수 추리

1. 등차수열 : 첫째항부터 차례로 일정한 수를 더하여 만들어지는 수열. 각 항에 더하는 일정한 수, 즉 뒤의 항에서 앞의 항을 뺀 수를 등차수열의 공차라고 한다.

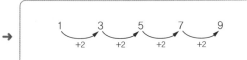

등차수열 $\{a_n\}$에서
$a_2 - a_1 = a_3 - a_2 = \cdots = a_{n+1} - a_n = d(공차)$

$\rightarrow$ 1 $\xrightarrow{+2}$ 3 $\xrightarrow{+2}$ 5 $\xrightarrow{+2}$ 7 $\xrightarrow{+2}$ 9

2. 등비수열 : 첫째항부터 차례로 일정한 수를 곱하여 만들어지는 수열

각 항에 곱하는 일정한 수, 즉 뒤의 항을 앞의 항으로 나눈 수를 등비수열의 공비라고 한다.
등비수열 $\{a_n\}$에서

$$\frac{a_2}{a_1} = \frac{a_3}{a_2} = \cdots = \frac{a_{n+1}}{a_n} = r(공비)$$

→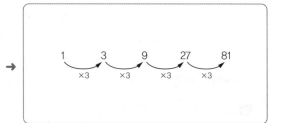

3. 등차계차수열

앞의 항과의 차가 등차를 이루는 수열

→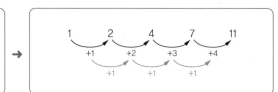

4. 등비계차수열

앞의 항과의 차가 등비를 이루는 수열

→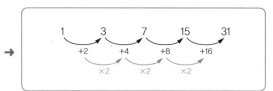

5. 피보나치수열

앞의 두 항의 합이 그 다음 항이 되는 수열

→ 1, 1, 2, 3, 5, 8, 13, 21, 34, …

2 문자 추리

1. 일반 자음

ㄱ	ㄴ	ㄷ	ㄹ	ㅁ	ㅂ	ㅅ
1	2	3	4	5	6	7
ㅇ	ㅈ	ㅊ	ㅋ	ㅌ	ㅍ	ㅎ
8	9	10	11	12	13	14

2. 쌍자음이 포함된 자음(사전에 실리는 순서)

ㄱ	ㄲ	ㄴ	ㄷ	ㄸ	ㄹ	ㅁ	ㅂ	ㅃ	ㅅ
1	2	3	4	5	6	7	8	9	10
ㅆ	ㅇ	ㅈ	ㅉ	ㅊ	ㅋ	ㅌ	ㅍ	ㅎ	
11	12	13	14	15	16	17	18	19	

3. 일반 모음

ㅏ	ㅑ	ㅓ	ㅕ	ㅗ	ㅛ	ㅜ	ㅠ	ㅡ	ㅣ
1	2	3	4	5	6	7	8	9	10

4. 이중모음이 포함된 모음 순서(사전에 실리는 순서)

ㅏ	ㅐ	ㅑ	ㅒ	ㅓ	ㅔ	ㅕ
1	2	3	4	5	6	7
ㅖ	ㅗ	ㅘ	ㅙ	ㅚ	ㅛ	ㅜ
8	9	10	11	12	13	14
ㅝ	ㅞ	ㅟ	ㅠ	ㅡ	ㅢ	ㅣ
15	16	17	18	19	20	21

5. 알파벳

A	B	C	D	E	F	G	H	I
1	2	3	4	5	6	7	8	9
J	K	L	M	N	O	P	Q	R
10	11	12	13	14	15	16	17	18
S	T	U	V	W	X	Y	Z	
19	20	21	22	23	24	25	26	

UNIT 2

독해

기본적인 단어의 의미를 파악하고 문맥으로 단어의 적확한 뜻을 유추할 수 있는지, 주어진 글의 논리적 전개 순서를 파악하고 문단 요지 및 주제를 빠르게 분석하는지를 평가하는 능력이다.

빈출 1

⊘ 02독해

독해의 원리와 유형

1 사실적 독해

1. 개념

글을 구성하는 단어, 문장, 문단의 내용을 정확히 이해하거나 글에 나타난 개념이나 문자 그대로를 이해하는 것을 말한다.

2. 해결 전략

(1) 각 문단의 중심내용을 통해 글의 주제를 파악한다.

(2) 글의 세부적 내용을 확인하고 글에 쓰인 서술 전략을 파악한다.

(3) 글의 내용이 뒤섞인 경우, 논리적 흐름에 따라 글의 전개 순서를 파악한다.

3. 사실적 독해 유형

(1) 주제 찾기

• 필자가 전달하고자 하는 글의 주제, 중심내용, 의도를 찾는 유형이다.

Step 1	제시문의 문단별 중심 문장, 핵심 소재를 파악한다.

• 중심 문장은 각 문단의 처음이나 끝에 나오는 경우가 많다.
• 각 문단의 중심 문장은 나머지 내용들을 포괄하는 문장이다.
• '따라서', '즉', '그러므로', '결국', '요컨대', '그러나', '하지만' 등 접속사 뒤의 문장이 중심 문장이 된다.
• 예가 뒷받침하는 내용이 중심 문장이 된다.
• 글쓴이의 생각, 가치 판단이 들어 있는 문장에 집중한다.
• 분류가 쓰였을 경우, 분류의 기준이 중심 문장이 된다.
• 대립적인 견해를 중심으로 설명하는 경우, 결론 부분에 유의한다.

Step 2	선택지에서 제시문의 내용에서 확인할 수 있는 선택지를 찾는다.

Step 3	중심 문장의 내용과 핵심 소재를 가장 잘 반영하는 것이나 중심 문장을 유도할 수 있는 질문을 찾는다.

(2) 내용일치

- 제시된 글에 정보, 내용을 정확하게 파악하여 선택지의 내용이 본문과 일치하는 것을 찾는다.

| Step 1 | 글의 진술과 선택지의 진술 내용이 일치하는지를 찾기 위해서 먼저 선택지의 핵심어를 점검한다. |

| Step 2 | 선택지의 핵심어가 진술된 해당 문단을 찾는다. |

| Step 3 | 문단별 세부 내용을 비교하며 일치 여부를 파악한다. |

(3) 전개방식 이해[서술 전략]

- 글에 쓰인 서술 방식이나 내용 연결 구조가 단답형이거나 글 전체의 서술 전략을 문장형으로 찾는다.

| Step 1 | 선택지에 제시된 서술 전략을 파악하고 문장형으로 제시된 경우, 선택지의 핵심어를 정리한다. |

| Step 2 | 선택지의 서술 전략이 나온 해당 문단을 제시문에서 찾는다. |

| Step 3 | 해당 문단에서 서술 전략이 확인되는지 파악한다. |

(4) 문장, 문단 배열하기

- 글의 내용이 어떤 순서로 전개되는 것이 적절한지 묻는 유형으로 문단, 문장의 논리적 배열순서, 특정 문단이나 문장이 전체 글의 어떤 부분에 들어가는 것이 적합한지를 묻는 유형이다.

| Step 1 | 맨 처음, 중간, 끝에 배열될 문단이나 문장을 확인한다. |

- 다른 문단에서 언급한 소재를 포괄적으로 언급하는 문단은 맨 처음이나 끝에 온다.
- 전체를 포괄하는 문단이 맨 처음에 올 때에는 문단의 첫 머리에 접속부사나 지시어가 오지 않고 전체에서 말한 소재 순으로 뒤의 내용이 전개된다.
- 전체를 포괄하는 문단이 맨 끝에 나올 때는 결론을 유도하는 접속부사가 쓰이고 전체에서 언급한 소재 순으로 앞의 내용이 전개된다.
- 접속부사나 지시어로 시작하는 문단이나 문장은 맨 앞에 올 수 없다.

| Step 2 | 지시어와 접속부사에 따라 글 내용 연결이 자연스러운지 확인한다. |

| Step 3 | 내용의 논리 관계가 성립하는지 확인한다. |

- 서사, 과정, 인과, 주지-예시 등의 논리 관계가 성립하는지 확인한다.

2 추론적 독해

1. 개념

글에서 생략된 내용을 추론하거나 숨겨진 필자의 의도, 목적 등을 추론하는 것으로 독자는 자신의 지식과 경험, 문맥, 글에 나타난 표지 등을 이용하여 생략된 내용을 추론하여 의미를 구성하는 것이다.

2. 해결 전략

(1) 글을 읽으면서 뒤에 이어질 내용이나 접속어, 결론 등을 추론해 보고 다른 상황에 적용할 수 있는지를 유추해 본다.

(2) 생략된 내용을 추론할 때는 빈칸 앞과 뒤의 문장에 주목한다.

(3) 글쓴이의 의도를 파악할 때는 문맥에 유의하여 글 전체의 분위기와 논조를 파악한다.

3. 글의 추론 유형

(1) 논리 추론

• 글에 언급된 내용을 이해한 뒤 글쓴이의 의도, 관점, 전제, 드러나지 않은 정보나 생략된 내용을 어떻게 추론할 수 있는지를 검토한다.

Step 1	제시문에 언급된 글쓴이의 전제, 의도, 관점, 태도 내용 등을 파악한다.

⬇

Step 2	선택지의 내용을 기반으로 제시문에 추론의 근거가 있는지 파악한다.

⬇

Step 3	추론에 예외가 없는지, 추론 방식에 모순은 없는지 확인한다.

(2) 문맥적 의미 추론

• 글 전체의 맥락에 따라 주제를 파악한 뒤 소재, 단어, 문장의 문맥적 의미를 파악한다.

Step 1	제시문 전체의 주제나 대립적인 관점을 찾는다.

⬇

Step 2	밑줄 친 부분이 앞뒤 맥락에 따라 주제와 관련된 관점이나 대립적인 관점 중 어디에 속하는지 파악한다.

⬇

Step 3	소재나 단어의 의미가 주제나 관점과 일치하는지, 밑줄 친 부분의 의미가 주제나 관점에서 벗어나지 않는지 점검한다.

(3) 빈칸 추론

- 글을 읽으면서 뒤에 이어질 내용이나 접속어, 결론 등을 추리해 보고 다른 상황에 적용할 수 있는지를 유추하며, 글쓴이의 입장 등을 생각하며 읽는다.

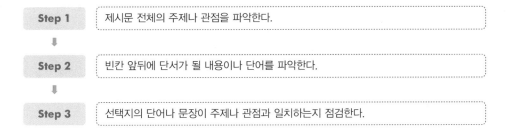

| Step 1 | 제시문 전체의 주제나 관점을 파악한다. |

| Step 2 | 빈칸 앞뒤에 단서가 될 내용이나 단어를 파악한다. |

| Step 3 | 선택지의 단어나 문장이 주제나 관점과 일치하는지 점검한다. |

3 글의 비판적 이해

1. 개념

글의 사실적인 이해와 추론적인 이해를 넘어서 글의 내용에 대해 판단하여 읽는 것으로 글에 나타난 주제, 글의 구성, 자료의 정확성과 적절성 등을 비판적으로 읽는다.

2. 해결 전략

(1) 글의 논리상 오류가 무엇인지 파악한다.

(2) 글의 주제와 관련되지 않은 내용이 글에 제시되지 않았는지 판단, 평가한다.

3. 유형

(1) 비판하기

- 글에 나타난 글쓴이의 주장에 대해 반론, 자료의 정확성과 적절성 등을 판단할 수 있어야 하고 논증의 사례, 논리적 오류 등을 파악할 수 있어야 한다.

| Step 1 | 글의 주장과 근거를 찾고, 논리적 오류가 없는지 파악한다. |

- 제시문에 드러난 사고 과정의 오류를 점검해야 한다.

| Step 2 | 선택지에서 주장의 근거를 반박할 수 있는 내용을 찾는다. |

- 주장에 대해 단순한 반대를 위한 비판은 타당하지 않다.

| Step 3 | 근거의 타당성과 적절성을 판단한다. |

○ 02 독해

빈출 2 글의 전개방식

1 비교

둘 이상의 사물이나 현상 등을 견주어 공통점이나 유사점을 설명하는 방법

예 영화는 스크린이라는 공간 위에 시간적으로 흐르는 예술이며, 연극은 무대라는 공간 위에 시간적으로 흐르는 예술이다.

2 대조

둘 이상의 사물이나 현상 등을 견주어 상대되는 성질이나 차이점을 설명하는 방법

예 고려는 숭불정책을 지향한 데 비해 조선은 억불정책을 취하였다.

3 분류

작은 것(부분, 종개념)들을 일정한 기준에 따라 큰 것(전체, 유개념)으로 묶는 방법

예 서정시, 서사시, 극시는 시의 내용을 기준으로 나눈 것이다.

4 분석

하나의 대상이나 관념을 그 구성 요소나 부분들로 나누어 설명하는 방법

예 물고기는 머리, 몸통, 꼬리, 지느러미 등으로 되어 있다.

5 정의

시간의 흐름과 관련이 없는 정태적 전개방식으로 어떤 대상의 본질이나 속성을 설명할 때 쓰이는 전개방식. '종차+유개념'의 구조를 지니는 논리적 정의와 추상적이거나 매우 복잡한 개념을 정의할 때 쓰이는 확장적 정의가 있음.

6 유추

생소한 개념이나 복잡한 주제를 보다 친숙하고 단순한 것과 비교하여 설명하는 방법. 서로 다른 범주에 속하는 사물 간의 유사성을 드러내어 간접적으로 설명하는 방법이기 때문에 유추에 의해 진술된 내용은 사실성이 떨어질 가능성이 있음.

7 논증

논리적인 근거를 내세워 어느 하나의 결론이 참이라는 것을 증명하는 방법

1. **명제** : 사고 내용 및 판단을 단적으로 진술한 주제문, 완결된 평서형 문장 형식

(1) **사실 명제** : 진실성과 신빙성에 근거하여 존재의 진위를 판별할 수 있는 명제

   예 '홍길동전'은 김만중이 지은 한문 소설이다.

(2) **정책 명제** : 타당성에 근거하여 어떤 대상에 대한 의견을 내세운 명제

   예 농촌 경제를 위하여 농축산물의 수입은 억제되어야 한다.

(3) **가치 명제** : 공정성에 근거하여 주관적 가치 판단을 내린 명제

   예 인간의 본성은 선하다.

(4) **논거** : 명제를 뒷받침하는 논리적 근거, 즉 주장의 타당함을 밝히기 위해 선택된 자료

   ① 사실 논거 : 객관적 사실로써 증명될 수 있는 논거로 객관적 지식이나 역사적 사실, 통계적 정보 등이 해당된다.

   ② 소견 논거 : 권위자의 말을 인용하거나 일반적인 여론을 근거로 삼는 논거

8 묘사

묘사란 대상을 그림 그리듯이 글로써 생생하게 표현해내는 진술방식

(1) **객관적(과학적, 설명적) 묘사** : 대상의 세부적 사실을 객관적으로 표현하는 진술방식으로, 정확하고 사실적인 정보 전달이 목적

(2) **주관적(인상적, 문학적) 묘사** : 글쓴이의 대상에 대한 주관적인 인상이나 느낌을 그려내는 것으로, 상징적인 언어를 사용하며 주로 문학 작품에 많이 쓰임

9 서사

행동이나 상태가 진행되는 움직임을 시간의 경과에 따라 표현하는 진술방식으로 '무엇이 발생하였는가?'에 관한 질문에 답하는 것

10 과정

어떤 특정한 목표나 결말을 가져오게 하는 일련의 행동, 변화, 기능, 단계, 작용 등에 초점을 두고 글을 전개하는 방법

11 인과

어떤 결과를 가져오게 한 원인 또는 그 원인에 의해 결과적으로 초래된 현상에 초점을 두고 글을 전개하는 방법

✓ 02 독해

빈출 3 글의 유형

1 논설문

1. **정의** : 문제에 대한 자신의 주장이나 의견을 논리정연하게 펼쳐서 정당성을 증명하거나 자기가 원하는 방향으로 독자의 생각이나 태도를 변화시키기 위해 쓰는 글이다.

2. **요건** : 명제의 명료성과 공정성, 논거의 확실성, 추론의 논리성, 용어의 정확성

3. **논설문의 유형**

구분＼유형	설득적 논설문	논증적 논설문
목적	상대편을 글쓴이의 의견에 공감하도록 유도	글쓴이의 사고, 의견을 정확한 근거로 증명
방법	지적인 면과 감정적인 부분에 호소	지적인 면과 논리적인 부분에 호소
언어 사용	지시적인 언어를 주로 사용하지만 때로는 함축적 언어도 사용	지시적인 언어만 사용
주제	정책 명제	가치 명제, 사실 명제
용례	신문의 사설, 칼럼	학술 논문

4. **독해 요령**

(1) 사용된 어휘가 지시적 의미임을 파악하며 주관적인 해석이 생기지 않도록 한다.

(2) 주장 부분과 증명 부분을 구분하여 필자가 주장하는 바를 올바로 파악해야 한다.

(3) 필자의 견해에 오류가 없는지를 살피는 비판적인 자세가 필요하다.

(4) 지시어, 접속어 사용에 유의하여 필자의 논리 전개의 흐름을 올바로 파악한다.

(5) 필자의 주장, 반대 의견을 구분하여 이해하도록 한다.

(6) 논리적 사고를 통해 읽음으로써 필자의 주장한 바를 이해하고 나아가 비판적 자세를 통해 자기의 의견을 세울 수 있어야 한다.

2 설명문

1. 정의

어떤 사물이나 사실을 쉽게 일러주는 진술방식으로 독자의 이해를 돕는 글이다.

2. 요건

(1) **논리성** : 내용이 정확하고 명료해야 한다.

(2) **객관성** : 주관적인 의견이나 주장이 배제된 보편적인 내용이어야 한다.

(3) **평이성** : 문장이나 용어가 쉬워야 한다.

(4) **정확성** : 함축적 의미의 언어를 배제하고 지시적 의미의 언어로 기술해야 한다.

3. 독해 요령

추상적 진술과 구체적 진술을 구분해 가면서 주요 단락과 보조 단락을 나누고 배경지식을 적극적으로 활용하며 단락의 통일성과 일관성을 확인한다. 또한 글의 설명 방법과 전개 순서를 파악하며 읽는다.

3 기사문

1. 정의

생활 주변에서 일어나는 사건을 발생 순서에 따라 객관적으로 쓰는 글로 육하원칙에 입각하여 작성한다.

2. 특징

객관성, 신속성, 간결성, 보도성, 정확성

3. 형식

(1) **표제** : 내용을 요약하여 몇 글자로 표현한 것이다.

(2) **전문** : 표제 다음에 나오는 한 문단 정도로 쓰인 부분으로 본문의 내용을 육하원칙에 의해 간략하게 요약한 것이다.

(3) **본문** : 기사 내용을 구체적으로 서술한 부분이다.

(4) **해설** : 보충사항 등을 본문 뒤에 덧붙이는 것으로 생략 가능하다.

4. 독해 요령

사실의 객관적 전달에 주관적 해설이 첨부되므로 사실과 의견을 구분하여 읽어야 하며 비판적이고 주체적인 태도로 정보를 선별하는 것이 필요하다. 평소에 신문 기사를 읽고 그 정보를 실생활에서 재조직하여 활용하는 자세가 필요하다.

4 보고문

1. 정의

조사 · 연구 등의 과정이나 결과를 보고하기 위하여 쓰는 글이다.

2. 특징

객관성, 체계성, 정확성, 논리성

3. 작성 요령

독자를 정확히 파악, 본래 목적과 범위에서 벗어나지 않도록 하며 조사한 시간과 장소를 정확히 밝히고 조사자와 보고 연 · 월 · 일을 분명히 밝힌다.

5 공문서

1. 정의

행정기관에서 공무원이 작성한 문서로 행정상의 일반적인 문서이다.

2. 작성 요령

간단명료하게 작성하되 연 · 월 · 일을 꼭 밝혀야 하며 중복되는 내용이나 복잡한 부분이 없어야 한다.

3. 기능

(1) **의사 전달의 기능** : 조직체의 의사를 내부나 외부로 전달해 준다.
(2) **의사 보존의 기능** : 업무 처리 결과의 증거 자료로써 문서가 필요할 때나 업무 처리의 결과를 일정 기간 보존할 필요가 있을 때 활용한다.
(3) **자료 제공의 기능** : 문서 처리가 완료되어 보존된 문서는 필요할 때 언제든지 다시 활용되어 행정 활동을 촉진한다.

6 기획서

아이디어를 내고 기획한 하나의 프로젝트를 문서 형태로 만들어 상대방에게 전달하고 시행하도록 설득하는 문서이다.

7 기안서

회사의 업무에 대한 협조를 구하거나 의견을 전달할 때 작성하며, 흔히 사내 공문서로 불린다.

8 보도자료

정부기관이나 기업체, 각종 단체 등이 언론을 대상으로 자신의 정보가 기사로 보도되도록 하기 위해 보내는 자료이다.

9 자기소개서

개인의 가정환경과 성장과정, 입사동기와 근무 자세 등을 구체적으로 기술하여 자신을 소개하는 문서이다.

10 비즈니스 레터(E - mail)

사업상 고객이나 단체를 대상으로 쓰는 편지로 업무나 개인 간의 연락 또는 직접 방문하기 어려운 고객 관리 등을 위해 사용되는 비공식적인 문서이나, 제안서나 보고서 등 공식문서 전달 시에도 사용된다.

11 비즈니스 메모

업무상 중요한 일이나 체크해야 할 일이 있을 때 필요한 내용을 메모 형식으로 작성하여 전달하는 글이다.

종류	내용
전화 메모	업무적인 내용부터 개인적인 전화의 전달사항 등을 간단히 작성하여 당사자에게 전달하는 메모
회의 메모	회의에 참석하지 못한 상사나 동료에게 회의 내용을 간략하게 적어 전달하거나, 회의 내용 자체를 기록하여 참고자료로 남기기 위해 작성한 메모로써 월말이나 연말에 업무 상황을 파악하거나 업무 추진에 대한 궁금증이 있을 때 핵심적인 자료 역할을 함.
업무 메모	개인이 추진하는 업무나 상대의 업무 추진 상황을 적은 메모

○ 02독해

빈출 **4** 다양한 분야의 글

1 인문

1. 정의

인간의 조건에 관해 탐구하는 학문으로 경험적인 접근보다는 분석적이고 비판적이며 사변적인 방법을 폭넓게 사용한다. 인문학의 분야로는 철학과 문학, 역사학, 고고학, 언어학, 종교학, 여성학, 미학, 예술, 음악, 신학 등이 있다.

2. 출제 분야

역사	시대에 따른 사회의 변화양상을 밝히거나 특정한 분야의 변화양상을 중심으로 기술되는 경우가 있음. 또한 역사를 보는 관점이나 가치관, 역사 기술의 방법 등을 내용으로 하는 경우도 있음.
철학	인생관이나 세계관을 묻는 문제가 많음. 인간의 기본이 되는 건전한 도덕성과 올바른 가치관의 함양을 통한 인간됨을 목표로 함.
종교 및 기타	종교, 전통, 사상 등 다양한 종류의 지문이 출제됨. 생소한 내용의 지문이 출제되더라도 연구의 대상이 무엇인지 명확히 파악하면 쉽게 접근할 수 있음. 추상적 개념이나 어려운 용어의 객관적인 뜻에 얽매이지 말고 문맥을 통해 이해해야함.

3. 출제 경향

(1) 인문 제재의 글은 가치관의 문제를 다룬 글이 많으므로 추상적인 개념을 이해하는 능력이 필요하다.

(2) 어려운 용어가 많이 등장하므로 단어의 객관적인 뜻에 얽매이지 말고 문맥을 통해 이해하도록 한다.

(3) 지문을 읽을 때에는 연구의 대상이 무엇인지를 명확히 해야 한다. 자주 반복되는 어휘에 주목하고 단락별 핵심어를 찾아 연결하며 읽는 것이 효과적인 방법이다. 이러한 방법은 전체적인 흐름을 이해하고 주제를 찾는 데 도움이 된다.

(4) 인문 분야의 지문에서는 단어의 문맥적 의미를 묻는 문제가 자주 나옴에 유의하는 것이 좋다.

2 사회

1. 정의

일정한 경계가 설정된 영토에서 종교·가치관·규범·언어·문화 등을 상호 공유하고 특정한 제도와 조직을 형성하여 질서를 유지하는 인간집단에 관한 글이다.

2. 출제 분야

정치	정치학의 지식을 이용함으로써 정치 체계를 이해함. 다양한 정치 이론과 사상, 정치 제도, 정당 집단 및 여론의 역할, 국제 정치의 움직임 등에 관심을 갖고 이에 대한 비판적인 인식을 길러야 함.
경제	재화와 용역을 생산, 분배, 소비하는 활동 및 그와 직접 관련되는 질서와 행위의 총체로서 우리 생활에 매우 큰 영향을 미치는 사회 활동. 경제 교육의 중요성이 대두되고 있는 시점에서 출제 빈도도 높으므로 이론적인 것만이 아닌 실생활과 결부된 경제 지식이 요구됨.
문화	문화 일반에 관한 설명과 더불어 영화, 연극, 음악, 미술 등 문화의 구체적인 분야에 대한 이해, 전통문화와 외래문화, 혹은 대중문화와의 관계에 대한 논의 등이 폭넓게 다루어지고 있음.
국제/여성	국제적인 사건이나 변동의 추세를 평소에 잘 파악해두고 거시적인 안목으로 접근해야 함. 사회에서 여성의 지위나 역할 등에 대한 이해와 글쓴이의 견해 파악이 중요함.

3. 출제 경향

(1) 시사성이 강하고 논리적이면서 많은 사람들이 관심을 갖고 쉽게 이해할 수 있는 사회 현상들이 다루어진다.

(2) 지문들은 대체로 시사적인 문제에 대해 필자의 견해를 내세우고 이를 입증해 가는 논리적인 성격을 지니고 있다. 따라서 필자의 견해를 이해하는 사고 능력, 필자의 의도를 추리하는 능력, 필자의 견해를 내·외적 준거에 따라 비판하는 능력 등이 주된 평가 요소이다.

(3) 어휘력과 논리적 사고력을 측정하는 문제도 출제되며, 필자의 견해에 근거 또는 새로운 정보를 구성할 수 있는 능력과 견해에 대해 비판적으로 반론을 펼 수 있는 능력을 묻는 문제가 출제된다.

3 과학 · 기술

1. 정의

과학이란 자연에서 보편적 진리나 법칙의 발견을 목적으로 하는 체계적 지식을 의미. 생물학이나 수학과 관련된 지문들이 주로 출제됨. 또한 과학사의 중요한 이론이나 가설 등에 대한 설명이 출제되며, 경우에 따라 현재 사회적 문제가 되고 있는 과학적 현상에 대한 지문도 출제될 수 있다.

2. 출제 분야

천체 · 물리	우주 및 일반 물리 현상에 관한 설명이나 천문 연구의 역사 등을 내용으로 함. 우리나라 역사에 나타난 천문 연구에 대한 글들도 많이 제시되고 있음. 천체/물리 제재는 기초 이론에 대한 설명 위주의 글이 주로 제시되며, 낯선 개념을 접하게 되므로 지문의 내용을 파악하는 문제가 주로 출제됨.
생물 · 화학	생물은 생물의 구조와 기능을, 화학은 물질의 화학 현상과 그 법칙성을 실험 관찰에 의하여 밝혀내는 학문. 최근 유전자 연구가 활발히 진행됨에 따라 윤리의식과 그에 관한 시사적 내용이 다루어질 가능성이 크며, 실생활과 관련하여 기초 과학의 이론도 충분히 검토해야 함.
컴퓨터	계산, 데이터 처리, 언어나 영상 정보 처리 등에 광범위하게 이용되고 있으므로 컴퓨터를 활용한 다른 분야와의 관계를 다룬 통합형 지문이 출제될 수 있음에 주의를 기울여야 함.
환경	일상생활에 직접 영향을 미치는 환경오염문제를 비롯해 생태계 파괴나 지구환경문제 등을 내용으로 함. 환경 관련 지문은 주로 문제 현상에 대한 설명을 통해 경각심을 불러일으키고자 하는 의도나 환경문제의 회복을 위한 여러 대책에 관한 설명이 위주가 되므로 제시된 글의 정보를 정확하게 파악하는 것이 중요함.

4 예술

1. 정의

예술 제재는 일반적 예술론을 다루는 원론적 성격이 강한 글과 구체적인 예술 갈래나 작품 또는 인물에 대한 비평이나 해석을 다룬 각론적이고 실제적인 성격의 글이 번갈아 출제된다.

2. 출제 분야

음악	현대 생활과 연관된 음악의 역할은 물론 동·서양의 음악, 한국 전통 음악에 대한 관심도 필요함.
미술·건축	건축, 조각, 회화 및 여러 시각적 요소들을 포함한 다양한 장르와 기법이 있음을 염두에 두고 관심을 둘 필요가 있음. 미술은 시대정신의 표현이며, 인간의 개인적·집단적 행위를 반영하고 있음을 상기해야 함.
연극·영화	사회의 변화를 민감하게 반영하며, 대중과의 공감을 유도한다는 측면에 관심을 갖고 매체의 특징을 살펴보는 작업이 중요함.
스포츠·무용	스포츠나 무용 모두 원시시대에는 종교의식이나 무속 행사의 형태로 존재하다가 점차 전문적이고 세부적인 분야로 나뉘게 됨. 따라서 다양한 예술 분야의 원시적 형태와 그에 포함된 의식은 물론 보다 세련된 형태로 발전된 예술 분야의 전문성 및 현대적 의미와 가치에 대해 고찰해볼 필요가 있음.
미학	근래에는 미적 현상의 해명에 사회학적 방법을 적용시키거나 언어분석 방법을 미학에 적용하는 등 다채로운 연구 분야가 개척되고 있으므로 고정된 시각이 아니라 현대의 다양한 관점에서 미를 해석하고 적용할 수 있어야 함.

UNIT 3

수리

사칙연산과 계산방법을 활용하여 연산 결과의 오류를 판단하고, 직무와 관련이 있는 각종 자료를 분석하여 요구하는 값을 구하거나, 주어진 자료를 활용하여 결과를 도표로 작성할 수 있는지를 평가하는 능력이다.

1 기초 통계

종류	내용
백분율	• 전체의 수량을 100으로 하여, 나타내려는 수량이 그중 몇이 되는가를 가리키는 수 • 기호는 %(퍼센트)이며, $\frac{1}{100}$이 1%에 해당된다. • 오래전부터 실용계산의 기준으로 널리 사용되고 있으며, 원그래프 등을 이용하면 이해하기 쉽다.
범위	• 관찰값의 흩어진 정도를 나타내는 도구로서 최곳값과 최젓값을 가지고 파악하며, 최곳값에서 최젓값을 뺀 값에 1을 더한 값을 의미한다. • 계산이 용이한 장점이 있으나 극단적인 끝 값에 의해 좌우되는 단점이 있다.
평균	• 관찰값 전부에 대한 정보를 담고 있어 대상집단의 성격을 함축적으로 나타낼 수 있는 값이다. • 자료에 대해 일종의 무게중심으로 볼 수 있다. • 모든 자료의 자료값을 합한 후 자료값의 개수로 나눈 값 $$평균 = \frac{자료의\ 총합}{자료의\ 총\ 개수}$$ • 평균의 종류 　– 산술평균 : 전체 관찰값을 모두 더한 후 관찰값의 개수로 나눈 값 　– 가중평균 : 각 관찰값에 자료의 상대적 중요도(가중치)를 곱하여 모두 더한 값을 가중치의 합계로 나눈 값
분산	• 자료의 퍼져있는 정도를 구체적인 수치로 알려주는 도구 • 각 관찰값과 평균값의 차이의 제곱을 모두 합한 값을 개체의 수로 나눈 값을 의미한다. $$분산 = \frac{(편차)^2의\ 총합}{변량의\ 개수}$$
표준편차	• 분산값의 제곱근 값을 의미한다(표준편차 $= \sqrt{분산}$). • 평균으로부터 얼마나 떨어져 있는가를 나타내는 개념으로, 평균편차의 개념과 개념적으로는 동일하다. • 표준편차가 크면 자료들이 넓게 퍼져있고 이질성이 큰 것을 의미하고 작으면 자료들이 집중하여 있고 동질성이 커지게 된다.

2 다섯숫자요약

평균과 표준편차만으로는 원 자료의 전체적인 형태를 파악하기 어렵기 때문에 최솟값, 하위 25%값(Q_1, 제1 사분위수), 중앙값(Q_2), 상위 25%값(Q_3, 제3사분위수), 최댓값 등을 활용하며, 이를 다섯숫자요약이라고 부른다.

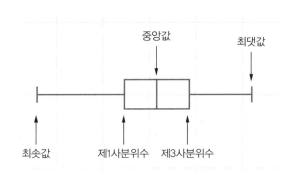

1. **최솟값** : 원 자료 중 값의 크기가 가장 작은 값이다.

2. **최댓값** : 원 자료 중 값의 크기가 가장 큰 값이다.

3. **중앙값** : 관찰값을 최솟값부터 최댓값까지 크기순으로 배열하였을 때 순서상 중앙에 위치하는 값으로 평균값과는 다르다. 관찰값 중 어느 하나가 너무 크거나 작을 때 자료의 특성을 잘 나타낸다.

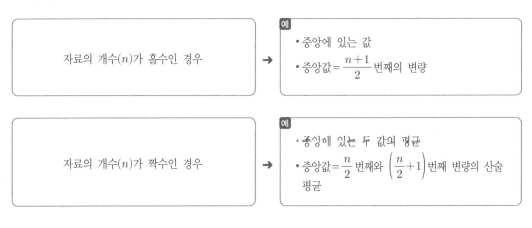

4. **하위 25%값과 상위 25%값** : 원 자료를 크기순으로 배열하여 4등분한 값을 의미한다. 백분위수의 관점에서 제25백분위수, 제75백분위수로 표기할 수도 있다.

3 도수분포표

1. **도수분포표** : 자료를 몇 개의 계급으로 나누고, 각 계급에 속하는 도수를 조사하여 나타낸 표이다.

몸무게(kg)	계급값	도수
30 이상 ~ 35 미만	32.5	3
35 ~ 40	37.5	5
40 ~ 45	42.5	9
45 ~ 50	47.5	13
50 ~ 55	52.5	7
55 ~ 60	57.5	3

- 변량 : 자료를 수량으로 나타낸 것
- 계급 : 변량을 일정한 간격으로 나눈 구간
- 계급의 크기 : 구간의 너비
- 계급값 : 계급을 대표하는 값으로 계급의 중앙값
- 도수 : 각 계급에 속하는 자료의 개수

2. **도수분포표에서의 평균, 분산, 표준편차**

- 평균 $= \dfrac{\{(계급값) \times (도수)\}의\ 총합}{(도수)의\ 총합}$
- 분산 $= \dfrac{\{(편차)^2 \times (도수)\}의\ 총합}{(도수)의\ 총합}$
- 표준편차 $= \sqrt{분산} = \sqrt{\dfrac{\{(편차)^2 \times (도수)\}의\ 총합}{(도수)의\ 총합}}$

3. **상대도수**

(1) 도수분포표에서 도수의 총합에 대한 각 계급의 도수의 비율이다.

(2) 상대도수의 총합은 반드시 1이다.

→ 계급의 상대도수 $= \dfrac{각\ 계급의\ 도수}{도수의\ 총합}$

4. **누적도수**

(1) 도수분포표에서 처음 계급의 도수부터 어느 계급의 도수까지 차례로 더한 도수의 합이다.

- 각 계급의 누적도수=앞 계급까지의 누적도수+그 계급의 도수

(2) 처음 계급의 누적도수는 그 계급의 도수와 같다.

(3) 마지막 계급의 누적도수는 도수의 총합과 같다.

4 확률

1. 일어날 수 있는 모든 경우의 수를 n가지, 사건 A가 일어날 경우의 수를 a가지라고 하면 사건 A가 일어날 확률 $P = \dfrac{a}{n}$, 사건 A가 일어나지 않을 확률 $P' = 1 - P$이다.

2. 두 사건 A, B가 배반사건(동시에 일어나지 않을 때)일 경우 　$P(A \cup B) = P(A) + P(B)$

3. 두 사건 A, B가 독립(두 사건이 서로 영향을 주지 않을 때)일 경우 　$P(A \cap B) = P(A)P(B)$

4. **조건부확률** : 확률이 0이 아닌 두 사건 A, B에 대하여 사건 A가 일어났다고 가정할 때, 사건 B가 일어날 확률 　$P(B \mid A) = \dfrac{P(A \cap B)}{P(A)}$ (단, $P(A) > 0$)

5 변동률(증감률)

1. 공식

- 변동률 또는 증감률(%) $= \dfrac{\text{비교시점 수치} - \text{기준시점 수치}}{\text{기준시점 수치}} \times 100$

- 기준시점 수치를 X, 비교시점 수치를 Y, 변동률(증감률)을 g%라 하면

$$g = \frac{Y-X}{X} \times 100 \qquad\qquad Y-X = \frac{g}{100} \times X \qquad\qquad Y = \left(1 + \frac{g}{100}\right)X$$

---

2. 계산 방법

값이 a에서 b로 변화하였을 때 $\dfrac{b-a}{a} \times 100$ 또는 $\left(\dfrac{b}{a} - 1\right) \times 100$으로 계산한다.

예

값이 256에서 312로 변화하였을 때 증감률은 $\dfrac{312 - 256}{256} \times 100 ≒ 22$(%)이다. 이와 같이 계산을 해도 되지만 번거로운 계산을 해야 한다. 312는 256의 약 1.22배인데 이는 256을 1로 하면 312는 약 1.22라는 의미이다. 따라서 0.22만 늘어났으므로 증감률은 22%임을 알 수 있다.

---

3. 변동률과 변동량의 관계

변동률이 크다고 해서 변동량(증가량, 변화량, 증감량)이 많은 것은 아니다.

> **예**
>
> A의 연봉은 1억 원에서 2억 원으로, B의 연봉은 2,000만 원에서 8,000만 원으로 인상되었다. A의 연봉증가액은 1억 원이고 B의 연봉증가액은 6,000만 원이며, A의 연봉증가율은 $\frac{2-1}{1} \times 100 = 100(\%)$이고, B의 연봉증가율은 $\frac{8,000-2,000}{2,000} \times 100 = 300(\%)$이다. 따라서 연봉증가액은 A가 B보다 많지만, 연봉증가율은 A가 B보다 작다.

6 증가율과 구성비의 관계

전체량을 A, 부분량을 B라고 하면 부분량의 구성비는 $\frac{B}{A}$이다. 만약 어느 기간에 전체량이 a, 부분량이 b 증가했다고 하면 증가 후의 구성비는 $\frac{B(1+b)}{A(1+a)}$이다(단, a, b는 증가율이다). 여기서 $a > b$이면 $\frac{B}{A} > \frac{B(1+b)}{A(1+a)}$, $a < b$이면 $\frac{B}{A} < \frac{B(1+b)}{A(1+a)}$가 된다.

> • 전체량의 증가율 > 부분량의 증가율 ⇨ 구성비 감소
> • 전체량의 증가율 < 부분량의 증가율 ⇨ 구성비 증가

7 지수

• 지수란 구체적인 숫자 자체의 크기보다는 시간의 흐름에 따라 수량이나 가격 등 해당 수치가 어떻게 변화되었는지를 쉽게 파악할 수 있도록 만든 것으로 통상 비교의 기준이 되는 시점(기준시점)을 100으로 하여 산출한다.

• 기준 데이터를 X, 비교 데이터를 Y라 하면, $지수 = \frac{Y}{X} \times 100$

• 데이터 1의 실수를 X, 데이터 2의 실수를 Y, 데이터 1의 지수를 k, 데이터 2의 지수를 g라 하면 다음과 같은 비례식이 성립한다. $X : Y = k : g$

• 비례식에서 외항의 곱과 내항의 곱은 같으므로 $Xg = Yk$이다. 따라서 $Y = \frac{g}{k} \times X,\ X = \frac{k}{g} \times Y$

8 퍼센트(%)와 퍼센트포인트(%p) ☞

퍼센트는 백분비라고도 하는데 전체의 수량을 100으로 하여 해당 수량이 그중 몇이 되는가를 가리키는 수로 나타낸다. 퍼센트포인트는 이러한 퍼센트 간의 차이를 표현한 것으로 실업률이나 이자율 등의 변화가 여기에 해당된다.

> **예**
>
> 실업률이 작년 3%에서 올해 6%로 상승하였다.
> → 실업률이 작년에 비해 100% 상승 또는 3%p 상승했다.
>
> 여기서 퍼센트는 $\dfrac{\text{현재 실업률} - \text{기존 실업률}}{\text{기존 실업률}} \times 100$을 하여 '100'으로 산출됐고,
>
> 퍼센트포인트는 퍼센트의 차이이므로 6-3을 해서 '3'이란 수치가 나온 것이다.

9 가중평균 ☞

- 중요도나 영향도에 해당하는 각각의 가중치를 곱하여 구한 평균값을 가중평균이라 한다.
- 주어진 값 x_1, x_2, $\cdots$, x_n에 대한 가중치가 각각 w_1, w_2, $\cdots$, w_n이라 하면

$$\text{가중평균} = \frac{x_1 w_1 + x_2 w_2 + \cdots + x_n w_n}{w_1 + w_2 + \cdots + w_n}$$

10 단위당 양 ☞

1. 자동차 천 대당 교통사고 발생건수, 단위면적당 인구수 등과 같이 정해진 단위량에 대한 상대치이다. 따라서 기준이 되는 단위량에 대응하는 실수(위의 예에서는 자동차 대수, 면적)가 주어져 있지 않으면 단위당 양에만 기초해서 실수 그 자체(위의 예에서는 교통사고 발생건수, 인구수)를 비교하는 것은 불가능하다.

2. **계산 방법**

> - X, Y를 바탕으로 X 당 Y를 구하는 경우   → $(X$당 $Y) = \dfrac{Y}{X}$
> - X당 Y, X를 바탕으로 Y를 구하는 경우   → $Y = X \times (X$당 $Y)$
> - X당 Y, Y를 바탕으로 X를 구하는 경우   → $X = Y \div (X$당 $Y)$

언어추리 · 언어논리 · 영역별 빈출이론 · 독해 · 수리 · 기출유형문제 · 1회 · 2회 · 3회 · 4회 · 기초인재검사 · 상황판단검사 · 1회 · 2회 · 3회 · 인재유형검사 · 면접가이드

고시넷 이랜드그룹(ESAT) 인적성검사 최신기출유형모의고사

출제 영역 · 문항 수 · 시험 시간

파트 2 기출유형모의고사

ESAT **1회 기출유형문제**

시험영역명, 문항수, 시험시간은 계열사마다 상이할 수 있습니다.

문항수	70문항
시험시간	60분

▶ 정답과 해설 2쪽

✓ 20문항/10분

영역 1

언어비평 _ 언어추리

01. 제시된 글의 논증에 대한 설명으로 적절한 것은?

> 김○○ 씨는 비건 단계의 채식주의자이다. 그러므로 김○○ 씨는 어떠한 음식이든 동물을 재료로 한 음식을 먹지 않는다.

① 김○○ 씨는 채식주의자가 아닐 수도 있다.
② 김○○ 씨가 채소를 좋아하는 사람임을 전제한다.
③ 제시된 글에는 논리적 오류가 없다.
④ 제시된 글에 따르면 김○○씨는 동물실험에 반대하는 사람이다.
⑤ 모든 채식주의자는 채소를 좋아한다.

02. 제시된 글의 주장을 강화시킬 수 있는 문장으로 적절한 것은?

> 인터넷을 통한 마케팅은 판매자들에게 다양한 이점을 제공한다. 인터넷 마케팅은 24시간 동안 끊이지 않고 제공되고 인터넷만 접속이 가능하다면 세계 어느 곳이든 제공될 수 있다. 또한 인터넷 마케팅은 종이나 사무실, 인력 등의 사용으로부터 자유로워 그 비용이 저렴하다.

① 60대 이상의 노년층은 인터넷을 활용한 매체보다는 종이 매체에 더 익숙하다.
② 최근 스마트폰 사용의 증가로 인하여 인터넷 접속률이 대폭 상승하였다.
③ 케이블 인터넷은 사실상 전화선을 기반으로 하는 인터넷 방식을 대체했다.
④ 인터넷 마케팅에 대한 수요가 급증하고 있다.
⑤ 전 연령층에서 컴퓨터 사용률이 감소하였다.

03. 다음 〈조건〉을 바탕으로 할 때, 반드시 참인 것은?

──| 조건 |──

- 한국에 사는 개 중에는 푸들이 있다.
- 모든 진돗개는 한국 토종개이다.
- 모든 백구는 진돗개이다.
- 세상의 모든 푸들은 한국 토종개가 아니다.

① 어떤 백구는 한국 토종개가 아니다.
② 모든 진돗개는 백구이다.
③ 모든 한국 토종개가 진돗개인 것은 아니다.
④ 한국에 사는 개 중에는 진돗개가 아닌 개가 존재한다.
⑤ 진돗개가 아닌 개는 한국 토종개가 아니다.

04. 다음 〈조건〉을 바탕으로 할 때, 반드시 참인 것은?

──| 조건 |──

- 법학을 공부하는 사람은 모두 행정학 수업을 듣는다.
- 경제학 수업을 듣는 사람은 역사를 공부하지 않는다.
- 법학을 공부하는 사람은 철학을 공부한다.
- 경제학 수업을 듣지 않는 사람은 행정학 수업을 듣지 않는다.

① 경제학 수업을 듣는 사람은 법학을 공부한다.
② 철학을 공부하는 사람은 행정학 수업을 듣는다.
③ 역사를 공부하는 사람은 법학을 공부하지 않는다.
④ 법학을 공부하는 사람은 경제학 수업을 듣지 않는다.
⑤ 행정학 수업을 듣지 않으면 철학을 공부한다.

인적성검사

05. 다음 〈조건〉을 바탕으로 할 때, 반드시 참인 것은?

| 조건 |

- 나이가 많으면 뇌의 활동이 둔화되어 기억력이 감퇴한다.
- 남성은 여성에 비해 뇌의 부피가 크다.
- 뇌의 부피가 크면 뇌에 필요한 산소의 양이 많다.
- 기억력이 감퇴하면 치매에 걸릴 가능성이 커진다.

① 치매에 걸릴 가능성이 커지면 뇌의 활동이 둔화된다.
② 기억력이 감퇴하면 나이가 많은 것이다.
③ 나이가 많으면 치매에 걸릴 가능성이 커진다.
④ 여성은 치매에 걸릴 가능성이 남성보다 크다.
⑤ 남성은 뇌의 활동이 둔화되면 뇌에 산소가 많이 필요하다.

06. 다음 〈조건〉을 바탕으로 할 때, 반드시 참인 것은?

| 조건 |

- 제품 출시일이 당겨지면 퇴근시간이 늦어진다.
- 수면시간이 길어지면 건강이 좋아진다.
- 야식을 먹으면 살이 찐다.
- 퇴근시간이 빨라지면 야식을 먹지 않는다.
- 건강이 좋아지면 제품 출시일이 늦춰진 것이다.

① 야식을 먹으면 수면시간이 짧아진다.
② 수면시간이 짧아지면 건강이 나빠진다.
③ 제품 출시일이 늦춰지면 건강이 좋아진다.
④ 제품 출시일이 당겨지면 야식을 먹지 않는다.
⑤ 제품 출시일이 당겨지면 수면시간이 짧아진다.

07. 다음은 K 치과에 근무하는 의사 A, B, C가 근무 날짜를 정하기 위해 나눈 대화이다. 하루에 한 명씩 근무하며 목요일은 휴무일이라고 한다. 〈조건〉을 모두 충족시켜야 한다고 할 때, B가 근무하는 요일은 언제인가?

─────| 조건 |─────

A : 나는 일주일에 하루만 근무하는 대신 요일은 상관없어.

B : 나는 일주일에 2일 근무하고, 하루 근무하면 그 뒤에 2일은 연이어 쉬고 싶어. 휴무일을 쉬는 날에 포함해도 괜찮아.

C : 나는 일주일에 3일 근무할게. 근무하고 나면 휴무일을 제외하고 하루는 쉬고 싶어.

① 월요일, 수요일   ② 월요일, 금요일   ③ 화요일, 금요일

④ 수요일, 금요일   ⑤ 수요일, 일요일

08. 사원이 15명인 A 회사에서 후식으로 아이스크림을 먹기로 했다. 다음 〈조건〉이 모두 참일 때, 〈보기〉 중 항상 옳은 것은?

─────| 조건 |─────

• 아이스크림은 딸기맛, 바닐라맛, 초코맛 총 3개의 맛이 있다.

• 모든 사원은 아이스크림의 맛을 1개만 선택해야 한다.

• 딸기맛을 좋아하는 사원 수는 바닐라맛을 좋아하는 사원 수보다 많다.

• 초코맛을 좋아하는 사원 수는 딸기맛을 좋아하는 사원 수보다 많다.

• 한 명도 선택하지 않은 맛은 없다.

─────| 보기 |─────

A : 딸기맛을 좋아하는 사원이 5명이라면 초코맛을 좋아하는 사원은 최대 9명이다.

B : 바닐라맛을 좋아하는 사원이 4명이라면 딸기맛을 좋아하는 사원은 최대 9명이다.

C : 초코맛을 좋아하는 사원이 9명이라면 딸기맛을 좋아하는 사원은 최소 1명이다.

① A   ② B   ③ C

④ A, B   ⑤ A, C

09. ○○기업은 경쟁사가 해외에 생산기지를 증설 중임을 파악하고 이에 대응하기 위하여 정보를 수집하였다. 〈정보〉의 진위 여부가 확실하지 않다고 할 때, 〈보기〉 중 참인 의견을 제시한 사원을 모두 고르면?

| 정보 |

1. 경쟁사의 해외기지는 최소한 세 개 이상의 국가에서 건설 중이라고 한다.
2. 경쟁사는 중동, 유럽, 아시아, 미주 중 적어도 두 지역에 생산기지를 건설 중이다.
3. 경쟁사는 중동지역 최소 두 국가, 유럽지역 최소 두 국가에서 생산기지를 건설 중이다.

| 보기 |

• 사원 A : 정보 1이 참이라면, 정보 2도 참이다.
• 사원 B : 정보 2가 참이라면, 정보 1도 참이다.
• 사원 C : 정보 3이 참이라면, 정보 1도 참이다.

---

① 사원 A   ② 사원 B   ③ 사원 C
④ 사원 A, B   ⑤ 사원 B, C

10. 제시된 현상을 종합하여 추론한 것으로 적절하지 않은 것은?

• 202X년 중국에서는 결혼하지 않은 성인 인구가 2억 2천만 명에 달했다.
• 동일한 해에 이혼한 사람은 2천만 명이 넘었고, 2억 4천만 명이 독신자다.
• 독신자의 수는 러시아와 영국의 총인구를 합친 것보다 더 많다.
• 중국 사회 발전과 생활수준이 향상되면서 독신 가구가 더 증가하는 추세다.

---

① 중국에서는 202X년에 이혼한 사람이 결혼하지 않은 인구보단 적었구나.
② 러시아와 영국의 총인구수를 합친 것보다는 중국의 인구수가 많구나.
③ 중국의 독신 가구가 앞으로 더 줄어들 것이다.
④ 독신 가구의 증가 폭은 사회 발전 수준과도 밀접한 연관이 있구나.
⑤ 202X년 중국의 미혼 인구가 2억 명이 넘었구나.

11. 제시된 현상을 종합하여 추론한 것으로 적절하지 않은 것은?

> • 정부가 태양광 · 풍력 등 재생에너지산업 경쟁력을 강화해 오는 2030년까지 관련 산업에서 4인 영역 신규 고용을 창출하고 100억 달러를 수출하겠다는 목표를 세웠다.
> • 이를 위해 태양광과 풍력 등 재생에너지 발전사업자들이 생산 과정 등에서 탄소 배출량이 적은 발전 설비를 활용하면 인센티브를 주는 탄소 인증제가 도입된다.
> • 태양광 모듈의 최저효율 기준을 만들어 고효율 제품을 우대하는 방안도 마련된다.

① 재생에너지산업 분야가 취업 시장에서 앞으로 유망하겠구나.
② 탄소 배출량이 적은 발전 설비를 이용하면 혜택이 있겠구나.
③ 태양광과 관련된 제품의 기술력이 증대되겠구나.
④ 혜택을 받기 위해서는 탄소 배출량이 적은 발전 설비를 쓰면 되겠네.
⑤ 탄소 배출량이 많을수록 재생에너지산업의 경쟁력이 강화되겠네.

12. 제시된 현상을 종합하여 추론한 것으로 적절하지 않은 것은?

> • 1967년에 개발된 체스 프로그램 '맥핵'은 프로 체스선수들에게 연이어 패하였다.
> • IBM에서 개발한 체스 프로그램 '딥블루'는 1996년 세계챔피언 개리 카스파로프에게 1승 2무 3패로 패하였다.
> • 바둑은 체스에 비해 몇 수 앞을 내다보고 분석해야 하며 다양한 변수가 생길 수 있는 경우의 수를 계산해야 한다.
> • 2016년에 개발된 바둑 프로그램 '알파고'는 '기계학습'이라는 알고리즘을 통해 스스로 학습하여 기능을 향상시킬 수 있는 기술을 장착하였다.
> • '기계학습' 알고리즘을 가진 '알파고'는 인간에게 패배한 체스 프로그램 '맥핵'과 다르게 지난해 유럽 바둑기사 판 후이와의 대국에서 승리하였다.

① AI 기술은 지속적으로 발달을 해오고 있다.
② 기계학습 알고리즘을 활용하면 AI는 스스로 학습하여 기술을 익힐 것이다.
③ 기계학습 기반의 AI 기술은 AI가 스스로 진화하는 새로운 국면을 열고 있다.
④ '맥핵' 이후에 처음으로 프로선수에게 승리를 거두기까지 약 30년이 걸렸다.
⑤ 현재 AI 기술 수준은 인간의 판단과 직관을 능가할 수준에 도달하고 있다.

13. 다음 〈사실〉에 근거하여 논리적으로 추리할 때, 옳지 않은 것은?

| 사실 |

- a, b, c, d, e 다섯 명이 아파트에 입주를 시작한다.
- e는 세 번째 입주자이며, b가 바로 그다음으로 입주한다.
- c는 b보다 먼저 입주한다.
- a와 d 사이에는 두 명의 입주자가 있다.
- d와 e는 연달아 입주하지 않는다.

① a는 e보다 먼저 입주한다.　　② b는 d보다 먼저 입주한다.
③ d는 마지막 입주자이다.　　　④ 첫 번째 입주자는 a이다.
⑤ c의 뒤에는 세 명 이상의 입주자가 있다.

14. 다음 중 논리적 오류가 없는 문장으로 적절한 것은?

① 이 화장품을 바르면 피부가 좋아질 것이다. 왜냐하면 이것은 1분에 100병이 넘게 팔릴 정도로 인기가 많기 때문이다.
② 지민이는 저번 시험에서 꼴등을 하였으므로 그녀의 주장을 신뢰할 수 없다.
③ 차장님은 오늘 지각하거나 결근할 것이다. 그런데 차장님은 지각하지 않았다. 그러므로 차장님은 결근할 것이다.
④ 그녀는 어제 지각을 했다. 그녀는 오늘도 지각을 했다. 그러므로 그녀는 항상 지각을 할 것이다.
⑤ 그 사람은 일본 사람이기 때문에 독도를 일본 땅이라고 생각할 것이다.

15. 다음 중 논리적 오류가 없는 문장으로 적절한 것은?

① 나의 어렸을 적 꿈은 문학 작가였다. 하지만 지금은 작가가 아니라 소설가가 되고 싶다.
② 아버지는 이 집으로 이사를 오고 나서부터 사업이 잘 풀리지 않는다며 다른 집으로 이사를 가야겠다고 하셨다.
③ 나는 사측에 합리적인 조건을 제시했다. 따라서 이 조건을 받아들이지 않는다면 사측은 합리적이지 않은 것이다.
④ 대형 마트는 야간에도 운영하기 때문에 늦게 퇴근하는 직장인들도 쉽게 이용할 수 있다.
⑤ 하나를 보면 열을 안다고 했다. 오늘 그의 행동을 보니 아주 형편없는 사람이다.

16. 다음 글에 나타나는 오류와 같은 형태의 오류를 범하고 있는 것은?

> 옛말에, "하루라도 책을 읽지 아니하면 입 속에 가시가 돋친다(一日不讀書 口中生荊棘)."는 말이 있지만, 오늘날은 하루 책을 안 읽으면 입에 가시가 돋치는 문제만에 그치는 것이 아니라, 생존 경쟁(生存競爭)이 격심한 마당에서는 하루만큼 낙오(落伍)가 되어, 열패자(劣敗者)의 고배(苦杯)와 비운을 맛보지 않을 수 없게 될 것이다.
>
> — 이희승, 「독서와 인생」 —

① 귀신이 있긴 있다. 귀신이 없다는 것을 증명하려는 시도가 많았으나 아직 아무도 증명하지 못한 것을 보니까.

② 소크라테스의 철학은 무가치하다. 그는 사형 선고를 받고 죽은 인물이니까.

③ 이 비밀이 밝혀지면 많은 사람들이 상처 입을 것이다. 그래서 나는 입을 열 수 없다.

④ 이 책은 아주 가치가 있는 내용을 담고 있음에 틀림없다. 이 책을 사서 읽지 않은 이가 없을 정도니까.

⑤ 이 화장품은 정말 좋아! 유명 탤런트가 이 제품만 쓴다더라.

17. 다음 모임의 현재 상황에 관한 〈정보〉를 토대로 할 때, 알 수 없는 것은?

| 정보 |

• 오늘 모임은 19시에 시작할 예정이며, 총 3시간이 소요된다.
• 모임은 모든 사원이 도착해야 시작된다.
• 모임시간에 늦으면 벌금을 내야 한다.
• 민아는 현재 약속장소에 도착해 있으며 벌금을 냈다.
• 전호가 민아보나 늦게 노착한나.

---

① 모임에 참가하는 사람은 최소 2명이다.

② 민아는 19시까지 약속장소에 도착하지 못했다.

③ 천호는 벌금을 내야 한다.

④ 천호가 도착하면 모임이 시작된다.

⑤ 모임은 22시가 넘어서야 끝난다.

인적성검사

18. 다음 글에 제시된 A의 주장을 가장 효과적으로 반박하는 진술은?

> A : 우리나라는 지속적인 경제성장과 국민소득의 향상으로 매년 전력소비가 증가하고 있습니
> 다. 특히 여름철의 피크 사용대의 전력 사용량은 무시하지 못할 수준입니다. 그래서 최근
> 환경문제를 이유로 발전소 증설을 중단하려는 움직임은 위험할 수 있습니다. 반드시 발전
> 소를 증설하여 경제성장을 촉진하여야 합니다.
>
> B : 하지만, 최근 들어서 경제가 성장하는 정도에 비해 전력소비의 증가세가 부쩍 둔화된 것
> 도 사실입니다. 전력소비의 절대량 자체를 줄이는 것이 필요하다는 의식 역시 시민들 사
> 이에서도 확산되고 있다는 점에 주목하여야 합니다. 전력소비 자체를 줄이는 노력이 필요
> 합니다.
>
> A : 그것은 다소 희망적인 전망일 뿐입니다. 물론 전력소비가 줄어들면 좋겠지만 이는 시민들
> 의 의식적인 노력에 기대는 것일 뿐입니다. 경제가 성장하기 위해서는 계속해서 전력소비
> 가 증가할 수밖에 없음은 명확한데, 시민들의 전력소비 감소를 기대하고 기다리고 있다가
> 는 발전의 동력을 잃어버릴 위험이 있습니다. 어서 선진국 대열에 동참하여야 하지 않겠
> 습니까?

① 친환경 발전으로 환경과 경제문제를 동시에 해결할 수 있다.

② 경제성장을 하면서도 전력소비가 감소한 선진국의 사례가 있다.

③ 시민들의 전기 사용 의식에 대해서 설문조사를 해보는 것이 필요하다.

④ 발전소를 증설한다고 건설경제의 선순환 구조를 촉진하는 것은 아니다.

⑤ 최근에는 국제유가의 하락으로 발전 비용이 보다 저렴해졌다.

19. 다음은 A, B, C, D, E 다섯 명의 사원이 출퇴근 방법에 관한 설문에서 말한 내용이다. 〈조건 2〉에서 다섯 명 중 두 명이 거짓말을 하고 있을 때, 각 사원과 이용하는 교통수단이 바르게 짝지어진 것은?

───| 조건 1 |───

5명의 사원이 이용하는 교통수단은 자가용(2명), 택시(2명), 버스(3명), 지하철(3명)이고, 각각 두 가지 교통수단을 이용한다고 대답하였다.

───| 조건 2 |───

A 사원 : 저는 자가용을 이용한다고 대답했고, E는 거짓말을 하고 있습니다.
B 사원 : 저는 버스를 이용하지 않는다고 대답했고, D는 진실을 말하고 있습니다.
C 사원 : 저는 버스를 이용하지 않는다고 대답했고, E는 진실을 말하고 있습니다.
D 사원 : 저는 자가용과 지하철을 이용한다고 대답했습니다.
E 사원 : 저는 택시를 이용한다고 대답했고, B와 D는 거짓말을 하고 있습니다.

① A : 택시   ② A : 버스   ③ C : 자가용
④ C : 지하철   ⑤ E : 자가용

20. 다음 〈조건〉 중 하나만 참이고, 나머지는 모두 거짓이다. 갑, 을, 병 세 사람이 강아지, 고양이, 토끼 중 각각 서로 다른 동물을 키운다고 할 때 옳은 설명은?

───| 조건 |───

㉠ 갑은 강아지를 키우지 않는다.   ㉡ 갑은 고양이를 키우지 않는다.
㉢ 병은 고양이를 키우지 않는다.   ㉣ 병은 토끼를 키운다.

① 을은 토끼를 키우지 않는다.   ② 병은 고양이를 키우지 않는다.
③ 갑은 강아지를 키우지 않는다.   ④ 을은 고양이를 키우지 않는다.
⑤ 갑은 토끼를 키운다.

언어추리
영역별 빈출이론
독해
수리
1회
2회
3회
4회
기출유형문제
기초인재검사
1회
2회
3회
상황판단검사
인재유형검사
면접가이드

영역 2

언어비평 _ 독해

01. 다음 글의 중심 내용으로 적절한 것은?

> 소위 말하는 특종을 잡기 위해서는 재정적 뒷받침이 필요한데 그럴 여력이 없는 상태에서 언론사가 선택할 수 있는 가장 좋은 전략은 정치적 지향성을 강하게 드러내는 것이다. 구독자들은 언론사와 자신의 정치적 지향점이 같다고 느끼면 더 많은 후원을 하는 경향이 있기 때문이다. 특히 대안언론은 재정적으로 매우 열악하여 자체적인 수익 없이 구독자들의 후원을 통해 유지되는 곳이 대부분이다. 구독자 수가 많지 않은 언론에 광고할 회사를 찾기 쉬운 것도 아니고, 광고를 수주해도 수익성이 낮은 실정이니 사실상 구독자들에게 받는 후원금이 대안언론의 가장 큰 수입원이 된다. 따라서 대안언론에게는 후원금을 많이 받아내는 전략이 곧 생존전략이다.

① 대안언론이 정치성을 띠는 것은 불가피한 측면이 있다.
② 언론사에 대한 기부 활동은 제한되어야 한다.
③ 대안언론에 대한 지원을 확대해야 한다.
④ 언론은 공정해야 하므로 정치적인 행태를 보여서는 안 된다.
⑤ 대안언론의 수익구조를 개선할 필요가 있다.

02. 다음 글을 읽고 유추하기 어려운 것은?

> 경제 위기가 여성 노동에 미치는 영향에 관한 연구에서 나타나는 입장은 크게 세 가지로 분류할 수 있다. 첫째는 안전판 가설로, 여성 노동력은 주기적인 경기 변동의 충격을 흡수하는 일종의 산업예비군적 노동력으로서 경기 상승 국면에서는 충원되고 하강 국면에서는 축출된다는 가설이다. 둘째는 대체 가설로, 불황기에 기업은 비용 절감과 생산의 유연성 증대를 위해 남성 노동력을 대신하여 여성 노동력을 사용하기 때문에 여성의 고용이 완만하게 증가한다고 분석한다. 마지막으로 분절 가설에서는 여성 노동력이 특정의 산업과 직무에 고용되어 있는 성별 직무 분리 때문에 여성의 고용 추이는 경기 변화의 영향을 남성 노동과 무관하게 받는다고 주장한다. 그런데 서구의 1970 ~ 1980년대 경기 침체기 여성 노동 변화에 대한 경험적 연구에 따르면, 이 기간에도 여성 고용은 전반적으로 증가하였으며 불황의 초기 국면에서는 여성 고용이 감소하지만 불황이 심화되면서부터는 여성 고용이 오히려 증가하는 경향을

보였다. 또한 경제 위기 자체보다도 산업별·규모별·직업별 구조적 변동이 여성 노동에 더 큰 영향을 미치는 것으로 나타났다. 이것은 세 가지 가설이 경기의 국면과 산업 부문에 따라 차별적으로 설명력을 갖는다는 것을 의미한다.

① 노동시장에서 여성 노동은 남성 노동과 상호 작용하면서 존재한다.
② 추측의 산물인 가설은 경험 자료를 근거로 기각되거나 채택된다.
③ 경기 변동과 관계없이 여성의 경제 활동 참여가 지속적으로 증가하고 있다.
④ 복잡한 사회 상황을 특정의 입장에서 명료하게 해명하기는 어렵다.
⑤ 대체 가설에 따르면 여성의 임금은 남성보다 낮게 산정되어 있다.

03. 다음 글의 빈칸에 들어갈 내용으로 적절한 것은?

우리는 환경이 우리가 존중하는 분위기와 관념을 구현하고, 우리에게 그것을 일깨워 주기를 은근히 기대한다. 건물이 일종의 심리적 틀처럼 우리를 지탱하여 우리에게 도움이 되는 우리 자신의 모습을 유지해 주기를 기대한다. 우리 내부에 필요한 것—그러나 필요하다는 사실 자체를 잊을 위험이 있는 것—을 표현해 주는 물질적 형태들을 주위에 배치한다. 벽지, 벤치, 그림, 거리가 우리의 진정한 자아의 실종을 막아 주기를 기대한다.

어떤 장소의 전망이 우리의 전망과 부합되고 또 그것을 정당화해 준다면 우리는 그곳을 '집'이라는 말로 부르곤 한다. 꼭 우리가 영구히 거주하거나 우리 옷을 보관해 주어야 집이라는 이름을 붙이는 것은 아니다. 어떤 건물과 관련하여 집 이야기를 하는 것은 단지 그것이 우리가 귀중하게 여기는 내적인 노래와 조화를 이룬다는 사실을 인정하는 방식일 뿐이다. 집은 공항이나 도서관일 수도 있고, 정원이나 도로변 식당일 수도 있다.

집을 사랑한다는 것은 또 우리의 정체성이 스스로 결정되는 것이 아님을 인정하는 것이다. (   ) 우리의 약한 면을 보상하기 위해서다. 우리에게는 마음을 받쳐줄 피난처가 필요하다. 세상의 아주 많은 것이 우리의 신의와 대립하기 때문이다. 우리에게는 우리 자신이 바람직한 모습을 바라보게 해 주고, 중요하면서도 쉬이 사라지는 측면들이 살아있도록 유지해 줄 방이 필요하다.

① 벽지, 벤치, 그림 등을 진정한 자아의 실종을 막도록 배치해야 한다.
② 삶을 통해 얻게 되는 다양한 스트레스를 집에서 풀 수 있어야 한다.
③ 우리의 정체성을 견지하기 위해 타인과 함께 사는 지혜가 필요하다.
④ 우리에게는 물리적인 집뿐만 아니라 심리적인 의미의 집도 필요하다.
⑤ 우리가 인간으로서 가지는 정체성은 우리가 사는 집에 의해서 결정된다.

04. 다음 글의 제목으로 적절한 것은?

　저탄소 녹색성장은 생산과 소비라는 두 가지 기본 요소로 구성되는 경제계에서 자원과 자연을 포함하는 광의의 경제관을 전제로 경제활동 및 환경 문제를 해결하겠다는 인식의 대전환을 요구하고 있다. 경제관은 자연환경 및 자원이 유한하다는 인식을 기초로 하고 있지만, 실제 경제활동은 자연환경이 자정역량에 의해서 항상 깨끗할 것이고 자원은 무한히 공급될 수 있다는 인식하에 이루어지고 있다. 그 결과 지구의 성장은 환경 문제로 둔화될 것이라는 주장이 확산되고 있을 뿐만 아니라 환경오염은 인류의 삶을 위협할 정도로 악화되고 있으며, 자원, 특히 에너지 자원 부족현상은 가속화되고 있다. 이 같은 환경오염 문제를 해결하고, 특히 성장의 동력으로 활용하기 위해서는 경제계와 환경계가 상호 영향을 주고 있는 불가분의 관계에 있다는 사실을 인식해야 할 것이다. 그리고 환경계까지 포함하는 광의의 시장이 형성되어야 한다.

　그 이유는 첫째, 환경이 경제에 영향을 미치고 있기 때문이다. 환경은 생산과 소비활동에 필요한 자원과 에너지를 공급하는 동시에 경제활동을 일부 제약하기도 한다. 둘째, 환경은 경제활동의 결과로 발생된 잔여물을 일정한도 내에서 흡수하여 정화하는 역할을 수행하고 있다. 셋째, 환경은 자연경관, 깨끗한 공기와 물 등을 통해 사람들에게 직접적인 만족을 제공하고 있다. 한편 생산자, 소비자, 정부 등 모든 경제 주체는 경제활동에서 필연적으로 발생하는 잔여물을 환경계로 방출하고 있다. 이처럼 환경과 경제는 서로 영향을 주고받으면서 양자 간에 순환하는 구조를 갖고 있다. 따라서 경제활동에 공급되는 자연자원은 가급적 효율적으로 사용되어야 할 것이고 배출되는 잔여물의 재생 또는 재활용 기능을 강화한 자원순환형 경제 구조를 요구해야 할 것이다.

① 저탄소 녹색성장의 배경　　② 자연의 위대한 재활용 기능
③ 환경과 경제의 중요성　　④ 자원순환형 경제의 필요성
⑤ 환경이 경제에 미치는 영향

05. 다음 글의 빈칸 ㉠에 들어갈 내용으로 적절한 것은?

키치(Kitsch)란 미학에서 보기 괴상한 것, 저속한 것과 같은 사물을 뜻하는 미적 가치이다. 키치라는 용어는 그것이 지칭하는 개념처럼 매우 근대적인 것이다. 키치는 1860년대에서 1870년대 사이에 뮌헨의 화가와 화상(畫商)의 속어로 사용되었으며, 하찮은 예술품을 지칭하는 데 사용되었다. 1910년대에 이르면 느슨하고 널리 유통되는 호칭으로서 국제적인 용어가 된다.

키치는 대중적 취향과 심리가 산업 사회에 직면하는 생생한 태도와 산물을 반영하고 있다. 이러한 의미에서 키치는 결코 쉽게 단정 짓고 파기할 수 없는 대중문화의 중요한 자원인 것이다. 또한 문화 내에 만연된 키치적 속성은 디자인이 반영해야 할 문화적 의미뿐만 아니라 표현성 면에서 미적 범주를 확장시킬 수 있는 가능성을 제공할 수 있다. 왜냐하면 만일 어떤 특정 시공간에 좋은 취향(good taste)과 좋은 디자인(good design)이 존재한다고 가정한다면 거기에는 언제나 키치의 모습이 함께 존재하기 때문이다.

키치와 좋은 취향의 예술 또는 디자인 사이의 관계는 '같은 동전의 양면'과 같은 것으로 우리는 이 모두를 함께 문화 현상으로 파악해야 한다. 따라서 그것이 미술, 디자인 또는 그 어떤 예술 형태이든 간에 일상 삶으로부터 유래하는 키치 현상을 이해하지 못한 채 막연히 '순수하고 진정하게 아름다운 것'을 만든다고 한다면 마치 그림자 없이 빛이 존재한다고 주장하는 것과 같다고 하겠다. 그러나 무엇이 빛이고 그림자인지는 오직 대중적 선택에 의해 결정될 일이다. 대중문화는 (㉠)

① 키치와 고급 예술을 분류하는 확실한 기준이 되기 때문이다.
② 문화 현상에서 '동전의 양면'과 같은 역할을 담당하기 때문이다.
③ 영원히 고정된 것도 불변적인 것도 아니기 때문이다.
④ 산업 사회에 대한 인간의 태도를 반영하기 때문이다.
⑤ 대중의 미적 범주를 확장시키는 기능을 갖고 있기 때문이다.

06. 다음 (가) ~ (마)를 맥락에 따라 순서대로 나열한 것은?

(가) 사유방식, 생활, 학습, 언어, 행위, 노동, 예절, 도덕 등에서 드러나는 개인의 습관은 한 사람의 소양을 드러내며 그가 세상을 살아가는 방식에 영향을 미친다. 또한 습관은 우리 의 선택과 외부적 환경으로부터 영향을 받는 정도를 결정하며, 나아가 우리의 인생 그리 고 타인과 사회를 바라보는 관점에도 영향을 미친다.

(나) 습관의 최상위 형식은 사고방식으로 이것은 이성과 철학의 영향을 크게 받는다. 예를 들 어 마르크스는 모든 문제를 두 가지의 대립된 모순으로 인식하는 경향이 있으며, 아인 슈타인은 가장 간단한 사실에서 시작하여 엄밀한 추론을 통해 가장 심오한 결론에 도 달한다.

(다) 습관의 힘은 실로 거대한 것으로 성공의 필수불가결한 요소이며, 가치를 따질 수 없이 귀중한 인생의 재화이자 자본이다. 좋은 습관을 기르는 것은 한 사람의 인생에 무한한 이익을 가져다주며 평범한 삶에서 특별한 삶으로 넘어가는 데에 가장 중요한 관건이 된다.

(라) 습관의 사전적 의미는 '장기간에 걸쳐 양성되어 단기에 고치기 어려운 행위, 경향 혹은 사회적 풍습'이다. 습관은 인간의 행위를 연구하는 많은 학자들이 오랫동안 관심을 가져 온 분야로 간단히 말해 일종의 안정적인 행위의 특징을 말한다.

(마) 습관의 형식에는 여러 가지가 있는데 '무조건적 반사'를 가장 기본적인 습관이라고 할 수 있다. 그보다 상위 단계의 습관으로는 언어와 동작의 습관을 들 수 있다. 일반적으로 우리가 '습관'이라고 부르는 것도 이러한 것들이다. 일부 학자들은 남녀 간에도 습관의 차이가 있다고 주장한다. 예를 들어 남자들은 집에 도착하기 전에 미리 호주머니에서 열 쇠를 꺼내는 한편, 여자들은 문 앞에 도달한 다음에 가방에서 열쇠를 꺼낸다는 것이다.

① (다)-(가)-(나)-(마)-(라)　　　② (다)-(라)-(나)-(마)-(가)

③ (라)-(가)-(마)-(나)-(다)　　　④ (라)-(마)-(가)-(다)-(나)

⑤ (마)-(라)-(다)-(가)-(나)

07. 다음 글을 통해 알 수 있는 것은?

> 항암제 임상시험은 암환자를 대상으로 하는 임상시험으로, 새로운 치료법의 효과성과 안정성을 증명하는 단계이다. 임상시험을 거친 항암제만이 암환자의 진료에 사용될 수 있으므로 항암제 임상시험은 신약개발의 필수적인 단계이다. 항암제 임상시험은 1상, 2상, 3상의 3단계로 진행되는데, 1상 임상시험은 환자에게 안전하게 사용할 수 있는 새로운 항암제의 최대용량 및 독성을 탐색하는 단계이다. 2상 임상시험은 특정 암에 대한 새로운 치료법의 효과를 규명하는 단계이며, 3상 임상시험은 1상, 2상 임상시험을 거친 항암제를 기존의 표준 치료와 비교하는 단계이다.
>
> 항암제 임상시험은 대부분 무작위배정을 통해 치료군 또는 대조군에 배정받게 되며 대상자 자신은 눈가림으로 어떠한 군에 속하게 되는지 알 수 없다. 성공적인 임상시험을 위해서는 임상시험 피험자의 모집 속도 및 임상시험 수행의 질이 중요 인자로 고려되지만, 알려지지 않은 부작용, 무작위배정 및 눈가림에 대한 이해의 부족 등은 임상시험에 참여하는 대상자들의 불확실성을 높여 그로 인해 두려움, 불안, 미련 등의 심리적인 스트레스를 경험하게 한다.
>
> 그러나 항암제 임상시험에 따르는 불확실성이 높더라도 이를 기회로 평가하고 대처를 잘한다면 의료진은 환자가 적응을 잘하도록 도울 수 있다. 따라서 항암제 임상시험 대상자들이 그들의 상황 속에서 적응을 잘하도록 돕기 위해서는 불확실성을 고려한 심리 상태에 대한 사정과 대처를 향상시킬 수 있는 간호계획을 수립하는 것이 필요하다. 특히 의료진의 자세한 설명과 효율적인 의사소통을 통해 임상시험에 대한 대상자들의 이해도를 높여 정보결여에서 비롯되는 불확실성을 줄이고, 지금의 상황을 기회로 인지할 수 있도록 돕는 간호계획 수립이 필요하다.

① 무작위배정 및 눈가림을 배제한 임상시험은 환자들에게 불안 심리를 없애 줄 수 있다.

② 환자가 임상시험에 따르는 불확실성을 받아들이는 방식에 따라 적응력이 다르게 나타난다.

③ 어느 단계의 임상시험에 응하는지를 알게 되면 임상시험에 대한 대처 능력이 향상될 수 있다.

④ 임상시험을 통한 항암제의 효과는 항암제 자체보다 환자의 심리 상태가 더 크게 작용한다.

⑤ 3상 임상시험을 거치지 않은 항암제는 환자에게 사용할 수 있는 최대용량을 알지 못한 채 이용된다.

08. 다음 글을 읽고 추론한 내용으로 타당한 것은?

CCTV는 특정 장소에 카메라를 설치한 후 유선이나 무선 네트워크를 통해 특정 수신자에게 화상을 전송하는 시스템으로 산업용, 교통제어용 등 다양한 용도로 사용 중이다. 범죄 예방 및 감소 수단으로 주목받으면서 그 수가 급증하고 있으나 실효성에 대해서는 찬반 의견이 나뉜다. 먼저 CCTV 비관론자들은 범죄자들이 CCTV 설치 지역에서 CCTV가 없는 곳으로 이동하는 범죄전이효과가 나타난다고 본다. 범죄자들은 어떤 난관이 있어도 범죄를 저지르므로 CCTV가 범죄 예방 효과를 내지 못하며 오히려 일반 국민이 감시받게 되어 기본권 침해가 발생한다는 것이다. 또한 CCTV 관련 비용은 지자체가 부담하고 관리는 경찰이 맡는 상황에서 CCTV 설치 장소로 지자체는 주민 밀집 지역을, 경찰은 범죄 다발 지역을 선호하는 문제가 발생한다. 지자체별 예산 규모에 따라 CCTV가 편중되어 설치되면 범죄전이효과가 극대화될 수도 있다. 반면 CCTV 낙관론자들은 CCTV가 범죄 억제에 효과가 있다고 본다. CCTV가 잘 정비된 영국에서 CCTV의 범죄 감소 효과를 주장하는 연구 결과가 꾸준히 나오고 있다. 우리나라에서도 2002년 강남구 논현동 주택가에 처음으로 5대의 CCTV를 설치 및 운영한 이후 1년간 해당 지역 내 범죄가 36.5%나 감소했다고 발표했다. 또한 이익확산이론에서는 어느 한 지역의 방범 체계가 견고하면 잠재적 범죄자들이 다른 지역에도 CCTV가 설치되어 있을 것으로 생각하여 범행을 단념한다고 본다.

① CCTV 비관론자는 2002년 논현동에서 감소한 범죄만큼 타 지역 범죄가 늘었다고 생각할 것이다.
② 이익확산이론은 한 지역의 CCTV 위치 및 수량을 잘 아는 잠재적 범죄자에게는 적용되지 않는다.
③ 경찰은 집중 관리하는 범죄 다발 지역보다 안전한 지역에 CCTV를 설치해 방범을 강화할 것이다.
④ 방송사 카메라가 방송용 몰래카메라 콘텐츠를 찍는다면 그때부터 CCTV로서 지위를 가진다.
⑤ 범죄전이효과에 따르면 범죄자들은 CCTV라는 장해에도 불구하고 CCTV 설치 지역에서 범죄를 저지를 것이다.

09. 다음 뉴스에서 전하는 내용이 아닌 것은?

기자 : 식량소비량 중 국내에서 생산된 농산물의 비율을 뜻하는 식량자급률. 지난해 국내 식량자급률은 50.9%입니다. 하지만 쌀과 감자 등을 제외한 대부분은 여전히 수입에 의존하고 있어 식량위기가 도래할 수 있다는 주장이 거셉니다. 지난해 국내 콩 자급률은 32.1%, 보리는 23%, 밀은 1.2%에 그쳤습니다. 농산물 가격이 오르면서 소비자물가를 위해 수입산이 대거 반입되고 있기 때문입니다. 그러나 전문가들은 이 같은 먹거리 수입 의존은 향후 국제곡물가격 폭등 시 국내 식량위기를 초래할 것이라고 경고합니다.

전문가 A : 필리핀 같은 경우 1970년대까지만 하더라도 세계에서 쌀을 수출하는 주요 국가였습니다. 그러나 정부가 쌀을 수입하는 정책으로 변환하며 자급률이 줄게 되었고 2007 ~ 2008년 애그플레이션이 나타났던 시기에 식량 폭동까지 나타났습니다. 아무리 소득이 많고 수급여건이 좋아도 일정 수준의 자급이 되지 못하면 식량안보상황에 처할 수 있고 이러할 경우 정치 · 사회적 혼란을 야기해서 국민들에게 큰 고통을 줄 수 있다고 말할 수 있습니다.

기자 : 세계 곡물수요가 공급을 초과하거나 주요 수입국의 자연재해 등으로 곡물 조달이 어려운 경우, 국내 농산물 생산기반이 없으면 식량난을 겪을 것이라는 예측입니다.

전문가 B : 우리나라의 곡물자급률(사료용 작물 포함)이 24% 수준입니다. 쌀 외에는 거의 외국 수입에 의존하고 있다고 보시면 되는데요. 전 세계적으로 수요가 늘어나는 등 장기적인 요소가 있고, 단기적으로 곡물파동 등 이상 기온으로 인한 곡물가 급등 등을 식량안보를 위협하는 요소로 볼 수 있습니다.

기자 : 정부는 지난 2013년의 목표치를 대내외 환경변화를 고려해 새롭게 설정하고 공급과잉 상태의 쌀 외에 다른 작물 중심으로 자급률을 높여 식량자급률과 농가소득에 도움이 되는 방향을 추진할 방침입니다.

① 이상기온이 발생하면 곡물가가 급등할 수 있다.
② 식량안보를 위해 쌀의 자급률을 높여야 한다.
③ 식량자급률은 식량안보상황에 영향을 줄 수 있다.
④ 식량안보가 확보되지 못하면 사회적 혼란이 야기된다.
⑤ 식량안보를 위해 농산물의 수입 의존도를 낮춰야 한다.

10. 다음 글의 내용과 일치하지 않는 것은?

> 우리의 의지나 노력과는 크게 상관없이 국제 정세 및 금융시장 등의 변화에 따라 우리나라가 수입에 의존하는 원자재 가격은 크게 출렁이곤 한다. 물론 이러한 가격 변동은 다른 가격에도 영향을 미치게 된다. 예를 들어 중동지역의 불안한 정세로 인해 원유 가격이 상승했고, 이로 인해 국내의 전기료도 올랐다고 해 보자. 그러면 국내 주유소들은 휘발유 가격을 그대로 유지할지 아니면 어느 정도 인상할 것인지에 대해 고민에 빠질 것이다. 만일 어느 한 주유소가 혼자 휘발유 가격을 종전에 비해 2% 정도 인상한다면, 아마 그 주유소의 매상은 가격이 오른 비율 2%보다 더 크게 줄어들어 주유소 문을 닫아야 할 지경에 이를지도 모른다. 주유소 주인의 입장에서는 가격 인상 폭이 미미한 것이라 하여도 고객들이 즉시 값이 싼 다른 주유소에서 휘발유를 구입하기 때문이다. 그러나 전기료가 2% 오른다 하더라도 전기 사용량에는 큰 변화가 없을 것이다. 물론 전기를 아껴 쓰게 되겠지만, 전기 사용량을 갑자기 크게 줄이기도 힘들고 더군다나 다른 전기 공급자를 찾기도 어렵기 때문이다.
>
> 이처럼 휘발유시장과 전기시장은 큰 차이를 보이는데, 그 이유는 두 시장에서 경쟁의 정도가 다르기 때문이다. 우리 주변에 휘발유를 파는 주유소는 여러 곳인 반면, 전기를 공급하는 기업은 그 수가 제한되어 있어 한 곳에서 전기 공급을 담당하는 것이 보통이다. 휘발유시장이 비록 완전경쟁시장은 아니지만 전기시장에 비해서는 경쟁의 정도가 훨씬 크다. 휘발유시장의 공급자와 수요자는 시장 규모에 비해 개별 거래규모가 매우 작기 때문에 어느 한 경제주체의 행동이 시장가격에 영향을 미치기는 어렵다. 즉, 휘발유시장은 어느 정도 경쟁적이다. 이와는 대조적으로 전기 공급자는 시장가격에 영향을 미칠 수 있는 시장 지배력을 갖고 있기 때문에 전기시장은 경쟁적이지 못하다.

① 재화의 소비자와 생산자의 수 측면에서 볼 때 휘발유시장은 전기시장보다 더 경쟁적이다.

② 새로운 기업이 시장 활동에 참가하는 것이 얼마나 자유로운가의 정도로 볼 때 휘발유시장은 전기시장보다 더 경쟁적이다.

③ 기존 기업들이 담합을 통한 단체행동을 할 수 있다는 측면에서 볼 때 휘발유시장이 완전 경쟁적이라고 할 수는 없다.

④ 휘발유시장의 경우와 같이 전기 공급자가 많아지게 된다면 전기시장은 휘발유시장보다 더 경쟁적인 시장이 된다.

⑤ 시장 지배력 측면에서 볼 때 휘발유시장은 전기시장보다 더 경쟁적이다.

11. 다음 중 ㉠과 ㉡에 대한 설명으로 옳지 않은 것은?

> 우리 헌법 제1조 제2항에서는 '대한민국의 주권은 국민에게 있고, 모든 권력은 국민으로부터 나온다'라고 규정하고 있다. 이 규정은 국가의 모든 권력의 행사가 주권자인 국민의 뜻에 따라 이루어져야 한다는 의미로 해석할 수 있다. 따라서 국회의원이 지역구 주민의 뜻에 따라 입법해야 한다고 생각하는 사람이 있다면, 이 조항을 그러한 생각의 근거로 삼으면 될 것이다. 이 주장에서와 같이 대표자가 자신의 권한을 국민의 뜻에 따라 행사해야 하는 대표 방식을 ㉠<u>명령적 위임 방식</u>이라 한다. 명령적 위임 방식에서는 민주주의의 본래 의미가 충실하게 실현될 수 있으나, 현실적으로 표출된 국민의 뜻이 국가 전체의 이익과 다를 경우 바람직하지 않은 결과가 초래될 수 있다.
>
> 한편 우리 헌법에서는 '입법권은 국회에 속한다(제40조)', '국회의원은 국가 이익을 우선하여 양심에 따라 직무를 행한다(제46조 제2항)'라고 규정하고 있다. 이 규정은 입법권이 국회에 속하는 이상 입법은 국회의원의 생각에 따라야 한다는 뜻이다. 이 규정의 목적은 국회의원 각자가 현실적으로 표출된 국민의 뜻보다는 국가 이익을 고려하도록 하는 데 있다. 이에 따르면 국회의원은 소속 정당의 지시에도 반드시 따를 필요는 없다. 이와 같이 대표자가 소신에 따라 자유롭게 결정할 수 있도록 하는 대표 방식을 ㉡<u>자유 위임 방식</u>이라고 부른다. 자유 위임 방식에서 구체적인 국가 의사결정은 대표자에게 맡기고, 국민은 대표자 선출권을 통해 간접적으로 대표자를 통제한다. 국회의원의 모든 권한은 국민이 갖는 이 대표자 선출권에 근거하기 때문에 자유 위임 방식은 헌법 제1조 제2항에도 모순되지 않으며, 우리나라는 기본적으로 이 방식의 입장을 취하고 있다.

① ㉠과 ㉡은 입법 활동에서 누구의 의사가 우선시되어야 하는가에 따라 구분된다.

② ㉠이 헌법 제1조 제2항을 따르는 것과 달리 ㉡은 모든 권력이 국민으로부터 나온다는 입장에 반대한다.

③ ㉠은 국민이 국회의원의 입법 활동을 직접적으로 통제할 수 있다는 입장을 취한다.

④ 국회의원이 자신의 소신에 따라 의사를 결정할 수 있다면 ㉡과 같은 입장을 취하는 것이다.

⑤ 국회의원의 소신을 중시하는 ㉡이더라도 국민의 의견은 간과되지 않는다.

12. 다음 글의 내용과 일치하는 것은?

향수는 원액의 농도에 따라 퍼퓸, 오드 퍼퓸, 오드 뚜왈렛, 오드 콜로뉴 등으로 나뉜다. 퍼퓸은 알코올 85%에 향 원액이 30% 정도 함유되어 있고, 향은 약 12시간 정도 지속된다. 퍼퓸 다음으로 농도가 짙은 오드 퍼퓸은 알코올 92%에 향 원액이 15% 정도 함유되어 있으며 향의 지속시간은 7시간 정도이다. 오드 뚜왈렛은 알코올 80%, 향료 8%에 3～4시간 정도 향이 지속되고, 오드 콜로뉴는 알코올 95%, 향료 5%에 1～2시간 정도 향이 지속된다.

향취는 톱 노트, 미들 노트, 라스트 노트의 3단계로 변하는데 먼저 톱 노트는 알코올과 함께 섞인 향으로 향수 뚜껑을 열자마자 처음 맡게 되는 냄새이다. 미들 노트는 알코올 냄새가 조금 느껴지면서 원래 향수의 주된 향기가 맡아지는 단계이고, 라스트 노트는 맨 마지막에 남는 냄새로 향수 본래의 향취가 나는 단계이다. 향수는 라스트 노트가 6시간 정도 지속되는 것이 가장 좋으므로 알코올이 어느 정도 날아가고 난 상태에서 향을 맡아 보고 고르는 것이 좋다. 또한 향취는 밑에서 위로 올라오는 성질이 있기 때문에 잘 움직이는 신체 부분에 발라야 하며 귀 뒤나 손목, 팔꿈치 안쪽 등 맥박이 뛰는 부분에 뿌리면 향의 지속력이 더 좋아지고 은은하게 발산된다.

① 향수는 원액의 농도가 높을수록 가격이 비싸다.
② 톱 노트가 오래 지속되는 향수를 골라야 한다.
③ 향수를 목에 뿌리면 향이 오래 지속되지 않는다.
④ 아침에 뿌리고 밤까지 향이 지속되기를 원한다면 퍼퓸을 구입한다.
⑤ 알코올은 향수 본래의 향취를 다 날아가게 한다.

13. 다음 (가)～(라)를 문맥에 따라 순서대로 배열한 것은?

(가) 이러한 상황에서 고령층은 새로운 소득 작물을 재배하기도 하고, 지역 농산물을 활용해 독창적인 상품을 만들어 내기도 한다.
(나) 그러나 이제는 농촌에서 태어나는 아이도 없을뿐더러 그나마 있는 청년들도 도시로 떠나려 한다.
(다) 그럼에도 농촌에서 능력을 발휘하며 열정을 불태우는 청년들이 있다는 것은 매우 고무적인 일이다.
(라) 사회 전반적으로 고령화가 진행되고 있지만 농촌은 특히나 심각하다.

① (라) – (가) – (나) – (다)   ② (라) – (가) – (다) – (나)   ③ (라) – (나) – (가) – (다)
④ (라) – (나) – (다) – (가)   ⑤ (라) – (다) – (나) – (가)

14. 다음 (가), (나)를 읽고 도출할 수 있는 결론으로 적절한 것은?

> (가) 지난해 정부에서는 정보격차 해소를 위해 저소득층 가정의 아이들에게 컴퓨터 등의 정보 통신기기를 보급하였다. 이를 통해 저소득층 아이들의 정보 접근성 및 활용능력이 향상 되고 학업성적의 향상에도 도움이 될 것으로 전망하였다. 그런데 올해 정보 통신기기를 지원받은 아이들의 학업성적을 살펴본 결과, 성적이 오른 아이들은 소수에 불과하고 대 부분이 전과 유사한 성적에 머물거나 오히려 하락한 것으로 나타났다.
>
> (나) 정보 통신기기의 보급은 아이들로 하여금 다양한 지식을 쉽게 얻을 수 있도록 한다는 점에서 도움이 되지만, 수업에 대한 흥미와 집중력이 낮아지고 공부를 소홀히 하는 행동 등을 유발하여 학업성적이 떨어지는 이유가 되기도 한다. 그런데 정보 통신기기로 인한 학업성적의 하락은 저소득층 가정의 아이들에게서 더 큰 폭으로 나타나는데, 이러한 결 과는 부모들의 관리에서 비롯된다고 보는 견해가 있다. 대부분 고소득층의 부모들은 자 녀의 기기 활용에 대해 관리와 통제를 가하지만, 저소득층의 부모들은 이러한 관리에 대 해 소홀한 경향이 있다는 것이다.

① 정보 통신기기의 보급은 정보격차 해소에는 도움이 되지만 아이들의 학업수준에는 부정적인 영 향을 미친다.

② 정보 통신기기의 보급을 통하여 부모들의 소득수준과 아이들의 학업수준과의 관련성을 찾아볼 수 있다.

③ 저소득층 아이들의 학업성적은 정보 통신기기의 보급에 따라 영향을 받으므로 적절한 조절을 통해 아이들의 성적 향상을 도울 수 있다.

④ 저소득층의 정보 통신기기 보급률은 고소득층보다 낮은 수준으로, 이로 인한 정보수준의 격차가 아이들의 학업에 영향을 미친다.

⑤ 아이들의 학업성적은 정보 통신기기의 보급보다 기기에 대한 관리와 통제가 더 중요하게 작용 한다.

15. 다음 글의 빈칸 ㉠에 들어갈 내용으로 가장 적절한 것은?

> 노예들이 저항의 깃발을 들고 일어설 때는 그들의 굴종과 인내가 한계에 이르렀을 때이다. 그러나 분노와 원한이 폭발하더라도 그것이 개인의 행위로 발생할 경우에는 개인적 복수극에 그치고 만다. 저항의 본질은 억압하는 자에 대한 분노와 원한이 확산되어 가치를 공유하게 되는 데 있다. 스파르타쿠스가 저항의 깃발을 들어 올렸을 때, 수십만 명의 노예와 농민들이 그 깃발 아래로 모여든 원동력은 바로 이러한 공통의 분노, 공통의 원한, 공통의 가치에 있었다.
>
> 프로메테우스의 신화에서도 저항의 본질을 엿볼 수 있다. 프로메테우스는 제우스가 인간에게 불을 보내 주지 않자, 인간의 고통에 공감하여 '하늘의 바퀴'에서 불을 훔쳐 지상으로 내려가 인간에게 주었다. 프로메테우스의 저항에 격노한 제우스는 인간과 프로메테우스에게 벌을 내렸다. 인간에게는 불행의 씨앗이 들어 있는 '판도라의 상자'를 보냈고 프로메테우스에게는 쇠줄로 코카서스 산 위에 묶인 채 독수리에게 간을 쪼아 먹히는 벌을 내린 것이다.
>
> (㉠   ) 그리스도교의 정신과 의식을 원용하여 권력의 신성화에 성공한 중세의 지배체제는 너무도 견고하여 농민들의 눈물과 원한이 저항의 형태로 폭발하지 못했다. 반면 산업사회의 시민이나 노동자들은 평균적이고 안락한 생활이 위협받을 때에만 '저항의 광장'으로 나가는 모험을 감행했다. 그들이 바라고 지키려던 것은 가족, 주택, 자동차, 휴가였다.
>
> 저항이 폭발하여 기존의 지배체제를 무너뜨리고 새로운 왕조나 국가를 세우고 나면 그 저항의 힘은 시들어 버린다. 원한에 사무친 민중들의 함성이야말로 저항의 원동력이기 때문이다. 저항의 형태를 취하고 있으면서도 권력 쟁탈을 목적으로 한 쿠데타와 같은 적대 행위는 그 본질에 있어서 지배와 피지배의 관계에서 발생하는 저항과는 다르다. 권력의 성채 속에서 벌어지는 음모, 암살, 배신은 이들 민중의 원한과 분노에서 비롯된 것이 아니기 때문이다.

① 시대의 흐름에 따라 저항은 여러 가지 모습으로 그 형태를 달리하였다.

② 저항에 나선 사람들이 느끼는 굴종과 인내의 한계는 시대와 그들이 처한 상황에 따라 다르게 나타난다.

③ 굴종과 인내의 한계는 시대가 변화함에 따라 달라졌고, 저항을 보는 사회적 시선도 그에 따라 변화됐다.

④ 사회와 시대가 발전되어 감에 따라 저항이 표출되는 행태 또한 예전과 달라졌지만 변함없이 우리 사회에 존재하여 왔다.

⑤ 지배계급을 향한 대규모 저항은 타인의 분노와 원한에 공감해야만 발생한다.

16. 다음 글의 글쓴이가 말하고자 하는 바를 반박하는 내용으로 적절한 것은?

> 우리가 기술을 만들지만 기술은 우리 경험과 인간관계 및 사회적 권력관계를 바꿈으로써 우리를 새롭게 만든다. 어떤 기술은 인간 사회를 더 민주적으로 만드는 데 기여하지만 어떤 기술은 독재자의 권력을 강화하는 데 사용된다. 예를 들어 라디오는 누가, 어떻게, 왜 사용하는가에 따라서 다른 결과를 낳는다. 그렇지만 핵무기처럼 아무리 민주적으로 사용하고 싶어도 그렇게 사용할 수 없는 기술도 있다. 인간은 어떤 기술에 대해서는 이를 지배하고 통제하는 주인 노릇을 할 수 있다. 그렇지만 어떤 기술에는 꼼짝달싹 못하게 예속되어 버린다.
>
> 기술은 새로운 가능성을 열어 주지만 기존의 가능성 중 일부를 소멸시키기도 한다. 따라서 이렇게 도입된 기술은 우리를 둘러싼 기술 환경을 바꾸고, 결과적으로 사회 세력들과 조직들 사이의 역학 관계를 바꾼다. 새로운 기술 때문에 더 큰 힘을 가지게 된 그룹과 힘을 잃게 된 그룹이 생기며 이를 바탕으로 사회 구조의 변화가 생긴다.
>
> 기술 중에는 우리가 잘 이해하고 통제하는 기술도 있지만 대규모 기술 시스템은 한두 사람의 의지만으로는 통제할 수 없다. '기술은 언제나 사람에게 진다'라고 계속해서 믿다가는 기술의 지배와 통제를 벗어나기 힘들다. 기술에 대한 비판적이면서 균형 잡힌 철학과 사상이 필요한 것은 이 때문이다.

① 전문가를 통해 충분히 기술을 통제할 수 있다.
② 기술의 양면성은 철학과 사상이 아닌 새로운 기술로 보완해야 한다.
③ 기술의 순기능만을 더 발전시켜야 한다.
④ 새로운 기술로 힘을 잃게 된 그룹을 지원해 주는 정책이 필요하다.
⑤ 철학과 사상은 기술을 지배하고 통제할 수 있다.

17. 다음 글을 읽고 이해한 내용으로 적절하지 않은 것은?

> 가족은 경제적으로 협동하는 사회적 단위이자 정서적 욕구를 충족하는 곳이다. 그러나 구성원들 간의 이런 끈끈함은 외부 세계에 대한 배타성을 강화시키고 사적 이익만을 추구하게 하여 이타성과 공공선을 추구하는 공동체의 원리와 대립하게 한다.
>
> 그동안 우리 사회는 경제적으로 급성장하였지만 불균등한 분배 구조로 계층 간의 차이가 지속적으로 확대되었고, 그 차이는 다음 세대로 전승되어 사회적 불평등 구조가 재생산되고 있다. 이러한 사회적 불평등 재생산 구조는 한국 특유의 배타적 가족주의와 결합되면서 온갖 사회 모순을 확대시켜 왔다. 기업의 족벌 경영 체제, 부동산 투기, 사치성 소비 성향, 고액 과외 등의 부정적 현상들은 개개인들이 자기 가족의 안락과 번영을 위해 헌신한 행위로 정당화되어 결과적으로 가족 집단의 공동 이익이 다른 가족들의 경제적 빈곤을 악화시키는 반공동체적 행위를 강화시켜 왔다.
>
> 이와 같이 가족 내에서 형성된 배타성이 전체 사회의 공동체적 언어를 파괴할 뿐만 아니라 가족생활 자체도 점차 공동체적 성격을 상실해 간다면, 가족은 더 이상 전체 사회에 유익한 일차 집단이 될 수 없다. 그럼에도 불구하고 가족에 대한 비판을 금기시하고 신성화하는 이데올로기를 고집한다면 우리 사회가 직면한 문제들을 해결하기는 더욱 어려워질 것이다.

① 배타적 가족주의는 한국 특유의 현상이다.
② 가족 공동체는 사회의 일차 집단이다.
③ 현재는 가족에 대한 비판을 금기시하고 있다.
④ 가족주의를 사회의 구조적 불평등 문제와 연결시키고 있다.
⑤ 가족의 이익추구는 사회적 공동체의 원리와 대립한다.

18. 다음 글의 제목으로 적절한 것은?

오늘의 급속한 사회적, 직업적 변화 가운데 지속가능한 노동시장 경쟁력과 고용가능성을 갖추는 것은 개인뿐 아니라 국가 차원에서도 중요하게 자리 잡게 되었다. 이는 현대적 환경 변화에 따른 주도적 경력 관리의 책임이 우선적으로는 조직 또는 개인에게 있지만, 지속가능한 성장과 국가 경쟁력 강화를 위해 국가 차원에서의 체계적인 정책 수립과 이에 따른 세부적인 지원 방향 마련이 필요해졌기 때문이다. 거시적 측면에서 볼 때 과학기술의 진보뿐 아니라 경제성장의 둔화, 인구의 고령화, 노동시장의 유연화, 일자리 부조화 등 주요 변화에 따라 개인과 조직 간 심리적 계약의 내용과 형태도 바뀌고 있으며 전 생애 과정을 통한 경력개발의 필요성도 더욱 강조되고 있다. 이는 고용서비스 대상 또는 개인의 특성과 상황에 따라 더욱 다양하게 요구되는 실정이다. 청소년의 경우 4차 산업혁명에 따른 생애 전 영역에서의 변화와 미래 직업세계 변화에 대비할 수 있는 기본적인 태도와 자질, 미래역량을 함양할 수 있는 정책적 지원이 필요하다. 청년의 경우에는 진로취업역량 강화를 위한 더욱 구체적이고 체계적인 정책 지원 방안 마련이 요구되고 있다. 또한 지속가능한 경력개발과 고용가능성 함양을 위해서는 과거 실직자 대상의 취업지원 서비스에서 한 걸음 더 나아가 재직자 대상의 직업능력 향상 및 생애경력설계 지원이 요구되고 있다. 급속한 고령화의 진전과 노동시장의 불안정성, 베이비부머의 일자리 퇴직과 재취업 등으로 공공 고용서비스 영역에서 퇴직을 전후로 한 중·장년 근로자 대상의 정책과 적극적인 지원방안 마련 또한 절실히 요구되고 있다.

① 거시적 관점에서의 노동시장 변화의 이해
② 지속가능 성장을 위한 노동시장의 유연화
③ 생애경력개발을 위한 정책 지원의 필요성
④ 4차 산업혁명으로 인한 고용시장의 변화와 전망
⑤ 생산가능인구 감소 시대의 경제성장과 노동시장

19. 다음 (가) ~ (라)를 문맥에 맞게 순서대로 배열한 것은?

> (가) 스마트폰의 혁신에서 스티브 잡스의 기여는 대단하다. 그는 직관적 인터페이스를 강조하여 터치스크린과 애플리케이션으로 스마트폰을 단순한 고급 휴대 전화나 소형 컴퓨터가 아닌, 사람들이 항상 휴대하거나 필수로 간직하게 되는 것으로 만들었다. 이것은 착용하는 것이라는 표현이 더 적절할 것이다.
>
> (나) 스마트폰이 성공을 거둔 것도 그것이 휴대 전화와 인터넷 단말기를 복합하여 소형화한 것이어서가 아니다. 스마트폰은 그것 자체가 하나의 문화가 되었다. 어느 누구든 항상 연결의 망 속에서 주체를 발견할 수 있다. 카카오톡이나 카카오스토리라는 파생 상품이 성공을 거둔 것도 그 때문이다. 어떤 기술도 인문학적 소양이나 예술적 감각 없이는 우리 사회에서 과연 그 쓸모를 말할 수 있을까 싶을 정도로 오늘날 우리 사회는 융합이 필요하다.
>
> (다) 스마트폰이 우리 생활에 가져온 혁신과 혁명을 일일이 열거하기란 어려울 것이다. 스마트폰은 컴퓨터이면서 전화기이고, 전화기이자 인터넷 검색기이기도 하다. 이동식 휴대 전화나 인터넷, 컴퓨터 하나하나는 이미 만들어져 있는 것이다. 스마트폰은 이것을 하나로 모아서 휴대가 가능하게 했다.
>
> (라) 스티브 잡스는 기술, 인문, 예술의 융합을 강조했다. 그가 말하는 직관적 인터페이스도 이러한 융합적 사고로부터 만들어진 산물이다. 이러한 융합적 사고나 융합적 재능은 천재적 개인의 창조적 능력에만 그치는 것은 아니다. 우리의 삶이나 생활이 이제는 융합적 사고를 하지 않고서는 안 되게 만들어지고 있다.

① (가) – (다) – (라) – (나)   ② (나) – (가) – (라) – (다)   ③ (다) – (가) – (나) – (라)

④ (다) – (가) – (라) – (나)   ⑤ (다) – (라) – (가) – (나)

20. 다음 글을 읽고 추론한 내용으로 옳은 것은?

소비자의 구매 경로는 인지, 호감, 질문, 행동, 옹호의 과정을 거친다고 한다. 이 중에서 기업이 그들의 역량을 집중시켜야 하는 부분은 바로 기업의 옹호자를 만드는 과정이다. 기업의 옹호자가 된 소비자는 기업이 추구하는 철학에 공감하고 기업으로 인해 자부심을 느끼기도 하기 때문이다.

기업의 옹호자를 만들기 위해 기업에게 필요한 요소는 진정성이다. 오늘날의 소비자는 제품의 가격, 품질보다는 기업의 진정성을 구매의 기준으로 삼는 경우가 많다. 이는 기술의 발달로 제품의 품질과 성능이 비슷해지면서 제품 간 차별성이 약해졌기 때문이다. 사회적으로도 기업의 투명성이 강조되면서 기업의 진정성이 어떤 방식으로 전달되는지가 중요해졌다.

기업의 진정성이 중요해진 데에는 소비자의 진화가 결정적인 요인으로 작용했다. 소비자가 기업이 제공하는 정보에 의존하던 과거와 달리 오늘날에는 소비자가 실제 제품을 사용해 본 타인의 사용 후기, 전문가 의견, 블로거 리뷰 등의 간접적인 경험을 통해 제품 구매를 결정한다. 따라서 기업은 자신들의 의도대로 소비자의 인식을 바꾸려 하기보다는 제품에 관한 모든 것을 투명하게 공개한 후 이를 직·간접적으로 접하게 되는 소비자의 경험 가치를 관리해야 한다. 오늘날의 소비자는 자신의 구매 활동이 개인적 활동인 동시에 사회적 의미도 내포하고 있음을 알고 있다. 이에 따라 가격과 품질만 좋다면 기업의 이미지와는 상관없이 제품을 구매했던 과거와 다르게 오늘날의 소비는 기업이 지닌 철학과 기업의 이미지를 고려하여 비록 가격이 조금 더 비싸더라도 사회적으로 긍정적인 효과를 주는 제품을 구매하기도 한다.

진정성은 광고나 구호 등으로 표현되는 것이 아니라 생산 소비의 모든 과정에서 일련의 행동을 통해 나타나므로 기업이 진정성을 보이기 위해서는 기업의 철학과 이를 실천하고자 하는 구성원의 노력이 필수적이다. 기업은 제품 자체에 대해 진정성을 나타낼 수 있고 때로는 고객에 대해, 때로는 사회적 가치에 대해 진정성을 나타낼 수도 있다. 비록 기업에 약간의 결점이 있더라도 기업이 소비자와 공감대를 형성하고 겸손함과 같은 미덕을 보여 준다면 소비자는 그 기업을 투명한 기업으로 느끼면서 신뢰하고 옹호하게 된다.

① 제품에 관한 정보를 얻을 수 있는 경로가 다양해지면서 기업의 진정성 전달은 더욱 중요해졌다.
② 기업의 진정성을 전달하기 위해서는 소비자의 인식변화를 이끌어 내는 광고를 하는 것이 효과적이다.
③ 진정성을 보이는 전략은 기업의 이미지 개선에 도움이 되지만 매출 증대에는 별다른 영향을 주지 못한다.
④ 옷을 팔 때마다 저소득층에게 그만큼의 옷을 기부하는 것은 제품 자체에 대해 진정성을 나타내는 방법이다.
⑤ 기업의 옹호자가 된 오늘날의 소비자는 기업이 추구하는 철학에 공감하고 기업이 제공하는 정보에 의존하는 소비패턴을 형성한다.

21. 글의 흐름에 따라 빈칸 ㉠에 들어갈 문장으로 적절한 것은?

2019년 우리나라 중·고등학교 청소년 8만 명을 대상으로 한 어느 설문조사 결과에 따르면 조사 시점을 기준으로 할 때 '이전 30일 동안 단식을 했거나 식사 후에 구토 등의 다이어트 경험이 있는가?'라는 질문에 여학생의 약 21.2%, 남학생의 약 12.9%가 그렇다고 하였다. 또한 이들이 이와 같은 굶는 다이어트를 하는 이유는 날씬한 신체를 만들기 위함인 것으로 나타났으며, 이러한 방식이 몸에 해로울 것이라고 생각하는 사람은 매우 드물게 나타났다. 그러나 여기에서 문제가 되는 것은 (㉠   )는 점이다.

음식 섭취 행위는 소화기관과 중추신경의 복합적 과정을 통해 이루어진다. 식욕 촉진 호르몬인 그렐린(Ghrelin)과 식욕 억제 호르몬인 렙틴(Leptin) 등이 분비되어 인체에의 영양소 공급과 배부르게 먹고 느끼는 포만감 사이의 조절을 통해 항상성을 유지하게 해 주며, 이와 동시에 음식 섭취를 일종의 쾌감으로 인식하는 뇌의 보상회로로도 작용하게 된다. 정상인의 경우에는 배가 고프면 위에서 분비된 그렐린이 뇌의 시상하부에 도달·작용하여 음식을 섭취하게 하고, 반대로 배가 부를 경우 지방 조직의 세포에서 분비된 렙틴이 뇌에 도달·작용하여 음식 섭취를 멈추게 한다.

그러나 굶는 다이어트를 통해 식욕을 강제적으로 심하게 억제할 경우에는 음식 섭취에 대한 이러한 조절 회로에 문제가 발생한다. 뇌가 지속적으로 배고픔의 신호를 보냄에도 이를 무시하고 음식을 섭취하지 않음으로써 뇌의 포만감 계통에 이상이 유발되는 것이다. 뇌에는 '쾌감 회로'가 있어 음식 섭취에 따른 만족감·즐거움을 인지하는데, 굶는 다이어트를 자주 하게 되면 심리적 보상의 작용으로 오히려 쾌감 회로가 더욱 강하게 발달하게 된다. 같은 음식을 먹더라도 더 큰 만족감을 느끼며, 그 쾌감을 계속 유지하기 위해 허기진 상태가 아님에도 계속해서 음식을 섭취하게 되는 것이다. 포만감을 느끼지 못하므로 음식에 대한 일종의 내성이 생긴 것처럼 점점 더 많은 양의 음식을 섭취하게 되며, 음식 섭취를 중단하게 되면 불안함·초조함과 같은 금단 증상도 나타나게 된다. 또한 심한 경우 폭식을 하는 등의 중독 증상을 보이기도 하며, 무리한 식욕 억제가 계속적으로 반복되다 보면 뇌는 음식을 섭취하여도 포만감을 바로 느끼지 못하고 계속해서 식욕을 느끼게 된다.

① 진정한 다이어트를 위해서는 정신을 먼저 다스려야 한다
② 굶는 다이어트를 하면 신경이 예민해져 폭식을 하게 된다
③ 다이어트는 호르몬의 분비가 가장 큰 영향을 미친다
④ 굶는 다이어트는 결국 음식 중독으로 연결될 수 있다
⑤ 굶는 다이어트는 음식을 먹는 것에 대한 쾌감 회로를 약화시킨다

22. 다음 글을 읽고 제시한 견해로 적절하지 않은 것은?

> 한국 사회는 이미 '초저출산 사회'로 접어들었고, 최근에는 초저출산 현상이 심화되는 양상이다. 초저출산 현상은 여성 1명이 평생 낳을 수 있는 평균 자녀 수인 합계출산율이 1.3명 이하인 경우를 말한다. 일선 지방자치단체들이 인구 증가시책의 하나로 출산·양육지원금을 경쟁적으로 늘리고 있으나 출생아는 물론 오히려 인구까지 줄고 있다.
>
> 전북 진안군은 파격적인 출산장려금 지원에도 좀처럼 인구가 늘지 않아 고민이다. 2013년 2만 7천6명이었던 진안군 인구는 지난해 2만 6천14명으로 줄었다. 해마다 감소하는 출산율을 높이기 위해 지난해 출산장려금을 대폭 늘렸는데도 효과를 보지 못했다. 진안군은 2007년부터 첫째·둘째 120만 원, 셋째 이상 450만 원씩 지원하던 출산장려금을 지난해 각 360만 원과 1천만 원으로 늘렸다. 열악한 군의 재정 상황에도 인구를 늘리기 위한 고육지책이었다. 경북 영덕군은 첫째 출산 때 30만 원, 둘째 50만 원, 셋째 이상 100만 원을 주고 첫돌에 30만 원, 초등학교 입학 때는 40만 원을 준다. 하지만 2013년 말, 인구가 4만 142명에서 2014년 3만 9천586명으로 4만 명 선이 무너졌다. 이후에도 2015년 3만 9천191명, 2016년 3만 9천52명에서 2017년 6월 3만 8천703명으로 계속 감소하고 있다.
>
> 정부도 저출산 문제 해결을 위해 2006년부터 10여 년간 저출산·고령사회 대책 마련에 100조 원가량을 쏟아 부었지만 별 효과를 보지 못하고 있다. 출산율은 결국 출산과 교육 등 사회양육 환경과 소득 등 경제 여건에 많이 좌우되기 때문에 일시적 지원금은 출산율 제고에 한계가 있으며 부수적 요소에 지나지 않는다.

① 우리나라는 지속적인 출산율 저하로 초저출산현상을 겪고 있다.

② 일회적이고 단편적인 지원책으로는 출산율을 늘리는 데 한계가 있다.

③ 일선 지방자치단체들이 인구 증가시책의 하나로 출산·양육지원금제도를 시행하고 있으나 오히려 인구가 줄고 있다.

④ 국가 차원의 보육체계 강화나 인식의 전환 없는 대책은 그 효과가 제한적일 수밖에 없다.

⑤ 지방자치단체들은 출산율을 높이기에 실효성 있는 지원금 액수가 얼마 정도인지 제대로 파악하지 못하고 있다.

23. 다음 글을 통해 유추한 내용으로 적절하지 않은 것은?

> 한 마리의 개미가 모래 위를 기어가고 있다. 개미가 기어감에 따라 모래 위에는 하나의 선이 생긴다. 개미가 모래 위에서 방향을 이리저리 틀기도 하고 가로지르기도 하여 형성된 모양이 아주 우연히도 이순신 장군의 모습과 유사한 그림같이 되었다고 하자. 이 경우, 그 개미가 이순신 장군의 그림을 그렸다고 할 수 있는가? 개미는 단순히 어떤 모양의 자국을 남긴 것이다. 우리가 그 자국을 이순신 장군의 그림으로 보는 것은 우리 스스로가 그렇게 보기 때문이다. 선 그 자체는 어떠한 것도 표상하지 않는다. 이순신 장군의 모습과 단순히 유사하다고 해서 그것이 바로 이순신 장군을 표상하거나 지시한다고 할 수 없다.
>
> 반대로 어떤 것이 이순신 장군을 표상하거나 지시한다고 해서 반드시 이순신 장군의 모습과 유사하다고 할 수도 없다. 이순신 장군의 모습을 본뜨지도 않았으면서 이순신 장군을 가리키는 데에 사용되는 것은 활자화된 '이순신 장군'과 입으로 말해진 '이순신 장군' 등 수없이 많다.
>
> 개미가 그린 선이 만약 이순신 장군의 모습이 아니라 '이순신 장군'이란 글자 모양이라고 가정해 보자. 그것은 분명히 아주 우연히 그렇게 된 것이므로, 개미가 그리게 된 모래 위의 '이순신 장군'은 이순신 장군을 표상한다고 할 수 없다. 활자화된 모양인 '이순신 장군'이 어느 책이나 신문에 나온 것이라면 그것은 이순신 장군을 표상하겠지만 말이다. '이순신'이란 이름을 책에서 본다면 그 이름을 활자화한 사람이 있을 것이고, 그 사람은 개미와는 달리 이순신 장군의 모습을 생각하고 있었으며, 그를 지시하려는 의도를 분명히 가졌을 것이기 때문이다.

① 이름이 어떤 것을 표상하기 위해 의도는 필요조건이다.

② 어떤 것을 표상하기 위해 유사성은 충분조건이 아니다.

③ 이순신 장군을 그리고자 그린 그림이라도 이순신 장군과 닮지 않았다면 그를 표상하는 그림이라고 볼 수 없다.

④ 이름이 어떤 대상을 표상하기 위해서는 그 이름을 사용한 사람이 그 대상에 대해서 생각할 수 있는 능력이 있어야 한다.

⑤ 책에 있는 이순신 장군의 그림은 개미가 우연히 그린 이순신 장군과 비교하였을 때, 그 의미가 같지 않다.

24. '신축 아파트의 내부 대기에는 건설된 지 오래된 아파트의 내부 대기보다 유해물질이 더 많이 포함되어 있다'를 주장하기 위해 〈보기〉에 추가해야 할 내용은?

───| 보기 |───

새로 건설되는 아파트들은 주로 대도시나 신도시 개발이 활발히 진행되는 지역에 위치하는 경우가 많다. 그런데 공사 시 발생하는 먼지 및 유해물질과 교통 혼잡에 따른 차량 배기가스 등이 이 지역의 대기를 오염시킨다. 이렇게 오염된 대기는 아파트 안에도 축적되어 내부 대기를 오염시킨다.

① 오래된 아파트는 내부가 낡고 환기가 원활하게 되지 않아 세균과 곰팡이가 잘 번식하므로 내부 대기가 오염되기 쉽다.

② 대규모로 건설되는 새 아파트에는 입주한 인구만큼 자동차나 편의 시설이 늘어나, 이로 인한 배기가스와 오염물질 때문에 아파트의 내부 대기 또한 오염될 가능성이 높다.

③ 새 아파트를 시공할 때 사용되는 벽지나 건축자재 등에서 벤젠, 폼알데하이드, 석면, 일산화탄소, 부유세균 등의 발암·오염물질이 발생하여 내부 대기가 오염된다.

④ 교통량의 차이가 있는 수도권과 지방의 아파트 내부 대기를 비교해 보면, 수도권에 위치한 아파트의 내부 대기가 지방에 있는 아파트보다 더 오염되어 있으므로 교통량에 따른 대기의 오염도를 짐작해 볼 수 있다.

⑤ 새 아파트 신축 시 대기의 유해 물질을 줄이기 위해 자연친화적인 페인트와 건축 자재를 이용하는 기업들이 증가하고 있다.

25. 빈칸 ㉠에 들어갈 적절한 접속 부사는?

최근 대표적인 게임 캐릭터인 '○○'와 '△△'를 합친 캐릭터 '△○'의 디자인 등록 결정에 대한 논란이 일고 있다. ○○제작사의 변호사 A는 "인기 캐릭터를 살짝 변형한 디자인만으로 디자인 등록이 가능하다면 향후 유사한 불법 복제가 발생할 경우 더 막기 어려워진다."고 주장하였다. (㉠) △○제작사의 변호사 B는 "△○는 신규성과 창작성 등 디자인 등록 요건을 충족하였으므로 ○○제작사의 주장은 옳지 않다."라는 입장을 밝혔다.

① 그리고   ② 또한   ③ 이처럼

④ 반면   ⑤ 따라서

영역 3 수리비평 ✓ 25문항/25분

01. 다음은 20XX년 5월 전체 영화 박스오피스 상위 10위에 관한 자료이다. 이에 대한 설명으로 적절하지 않은 것은? (단, 12·15세 등급 영화는 만 12·15세부터 관람할 수 있다)

집계기간 : 20XX년 5월 1일~31일						
순위	영화제목	배급사	개봉일	등급	스크린수(관)	관객 수(명)
1	신세계	C사	4. 23.	15세	1,977	4,808,821
2	위대한 쇼맨	L사	4. 9.	12세	1,203	2,684,545
3	날씨의 아이	M사	4. 9.	15세	1,041	1,890,041
4	킬러의 보디가드	A사	5. 13.	전체	1,453	1,747,568
5	패왕별희	B사	5. 1.	12세	1,265	1,545,428
6	비커밍제인	C사	5. 1.	12세	936	697,964
7	오퍼나지	C사	5. 1.	15세	1,081	491,532
8	동감	A사	5. 17.	15세	837	464,015
9	이별의 아침에	W사	5. 10.	전체	763	408,088
10	언더워터	L사	4. 1.	12세	1,016	393,524

① 20XX년 5월 박스오피스 상위 10개 중 C사가 배급한 영화가 가장 많다.

② 20XX년 5월 박스오피스 상위 10개 중 20XX년 5월 6일에 만 12세와 만 13세가 함께 볼 수 있었던 영화는 총 4편이다.

③ 20XX년 5월 '신세계'의 관객 수는 '언더워터'의 관객 수보다 10배 이상 많다.

④ 스크린당 관객 수는 '오퍼나지'가 '동감'보다 많다.

⑤ 4월 개봉작의 총합 관객 수가 5월 개봉작의 총합 관객 수보다 많다.

02. 다음 자료에 대한 설명으로 옳은 것을 〈보기〉에서 모두 고르면?

〈20X9년 운송업 종사자 수〉

(단위 : 명)

구분		육상 운송업	수상 운송업	항공 운송업	운송 관련 서비스업	계
상용 근로자	남자	305,343	16,897	13,639	120,649	456,528
	여자	22,645	3,332	11,150	37,856	74,983
	계	327,988	20,229	24,789	158,505	531,511
임시 근로자	남자	18,409	1,468	358	14,407	34,642
	여자	3,381	79	233	4,535	8,228
	계	21,790	1,547	591	18,942	42,870

─────| 보기 |─────

ⓐ 전체 운송업 종사자 중에서 운송 관련 서비스업 종사자가 가장 많다.
ⓑ 전체 상용근로자 중 여자가 차지하는 비율은 10%가 되지 않는다.
ⓒ 전체 임시근로자 중 육상 운송업 종사자의 비율은 50%가 넘는다.
ⓓ 운송 관련 서비스업에 종사하는 남자 임시근로자는 항공 운송업에 종사하는 여자 상용근로자보다 많다.

① ㉠, ㉡   ② ㉡, ㉢   ③ ㉢, ㉣
④ ㉠, ㉡, ㉢   ⑤ ㉡, ㉢, ㉣

03. 의류회사에 근무하는 박 사원은 지난주의 시간대별 모바일 쇼핑 매출 기록을 다음과 같이 정리하였다. 〈자료 1〉, 〈자료 2〉를 바탕으로 평일(5일) 시간대별 모바일 쇼핑 매출 비율을 추정할 때, 15 ~ 21시 구간이 전체 매출에서 차지하는 비율은 얼마인가? (단, 모든 계산은 소수점 아래 둘째 자리에서 반올림한다)

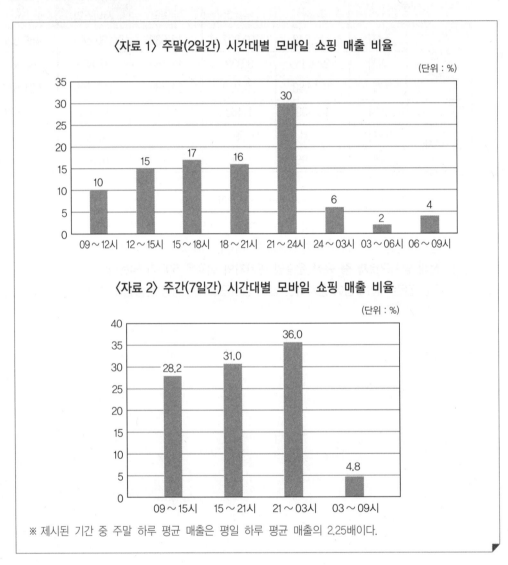

〈자료 1〉 주말(2일간) 시간대별 모바일 쇼핑 매출 비율

(단위 : %)

〈자료 2〉 주간(7일간) 시간대별 모바일 쇼핑 매출 비율

(단위 : %)

※ 제시된 기간 중 주말 하루 평균 매출은 평일 하루 평균 매출의 2.25배이다.

① 28% ② 29% ③ 30%

④ 31% ⑤ 32%

04. 다음은 수도권 5대 대형병원의 수익에 대한 자료이다. 이에 대한 설명으로 옳지 않은 것은?

〈수도권 5대 대형병원 의료 통계 자료〉

(단위 : 억 원, %, 명)

순위	병원명	의료수익	의료이익	의료이익률	의사 수	의사 1인당 의료수익
1	A 병원	13,423	825	6.1	1,625	8.3
2	B 병원	10,612	−463	−4.4	1,230	8.6
3	C 병원	10,244	1,640	16.0	1,240	8.3
4	D 병원	8,715	−41	−0.5	1,208	7.2
5	E 병원	6,296	399	6.3	830	7.6
5대 대형병원 평균		9,858	472	4.7	1,227	8.0

※ 의료이익률 $= \dfrac{\text{의료이익}}{\text{의료수익}} \times 100$

※ 의사 1인당 의료수익 $= \dfrac{\text{의료수익}}{\text{의사 수}}$

① 의사 수가 가장 많은 병원은 의료수익도 가장 많다.

② 의사 1인당 의료수익이 가장 큰 병원은 B 병원이다.

③ 5대 대형병원 의료수익 평균에 미치지 못하는 대형병원은 2개이다.

④ E 병원의 의사 1인당 의료이익은 A 병원의 의사 1인당 의료이익보다 많다.

⑤ B 병원과 C 병원의 의료수익의 합은 A 병원과 E 병원의 의료수익의 합보다 크다.

05. 다음은 20X1 ~ 20X3년의 우리나라 10대 수출품목에 대한 자료이다. 이에 대한 설명으로 옳은 것을 〈보기〉에서 모두 고르면?

〈10대 수출품목〉

(단위 : 백만 달러)

구분	20X1년		20X2년		20X3년	
	품목명	금액	품목명	금액	품목명	금액
1위	반도체	97,937	반도체	127,706	반도체	93,930
2위	선박 등	42,182	석유제품	46,350	자동차	43,036
3위	자동차	41,690	자동차	40,887	석유제품	40,691
4위	석유제품	35,037	디스플레이	24,856	자동차부품	22,536
5위	디스플레이	27,543	자동차부품	23,119	디스플레이	20,657
6위	자동차부품	23,134	합성수지	22,960	합성수지	20,251
7위	무선통신기기	22,099	선박 등	21,275	선박 등	20,159
8위	합성수지	20,436	철강판	19,669	철강판	18,606
9위	철강판	18,111	무선통신기기	17,089	무선통신기기	14,082
10위	컴퓨터	9,177	컴퓨터	10,760	컴퓨터	10,292
소계	–	337,346	–	354,671	–	304,240
총수출액 대비 비중(%)	–	59.0	–	58.5	–	56.1

| 보기 |

㉠ 전년 대비 순위가 상승하면 수출금액도 증가한다.
㉡ 20X2년 대비 20X3년에 총수출액은 감소하였다.
㉢ 20X2년 대비 20X3년에 수출금액 감소율이 가장 큰 품목은 디스플레이이다.
㉣ 20X2년 대비 20X3년에 수출금액이 가장 많이 상승한 품목의 증가율은 5% 이상이다.

① ㉠, ㉡   ② ㉠, ㉣   ③ ㉡, ㉢
④ ㉡, ㉣   ⑤ ㉢, ㉣

06. ○○기업에 근무하는 김 차장이 다음 통계를 근거로 장기 기업 경영 계획에 대한 보고서를 작성할 때, 통계 자료와 관련하여 보고서에 작성할 수 없는 내용은?

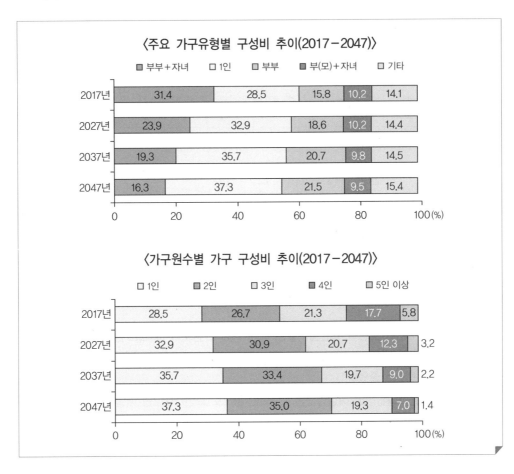

① 3인 가구의 가구 구성비는 다른 유형에 비해 줄어드는 폭이 완만한 편이다.
② 출산율이 낮아지고 고령화가 급속도로 진행되면서 1인 가구는 빠르게 증가할 것이다.
③ 2017년에 이미 1인 가구의 가구 수는 부부와 자녀로 이루어진 가구 수를 넘어섰다.
④ 자식을 낳지 않는 맞벌이 부부들이 증가할 것이다.
⑤ 장기적으로는 1 ~ 2인으로 구성된 소형 가구 중심의 경영 전략을 설정할 것이 요구된다.

07. 다음 그래프를 바르게 분석한 것은?

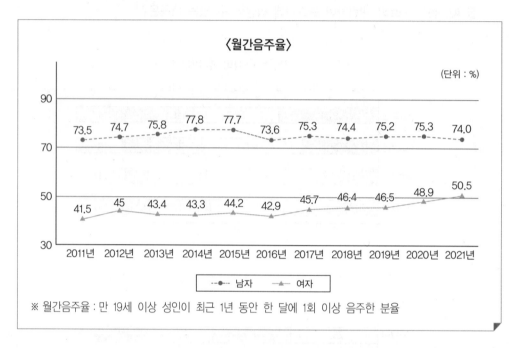

〈월간음주율〉

(단위 : %)

① 2015년 이후로 남성의 월간음주율은 매년 증가와 감소가 교대로 반복되었다.

② 2021년 여성의 월간음주율은 지난해에 비해 1.6%p 증가하였으나 남성의 월간음주율은 지난해에 비해 1.2%p 줄었다.

③ 2012년 만 19세 이상 여성인구를 1,160만 명으로 보면 2012년 매달 1번 이상 음주한 여성의 수는 500만 명보다 많다.

④ 2014년 만 19세 이상 남성인구를 1,390만 명이라고 보면 2014년 매달 1번도 음주하지 않은 남성의 수는 약 309만 명이다.

⑤ 조사기간 중 남성의 월간음주율이 70% 이하로 떨어진 해는 없었지만 여성의 월간음주율에 비해 1.4배 이하로 떨어진 해는 2021년이 처음이다.

08. 다음 OECD 주요국의 지적재산권 사용료에 대한 설명으로 옳지 않은 것은?

〈OECD 주요국의 지적재산권 사용료〉

(단위 : 100만 달러)

구분	사용료 수입			사용료 지급		
	2022년	2023년	2024년	2022년	2023년	2024년
한국	5,167	6,199	6,622	10,546	10,056	9,292
일본	37,336	36,427	39,013	20,942	17,034	19,672
프랑스	14,273	14,974	15,625	12,333	13,982	13,319
독일	15,507	15,235	17,596	10,687	9,761	10,489
영국	19,826	19,370	16,318	10,420	12,940	11,740

① 2022년 독일의 지적재산권 사용료 수입은 한국의 3배 이상이다.

② 조사기간 중 지적재산권 사용료 수입과 지급 규모가 가장 큰 나라는 일본이다.

③ 조사기간 중 한국을 제외한 다른 나라들은 사용료 지급보다 사용료 수입이 더 많다.

④ 2024년 영국의 지적재산권 사용료 지급은 전년 대비 10% 이상 감소하였다.

⑤ 2024년 프랑스의 지적재산권 사용료 지급은 전년 대비 64,000만 달러 이상 감소하였다.

09. 다음은 20X1 ~ 20X5년의 아르바이트 동향에 관한 자료이다. 이에 대한 설명으로 옳은 것은?

〈아르바이트 동향 자료〉

(단위 : 원, 시간)

구분	20X1년	20X2년	20X3년	20X4년	20X5년
월 평균 소득	642,000	671,000	668,000	726,000	723,000
평균 시급	6,210	6,950	7,100	6,900	9,100
주간 평균 근로시간	24.5	24	22	21	19.5

① 5년 동안 월 평균 소득은 꾸준히 증가하였다.

② 20X5년 평균 시급은 20X1년의 1.4배 이상이다.

③ 20X3년 월 평균 근로시간은 100시간을 초과한다.

④ 5년 동안 월 평균 소득이 증가하면 평균 시급도 증가하는 양상을 보이고 있다.

⑤ 5년 동안 평균 시급은 꾸준히 증가하고 주간 평균 근로시간은 그 반대의 양상을 보이고 있다.

10. 다음 자료에 대한 설명으로 옳지 않은 것은?

〈S사 연구기관 직종별 인력 현황〉

구분 \ 연도		20X5년	20X6년	20X7년	20X8년	20X9년
정원(명)	연구 인력	80	80	85	90	95
	지원 인력	15	15	18	20	25
	계	95	95	103	110	120
현원(명)	연구 인력	79	79	77	75	72
	지원 인력	12	14	17	21	25
	계	91	93	94	96	97
박사학위 소지자(명)	연구 인력	52	53	51	52	55
	지원 인력	3	3	3	3	3
	계	55	56	54	55	58
평균 연령 (세)	연구 인력	42.1	43.1	41.2	42.2	39.8
	지원 인력	43.8	45.1	46.1	47.1	45.5
평균 연봉 지급액(만 원)	연구 인력	4,705	5,120	4,998	5,212	5,430
	지원 인력	4,954	5,045	4,725	4,615	4,540

※ 충원율(%) = $\dfrac{\text{현원}}{\text{정원}} \times 100$

① 지원 인력의 충원율이 100을 초과하는 해가 있다.

② 연구 인력과 지원 인력의 평균 연령 차이는 전년 대비 계속해서 커지고 있다.

③ 지원 인력 가운데 박사학위 소지자의 비율은 매년 줄어들고 있다.

④ 20X6년 이후로 지원 인력의 평균 연봉 지급액이 연구 인력을 앞지른 해는 없다.

⑤ 20X5년 대비 20X9년의 정원 증가율은 26%를 초과한다.

11. 다음 자료에 대한 설명으로 적절하지 않은 것은?

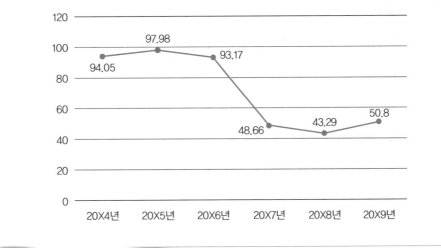

〈우리나라의 연도별 석유 수입량〉

(단위 : 백만 배럴)

구분	20X4년	20X5년	20X6년	20X7년	20X8년	20X9년
이란	56.1	48.2	44.9	42.4	111.9	147.9
이라크	93.1	90.7	71.2	126.6	138.3	126.2
쿠웨이트	137.6	139.9	136.5	141.9	159.3	160.4
카타르	103.8	86.1	100.1	123.2	88.2	64.9
아랍에미리트	86.5	110.8	108.5	99.8	87.7	91.0
사우디아라비아	303.0	286.6	292.6	305.8	324.4	319.2

〈연도별 국제 유가(WTI)〉

(단위 : 달러/배럴)

① 매년 사우디아라비아로부터 수입한 석유의 양이 가장 많다.

② 20X6년 이후 쿠웨이트로부터 수입한 석유의 가격은 매년 상승한다.

③ 국제 유가가 배럴당 90달러를 초과한 해에 우리나라의 석유 수입량이 가장 적은 국가는 이란이다.

④ 각 나라로부터 수입한 석유량의 순위는 매년 다르다.

⑤ 국제 유가가 전년 대비 가장 많이 감소한 해에는 이란과 아랍에미리트를 제외한 모든 국가에서 석유 수입량이 증가하였다.

12. 다음은 유료방송서비스 가입자에 관한 표이다. 이에 대한 설명으로 옳은 것은?

(단위 : 명)

구분				20X1년	20X2년	20X3년
유료방송서비스 전체				19,419,782	22,062,740	22,294,159
유선방송	종합 유선 방송	디지털 방송	유료시청	1,901,770	2,662,677	2,853,398
			무료시청	10,981	12,386	12,400
		아날로그 방송	유료시청	12,900,924	12,093,121	11,894,754
			무료시청	199,552	285,671	277,092
		총계		15,013,227	15,053,855	15,037,644
	중계유선방송			216,573	176,106	184,178
	총계			15,229,800	15,229,961	15,221,822
일반위성방송				2,338,378	2,457,408	2,486,922
위성DMB				1,851,604	2,001,460	2,007,293
IPTV	실시간 IPTV			–	1,741,455	1,963,784
	Pre IPTV(VOD)			–	632,456	614,338
	총계			–	2,373,911	2,578,122

※ 유료방송서비스 중 둘 이상의 유료방송에 가입한 중복 가입자를 제외하지 않고 단순 합산함.

① 20X3년도 IPTV의 가입자 수는 전년 대비 약 10% 이상 증가하였다.

② 아날로그방송의 유·무료시청 가입자 수 모두 지속적으로 감소하고 있다.

③ 20X1년 유선방송에서 중계유선방송이 차지하는 비율은 1.5%가 채 되지 않는다.

④ 20X1 ~ 20X3년간 유료방송 전체 가입자 수의 평균은 약 2천 2백만 명이다.

⑤ 아날로그방송의 유료시청 가입자 수가 해마다 감소하는 원인은 디지털방송의 유료시청 가입자 수 증가에서 찾을 수 있다.

13. 다음은 20XX년도 영업부 신입사원 평가 결과를 정리한 것이다. 〈조건〉을 참고하여 이에 대한 설명으로 적절하지 않은 것은?

(단위 : 점)

구분	사원명	팀명	영업실적	기본 자질 능력	
				영어회화 능력	컴퓨터활용 능력
1	김성현	영업1팀	100	78	100
2	신지민	영업2팀	87	69	98
3	강소진	영업2팀	78	59	96
4	이희진	영업3팀	92	68	95
5	이동선	영업1팀	74	60	70
6	김민기	영업2팀	95	58	92
7	구연정	영업2팀	86	88	78
8	조정연	영업1팀	75	78	80
9	오원석	영업3팀	94	93	68
10	양동욱	영업3팀	83	60	90

| 조건 |

• 영업1팀은 국내팀, 영업2팀은 국외팀, 영업3팀은 본사팀이다.
• 영업실적이 85점 이상 ~ 90점 미만이면 5%, 90점 이상 ~ 95점 미만이면 10%, 95점 이상이면 20%의 인센티브를 받게 된다.
• 영업실적과 기본 자질 능력(영어회화 능력, 컴퓨터활용 능력) 점수가 모두 60점 이상이고 평균 70점 이상이면 통과, 그렇지 않으면 미달로 표시한다.
• 영어회화 능력 점수가 85점 이상이면 해외연수를, 85점 미만이면 국내연수를 받게 된다.

① 인센티브를 받지 못하는 사원은 총 4명이다.
② 점수 미달로 통과하지 못한 사원은 2명이다.
③ 총 2명의 사원이 해외연수를 가게 될 것이다.
④ 국내팀 사원은 총 3명이며, 3명 모두 국내연수를 받게 될 것이다.
⑤ 20%의 인센티브를 받는 사원은 총 2명이다.

14. 다음은 청소년의 일평균 스마트폰 이용 현황 및 이용 시간에 관한 조사이다. 이에 대한 설명으로 옳지 않은 것은?

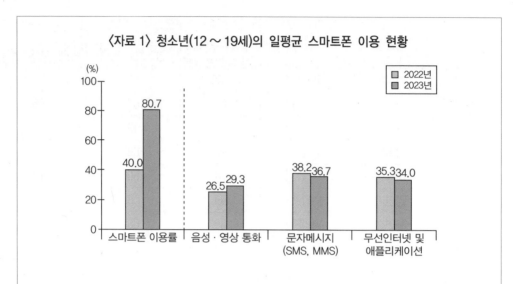

〈자료 1〉 청소년(12 ~ 19세)의 일평균 스마트폰 이용 현황

〈자료 2〉 청소년(12 ~ 19세)의 스마트폰 이용 시간

(단위 : 시간, %)

구분	일평균 이용 시간	시간별 이용률				
		계	1시간 미만	1시간 이상~ 2시간 미만	2시간 이상~ 3시간 미만	3시간 이상
2022년	2.7	100.0	16.0	24.3	18.0	41.7
2023년	2.6	100.0	7.7	28.9	27.0	36.4

① 청소년들은 스마트폰으로 음성·영상 통화보다 문자메시지를 더 많이 사용한다.

② 2023년 청소년의 스마트폰 일평균 이용 시간은 전년과 비슷한 수준이다.

③ 청소년의 스마트폰 일평균 이용 시간은 시간별 이용률에서 가장 많은 비중을 차지하는 이용 시간보다 많다.

④ 2023년 청소년의 일평균 스마트폰 이용률은 전년에 비해 40%p 이상 증가하였다.

⑤ 2022년과 2023년, 3시간 이상 스마트폰을 사용한다고 답한 청소년들의 정확한 수는 알 수 없다.

15. 다음 자료에 대한 해석으로 적절하지 않은 것은?

언어추리

영역별 빈출이론

독해

수리

1회

기출유형문제

2회

3회

4회

기초인재 검사

상황판단검사

1회

2회

3회

인재유형 검사

면접 가이드

〈자료 1〉 국내 인구이동

(단위 : 천 명, %, 건)

구분		20X5년	20X6년	20X7년	20X8년	20X9년
총이동	이동자 수	7,412	7,629	7,755	7,378	7,154
	이동률	14.7	15.0	15.2	14.0	13.8
	전입신고건수	4,505	4,657	4,761	4,570	4,570
	이동자 성비(여자=100)	102.3	102.9	103.2	103.9	104.1

※ 이동률(%) : (연간 이동자 수÷주민등록 연앙인구)×100

※ 주민등록 연앙인구 : 한 해의 중앙일(7월 1일)에 해당하는 인구로 당해년 평균 인구의 개념이다.

※ 전입신고건수 : 동일시점에 동일세대 구성원이 동시에 전입신고한 경우 함께 신고한 세대원 수에 상관 없이 1건으로 집계

〈자료 2〉 권역별 순이동자 수

(단위 : 천 명)

구분	20X5년	20X6년	20X7년	20X8년	20X9년
수도권	-4	-21	-33	-1	16
중부권	28	39	49	41	42
호남권	-7	-6	-8	-16	-18
영남권	-25	-23	-22	-40	-54

※ 순이동＝전입－전출

※ 전입 : 행정 읍면동 경계를 넘어 다른 지역에서 특정 지역으로 이동해 온 경우

※ 전출 : 행정 읍면동 경계를 넘어 특정 지역에서 다른 지역으로 이동해 간 경우

① 20X6년에는 여자 100명이 이동할 때 남자 102.9명이 이동했다.

② 국내 인구 이동률은 20X7년 이후 계속해서 감소하고 있는 추세이다.

③ 20X5 ~ 20X8년까지 수도권으로 전입한 인구가 전출한 인구보다 많다.

④ 20X5 ~ 20X9년까지 중부권은 전입이 전출보다 많다.

⑤ 20X9년 국내 이동자 수는 총 715만 4천 명으로 전년 대비 약 3% 감소하였다.

16. 다음 자료에 대한 설명으로 옳은 것은?

〈한국, 중국, 일본의 배타적 경제수역(EEZ) 내 조업현황〉

(단위 : 척, 일, 톤)

해역	어선 국적	구분	20X8년 12월	20X9년 11월	20X9년 12월
한국 EEZ	일본	입어척수	30	70	57
		조업일수	166	1,061	277
		어획량	338	2,176	1,177
	중국	입어척수	1,556	1,468	1,536
		조업일수	27,070	28,454	27,946
		어획량	18,911	9,445	21,230
중국 EEZ	한국	입어척수	68	58	62
		조업일수	1,211	789	1,122
		어획량	463	64	401
일본 EEZ	한국	입어척수	335	242	368
		조업일수	3,992	1,340	3,236
		어획량	5,949	500	8,233

① 20X9년 12월 중국 EEZ 내 한국어선 조업일수는 전월 대비 감소하였다.

② 20X9년 11월 한국어선의 일본 EEZ 입어척수는 전년 동월 대비 감소하였다.

③ 20X9년 12월 일본 EEZ 내 한국어선의 조업일수는 같은 기간 중국 EEZ 내 한국어선 조업일수의 3배 이상이다.

④ 20X9년 12월 일본어선의 한국 EEZ 내 입어척수당 조업일수는 전년 동월 대비 증가하였다.

⑤ 20X9년 11월 일본어선과 중국어선의 한국 EEZ 내 어획량 합은 같은 기간 중국 EEZ와 일본 EEZ 내 한국어선 어획량 합의 20배 이상이다.

17. 다음의 학교급별 인원에 대한 자료를 적절하게 파악한 것은?

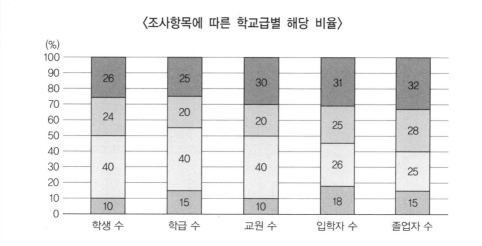

〈조사항목에 따른 학교급별 해당 비율〉

□ 유치원 □ 초등학교 □ 중학교 ■ 고등학교

〈조사항목별 유치원 · 초등학교 · 중학교 · 고등학교 합계 현황〉

(단위 : 만 개, 만 명)

구분	학생 수	학급 수	교원 수	입학자 수	졸업자 수
합계	6,600	250	460	1,730	1,830

① 초등학교 학급당 학생 수는 25명이다.
② 교원 1명당 학생 수는 고등학교가 가장 많다.
③ 모든 조사항목에서 초등학교의 비율이 가장 높다.
④ 중학교 졸업자 수는 중학교 입학자 수보다 많다.
⑤ 전체 고등학교 학생 중에서 고등학교 졸업자의 비율은 30% 이하이다.

18. 다음 20X2 ~ 20X9년 국내 자동차산업 동향을 나타낸 자료에 대한 설명으로 옳지 않은 것은?
(단, 모든 계산은 소수점 아래 첫째 자리에서 반올림한다)

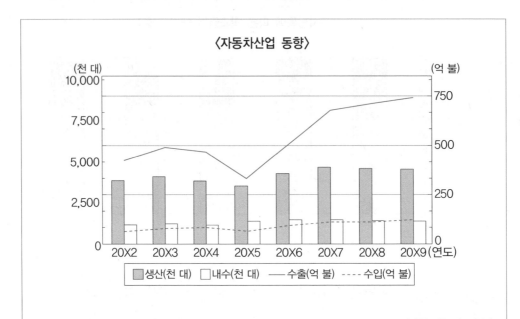

〈자동차산업 동향〉

(단위 : 천 대, 억 불)

구분	20X2년	20X3년	20X4년	20X5년	20X6년	20X7년	20X8년	20X9년
생산	3,840	4,086	3,827	3,513	4,272	4,657	4,562	4,522
내수	1,164	1,219	1,154	1,394	1,465	1,475	1,411	1,383
수출	432.0	497.0	489.0	371.0	544.0	684.0	718.0	747.0
수입	58.1	71.7	76.4	58.7	84.9	101.1	101.6	112.2

※ 생산 · 내수는 국내 완성차 업계의 실적 집계이며, 수출 · 수입은 통관 기준 금액이다.

① 무역적자를 달성한 해는 없다.

② 자동차를 가장 많이 생산한 해는 20X7년이다.

③ 20X6년 이후 수출이 꾸준히 증가하였다.

④ 20X5년에는 20X4년에 비해 생산 · 내수가 증가하고, 수출 · 수입은 감소하였다.

⑤ 전년 대비 생산이 가장 크게 감소한 해의 무역흑자는 312억 불이다.

19. 다음 국내 문화콘텐츠 산업의 매출액·수출액·고용현황 자료에 대한 설명으로 옳지 않은 것은?

(단위 : 조 원, 천 달러, 명)

구분	2021년			2022년			2023년		
	매출액	수출액	고용현황	매출액	수출액	고용현황	매출액	수출액	고용현황
출판	20.61	250,764	206,926	21.24	357,881	203,226	21.24	283,439	198,691
만화	0.74	4,209	10,748	0.74	8,153	10,779	0.75	17,213	10,358
음악	2.74	31,269	76,539	2.96	83,262	76,654	3.82	196,113	78,181
게임	6.58	1,240,856	92,533	7.43	1,606,102	94,973	8.80	2,378,078	95,015
영화	3.31	14,122	28,041	3.43	13,583	30,561	3.77	15,829	29,569
애니메이션	0.42	89,651	4,170	0.51	96,827	4,349	0.53	115,941	4,646
방송(영상)	9.88	184,577	34,714	11.18	184,700	34,584	12.75	222,372	38,366
광고	9.19	93,152	33,509	10.32	75,554	34,438	12.17	102,224	34,647
캐릭터	5.36	236,521	23,406	5.90	276,328	25,102	7.21	392,266	26,418
지식정보	6.07	348,906	55,126	7.24	368,174	61,792	9.05	432,256	69,026
콘텐츠솔루션	2.18	114,675	17,089	2.36	118,510	19,540	2.87	146,281	19,813
계	67.08	2,608,702	582,801	73.32	3,189,074	595,998	82.97	4,302,012	604,730

① 2022년 문화콘텐츠 산업의 총매출액의 전년 대비 증가율은 10% 미만이다.

② 2021 ~ 2023년 문화콘텐츠 산업의 매출액 및 수출액은 전 분야에서 꾸준히 증가하였다.

③ 지난 3년간 가장 낮은 고용현황을 보이는 분야는 애니메이션 산업이다.

④ 문화콘텐츠 산업 가운데 주요 수출 종목은 게임과 지식정보 산업이다.

⑤ 2021년과 2022년 캐릭터 산업의 매출액 비중은 8% 전후이다.

20. 다음은 어느 제조업 회사 A 공장의 지난해 제품 X와 제품 Y의 분기별 생산량, 생산 비용 및 재고에 관한 자료이다. 이를 통해 추론한 내용으로 옳지 않은 것은? (단, 제품 X와 제품 Y는 지난해 1분기에 처음 제조 및 출시되었다)

〈제품 X와 제품 Y의 분기별 생산량〉

(단위 : 만 개)

구분	1분기	2분기	3분기	4분기
제품 X	329	519	449	364
제품 Y	1,079	2,485	1,967	1,338

〈제품 X와 제품 Y의 분기별 생산 비용〉

(단위 : 천만 원)

구분	1분기	2분기	3분기	4분기
제품 X	756	1,965	1,173	776
제품 Y	1,812	3,511	2,972	2,181

〈제품 X와 제품 Y의 분기별 재고〉

(단위 : 만 개)

구분	1분기	2분기	3분기	4분기
제품 X	101	29	135	277
제품 Y	174	308	632	958

① 두 제품의 수요는 2분기에 가장 많았다.

② 제품 Y의 재고는 매분기 50% 이상 증가하였다.

③ 제품 X의 개당 평균 생산 비용은 2분기에 가장 높다.

④ 제품 Y의 개당 판매 가격이 3,000원일 때, 1분기에 제품 Y를 판매하여 얻은 순이익은 100억 원 이상이다.

⑤ 제품 X의 생산량이 가장 적은 분기의 생산 비용은 제품 X의 생산량이 가장 많은 분기의 생산 비용의 50% 미만이다.

21. 다음은 최근 5년간의 주요 대도시 환경 소음도를 나타낸 자료이다. 이에 대한 설명으로 옳은 것은?

<주요 대도시 주거지역(도로) 소음도>

(단위 : dB)

구분	2020년		2021년		2022년		2023년		2024년	
	낮	밤	낮	밤	낮	밤	낮	밤	낮	밤
서울	68	65	68	66	69	66	68	66	68	66
부산	67	62	67	62	67	62	67	62	68	62
대구	68	63	67	63	67	62	65	61	67	61
인천	66	62	66	62	66	62	66	62	66	61
광주	64	59	63	58	63	57	63	57	62	57
대전	60	54	60	55	60	56	60	54	61	55

※ 주거지역(도로) 소음환경기준 : 낮(06:00 ~ 22:00) 65dB 이하, 밤(22:00 ~ 06:00) 55dB 이하
※ 수치해석방법 : 소음도가 낮을수록 정온하고 쾌적한 환경을 나타냄.

① 조사기간 중 낮 시간대 소음환경기준을 만족한 도시는 대구와 광주 두 도시뿐이다.

② 2022 ~ 2024년 동안 모든 주요 대도시의 밤 시간대 소음도의 증감 폭은 1dB 이하이다.

③ 2023년 이후로 밤 시간대 소음도는 대전을 제외한 주요 도시 모두 환경기준을 초과하였다.

④ 조사기간 중 밤 시간대 평균 소음도가 가장 높았던 해는 2022년으로 소음환경기준보다 6dB이 더 높았다.

⑤ 조사기간 중 낮 시간대 주거지역 소음의 평균이 가장 높은 대도시는 서울이었으며 대전의 낮 시간대 평균보다 9dB 이상 높았다.

22. 다음은 ○○ 지방자치단체의 결혼이민자에 관한 자료이다. 이를 통해 알 수 있는 것은? (단, 모든 계산은 소수점 아래 첫째 자리에서 반올림한다)

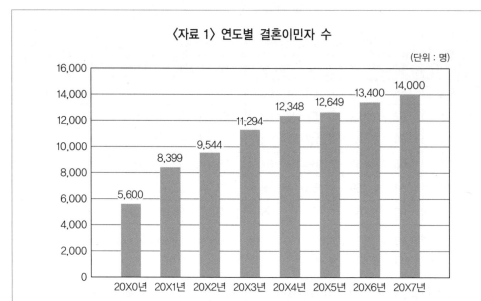

〈자료 1〉 연도별 결혼이민자 수

(단위 : 명)

※ 결혼이민자 : 체류외국인 중 국민의 배우자 체류자격을 가진 외국인

〈자료 2〉 20X7년 국적별 결혼이민자 수

(단위 : 명)

국적	베트남	중국 (한국계)	중국	필리핀	일본	캄보디아	태국	기타
결혼 이민자 수	3,920	3,360	2,800	1,260	560	420	280	1,400

※ 기타 : 200명 미만인 16개 국적의 결혼이민자 수의 합계

① 20X7년 결혼이민자 수는 20X2년 대비 약 147% 증가하였다.

② 20X0년 대비 20X1년의 결혼이민자 수 증가율은 약 55%이다.

③ 기타에 해당하는 국적 중 결혼이민자 수가 87명 이하인 국적이 존재한다.

④ 20X7년 필리핀 국적의 결혼이민자 수는 해당 연도 전체 결혼이민자의 28%에 해당한다.

⑤ 20X7년 중국(한국계)과 중국 국적의 결혼이민자 수의 합은 전년도 전체 결혼이민자 수 대비 과반수를 차지한다.

23. 다음 자료에 대한 설명으로 옳지 않은 것은?

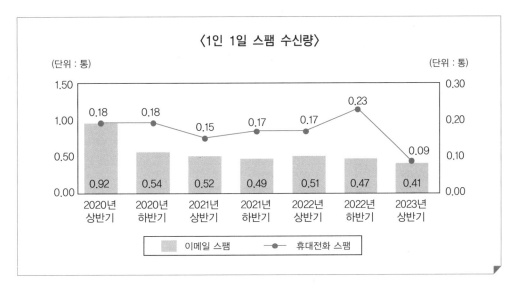

① 휴대전화 스팸 수신량이 전년 동기 대비 가장 크게 감소한 시기는 2023년 상반기로 45% 이상 감소하였다.

② 이메일 스팸 수신량이 전년 동기 대비 가장 크게 감소한 시기는 2021년 상반기로 45% 이상 감소하였다.

③ 2020년 하반기 휴대전화 스팸 수신량은 2023년 상반기의 휴대전화 스팸 수신량의 두 배이다.

④ 2022년 상반기에는 6개월간 90통 이상의 스팸 이메일을 받았을 것으로 추정할 수 있다.

⑤ 2023년 상반기에는 2022년 하반기보다 이메일 스팸 수신량이 12% 이상 감소하였다.

24. 다음은 국내건설공사 수주액에 관한 자료이다. 이에 대한 설명으로 옳지 않은 것은?

〈연도별 수주액, 업체 수, 업체당 평균 수주액〉

(단위 : 억 원, 개사, 억 원)

구분	수주액	업체 수	업체당 평균 수주액
20X0년	913,069	10,921	83.6
20X1년	1,074,664	10,972	97.9
20X2년	1,579,836	11,220	140.8
20X3년	1,648,757	11,579	142.4
20X4년	1,605,282	12,028	133.5
20X5년	1,545,277	12,651	122.1
20X6년	1,660,352	13,036	127.4

〈연도별, 발주부문별 수주액〉

(단위 : 억 원)

구분	공공	민간	합계
20X0년	361,702	551,367	913,069
20X1년	407,306	667,361	1,074,664
20X2년	447,329	1,132,507	1,579,836
20X3년	474,106	1,174,651	1,648,757
20X4년	472,037	1,133,246	1,605,282
20X5년	423,447	1,121,832	1,545,277
20X6년	480,692	1,179,661	1,660,352
20X7년 1~3월	101,083	262,242	363,324

① 수주에 참여한 종합건설업 업체 수는 20X0년 이후 지속적으로 증가하고 있다.

② 공공부문과 민간부문 모두 20X3년부터 20X5년까지 전년 대비 수주액이 감소했다.

③ 20X1년 공공부문과 민간부문의 수주액 비는 35 : 65이다.

④ 20X1 ~ 20X6년 중 공공부문 수주액의 전년 대비 증가율이 가장 큰 해는 20X6년이다.

⑤ 20X7년 1 ~ 3월의 월평균 수주액이 연말까지 동일하다면, 20X7년 수주액은 20X6년보다 적을 것이다.

25. 다음 우리나라의 지역별 사업체 수 현황을 나타낸 자료와 〈보기〉를 토대로 ㉠~㉣에 들어갈 지역명을 순서대로 나열한 것은?

〈우리나라 지역별 사업체 수 현황〉

(단위 : 개)

구분	문화산업	예술산업	스포츠산업	관광산업	문화체육 관광산업 전체
㉠	8,645	14,672	9,646	4,482	37,445
㉡	7,072	12,050	6,247	2,027	27,396
인천	5,471	8,254	5,633	2,872	22,230
㉢	4,508	6,896	3,808	1,364	16,576
㉣	4,390	6,690	3,802	1,183	16,065

| 보기 |

㉮ 문화체육 관광산업 전체의 사업체 수는 대구가 인천보다 많으며 대전은 인천보다 적다.

㉯ 광주와 대전의 관광산업 사업체 수의 합은 대구보다 많고 부산보다 적다.

㉰ 대구와 대전의 예술산업 사업체 수의 합은 5개 도시 예술산업 사업체 수 합의 약 38.6% 이다.

	㉠	㉡	㉢	㉣			㉠	㉡	㉢	㉣
①	부산	대구	대전	광주		②	대구	부산	광주	대전
③	대전	대구	광주	부산		④	부산	대구	광주	대전
⑤	부산	광주	대구	대전						

ESAT 2회 기출유형문제

시험영역명, 문항수, 시험시간은
계열사마다 상이할 수 있습니다.

문항수	70문항
시험시간	60분

▶ 정답과 해설 17쪽

영역 1

언어비평 _ 언어추리

⊘ 20문항/10분

01. 제시된 글의 논증에 대한 설명으로 적절한 것은?

> 민지는 비가 오는 날이면 행복하지 않다. 그러므로 오늘 민지는 행복하지 않다.

① 제시된 글에 따르면 민지가 행복하지 않을 때마다 비가 내린다.
② 오늘 비가 오는 날이라는 전제가 생략되어 있다.
③ 제시된 글에 따르면 비가 내릴 때면 해가 뜨지 않는다.
④ 해가 뜰 때면 민지는 항상 행복하다는 결론을 도출할 수 있다.
⑤ 제시된 글에 따르면 민지는 비가 오지 않으면 항상 행복하다.

02. 다음 〈조건〉을 바탕으로 할 때, 반드시 참인 것은?

---| 조건 |---

- 안경을 쓰면 사물이 또렷하게 보인다.
- 헤드폰을 쓰면 소리가 잘 들린다.
- 안경을 쓰면 소리가 잘 들리지 않는다.
- 헤드폰을 쓰면 사물이 또렷하게 보이지 않는다.

① 안경을 쓰면 헤드폰을 쓴 것이다.
② 소리가 잘 들리면 헤드폰을 쓴 것이다.
③ 헤드폰을 쓰면 안경을 쓰지 않은 것이다.
④ 사물이 또렷하게 보이면 안경을 쓴 것이다.
⑤ 소리가 잘 들리지 않으면 사물이 또렷하게 보인다.

03. 다음 〈조건〉을 바탕으로 할 때, 반드시 참인 것은?

─| 조건 |─

- 모든 토론 동아리 소속 학생들은 논리학과 윤리학 중 적어도 한 과목을 수강했다.
- 선우와 수지는 모두 토론 동아리 소속이고, 두 학생은 논리학과 윤리학 중 적어도 한 과목을 같이 수강했다.
- 수지를 제외한 모든 토론 동아리 학생들은 논리학을 수강했다.

① 토론 동아리 학생 중에는 논리학만 수강한 학생이 적어도 한 명은 있다.
② 선우와 수지는 논리학을 같이 수강했다.
③ 선우는 논리학과 윤리학을 모두 수강했다.
④ 윤리학을 수강한 학생 중에는 수지가 없다.
⑤ 토론 동아리 학생 중에는 논리학, 윤리학 모두를 수강하지 않은 학생이 있다.

04. 제시된 글의 논증에 대한 설명으로 적절한 것은?

　성장기 청소년들이 우유를 섭취하는 행위가 반드시 긍정적인 효과만을 불러올까? 그동안 대중들은 우유가 완전식품이라고 믿어왔지만, 사실 그러한 믿음은 환상에 불과하다. 그리고 우유를 많이 마시게 되면 혈중 콜레스테롤 수치가 증가하여 심장 질환이 발생할 수 있다. 또한 우유를 마시는 상당수의 사람들이 우유에 포함되어 있는 단백질로 인해 복부팽만감이나 설사 등의 증상을 겪기도 한다. 한편 가공된 우유에 들어있는 설탕이 난소암의 발병률을 높인다는 연구결과가 보고된 바 있다.

① 성장기 청소년들이 우유를 마시지 말아야 한다는 결론을 내린다.
② 우유는 완전식품이 아니라는 결론을 내린다.
③ 가공된 우유는 남성만이 마셔야 한다고 전제한다.
④ 제시된 글에는 논리적 오류가 있다.
⑤ 심장 질환이 있는 사람은 우유를 마시면 안 된다는 결론을 내린다.

05. 다음 〈조건〉을 바탕으로 할 때, 반드시 참인 것은?

─────| 조건 |─────

- 미세먼지 수치가 증가하게 되면서 마스크 판매량이 증가하고 있다.
- 미세먼지에 민감한 사람은 마스크를 낀다.
- 미세먼지에 민감하지 않은 사람은 건강에 둔감하다.

① 건강에 둔감한 사람이 증가하고 있다.
② 마스크를 끼는 사람이 줄어들고 있다.
③ 미세먼지에 민감한 사람은 건강에 민감하다.
④ 건강에 둔감하지 않은 사람은 마스크를 낀다.
⑤ 마스크를 끼지 않는 사람은 건강에 둔감하지 않다.

06. 다음 운동 동호회 활동에 대한 〈정보〉가 모두 참일 때, 〈보기〉 중 항상 참인 진술이 아닌 것은?

─────| 정보 |─────

- 총무팀 사원 중 사내 운동 동호회 활동을 하는 사람은 총 13명이다.
- 총무팀 사원이 활동하는 운동 동호회는 마라톤부, 산악회, 축구부 총 세 개다.
- 모든 총무팀 사원은 2개 이상의 운동 동호회 활동을 할 수 없으며, 1개의 동호회에서만 활동해야 한다.
- 마라톤부 활동을 하는 총무팀 사원수는 산악회 활동을 하는 총무팀 사원수보다 많다.
- 축구부 활동을 하는 총무팀 사원수는 마라톤부 활동을 하는 총무팀 사원수보다 많다.
- 각 운동 동호회에는 최소 1명 이상의 사원이 활동하고 있다.

─────| 보기 |─────

A : 총무팀에 마라톤부원이 4명이라면, 축구부원은 7명이다.
B : 총무팀에 산악회원이 3명이라면, 축구부원은 6명이다.
C : 총무팀에 축구부원이 9명이라면, 산악회원은 1명이다.

① A   ② B   ③ A, B
④ A, C   ⑤ B, C

07. 다음 명제들을 근거로 추론한 내용 중 항상 참인 것은?

> • 1호선을 타 본 사람은 2호선도 타 보았다.
> • 2호선을 타 본 사람은 5호선도 타 보았다.
> • 5호선을 타 본 사람은 3호선을 타 보지 않았다.
> • 3호선을 타 본 사람은 4호선을 타 보지 않았다.
> • 4호선을 타 본 사람은 1호선을 타 보지 않았다.

① 5호선을 타 보지 않은 사람은 1호선을 타 보았다.
② 3호선을 타 본 사람은 1호선을 타 보지 않았다.
③ 4호선을 타 보지 않은 사람은 5호선을 타 보았다.
④ 2호선을 타 본 사람은 4호선을 타 보았다.
⑤ 5호선을 타 보지 않은 사람은 3호선을 타 보았다.

08. 다음 〈조건〉을 바탕으로 〈보기〉에서 옳은 것을 모두 고르면?

| 조건 |

> • 안이 보이지 않는 상자 안에 크기와 모양이 같은 사탕 6개가 들어있다.
> • 6개의 사탕은 딸기맛 3개, 포도맛 2개, 사과맛 1개이고, 각 색깔에 따른 점수는 순서대로 1점(딸기맛), 5점(포도맛), 10점(사과맛)이다.
> • A ~ F 여섯 사람이 각각 한 개의 사탕을 뽑는다.
> • 뽑은 결과 A와 D는 서로 같은 맛 사탕을, B, C, F는 각각 서로 다른 맛 사탕을 뽑았다.

| 보기 |

> ㉠ E는 10점을 얻지 못했다.
> ㉡ A와 D의 점수의 합은 10점이다.
> ㉢ E와 F가 같은 맛의 사탕을 뽑았다면 B와 C의 점수의 합은 11점이다.
> ㉣ E는 1점을 얻을 수 없다.
> ㉤ C가 뽑은 사탕이 딸기맛이면 F가 뽑은 사탕은 사과맛이다.

① ㉠, ㉡, ㉢   ② ㉠, ㉡, ㉣   ③ ㉠, ㉢, ㉣
④ ㉡, ㉢, ㉤   ⑤ ㉢, ㉣, ㉤

09. 다음 중 제시된 내용과 유사한 논리적 오류를 범하고 있는 것은?

> 이번 수학능력시험에서 A 고등학교의 점수가 B 고등학교의 점수보다 더 높았대. 아마 A 고등학교에 다니는 민수가 B 고등학교에 다니는 철수보다 더 높은 점수를 받았을 거야.

① 세상에서 이 TV가 가장 성능이 좋을 거야. 왜냐하면 이 TV는 최고 성능 부품들로 만들어졌거든.

② 영민이의 아버지가 축구 국가대표 출신이래. 분명 영민이도 축구를 잘할 거야.

③ 국민 5명 중 1명이 이 영화를 보았대. 따라서 이 영화가 올해 최고의 영화라고 할 수 있지.

④ 미선이는 일류 대학에 들어갈 수 있어. 작년에 그녀의 학교가 일류 대학에 가장 많은 합격자를 배출했으니까.

⑤ 현아는 나를 싫어한다고 말한 적이 없어. 그러니까 현아는 나를 좋아하고 있을 거야.

10. 다음 명제를 참으로 만들기 위해 필요한 전제를 〈보기〉에서 모두 고르면?

> 화초에 물을 주었다.

───── | 보기 | ─────

㉠ 화초가 시들었다.

㉡ 화초에는 영양분이 공급되어야 한다.

㉢ 화초가 죽지 않았다.

㉣ 화초에 물을 주지 않으면 화초는 죽는다.

㉤ 화초에 생긴 벌레를 죽이려면 A 약품을 사용해야 한다.

㉥ 화초를 햇볕 아래 두었더니 새파래졌다.

① ㉠, ㉡   ② ㉡, ㉢   ③ ㉢, ㉣

④ ㉣, ㉤   ⑤ ㉤, ㉥

11. 다음 진술이 모두 참일 때, 항상 옳은 것은?

- 회의 장소를 정하는 사람은 회의록을 작성하지 않는다.
- 발표하는 사람은 회의 장소를 정하지 않는다.
- 회의 장소를 정하는 사람은 모두 신입사원이다.
- 회의록을 작성하는 사람은 모두 경력직 사원이다.
- A는 경력직 사원, B는 신입사원이다.

① A는 회의 장소를 정하지만 회의록은 작성하지 않는다.
② A는 회의록을 작성하지만 회의 장소를 정하지는 않는다.
③ A는 회의 장소를 정하지 않고 B는 회의록을 작성하지 않는다.
④ B는 회의록을 작성하지 않지만 회의 장소를 정한다.
⑤ A는 회의 장소를 정하지 않지만 발표를 한다.

12. 다음 A ~ G 7개 기업의 난방비에 대한 조사 결과를 근거로 난방비가 적은 기업부터 순서대로 나열한 것은?

- ㉠ B 기업의 난방비와 C 기업의 난방비는 같다.
- ㉡ A 기업의 난방비는 D 기업의 난방비와 F 기업의 난방비를 합한 것과 같다.
- ㉢ G 기업의 난방비가 가장 낮다.
- ㉣ E 기업의 난방비는 A 기업, C 기업, D 기업의 난방비를 모두 합한 것과 같다.
- ㉤ B 기업의 난방비는 A 기업의 난방비와 D 기업의 난방비를 합한 것과 같다.
- ㉥ D 기업의 난방비는 F 기업의 난방비의 3배이다.

① G < A < B = C < D < F < E
② G < D < B = C < A < F < E
③ G < A < D < B = C < E < F
④ G < F < D < B = C < A < E
⑤ G < F < D < A < B = C < E

13. P 기업은 ○○도 내 6개의 시에 지점을 하나씩 가지고 있는데, 이웃한 시의 지점끼리 선으로 이어 위에서 내려다보면 정육각형의 모습이 된다. 본사는 여름을 맞아 각 지점에 새 지점장을 내려보내는 인사발령을 하려고 한다. A 시를 기준으로 발령된 지점장의 순서를 시계 방향으로 바르게 나열한 것은?

─────| 조건 |─────

- 시 배치는 A 시를 기준으로 시계 방향으로 A 시 – B 시 – C 시 – D 시 – E 시 – F 시 순이다.
- A 시에는 가 지점장이 근무한다.
- 나 지점장은 마 지점장과 마주 보는 시에서 근무한다.
- 다 지점장은 가 지점장과 나 지점장 사이에서 근무한다.
- F 시에는 마 지점장이 근무한다.
- 라 지점장은 마 지점장과 가장 가까운 곳에서 근무한다.

① 가 – 다 – 라 – 바 – 나 – 마   ② 가 – 다 – 나 – 바 – 라 – 마
③ 가 – 라 – 다 – 나 – 바 – 마   ④ 가 – 다 – 나 – 라 – 바 – 마
⑤ 가 – 나 – 바 – 라 – 다 – 마

14. 사원 A, B, C, D, E는 서로 겹침이 없이 5개월간 순환근무를 하며 수습기간을 거친 후 정식으로 발령을 받게 되어 있다. 다음의 내용을 토대로 할 때, B와 C가 각각 마지막으로 근무하는 지점은?

- 신입사원 5명이 순환근무하는 지점은 총 5개 지점이고 각 지점에서 한 달씩 근무한다.
- 지금은 5개월의 수습기간 중 세 번째 기간이다.
- 현재 근무하는 지점은 A–3지점, B–4지점, C–2지점, D–1지점, E–5지점이다.
- A가 아직 근무하지 않은 지점은 4지점과 5지점이다.
- C는 지난달에 1지점에서 근무했고, 다음 달에는 3지점에서 근무한다.
- B가 마지막으로 근무하는 지점은 A가 첫 번째로 근무한 지점이다.
- 지금까지 4지점에서 근무한 사람은 B, C, E이다.

① B–1지점, C–5지점   ② B–1지점, C–4지점   ③ B–2지점, C–5지점
④ B–2지점, C–4지점   ⑤ B–3지점, C–4지점

15. ○○투자회사에서 다음과 같이 신규 펀드를 만들려고 한다. 펀드의 성과 예상치가 ⓐ～ⓓ와 같을 때, 반드시 거짓인 것은?

> ○○투자회사에서 신규 펀드에 포함할 자산군은 국내 주식, 원자재, 부동산이다. 각 자산군은 서로 상관관계가 낮다. 투자 실패의 원인은 단 한 가지로 가정하고 투자의 예상 결과를 다음과 같이 정리했다.
>
> 〈투자 예상 결과〉
> ⓐ 국내 주식에 투자하고, 원자재에 투자하고, 부동산에 투자했을 때, 손실의 위험성이 높다.
> ⓑ 국내 주식에 투자하지 않고, 원자재에 투자하고, 부동산에 투자했을 때, 손실의 위험성이 높다.
> ⓒ 국내 주식에 투자하지 않고, 원자재에 투자하지 않고, 부동산에 투자했을 때, 손실의 위험성이 낮다.
> ⓓ 국내 주식에 투자하고, 원자재에 투자하고, 부동산에 투자하지 않았을 때, 손실의 위험성이 높다.

① ⓒ, ⓓ만을 고려한다면 원자재 투자가 손실 위험성을 높이는 원인일 수 있다.
② ⓑ, ⓒ만을 고려한다면 펀드 손실의 주원인은 원자재 투자일 것이다.
③ ⓑ, ⓓ만을 고려한다면 원자재 투자는 펀드 손실의 주원인이 아니다.
④ ⓐ, ⓑ만을 고려한다면 펀드 손실의 주원인이 무엇인지 알 수 없다.
⑤ ⓐ, ⓒ만을 고려한다면 펀드 손실의 주원인은 국내 주식 투자나 원자재 투자에 있을 것이다.

언어추리
언어별 비율이론
독해
수리
1회
2회
기출유형문제
3회
4회
기초인재검사
1회
상황판단검사
2회
3회
인재유형검사
면접가이드

16. 다음 〈전제〉를 읽고 알 수 있는 〈보기〉에 대한 설명으로 옳은 것은?

| 전제 |

- 복지가 좋은 회사는 직원들의 불만이 많지 않다.
- 연봉이 높지 않은 회사는 직원들의 불만이 많다.
- 복지가 좋은 회사는 직원들의 여가생활을 존중한다.

| 보기 |

A : 복지가 좋은 회사가 연봉이 높은 것은 아니다.
B : 직원들의 여가생활을 존중하지 않는 회사는 복지가 좋지 않다.

① A만 옳다.　　　　　② B만 옳다.　　　　　③ A, B 모두 옳다.
④ A, B 모두 옳지 않다.　　⑤ 알 수 없다.

17. A ~ E는 각각 독일어, 스페인어, 일본어, 중국어 중 1개 이상의 언어를 구사할 수 있다. 다음 진술들을 토대로 E가 구사할 수 있는 언어를 모두 고른 것은?

A : 내가 구사할 수 있는 언어는 C와 겹치지 않아.
B : 나는 D가 구사할 수 있는 언어와 독일어를 제외한 언어를 구사할 수 있어.
C : 나는 스페인어를 제외하고 나머지 언어를 구사할 수 있어.
D : 3개 언어를 구사할 수 있는 C와 달리 내가 구사할 수 있는 언어는 A와 동일해.
E : 나는 B와 C를 비교했을 때, C만 구사할 수 있는 언어만 구사할 수 있어.

① 독일어　　　　　　② 스페인어　　　　　③ 독일어, 스페인어
④ 일본어, 중국어　　　⑤ 독일어, 일본어, 중국어

18. A ～ E 다섯 사원은 이번 주 평일에 당직 근무를 선다. 하루에 두 명씩 당직을 서고 근무 배정은 다음과 같을 때, 반드시 참인 것은? (단, 다섯 명 모두 당직을 서는 횟수는 동일하다)

- E는 금요일 당직을 선다.
- 수요일은 A와 C가 당직을 선다.
- D는 수요일 이후로 당직 근무를 서지 않는다.
- A와 E는 이번 주에 한 번씩 D와 함께 당직을 선다.

① A는 두 번 연이어 당직을 선다.
② B는 화요일과 목요일에 당직을 선다.
③ E는 월요일과 금요일에 당직을 선다.
④ 목요일에는 B와 C가 당직을 선다.
⑤ B와 E는 이번 주에 당직을 같이 서지 않는다.

19. ○○기업 체육대회에서 A ～ E 5명이 달리기 시합을 했다. 결과가 다음과 같을 때, E의 등수는?

- B와 D는 E보다 먼저 결승선을 통과했다.
- A와 D는 연속해서 결승선에 들어왔다.
- C와 E는 연속해서 결승선에 들어왔다.
- B와 C의 등수는 홀수이고, D의 등수는 짝수이다.

① 1등   ② 2등   ③ 3등
④ 4등   ⑤ 5등

20. 다음 중 제시된 내용과 유사한 논리적 오류를 범하고 있는 것은?

> A사는 최근 우울증 자가진단 테스트를 공개했다. 이 우울증 테스트는 매우 신뢰할 만한 테스트이다. 우울증에 걸린 1,000명을 대상으로 테스트했더니 이 중에서 10명을 제외한 990명이 우울증에 걸렸다고 올바르게 진단했다.
>
> 따라서 만일 당신이 A사의 우울증 테스트로 검사하여 우울증에 걸렸다고 진단되면, 당신이 실제로 우울증에 걸렸을 확률은 99%이다.

① 상습적 음주자의 약 90%는 각종 성인병의 위험에 노출되어 있다. 현아는 상습적 음주자이다. 따라서 현아는 각종 성인병의 위험에 노출되어 있을 것이다.

② 진성이는 서울 전 지역에서 모의고사 평균이 가장 높은 A 구에 살고 있다. 따라서 진성이는 공부를 잘할 것이다.

③ 우리 회사에 재직 중인 사원의 약 95%는 다른 사람과 협력을 잘하고 유쾌한 성격이다. 수아는 다른 사람과 협력을 잘하고 유쾌한 성격을 가지고 있다. 따라서 우리 회사에 지원한 수아는 합격하여 입사할 가능성이 매우 높다.

④ 원숭이와 사람의 해부학적 구조는 90% 이상 매우 비슷하다. 따라서 원숭이와 사람의 행동방식은 매우 비슷할 것이다.

⑤ 내가 지금까지 먹은 오렌지는 모두 외국산이었다. 따라서 국내에서 판매되는 모든 오렌지는 외국에서 수입된 것이다.

영역 2

언어비평 _ 독해

01. 다음 글에 대한 설명으로 옳지 않은 것은?

10월 31일 ○○발전은 지진 발생 시 입체적 대응이 가능하도록 시스템을 구축했다고 밝혔다. 먼저 발전회사 최초로 기존의 지진감시시스템을 'GIS(Geographic Information System) 기반 지진모니터링시스템'으로 개선했다.

이 시스템 개선을 통해 직관적인 화면으로 지진 관측의 시인성 및 관제효율성을 높이고 계측기 관리대장과 이력관리 시스템을 통합 운영해 점검결과를 원클릭으로 행정안전부에 보고할 수 있게 됐다. 또한 사외전문가와의 협업을 통해 국내 최초로 개발한 '지진 발생 후 건축물 긴급 안전성평가 소프트웨어' 시스템은 발전소 개별건축물의 특수성을 감안한 설계지반가속도 초과율, 최상층 최대변위, 고유진동수 변화율이라는 안전성 평가지표를 사용해 설계데이터와 실제 관측결과를 연계 · 활용하는 방식을 사용할 수 있게 되었다. 이러한 방식은 평가의 정확성을 높이고 지진 발생 시 점검필요 유무를 즉각적으로 제시하는 장점이 있다. 이와 함께 지진과 터빈 자동정지의 상관관계를 분석해 발전소 운영한계를 명확히 함으로써 설비 피해에 대한 사전예방과 업무연속성을 확보하게 됐다. △△△기술본부장은 "발전소의 지진재난 대응 체계를 최적화하고 '20X1년 재난대응 안전한국훈련'에서 시스템을 검증하고 드러난 문제점은 환류활동을 통해 지속적으로 개선할 예정"이라고 말했다. 한편 발전소는 지진기상, 유해물질, 화재, 보안 등 기존 계측설비에서 축적된 데이터를 적극적으로 활용할 수 있는 4차 산업 기반의 통합플랫폼 구축을 추진해 재난안전사고 예방기술을 고도화하고 대응력을 확보해 나갈 방침이다.

① 발전회사 중 최초로 GIS 기반 지진모니터링시스템을 구축하였다.

② 지진 발생 시 터빈 자동정지의 상관관계를 분석하여 발전소 운영한계를 설정했다.

③ ○○발전은 자체 기술로 '지진 발생 후 건축물 긴급 안정성평가 소프트웨어'를 국내 최초로 개발했다.

④ 발전소의 계측설비에서 축적된 데이터를 활용할 수 있는 4차 산업기반의 통합플랫폼 구축을 추진할 예정이다.

⑤ 기존 지진감시시스템에 비하여 GIS 기반 지진모니터링시스템은 지진 관측의 시인성 및 관제효율성이 개선되었다.

02. 다음 글의 내용과 일치하는 것은?

> 현대 자본주의 사회에서 대중은 예술미보다 상품미에 더 민감하다. 상품미란 이윤을 얻기 위해 대량으로 생산하는 상품이 가지는 아름다움을 의미한다. 같은 값이면 다홍치마라고, 요즘 생산자는 상품을 더 많이 팔기 위해 디자인과 색상에 신경을 쓰고, 소비자는 같은 제품이라도 겉모습이 화려하거나 아름다운 것을 구입하려고 한다. 결국 우리가 주위에서 보는 거의 모든 상품은 상품미를 추구하고 있는 셈이다. 그래서인지 모든 것을 다 상품으로 취급하는 자본주의 사회에서는 돈벌이를 위해서라면 인간까지도 상품미를 추구하는 대상으로 삼는다.

① 현대 사회의 소비자들은 동일한 제품이라면 외양이 고운 것을 선택한다.
② 기업에서 사람을 상품화하는 것은 비난받아 마땅한 일이다.
③ 가치관이 뚜렷한 소비자들은 제품의 디자인보다 활용도를 따진다.
④ 상품미는 제품의 아름다움으로서 이익과 관련이 없다.
⑤ 아직까지는 상품미를 추구하는 상품을 주변에서 보기 어렵다.

03. 다음 글에서 추론할 수 있는 내용으로 가장 적절한 것은?

> 통화 스와프(Currency Swap)는 외환 부족 등 유사시에 상대국의 통화를 이용하여 환시세의 안정을 도모하기 위한 것으로 국가 간에 그 해당하는 액수만큼의 통화를 맞교환하는 것, 즉 거래 당사국들이 일정 기간 동안 자국의 상품이나 금융 자산을 상대국의 것과 바꾸는 것을 말한다. 예를 들어 우리나라와 미국이 통화 스와프 협정을 맺으면 우리는 달러가 부족할 때 미국에 원화를 맡기고 일정액의 수수료를 부담하면 달러를 공급받을 수 있게 된다. 변제할 때에도 서로 계약에 따른 예치 당시의 환시세를 적용하도록 하여 시세 변동에 따른 위험을 예방할 수 있다.
>
> 외환 거래가 많은 다국적 기업들은 장기적인 환 위험 관리 수단과 투자 수익의 원천으로 통화 스와프를 적극 활용하고 있으며, 국가 간에는 외환 위기에 대응하기 위한 공동 협조 체제로 국가간 상호 협력 강화 수단으로써 활용되고 있다.

① 일정액의 수수료는 스와프를 요청하는 국가에서 부담한다.

② 스와프 협정으로 외환 공급을 받은 후 변제할 때에는 변동금리를 적용한다.

③ 다국적 기업은 장기적인 환 위험 관리 수단으로 통화 스와프를 필수적으로 활용한다.

④ 환율의 변동에 상관없이 협정국에서 차입할 때 소요되는 외환액수와 변제금액은 동일하다.

⑤ 변제할 경우 시세 변동에 따른 위험을 줄이기 위해 변제 당시의 환시세를 적용한다.

04. 다음 글의 주장에 대한 반박으로 가장 적절한 것은?

> 칭찬은 아이의 행동이나 감정을 격려해 주고 지지해 주는 것이다. 그래서 앞으로의 생활에서 더욱 긍정적인 방향으로 행동을 유도할 수 있는 중요한 동기를 부여한다. 그러나 부모가 칭찬을 한다고 해서 아이들이 그것을 모두 칭찬이라고 받아들이지는 않는다. 자신의 행동과 감정에 대한 충분한 공감과 지지가 뒷받침될 때 비로소 정말로 자신이 인정받고 칭찬 받는다고 느낄 수 있다.
>
> 올바른 칭찬을 위해서는 결과보다는 과정을 칭찬해야 한다. 결과가 매우 만족스럽고 대견해서 이를 칭찬해 주는 것은 당연하지만 부모는 자녀가 결과를 내기 위해 과정에 더욱 많은 노력을 기울였다는 것을 기억해야 한다. 결과만을 칭찬하다 보면 아이는 과정보다 결과가 더 중요하다고 암묵적으로 강요받게 되어 노력하는 과정보다는 잘했는가 못했는가 혹은 성공인가 실패인가에 초점을 두게 된다. 결국 잘하지 못하면, 그리고 성공하지 못하면 의기소침해지거나 심한 경우 편법을 써서라도 원하는 결과를 얻으려고 하게 된다. 그렇기 때문에 부모는 아이가 잘하지 못했거나 실패한 경우라도 아이의 '노력'에 대해 칭찬해야 하고, 성공한 경우에도 자신의 노력을 잊지 않도록 과정을 칭찬해야 하는 것이다.

① 칭찬은 자녀의 행동을 수정하거나 강화하는 데 유용하게 쓰여야 한다.

② 남들에 비해 자녀가 잘하는 부분을 강조하며 칭찬하는 것이 올바른 칭찬이다.

③ 과정을 칭찬하는 데에만 집중하면 되레 결과를 소홀히 할 수 있다.

④ 칭찬을 최대한 구체적으로 해주는 것이 가장 중요하다.

⑤ 무조건적인 칭찬이 때로는 도움이 된다.

05. 다음 글의 주제로 적절한 것은?

> 자신의 소통 스타일이 궁금하다면 자신이 하는 말에 '다'로 끝나는 말이 많은지 '까'로 끝나는 말이 많은지를 확인해 보는 것이 도움이 된다. '다'가 많다면 주로 닫힌 소통을 하고 있는 것이다. 상대방을 향한 내 이야기가 잔소리라는 저항의 벽을 넘기 원한다면 '까'로 끝나는 문장을 써 주는 것이 효과적이다. 닫힌 문장이 아닌 열린 질문으로 소통하라는 것이다. '공부 열심히 해라'는 닫힌 문장이다. '공부 열심히 하니?'는 질문이긴 한데 닫힌 질문이다. '네, 아니요'로 답이 떨어지기 때문이다. '요즘 공부하는 거 어때?'가 열린 질문이다. 마찬가지로 '여보, 술 줄인다면서 어제 또 술을 먹은 것 아니에요?'는 닫힌 질문이다. '여보, 술을 잘 줄이지 못하는 이유가 무엇일까요?'가 열린 질문이다.
>
> 열린 질문은 일방적 지시가 아닌 상대방 의견을 묻는 구조이므로 저항이 적게 생긴다. 그래서 마음이 열리게 된다. 술을 끊지 못하는 이유를 묻는 질문에 '술을 끊으려 해도 스트레스를 받으니 쉽지 않아'라고 답하게 되고 술 대신 스트레스를 풀 방법을 찾는 것이 중요하다는 결론에 이르게 된다. 이 결론은 대화를 통해 얻은 내 생각이고 내 결정이기 때문에 거부감 없이 받아들이게 된다.
>
> 열린 질문에 익숙하지 않은 이유는 빨리 변화시키고 싶은 조급함과 불안감 때문이다. 그러나 긍정적인 변화를 위한 소통에는 인내와 기다림이 필요하다.
>
> 열린 질문, 어떻게 생각하는가?

① 열린 질문은 원활한 소통에 도움이 된다.
② 열린 질문과 닫힌 질문은 각각의 장단점이 있다.
③ 소통 스타일은 매우 다양하다.
④ 적당한 음주는 친분 형성에 긍정적인 영향을 끼친다.
⑤ 대화할 때 딱딱한 말투의 사용은 자제해야 한다.

06. 다음 글의 빈칸 ㉠에 들어갈 문장으로 알맞은 것은?

> 과거를 향유했던 사람들은 비교적 사람의 내면세계를 중요시했다. 겉으로 드러나는 모습은 허울에 불과하다고 믿었기 때문이다. 그러나 현 시대를 살아가는 사람들의 모습을 보면 인간 관계에 있어, 그 누구도 타인의 내면세계를 깊이 알려고 하지 않을뿐만 아니라 사실 그럴 만한 시간적 여유도 없다. 그런 이유로 '느낌'으로 와닿는 무언가만을 중시하며 살아간다. 그 '느낌'이란 것은 꼭 말로 설명할 수는 없다 하더라도 (㉠   ) 따라서 옷차림새나 말투 하나만 보고도 금방 어떤 '느낌'이 형성될 수도 있다.

① 사람과 사람 사이를 보이지 않게 연결해 주는 구실을 한다.
② 내면에서 우러나오는 것이기 때문이다.
③ 겉으로 드러난 모습에 의해 영향을 받기 마련이다.
④ 현 시대를 살아가는 사람에게는 매우 중요한 요소이다.
⑤ 내면세계와 밀접하게 관련되어 있음을 알 수 있다.

07. 다음 글을 읽고 알 수 없는 내용은?

자외선은 피리미딘(Pyrimidine)의 두 분자를 연결하는 이합체(Dimer)를 만듦으로써 DNA가 관여하는 유전인자를 손상시킨다. 정상인의 피부 세포에는 자외선에 의해 손상된 피부를 치유하는 효소가 있다. 그러나 이 효소가 부족하거나 문제가 있으면 피부에 질병이 발생할 확률이 높아진다.

인간의 피부색은 출생지의 태양빛 세기와 일치하도록 되어 있다. 인간은 태어날 때 멜라닌 색소를 갖고 태어나는데 그 양은 백인, 황색인, 흑인 순으로 증가한다. 그러나 거대한 민족 이동은 이 균형을 깨뜨렸다. 더운 지방의 백인은 피부 화상과 피부암으로 고통받고, 추운 지방의 흑인은 비타민 D 결핍증에 잘 걸린다. 멜라닌은 일반적으로 2단계에 걸쳐 태양빛에 반응한다. 첫 번째 단계에서는 피부 표면에 있는 산화되지 않은 옅은 색의 멜라닌이 태양빛에 의하여 암갈색으로 변하면서 산화한다. 이 반응은 한 시간 이내에 일어나며 피부를 그을리게 하고 하루가 지나면 흔적이 사라지게 된다. 두 번째 단계에서는 피부 단백질에 풍부하게 존재하는 아미노산 티로신(Tyrosine)으로부터 새로운 멜라닌이 합성된다. 햇볕에 노출되는 시간이 길어질수록 멜라닌 합성이 많아지고 또 이 고분자 화합물의 깊이가 깊어져 더 진한 색을 띠게 된다. 이와 같이 생성된 멜라닌 색소는 오랫동안 지속된다.

평소에 피부를 관리하지 않으면 생길 수 있는 피부암 중 위험한 것으로 흑색종(Melanoma)이 있다. 흑색종은 햇볕에 노출되면 증가하지만 1920년대 이후 노출되지 않은 부위에서도 발견된다는 보고가 있었다. 우리나라 병원에서는 별 이야기를 하지 않던 검은 점에 대해 미국에서는 신경을 쓰는 이유는 바로 악성피부암인 흑색종 때문이었다. 미국인들에게 피부암은 발생률 1위의 암으로 전체 암의 50%에 육박한다. 그중 악성인 흑색종은 전체 피부암의 2%도 안 되지만 피부암 사망자의 80%가 흑색종일 만큼 치명적이다.

① 피부가 햇볕에 노출되는 시간과 멜라닌 합성은 정비례한다.
② 피부 질병이 생기는 것은 성별의 차이와 관련이 있다.
③ 피부암의 한 종류인 흑색종은 햇볕에 노출되지 않는 부위에서도 발생할 수 있다.
④ 태양빛에 피부가 그을리는 것은 멜라닌이 암갈색으로 변하면서 산화되기 때문이다.
⑤ 백인, 황색인, 흑인 순으로 멜라닌 색소의 양이 증가한다.

08. 다음 글의 결론으로 적절한 것은?

> 어떤 시점에 당신만이 느끼는 어떤 감각을 가리켜 W라는 용어의 의미로 삼는다고 해 보자. 그 이후에 가끔 그 감각을 느끼게 되면, "W라고 불리는 그 감각이 나타났다."라고 당신은 말할 것이다. 그렇지만 그 경우에 당신이 그 용어를 올바로 사용했는지 그렇지 않은지를 어떻게 결정할 수 있는가? 만에 하나 첫 번째 감각을 잘못 기억할 수도 있는 것이고, 혹은 실제로는 단지 희미하고 어렴풋한 유사성밖에 없는데도 첫 번째 감각과 두 번째 감각 사이에 밀접한 유사성이 있는 것으로 착각할 수도 있다. 더구나 그것이 착각인지 아닌지를 판단할 근거가 없다. 만약 W라는 용어의 의미가 당신만이 느끼는 감각에 해당한다면, W라는 용어의 올바른 사용과 잘못된 사용을 구분할 방법은 어디에도 없게 된다.

① 감각은 느낄 때마다 다르기 때문에 같은 감각이란 존재하지 않는다.
② 감각에 관하여 만든 용어는 올바른지 올바르지 못한지 잘 구분해야 한다.
③ 감각에 관하여 만들어진 용어는 잘못된 기억과 착각을 유발한다.
④ 혼자 느끼는 감각에 관하여 만든 용어는 무의미하다.
⑤ 개인이 용어를 규정짓는 것은 다수에 의했을 때에 비하여 그 적절성이 떨어진다.

09. 다음 글에 나타난 사랑에 대한 필자의 입장으로 적절하지 않은 것은?

> 사랑은 본래 '주는 것'이다. 시장형 성격의 사람은 사랑을 받은 것에 대한 교환의 의미로만 주어야 한다고 본다. 대부분의 비생산적인 성격의 사람은 주는 것을 가난해지는 것으로 생각해서 주려고 하지 않는다. 다만 어떤 사람은 환희의 경험보다 고통을 감수하는 희생이라는 의미에서 사랑을 주는 것을 덕으로 삼는다. 그들은 모두 사랑에 대해 오해하고 있다. 생산적인 성격의 사람은 사랑을 주는 것이 잠재적인 능력의 최고 표현이며 생산적인 활동이라고 본다. 이것은 상대방의 생명과 성장에 적극적인 관심을 가지는 것이고 자발적으로 책임지는 것이며, 착취 없이 존경하는 것이다.

① 사랑은 능동적으로 활동하여 자신의 생동감을 고양하는 것이다.
② 사랑은 상대방을 있는 그대로 존중하는 것이다.
③ 사랑은 상대방에 대해 적극적인 관심을 갖는 것이다.
④ 사랑은 자신을 희생하여 상대방이 원하는 것을 들어주는 것이다.
⑤ 사랑을 주는 행위는 잠재 능력의 최고 표현이다.

10. 다음 글의 서술 방식에 대한 설명으로 옳은 것은?

춘향전에서 이도령과 변학도는 아주 대조적인 사람들이다. 흥부와 놀부가 대조적인 것도 물론이다. 한 사람은 하나부터 열까지가 다 좋고, 다른 사람은 모든 면에서 나쁘다. 적어도 이 이야기에 담긴 '권선징악'이라는 의도가 사람들을 그렇게 믿게 만든다.

소설만 그런 것이 아니다. 우리의 의식 속에는 은연중 이처럼 모든 사람을 좋은 사람과 나쁜 사람 두 갈래로 나누는 버릇이 있다. 그래서인지 흔히 사건을 다루는 신문 보도에는 모든 사람이 경찰 아니면 도둑놈인 것으로 단정한다. 죄를 지은 사람에 관한 보도를 보면 마치 그 사람이 죄의 화신이고, 그 사람의 이력이 죄만으로 점철되었고, 그 사람의 인격에 바른 사람으로서의 흔적이 하나도 없는 것으로 착각하게 된다.

이처럼 우리는 부분만을 보고 전체를 판단하곤 한다. 부분만을 제시하면서도 보는 이가 그것을 전체라고 잘못 믿게 만들 뿐만 아니라, '말했다'를 '으스댔다', '우겼다', '푸념했다', '넋두리했다', '뇌까렸다', '잡아뗐다', '말해서 빈축을 사고 있다' 같은 주관적 서술로 감정을 부추겨서 상대방으로 하여금 이성적인 사실 판단이 아닌 감정적인 심리 반응으로 얘기를 들을 수밖에 없도록 만든다.

세상에서 가장 결백해 보이는 사람일망정 남이 알지 못하는 결함이 있을 수 있고, 남들에게 가장 못된 사람으로 낙인찍힌 사람일망정 결백한 사람에게조차 찾지 못한 아름다운 인간성이 있을지도 모른다.

① 설의법을 적절히 활용하여 내용을 강조하고 있다.

② 열거법을 통해 말하고자 하는 바를 강조하고 있다.

③ 인용을 통해 주장을 뒷받침하고 있다.

④ 두 대상을 비교하여 자세히 설명하고 있다.

⑤ 의인법을 사용하여 주장을 극대화하고 있다.

11. 다음 글의 중심 내용으로 적절한 것은?

우리의 생각과 판단은 언어에 의해 결정되는가 아니면 경험에 의해 결정되는가? 즉 언어결정론이 옳은가 아니면 경험결정론이 옳은가? 언어결정론자들은 우리의 생각과 판단이 언어를 반영하고 있고 실제로 언어에 의해 결정된다고 주장한다. 눈에 관한 에스키모인들의 언어를 생각해 보자. 언어결정론자들의 주장에 따르면 에스키모인들은 눈에 관한 다양한 언어 표현들을 갖고 있어서 눈이 올 때 우리가 미처 파악하지 못한 미묘한 차이점들을 찾아낼 수 있다. 또한, 언어결정론자들은 '노랗다', '샛노랗다', '누르스름하다' 등 노랑에 대한 다양한 우리말 표현들이 있어서 노란색들의 미묘한 차이가 구분되고 그 덕분에 색에 관한 우리의 인지 능력이 다른 언어 사용자들보다 뛰어나다고 본다. 이렇듯 언어결정론자들은 사용하는 언어에 의해서 우리의 사고 능력이 결정된다고 말한다.

하지만 정말 그럴까? 모든 색은 명도와 채도에 따라 구성된 스펙트럼 속에 놓이고, 각각의 색은 여러 언어로 표현될 수 있다. 이러한 사실에 비추어 보면 우리말이 다른 언어에 비해 보다 풍부한 색 표현을 갖고 있다고 볼 수 없다. 나아가 더 풍부한 표현을 가진 언어를 사용함에도 불구하고 인지 능력이 뛰어나지 못한 경우들도 발견할 수 있다. 따라서 우리의 생각과 판단은 언어가 아닌 경험에 의해 결정된다고 보는 것이 옳으며 언어결정론자들의 주장과 달리, 다양한 언어적 표현은 다양한 경험에서 비롯된 것이라고 보는 것이 더 적절하다.

① 우리말은 다른 언어들에 비해 색깔 사이의 미묘한 느낌을 잘 표현할 수 있다.
② 인간의 인지 능력은 언어 표현이 풍부해질수록 발달하는 경향을 보인다.
③ 언어와 경험 외에도 우리의 생각과 판단을 결정할 수 있는 다른 요인들이 많이 있다.
④ 언어가 존재하지 않는다면 인간은 다양한 생각과 올바른 판단을 할 수가 없다.
⑤ 언어결정론자들의 의견과 달리 인간의 사고는 다양한 경험에 의해 영향을 받는다.

12. 다음 중 글의 내용과 일치하는 것은?

> 자신의 자존심을 지키기 위해 실패나 과오에 대한 자기 정당화의 구실을 찾아내는 행위를 가리켜 '구실 만들기 전략(Self-handicapping Strategy)'이라고 하는데, 좀 더 넓은 관점에서는 그런 심리를 가리켜 '이기적 편향(Self-serving Bias)'이라고 부르기도 한다. 이는 일상생활에서도 아주 쉽게 목격할 수 있다.
>
> 우리말에 '좋은 건 자기 잘난 탓으로 돌리고 나쁜 건 부모 탓 또는 세상 탓으로 돌린다'라는 말이 있는데 그게 바로 '이기적 편향'이다. '이기적 편향'은 우리의 부정적인 행동의 이유에 대해서는 상황적·환경적 요소로 돌리는 반면, 긍정적인 행동의 이유에 대해서는 우리의 내부적 요소로 돌리는 경향을 의미한다. 물론 이는 자신의 자존심을 높이거나 방어하고자 하는 욕구 때문에 생겨나는 것이다.
>
> 그렇다면 왜 이런 이기적 편향이 생겨났을까? 우리는 어떤 일을 끝마친 후 그 일에 대해 평가와 반성을 한다. 그 과정에서 일이 성공하게 된 혹은 실패하게 된 원인을 따져 보려 하지만 성공과 실패의 진정한 원인을 찾는 것이 그리 간단한 일은 아니다. 당시의 특수한 상황에서 비롯된 결과일 수 있고, 심지어는 정말 우연히 이루어진 결과일 수도 있기 때문이다.
>
> 어쨌든 원인을 찾아야 한다면, 이왕이면 우리는 마음 편한 쪽에서 원인을 찾고자 한다. 특히 실패를 했을 때는 우리의 자존심이 상하지 않는 방향에서 원인을 찾는다. 그리하여 실패의 원인은 늘 타인과 상황, 시기 등 나 자신이 아닌 다른 데 있게 된다.
>
> 이렇게 이기적인 것이 사람의 마음이다. 이기적 편향은 치사하고 비겁하게 보이기는 하지만, 일이 잘못됐을 때 실패의 원인을 남의 탓으로 돌림으로써 나의 자존심을 지킬 수 있는 심리적인 방어 능력이기도 하다. 그러나 실패했을 때마다 자기반성은 하지 않고 남의 탓만 하다가는 자기 발전을 이룰 수 없을 것이다. 따라서 자존심이 상하더라도 실패의 진정한 원인이 어디에 있는지 냉정히 자기 내면의 소리에 귀를 기울여 볼 필요가 있다.

① 구실 만들기 전략은 결과에 대해 자기반성을 하는 행위를 일컫는다.

② '좋은 것은 자기 잘난 탓이고 나쁜 것은 세상 탓'이라는 말은 이기적 편향과 상충되는 말이다.

③ 구실 만들기 전략은 일반적으로 타인의 자존심을 지켜 주기 위해 나타나는 행위를 일컫는다.

④ 이기적 편향은 긍정적인 행동의 이유에 대해서는 외부적 요소로 부정적 행동의 이유에 대해서는 내부적 요소로 돌리는 경향을 의미한다.

⑤ 이기적 편향은 완결된 일에 대한 원인을 찾는 과정에서 자존심을 지키고자 하는 심리적인 방어로 인해 일어나는 현상이다.

13. 다음 글을 통해 알 수 있는 내용으로 가장 적절한 것은?

> 랑케는 역사적 사실을 '신(神)의 손가락'에 의해 만들어진 자연계의 사물과 동일시했다. 그는 각 시대나 과거의 개체적 사실들은 그 자체로 완결된 고유의 가치를 지녔으며, 시간의 흐름을 초월해 존재한다고 믿었다. 그래서 역사가가 그것을 마음대로 해석하는 것은 신성한 역사를 오염시키는 것이라 여기고 과거의 역사적 사실을 있는 그대로 기술하는 것이 역사가의 몫이라고 주장했다. 이를 위해 역사가는 사료에 대한 철저한 고증과 확인을 통해 역사를 인식해야 하며 목적을 앞세워 역사를 왜곡하지 말아야 한다고 보았다.
>
> 이에 반해 드로이젠은 역사적 사실이란 어디까지나 역사가의 주관적 인식에 의해 학문적으로 구성된 사실이라는 점을 강조했다. 그래서 그는 역사를 단순히 과거 사건들의 집합으로 보지 않았으며 역사가의 임무는 과거 사건들을 이해하고 해석하여 하나의 지식 형태로 구성하는 것이라고 보았다. 그리고 객관적 사실을 파악하기 위한 사료 고증만으로는 과거에 대한 부분적이고 불확실한 설명만 찾아낼 수 있을 뿐이라고 했다.

① 목적을 앞세운 사료 고증은 역사 왜곡 행위이다.
② 랑케는 역사가에 의해 주관적으로 파악된 과거 사실만을 인정했다.
③ 드로이젠은 사료 고증만을 떠받드는 것을 부정적으로 여겼다.
④ 드로이젠에 따르면 과거의 사실은 시간을 초월하여 존재하는 것이다.
⑤ 드로이젠은 역사의 임의성을 중시했다.

14. 다음 글의 전제로 적절한 것은?

> 문학 작품을 산출하는 작가야말로 매우 존귀한 위치에 있으며, 동시에 국가나 민족에 대하여 스스로 준엄하게 책임을 물어야 하는 존재라고 할 수 있다. 언어를 더욱 훌륭하게 만드는 것은 수백 번의 논의와 방책이 아닌 한 명의 위대한 문학가일 수 있다. 괴테가 그 좋은 예이다. 그의 문학이 가진 힘이 독일어를 통일하고 보다 훌륭한 것으로 만드는 데 결정적인 역할을 했다는 것은 이미 주지의 사실이다.

① 문학 작품은 언어에 큰 영향력을 미친다.
② 작가는 문학 작품을 쓸 때 현실을 반영한다.
③ 언어는 작가가 문학 작품을 쓸 때 사용하는 도구이다.
④ 문학 작품의 발달은 언어의 발달과 맥락을 같이한다.
⑤ 괴테는 독일 역사상 가장 위대한 작가이다.

15. 다음 (가) ~ (라)를 논리적 순서에 맞게 나열한 것은?

(가) 창조 도시는 창조적 인재들이 창의성을 발휘할 수 있는 환경을 갖춘 도시이다. 즉, 창조 도시는 인재들을 위한 문화 및 거주 환경의 창조성이 풍부하며, 혁신적이고도 유연한 경제시스템을 구비하고 있는 도시이다.

(나) 창조 계층을 중시하는 관점에서는 개인의 창의력으로 부가가치를 창출하는 창조 계층이 모여서 인재 네트워크인 창조 자본을 형성하고 이를 통해 도시는 경제적 부를 축적할 수 있는 자생력을 갖게 된다고 본다. 따라서 창조 계층을 끌어들이고 유지하는 것이 도시의 경쟁력을 제고하는 관건이 된다. 창조 계층에는 과학자, 기술자, 예술가, 건축가, 프로그래머, 영화 제작자 등이 포함된다.

(다) 그러나 창조성의 근본 동력을 무엇으로 보든 한 도시가 창조 도시로 성장하려면 창조 산업과 창조 계층을 유인하는 창조 환경이 먼저 마련되어야 한다. 창조 도시에 대한 논의를 주도한 랜드리는 창조성이 도시의 유전자 코드로 바뀌기 위해서는 다음과 같은 환경적 요소들이 필요하다고 보았다. 개인의 자질, 의지와 리더십, 다양한 재능을 가진 사람들과의 접근성, 조직 문화, 지역 정체성, 도시의 공공 공간과 시설, 역동적 네트워크의 구축 등이 그것이다.

(라) 창조 도시의 주된 동력을 창조 산업으로 볼 것인가 창조 계층으로 볼 것인가에 대해서는 견해가 다소 엇갈리고 있다. 창조 도시의 주된 동력으로 창조 산업을 중시하는 관점에서는 창조 산업이 도시에 인적, 사회적, 문화적, 경제적 다양성을 불어넣음으로써 도시의 재구조화를 가져오고 나아가 부가가치와 고용을 창출한다고 주장한다. 창의적 기술과 재능을 소득과 고용의 원천으로 삼는 창조 산업의 예로는 광고, 디자인, 출판, 공연예술, 컴퓨터 게임 등이 있다.

① (가) – (나) – (다) – (라)
② (가) – (라) – (나) – (다)
③ (라) – (나) – (가) – (다)
④ (라) – (나) – (다) – (가)
⑤ (라) – (가) – (나) – (다)

16. 다음 중 글의 내용과 일치하는 것은?

인간과 동물은 두 가지 주요한 방식으로 환경에 적응한다. 하나는 생물학적 진화이며, 다른 하나는 학습이다. 고등 생명체에서의 생물학적 진화는 수천 년 이상 걸리는 매우 느린 현상인 반면, 학습은 짧은 생애 안에서도 반복적으로 일어난다. 세상에 대한 새로운 정보를 얻는 과정인 학습과 획득된 정보를 기억하는 능력은 적절히 진화된 대부분의 동물들이 갖고 있는 특징이다. 신경계가 복잡할수록 학습 능력은 뛰어나기 때문에 지구상 가장 복잡한 신경계를 갖고 있는 인간은 우수한 학습 능력을 지니고 있다. 이러한 능력 때문에 인간의 문화적 진화가 가능했다. 여기서 문화적 진화란 세대와 세대를 거쳐 환경에 대한 적응 능력과 지식이 발전적으로 전수되는 과정을 의미한다. 사실 우리는 세계와 문명에 대한 새로운 지식들을 학습을 통해 습득한다. 인간 사회의 변화는 생물학적 진화보다는 전적으로 문화적 진화에 의한 것이다. 화석 기록으로 볼 때 수만 년 전의 호모 사피엔스 이래로 뇌의 용적과 구조는 크게 달라지지 않았다. 고대로부터 현재까지 모든 인류의 업적은 문화적 진화의 소산인 것이다.

학습은 인간의 본성에 관한 철학의 쟁점과도 관련되어 있다. 고대의 소크라테스를 비롯하여 많은 철학자들은 인간 정신의 본성에 대하여 질문을 던져왔다. 17세기 말에 이르러 영국과 유럽 대륙에서 두 가지 상반된 견해가 제기되었다. 하나는 로크, 버클리, 흄과 같은 경험론자들의 견해로, 정신에 타고난 관념 또는 선험적 지식이 있다는 것을 부정하고 모든 지식은 감각적 경험과 학습을 통해 형성된다고 보는 것이다. 다른 하나는 데카르트, 라이프니츠 등의 합리론자와 칸트의 견해로 정신은 본래 특정한 유형의 지식이나 선험적 지식을 가지고 있으며 이것이 감각 경험을 받아들이고 해석하는 인식의 틀이 된다는 것이다.

① 학습은 생물학적인 진화보다 우월하다.
② 학습은 인간만이 지니고 있는 인간의 고유한 특성이다.
③ 인간 사회의 변화는 생물학적 진화와 문화적 진화가 적절히 혼합되어 이루어진 것이다.
④ 경험론자들은 생물학적 진화보다는 학습을 중요시하였다.
⑤ 인간은 대부분의 동물들과 달리 생물학적 진화가 전혀 이루어지지 않았다.

17. 다음 글의 주제로 가장 적절한 것은?

최근 다도해 지역을 해양사의 관점에서 새롭게 주목하는 논의가 많아졌다. 그들은 주로 다도해 지역의 해로를 통한 국제 교역과 사신의 왕래 등을 거론하면서 해로 및 포구의 기능과 해양 문화의 개방성을 강조하고 있다. 한편 다도해는 오래전부터 유배지로 이용되었다는 사실이 자주 언급됨으로써 그동안 우리에게 고립과 단절의 이미지로 강하게 남아 있었다. 이처럼 다도해는 개방성의 측면과 고립성의 측면에서 모두 조명될 수 있는데, 이는 섬이 바다에 의해 격리되는 한편 바다를 통해 외부 세계와 연결되기 때문이다.

다도해의 문화적 특징을 말할 때 흔히 육지에 비해 옛 모습의 문화가 많이 남아 있다는 점이 거론된다. 섬은 단절된 곳이므로 육지에서는 이미 사라진 문화가 섬에는 아직 많이 남아 있다고 여기는 것이다. 또한 섬이라는 특수성 때문에 무속이 성하고 마을굿도 풍성하다고 생각하는 이들도 있다. 이러한 견해는 다도해를 고립되고 정체된 곳이라고 생각하는 관점과 통한다. 실제로는 육지에도 무당과 굿당이 많은데도 관념적으로 섬을 특별하게 여기는 것이다.

이런 관점에서 '진도 다시래기'와 같은 축제식 장례 풍속을 다도해 토속 문화의 대표적인 사례로 드는 경우도 있다. 지금도 진도나 신안 등지에 가면 상가(喪家)에서 노래하고 춤을 추며 굿을 하는 것을 볼 수 있는데, 이런 모습은 고대 역사서의 기록과 흡사하므로 그 풍속이 고풍스러운 것은 분명하다. 하지만 기존 연구에서 밝혀졌듯이 진도 다시래기가 지금의 모습을 갖추게 된 데에는 육지의 남사당패와 같은 유희 유랑 집단에서 유입된 요소들의 영향도 적지 않다. 이런 연구 결과는 다도해의 문화적 특징을 일방적인 관점에서 접근해서는 안 된다는 점을 시사한다.

① 다도해의 역사를 재조명함으로써 우리의 해양사를 제대로 이해할 수 있다.
② 다도해의 풍속을 섬이라는 고립과 단절의 관점으로만 이해해서는 안 된다.
③ 다도해의 문화적 특징을 제대로 파악하기 위해서는 육지의 풍속과 비교해야 한다.
④ 다도해의 개방성과 고립성은 다도해의 토속 문화를 구축하는 데 많은 영향을 끼쳤다.
⑤ 진도 다시래기와 같은 축제식 장례 풍속은 육지에서 영향을 받았다.

18. 다음 글을 읽고 내용과 일치하지 않는 것은?

> 중세 이탈리아 상인들은 어떤 물건들을 취급해서 막대한 부를 축적했을까? 피렌체 출신 상인 페골로티의 '상업 실무'와 발루타(Valuta)라 불리는 일종의 상품 시세표는 그에 대한 답을 말해 준다. 두 기록에 따르면 중세 말 이탈리아 상인들이 일상적으로 취급했던 품목은 대략 2백 개 정도였다고 한다. 상업 실무에 언급된 상품은 총 288가지였지만 같은 종류의 상품들이 생산지, 가공 상태, 품질 등에 따라 중복된 것을 제외하면 대략 193종의 품목이 이탈리아 상인들을 통해 유통되고 있었다.
>
> 페골로티의 목록에서 눈에 띄는 점은 이 상품들이 향신료로 불렸다는 것이다. 오늘날 엄격한 의미의 향신료로 간주되지 않는 꿀, 설탕, 쌀, 오렌지, 다트 등의 식품들과 명반, 백연 등의 염색 재료들 그리고 원면, 밀랍, 종이와 같은 산업 원료들까지도 중세 향신료로 분류되었다. 193개의 중세 향신료 중에서 오늘날에도 여전히 향신료로 간주되는 것들은 극소수이다. 이중 인도와 중국을 포함한 동방으로부터 온 상품들은 31개 정도이며 그중에서도 진정한 의미의 향신료는 후추, 생강, 육계, 계피, 정향, 소두구, 갈링가, 육두구 정도였다.
>
> 고대부터 시작된 아시아산 향신료에 대한 유럽인들의 열광적인 소비는 시간이 갈수록 늘어났다. 유럽인들은 아시아 향신료에 매료되었고, 이탈리아 상인들은 늘어나는 향신료 수요를 충족시키면서 막대한 이익을 얻었다. 향신료에 대한 수요가 많았던 이유 중 하나는 다양한 용도 덕분이었다. 음식에 향미를 더해 주기도 하고 육식을 금하는 사순절 동안 생선만 먹는 지루함을 달래주었으며 신을 부르거나 악마를 쫓아내고 병과 전염병을 치료하는 용도 등으로 활용되기도 하였다. 중세 고급 요리에서 향신료는 없어서는 안 되는 필수 품목이었다.

① 중세 이탈리아 상인들은 약 200여 개의 물품을 취급하였다.
② 중세 이탈리아 상인들이 취급한 물품은 일정 기준에 의해 분류되어 있었다.
③ 중세 이탈리아 상인들은 양념류와 식품 등을 향신료로 분류하였다.
④ 중세 유럽인이 향신료를 좋아했던 이유 중 하나는 향신료가 음식을 대신할 수 있었기 때문이다.
⑤ 중세 유럽에서 유행하던 향신료 중에서는 아시아로부터 온 것도 있었다.

19. 다음 글의 주제로 가장 적절한 것은?

> 우리는 학교에서 한글 맞춤법이나 표준어 규정과 같은 어문 규범을 교육받고 학습한다. 어문 규범은 언중들의 원활한 의사소통을 위해 만들어진 공통된 기준이며 사회적으로 정한 약속이기 때문이다. 그러나 문제는 급변하는 환경에 따라 변화하는 언어 현실에서 언중들이 이와 같은 어문 규범을 철저하게 지키며 언어생활을 하기란 쉽지 않다는 것이다. 그래서 이러한 언어 현실과 어문 규범의 괴리를 줄이고자 하는 여러 주장과 노력이 우리 사회에 나타나고 있다.
>
> 최근 어문 규범이 언어 현실을 따라오기에는 한계가 있기 때문에 어문 규범을 폐지하고 아예 언중의 자율에 맡기자는 주장이 있다. 또한 어문 규범의 총칙이나 원칙과 같은 큰 틀은 유지하되, 세부적인 항목 등은 사전에 맡기자는 주장도 있다. 그러나 어문 규범을 부정하는 주장이나 사전으로 어문 규범을 대신하자는 주장에는 문제점이 있다. 전자의 경우, 언어의 생성이나 변화가 언중 각각의 자율에 의해 이루어져 오히려 의사소통의 불편함을 야기할 수 있다. 후자는 우리나라의 사전 편찬 역사가 짧기 때문에 어문 규범의 모든 역할을 사전이 담당하기에는 무리가 있으며, 언어 현실의 다양한 변화를 사전에 전부 반영하기 어렵다는 문제점이 있다.

① 의사소통의 편리함을 위해서는 어문 규범을 철저히 지켜야 한다.

② 언어 현실과 어문 규범의 괴리를 해소하기 위한 방법을 모색하는 노력이 나타나고 있다.

③ 빠르게 변하는 현실 속에서 어문 규범은 제 기능을 발휘하지 못하므로 폐지해야 한다.

④ 언어의 변화와 생성은 사람들의 의사소통을 혼란스럽게 할 수 있기 때문에 자제해야 한다.

⑤ 어문 규범과 언어 현실의 괴리를 없애기 위해서는 언중의 자율과 사전의 역할 확대가 복합적으로 진행되어야 한다.

20. 다음 글을 통해 추론할 수 없는 내용은?

오늘날 프랑스 영토의 윤곽은 9세기에 샤를마뉴 황제가 유럽 전역을 평정한 후, 그의 후손들 사이에 벌어진 영토 분쟁의 결과로 만들어졌다. 제국 분할을 둘러싸고 그의 후손들 사이에 빚어진 갈등은 제국을 독차지하려던 로타르의 군대 그리고 루이와 샤를의 동맹군 사이의 전쟁으로 확대되었다. 결국 동맹군의 승리로 전쟁이 끝나면서 왕자들 사이에 제국의 영토를 분할하는 원칙을 명시한 베르됭 조약이 체결되었다. 영토 분할을 위임받은 로마 교회는 조세 수입이나 영토 면적보다는 '세속어'를 그 경계의 기준으로 삼는 것이 더 공정하다는 결론을 내렸고, 그래서 게르만어를 사용하는 지역과 로망어를 사용하는 지역을 각각 루이와 샤를에게 할당했다. 그리고 힘없는 로타르에게는 이들 두 국가를 가르는 완충지대로서, 이탈리아 북부 롬바르디아 지역부터 프랑스의 프로방스 지방, 스위스, 스트라스부르, 북해까지 이어지는 긴 복도 모양의 영토가 주어졌다.

루이와 샤를은 베르됭 조약 체결에 앞서 스트라스부르에서 서로의 동맹을 다지는 서약 문서를 상대방이 분할 받은 영토의 세속어로 작성하여 교환하고, 곧이어 각자 자신의 군사들로부터 자신이 분할 받은 영토의 세속어로 충성 맹세를 받았다. 학자들은 두 사람이 서로의 동맹에 충실할 것을 상대측 영토의 세속어로 서약했다는 점에 주목한다. 또한 역사적 자료에 의해 루이와 샤를 모두 게르만어를 모어로 사용하였다는 사실이 알려져 있다. 그러므로 루이와 샤를 중 적어도 한 명은 서약 문서를 자신의 모어로 작성한 것이 아니라는 것이다. 게다가 그들의 군대는 필요에 따라 여기저기서 수시로 징집된 다양한 언어권의 병사들로 구성되어 있었으므로 세속어의 사용이 군사들의 이해를 목적으로 한다는 설명에는 설득력이 없다. 결국 학자들은 상대측 영토의 세속어 사용이 상대 국민의 정체성과 그에 따른 권력의 합법성을 상호 인정하기 위한 상징행위로서 의미를 갖는다고 결론을 내렸다.

① 로타르 군대는 제국을 독차지하려는 전쟁에서 패했다.
② 로마 교회는 조세 수입과 면적을 기준으로 영토 분할을 지시했다.
③ 루이는 로망어로 서약 문서를 작성하였다.
④ 샤를은 자신의 군사들로부터 로망어로 된 충성 맹세를 받았다.
⑤ 루이와 샤를의 군대는 다양한 언어권 출신의 병사들로 이뤄졌다.

21. 다음 중 문단 (가)와 (나)의 내용상 관계로 가장 적절한 것은?

> (가) 20세기 후반, 복잡한 시스템에 관한 연구에 몰두하던 일련의 물리학자들은 기존의 경제학 이론으로는 설명할 수 없었던 경제 현상을 이해하기 위해 물리적인 접근을 시도하기 시작했다. 보이지 않는 손과 시장의 균형, 완전한 합리성 등 신고전 경제학은 숨 막힐 정도로 정교하고 아름다웠지만, 불행히도 현실 경제는 왈라스나 애덤 스미스가 꿈꿨던 '한 치의 오차도 없이 맞물려 돌아가는 톱니바퀴'가 아니었다. 물리학자들은 인간 세상의 불합리함과 혼잡함에 관심을 가지고 그것이 만들어 내는 패턴들과 열린 가능성에 주목했다.
>
> (나) 우리가 주류 경제학이라고 부르는 것은 왈라스 이후 체계가 잡힌 신고전 경제학을 말한다. 이 이론에 의하면 모든 경제주체는 완전한 합리성으로 무장하고 있고 항상 최선의 선택을 하며, 자신의 효용이나 이윤을 최적화한다. 개별 경제주체의 공급곡선과 수요곡선을 합하면 시장에서의 공급곡선과 수요곡선이 얻어진다. 이 두 곡선이 만나는 점에서 가격과 판매량이 동시에 결정된다. 더 나아가 모든 주체가 합리적 판단을 하기 때문에 모든 시장은 동시에 균형에 이르게 된다.

① (가)보다 (나)가 경제 공황을 더 잘 설명한다.

② (나)는 (가)로부터 필연적으로 도출된다.

③ (나)는 (가)의 한 부분에 대한 부연설명이다.

④ (나)는 (가)를 수학적으로 다시 설명한 것이다.

⑤ (나)는 (가)와 상반되는 내용을 설명한다.

22. 다음 글에 사용된 설명 방법을 가장 적절하게 이해한 것은?

> 중고차 시장에서 판매되는 중고차의 흠이나 내력은 구매자보다 판매자가 더 많이 알고 있을 것이다. 판매자는 팔려는 자동차가 언제 물에 잠겼고 언제 사고를 당해서 고쳤는지, 내재되어 있는 치명적인 결함은 무엇인지를 잘 알고 있다. 반면에 구매자는 판매자가 이러한 자동차의 결함을 감추기 때문에 그 자동차의 결함을 충분히 알 수 없으므로 자동차의 겉모양만 보고 판단할 수밖에 없다. 이와 같이 거래의 양 당사자가 그 상품에 대한 정보를 균등하지 않게 보유하고 있는 경우를 '정보의 비대칭성(Asymmetric Information)'이라 한다.
>
> 이러한 정보의 비대칭성은 생명보험의 판매에서도 찾을 수 있다. 생명보험회사는 건강한 사람들을 가능하면 많이 가입시키는 것이 유리하다. 반면에 보험가입자의 경우에는 건강상태가 나쁠수록 보험가입에 적극적이다. 보험가입자들의 다수가 병에 걸려 있다면 생명보험회사는 막대한 손실을 보거나 파산할 수도 있다. 따라서 생명보험회사는 병에 걸린 사람들이 보험에 가입하는 것을 방지하고자 최대한의 노력을 기울일 것이나 보험가입자는 자신의 건강상태에 대해서 생명보험을 판매하는 생명보험회사보다 훨씬 더 잘 알고 있다. 이와 같은 경우도 정보의 비대칭성에 해당한다.

① 구체적인 예시를 들어 대상을 쉽게 설명하고 있다.

② 사례 간의 비교를 통해 대상의 특징을 설명하고 있다.

③ 여러 대상을 일정한 기준에 따라 나누어 설명하고 있다.

④ 대상의 부분을 체계적으로 조직하여 내적인 연관관계를 설명하고 있다.

⑤ 대상에 대한 이해를 높이기 위해 필자의 인상과 느낌을 강조하고 있다.

23. 다음 발표 내용으로 알 수 없는 것은?

> 저는 신제품 개발 프로젝트를 위해 식품의 맛에 대해 고민하였습니다. 다양한 맛 중에 떫은맛에 대해 이야기하려고 합니다. 단맛, 짠맛 등의 기본적인 맛은 혀의 미각 세포를 통해 느낄 수 있습니다. 그러면 떫은맛은 어떻게 느끼게 될까요? 떫은맛은 입속 점막과 같은 피부 조직이 자극을 받아 느껴지는 촉각입니다. 떫은맛을 내는 성분은 입안에서 혀 점막의 단백질과 결합합니다. 그 과정에서 만들어진 물질이 혀의 점막을 자극하면 우리는 입안이 텁텁하다고 느낍니다. 그 텁텁한 느낌이 바로 떫은맛입니다.
>
> 떫은맛은 우리 몸에 어떤 영향을 줄까요? 최근 발표된 Y 대학교 연구팀의 연구결과에 따르면 떫은맛을 내는 타닌이 들어 있는 감과 녹차는 당뇨와 고혈압 등을 개선하는 기능이 있다고 합니다. 그렇지만 떫은맛이 나는 식품을 많이 섭취하면 입이 마르고 대장에서 수분 흡수율이 지나치게 높아져서 속이 불편할 수 있다고 합니다.
>
> 떫은맛을 꺼리는 사람도 있지만 떫은맛은 다른 맛과 혼합하여 독특한 풍미를 형성하기도 합니다. 그 풍미를 즐기려고 녹차나 홍차를 마시는 사람도 많습니다. 타닌이 풍부한 감의 경우 덜 익은 감의 타닌은 침에 녹아서 떫은맛을 강하게 내지만, 감이 익으면서 타닌이 침에 녹지 않는 성질로 변하기 때문에 잘 익은 감에서는 떫은맛이 느껴지지 않습니다. 이런 감에서 저는 제 프로젝트 방향의 감을 잡았습니다. 하하하. 농담이구요, 여하튼 저는 이 잘 익은 감의 타닌 성분을 이용하여 고혈압에 도움을 줄 수 있는 새로운 건강식품 개발 프로젝트를 제안하고 싶습니다.

① 떫은맛을 이용한 다양한 타 회사의 건강식품의 예
② 떫은맛이 잘 익은 감에서는 느껴지지 않는 이유
③ 떫은맛이 포함된 음식들
④ 떫은맛을 느끼는 과정
⑤ 떫은맛의 효능

24. 다음 글을 통하여 유추할 수 있는 내용으로 적절하지 않은 것은?

여러 SF 영화나 액션 영화 등에서 자주 등장하는 것 중에 하나로 홍채인식이나 얼굴인식 등 첨단의 생체인식 장면들이 있다. 각종 생체인식 기술들은 보안장치, 신원조회 등에 실제로도 이미 널리 쓰이고 있는데 최근 온라인 금융, 전자상거래 등의 증가와 함께 발전하게 된, 금융기술과 IT를 결합시킨 핀테크(FinTech) 기술에서도 이는 매우 중요하다.

핀테크에서 신용카드 등으로 결제할 경우 인증을 위해 비밀번호나 공인인증서 등을 사용하지만 이 역시 정보유출의 우려 등 보안상의 문제가 여전하고 번거롭기도 하다. 따라서 지문, 음성, 홍채, 걸음걸이 등 사람의 신체를 이용하여 개인의 신원을 확인하는 생체인식 결제(Biometric payment) 기술이 이런 문제를 보완하고 더욱 편리하게 이용할 수 있는 신기술로 부상하고 있다.

생체인식 기술 중에서도 비교적 오래된 지문인식은 사람들의 손가락무늬인 지문이 모두 다르다는 점에서 착안한 것으로, 우리나라에서는 만 17세가 되면 발급되는 주민등록증에도 본인의 지문이 찍혀 있다. 또 한편 기술 발전이 거듭되고 있는 생체인식 분야는 홍채인식 기술이다. 홍채인식 장면이 가장 인상적으로 등장한 영화로는 톰 크루즈가 주연을 맡았던 스필버그 감독의 '마이너리티 리포트(Minority Report, 2002)'가 떠오르는데, 사람의 눈에서 빛의 양을 조절하는 홍채는 신체 부위 중에서도 개인간의 차이를 가장 잘 드러낸다고 한다. 홍채의 독특한 무늬는 생후 6개월경부터 형성되어 두세 살이 되면 거의 완전한 모양을 지니고 이후로 평생 변하지 않으므로, 홍채의 무늬패턴 및 망막의 모세혈관 모양 등을 인식하여 보안시스템 등에 활용할 수 있게 된다. 홍채의 특징적인 패턴은 지문패턴보다 훨씬 다양해서 식별력과 보안성이 더욱 우수하다고 한다.

얼굴인식은 결제용 인증에도 사용될 수 있지만 원래는 CCTV 등에 찍힌 영상으로부터 사람의 얼굴을 구분하고 확인하는 보안용으로 사용하기 위하여 개발됐다. 최근 얼굴인식 기술을 이러한 용도에 도입하는 데에 가장 적극적인 나라는 중국인데, 베이징의 서우두공항을 비롯해서 수십 개 이상의 공항에 이미 이 시스템을 도입했다. 또한 중국 주요 도시 기차역에도 얼굴인식 검표 시스템을 도입했을 뿐 아니라, 주요 시설들을 순찰하는 공안의 상당수는 얼굴인식 기능이 탑재된 '스마트 선글라스'를 착용하여 수많은 인파 속에서도 범죄용의자, 외국의 스파이 등을 순식간에 찾아낸다고 한다.

① 생후 3개월의 아이에게는 홍채인식을 사용할 수 없다.

② 얼굴인식을 위해서는 인식에 필요한 특수 안경 등의 장비가 필요하다.

③ 지문과 홍채가 생체인식의 방법이 되는 이유는 모든 인간이 지닌 특징이기 때문이다.

④ 생체인식 기술은 타고난 인간의 신체적 외모에 한정된 기술 분야이다.

⑤ 얼굴인식 기술은 범죄자 색출뿐 아니라 광고, 사람 찾기 등의 방면에도 활용될 수 있다.

25. 다음 중 글의 주제로 적절한 것은?

○○위원회는 장애인 거주시설에서 거주하던 지적장애인에게 응급상황이 발생했으나 의사소통이 제대로 되지 않아 다음 날 사망에 이른 것과 관련하여 지적장애인은 자신의 증상을 제대로 표현할 수 없으니 유사한 사건이 언제든지 발생할 수 있으므로 대응체계를 충실히 갖추고 적용하는 것은 시설 운영자의 기본적인 보호 의무에 포함된다고 판단하였다. ○○위원회는 피해자 김 모 씨(지적장애 1급)에 대해 응급이송이 늦은 것이 피해자의 직접적인 사망 원인이라고 인정하기 어려우나 이로 인해 피해자가 적시에 진료받을 기회를 상실했으므로 향후 유사 사례가 발생하지 않도록 시설장에게 응급상황 발생에 대하여 대응지침을 마련하고, 종사자와 거주인들이 지침을 숙지할 수 있도록 교육을 강화할 것을 권고했다.

피해자의 유가족인 김 모 씨는 피해자가 거주하던 장애인 거주시설의 피해자에 대한 응급 조치가 미흡하여 피해자가 사망하였다고 ○○위원회에 다음과 같은 내역의 진정을 제기하였다. 피해자는 사건 당일 오전부터 창백한 얼굴로 소리를 지르는 등의 행동을 보여 같은 날 주간에 병원진료를 받았으나 혈압, 혈액, 소변, X-ray 검사 결과 별다른 이상 소견을 보이지 않아 이상증세 발생 시 응급실을 방문하라는 의사 당부를 받고 시설로 복귀하였다. 같은 날 22시부터 피해자가 다시 이상증세를 보여 안정제를 먹였으나 나아지지 않아 다음 날 새벽 1시경 생활지도교사가 피해자를 개인 차량에 태워 병원에 도착하였다. 응급실 도착 당시 피해자는 맥박이 190까지 올라가 의료진이 지속적으로 약을 투여하였으나 효과가 없었다. 이후 피해자의 심장 박동이 느려져 심폐소생술을 실시하였으나 소생 가능성이 없어 피해자 가족에게 연락을 하고 가족이 병원에 도착한 후 같은 날 오전 9시에 사망하였다. 피진정시설 측은 피해자가 평소에도 소리 지르는 경우가 있었고 전날 낮에 진료한 결과 특이한 소견이 없어 응급상황으로 생각하지 않았으며 119를 부르는 것보다 직접 병원으로 이송하는 것이 빠르다고 판단하였다고 설명했다. 그러나 당시 피진정시설은 중증지적장애인 거주시설 특성에 맞는 응급상황 지침이 없었으며 피해자 사망 전뿐 아니라 사망 후에도 종사자와 거주인 대상의 응급상황 대응지침 마련이나 이에 대한 교육이 전혀 없었던 것으로 확인되었다.

① 장애인의 진료받을 기회가 사회적으로 보장되어야 해.
② 지적장애인을 위한 응급체계를 마련해야 해.
③ 장애인 시설 종사자의 미흡한 행동으로 장애인이 숨진 것은 안타까워.
④ 응급이송 중 사망에 따른 보상금 지급체계가 가장 시급히 개선되어야 할 문제야.
⑤ 중증지적장애인 거주시설 운영자의 기본 권리를 회복해야 해.

인적성검사

✓ 25문항/25분

영역3 수리비평

01. 다음은 20X7년 설비투자 집행률에 대한 자료이다. 자료에 대한 해석으로 옳지 않은 것은? (단, 집행률은 소수점 아래 둘째 자리에서 반올림한다)

〈20X7년 설비투자 집행률〉

(단위 : 조 원, %)

구분		계획(A)	실적(B)	집행률$\left(\dfrac{B}{A} \times 100\right)$
전체	합계	181.8	189.8	
	대기업	133.5	150.5	
	중견기업	23.6	18.0	
	중소기업	24.7	21.3	
제조업	합계	89.9	106.0	
	대기업	67.2	86.4	
	중견기업	13.1	10.8	
	중소기업	9.6	8.8	
비제조업	합계	91.9	83.8	
	대기업	66.3	64.1	
	중견기업	10.5	7.2	
	중소기업	15.1	12.5	

① 제조업 중 중소기업의 집행률은 91.7%이다.

② 제조업, 비제조업 모두 대기업, 중견기업, 중소기업의 집행률은 각각 70%를 웃돈다.

③ 제조업, 비제조업 모두 대기업의 집행률이 가장 높고, 중견기업의 집행률이 가장 낮다.

④ 제조업 중 중견기업은 20X7년 설비투자 계획에 비해 실적이 적었다.

⑤ 기업 단위로 비교할 때, 비제조업에 비해 제조업의 집행률이 모두 높았다.

02. 다음 자료는 202X년 A, B기업의 2 ~ 3분기 매출액 증감지수를 나타낸 것이다. A, B 기업의 202X년 1분기 매출액이 각각 200억 원, 150억 원일 때, 이에 대한 설명으로 옳지 않은 것은?

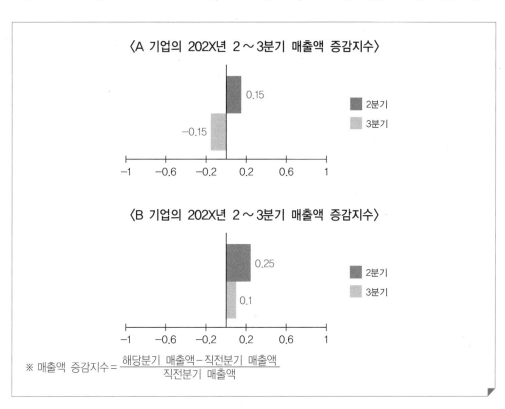

〈A 기업의 202X년 2 ~ 3분기 매출액 증감지수〉

〈B 기업의 202X년 2 ~ 3분기 매출액 증감지수〉

※ 매출액 증감지수 = $\dfrac{\text{해당분기 매출액} - \text{직전분기 매출액}}{\text{직전분기 매출액}}$

① A 기업의 202X년 3분기 매출액은 200억 원 미만이다.

② B 기업의 202X년 3분기 매출액은 A 기업의 202X년 3분기 매출액보다 많다.

③ 두 기업의 3분기 매출액 합계는 2분기 매출액 합계보다 작다.

④ A 기업의 202X년 매출액이 800억 원을 초과하려면 4분기 매출액은 3분기 대비 10% 이상 증가해야 한다.

⑤ 202X년 1 ~ 3분기 매출액의 총합은 A 기업이 B 기업보다 크다.

03. 20X9년 전체 인적재난 중 교통사고의 발생 비율과 인명피해 비율은? (단, 소수점 아래 둘째 자리에서 반올림한다)

〈20X9년 주요 유형별 인적재난 발생 현황〉

(단위 : 건, 명)

구분	발생건수	인명피해	사망
교통사고	221,711	346,620	5,229
화재	43,875	1,862	263
등산	4,243	3,802	90
물놀이, 익사 등	2,393	1,322	489
해양	1,750	219	38
추락	2,699	2,383	189
농기계	918	925	90
자전거	4,188	3,865	36
전기(감전)	581	581	46
열차	277	275	124
환경오염	4,216	4,093	115
전체	286,851	365,947	6,709

	발생 비율	인명피해 비율		발생 비율	인명피해 비율
①	77.3%	94.7%	②	77.3%	91.7%
③	75.3%	98.7%	④	75.3%	94.7%
⑤	73.3%	91.7%			

04. 다음은 출발지에서 목적지로 항해하는 선박이 중국으로 표류한 횟수를 나타낸 자료이다. 이에 대한 설명으로 옳지 않은 것을 〈보기〉에서 모두 고르면?

(단위 : 회)

목적지 출발지	A	B	C	D	E	F	G	합계
A	7	(나)	5	58	2	1	0	138
B	(가)	68	22	16	2	0	1	(마)
C	22	30	(다)	1	13	9	1	(바)
D	6	24	0	7	2	0	0	39
E	11	6	11	2	7	2	3	42
F	0	0	4	0	2	0	7	13
G	0	2	1	1	9	4	1	18
합계	73	195	136	(라)	37	16	13	(사)

─── | 보기 | ───

㉠ 목적지를 기준으로 할 때, 중국으로 표류한 횟수의 합이 세 번째로 많은 곳은 D이다.

㉡ 출발지와 목적지가 같은 선박이 중국으로 표류한 횟수를 모두 합하면 출발지가 C인 선박이 중국으로 표류한 횟수의 합보다 많다.

㉢ 출발지를 기준으로 할 때, 출발지가 B인 선박이 중국으로 표류한 횟수의 합이 가장 적다.

㉣ 중국으로 표류한 횟수의 총합은 555회이다.

㉤ 출발지를 기준으로 할 때, 중국으로 표류한 횟수의 합이 가장 많은 곳은 D이다.

① ㉠, ㉡
② ㉢, ㉤
③ ㉣, ㉤
④ ㉡, ㉢, ㉣
⑤ ㉢ , ㉣, ㉤

05. 다음 자료에 대한 설명으로 옳은 것은?

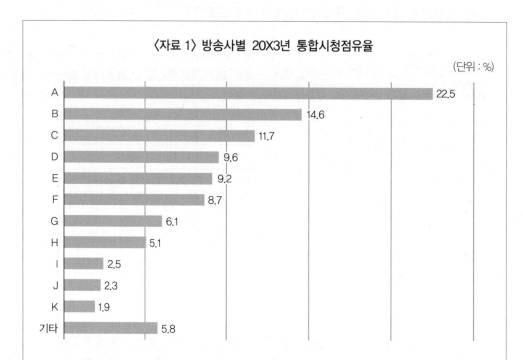

〈자료 1〉 방송사별 20X3년 통합시청점유율

(단위 : %)

A 22.5
B 14.6
C 11.7
D 9.6
E 9.2
F 8.7
G 6.1
H 5.1
I 2.5
J 2.3
K 1.9
기타 5.8

※ 통합시청점유율은 N 스크린(스마트폰, PC, VOD) 시청기록 합산 규정을 적용한 시청점유율을 말하며,
시청점유율은 전체 텔레비전 방송의 총 시청시간 중 특정 채널의 시청시간이 차지하는 비율을 말한다.

〈자료 2〉 20X2 ~ 20X3년 방송사별 기존시청점유율(N 스크린 미포함) 비교

(단위 : %)

구분	A	B	C	D	E	F	G	H	I	J	K
20X2년	25	12.6	12.1	8.4	9	8.5	5.8	5	2.4	2.3	2.2
20X3년	25	12.5	11	10	8	8	6	5.2	2.5	2.4	2

① 20X3년 통합시청점유율 상위 3개 방송사가 전체의 50% 이상을 차지한다.

② 기존시청점유율 순위가 20X2년 대비 20X3년에 상승한 방송사는 2개이다.

③ 20X3년 기존시청점유율이 전년 대비 5% 이상 증가한 방송사는 D 방송사뿐이다.

④ 20X3년에 기존시청점유율보다 통합시청점유율이 더 높은 방송사는 4개이다.

⑤ 20X3년 기존시청점유율이 전년 대비 감소한 방송사는 그 해 통합시청점유율이 기존시청점유율
보다 높다.

06. 다음 자료에 대한 설명으로 옳지 않은 것을 〈보기〉에서 모두 고르면?

〈전공과 직업의 일치 여부〉

(단위 : %)

구분		일치한다	보통이다	일치하지 않는다	계
성별	남	33.3	40.4	26.3	100
	여	33.7	32.1	34.2	100
연령대별	10 ~ 20대	31.6	38.0	30.4	100
	30 ~ 40대	33.0	38.3	28.7	100
	50대 이상	36.7	30.7	32.6	100
직종별	전문직	45.3	30.5	24.2	100
	사무직	29.7	41.9	28.4	100
	서비스직	22.3	25.2	52.5	100
	기타	31.0	51.9	17.1	100

| 보기 |

㉠ 전공과 직업이 일치한다고 응답한 비율이 가장 높은 항목은 성별에서는 여성, 연령대별에서는 50대 이상, 직종별에서는 전문직으로 나타났다.

㉡ 만약 조사대상이 600명, 남녀 비율이 2 : 3이라면, 여성 중 전공과 직업이 일치한다고 응답한 사람은 120명 이하이다.

㉢ 만약 조사대상이 1,000명이고 그중 서비스직에 종사하는 사람이 35%라면, 서비스직에 종사하는 사람 중 전공과 직업이 일치하지 않는다고 응답한 사람은 185명 이상이다.

① ㉠　　　　② ㉡　　　　③ ㉢

④ ㉠, ㉢　　　⑤ ㉡, ㉢

07. 다음은 국내 저가항공사 실적에 대한 자료이다. 20X2년 11월 A사의 공급석은 모두 몇 석인가?

〈자료 1〉 국내 저가항공사 국내선 여객실적(11월 기준)

(단위 : 천 석, %, 천 명)

구분	20X1년 11월		20X2년 11월	
	공급석	탑승률	국내여객	국내여객 전년 동월 대비 증감량
A사	250	70	( )	105
B사	80	50	102	62
C사	200	90	198	18
D사	400	87.5	480	130
E사	350	90	420	105
소계	1,280		1,480	

※ 탑승률(%) = $\dfrac{국내여객}{공급석} \times 100$

※ 국내여객 전년 동월 대비 증감량 = 20X2년 11월 국내여객 − 20X1년 11월 국내여객

〈자료 2〉 20X2년 11월 기준 탑승률의 전년 동월 대비 증감률

(단위 : %)

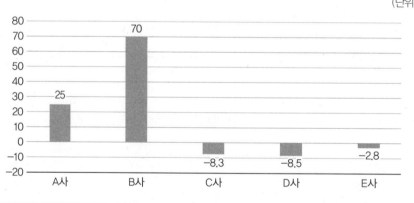

① 206,000석
② 217,000석
③ 268,800석
④ 320,000석
⑤ 342,000석

08. 다음은 X 기업, Y 기업의 연도별 제품 판매액에 관한 자료이다. 이에 대한 설명으로 옳지 않은 것은?

〈X 기업, Y 기업의 연도별 제품 판매액〉

(단위 : 천 원)

구분		20X0년	20X1년	20X2년	20X3년	20X4년	20X5년	20X6년
X 기 업	A 제품	294,621	389,664	578,578	943,056	1,089,200	1,143,402	1,469,289
	B 제품	0	0	0	0	6,089	350,681	1,285,733
	C 제품	917,198	1,103,227	1,605,182	2,556,300	3,979,159	5,122,441	7,056
	D 제품	862,884	912,760	1,148,179	1,145,557	1,342,439	1,683,142	2,169,014
Y 기 업	E 제품	4,490,107	3,862,087	4,228,112	2,753,924	2,150,013	2,858,714	2,819,882
	F 제품	52,307	465,924	483,777	492,172	495,354	395,556	489,466
	G 제품	524,623	1,027,251	1,839,558	4,656,237	5,546,583	6,237,564	7,466,664
	H 제품	10,203,907	11,737,151	11,554,426	14,334,944	22,468,966	22,754,303	23,867,053

① Y 기업의 제품 중 판매액이 매년 지속적으로 증가한 제품은 한 종류이다.

② 20X0년 대비 20X4년에 판매액이 감소한 제품은 한 종류이다.

③ 20X0 ~ 20X6년 동안 매년 Y 기업의 판매액 총합이 X 기업의 판매액 총합보다 컸다.

④ D 제품의 판매액이 전년 대비 감소한 해에는 E 제품의 판매액도 전년 대비 감소하였다.

⑤ Y 기업의 제품 중 20X0년 대비 20X6년 판매액 증가율이 가장 높은 제품은 F 제품이다.

09. 다음 자료에 대한 내용으로 옳지 않은 것은?

〈부품소재 산업동향〉

(단위 : 조 원)

구분	20X3년	20X4년	20X5년	20X6년	20X7년	20X8년	20X9년
생산	584	642	658	660	650	638	658
내수	491	545	( )	( )	538	532	( )

※ 내수＝생산－수출＋수입

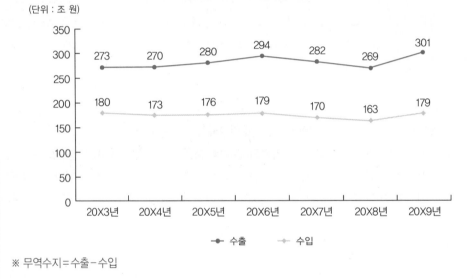

〈부품소재 무역통계〉

(단위 : 조 원)

※ 무역수지＝수출－수입

① 조사기간 중 부품소재 생산 규모가 전년 대비 가장 큰 비율로 증가한 해는 20X4년이다.

② 조사기간 중 20X7년 부품소재 생산, 수출, 수입 규모는 모두 전년 대비 하락하였다.

③ 조사기간 중 부품소재 생산 규모는 20X4년 이후 600조 원을 상회한다.

④ 조사기간 중 부품소재 무역수지 규모가 가장 큰 해는 20X9년이다.

⑤ 조사기간 중 부품소재 무역수지는 꾸준히 증가하였다.

10. 다음은 ○○경제연구소가 보고한 취업자와 비취업자의 시간 활용 현황을 나타낸 자료이다. 이에 대한 설명으로 옳은 것은?

(단위 : 시간)

구분	항목	전체	남	여
취업자	개인유지	10:58	10:20	10:16
	일	11:00	11:01	11:00
	학습	6:56	7:16	6:36
	가정관리	1:30	2:04	2:23
	가족 및 가구원 돌보기	1:26	1:00	1:24
	참여 및 봉사활동	2:03	1:52	2:09
	교제 및 여가활동	2:58	2:07	1:47
	이동	1:58	2:07	1:47
	기타	0:23	0:23	0:34
비취업자	개인유지	10:35	10:48	10:30
	일	1:54	1:57	1:52
	학습	5:17	5:40	4:51
	가정관리	3:11	1:28	3:43
	가족 및 가구원 돌보기	2:31	1:33	2:37
	참여 및 봉사활동	2:22	3:21	1:58
	교제 및 여가활동	7:15	8:34	6:40
	이동	1:36	1:44	1:32
	기타	0:26	0:26	0:26

① 취업자와 비취업자 관계없이 모두 가장 많은 시간을 차지하는 항목은 개인유지 시간이다.

② 시간 분배를 보면 취업자들은 일에 집중된 반면, 비취업자들은 여가활동과 학습에 비슷한 시간을 할애한다.

③ 취업 여부에 관계없이 성별에 따라 가정관리가 차지하는 시간은 3배 이상 차이가 난다.

④ 비취업자는 개인유지, 여가 활동, 학습, 가정관리 순으로 많은 시간을 차지한다.

⑤ 취업자는 일, 개인유지, 학습, 참여 및 봉사활동 순으로 많은 시간을 차지한다.

11. 다음은 1988년과 2023년 주요 도시 A∼G 시의 인구이동을 나타낸 그래프이다. 이에 대한 설명으로 옳은 것은?

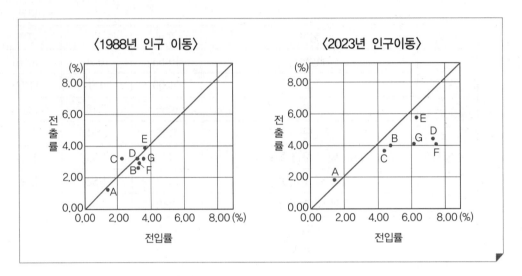

① 1988년 A∼G 시의 총인구는 전년보다 증가하고 있다.

② 1988년 B 시의 전출자 수는 D 시의 전출자 수보다 적다.

③ 1988년과 비교하여 2023년에 인구가 감소한 도시는 C 시뿐이다.

④ 1988년 F 시의 인구의 전년 대비 증가율은 2023년의 전년 대비 증가율보다 작다.

⑤ 1988년 G 시 전입자 수는 2023년 G 시 전입자 수의 약 1.5배이다.

12. 다음은 우리나라의 코로나19 바이러스 환자 추이이다. 이에 대한 설명으로 옳지 않은 것은? (단, 완치자는 바로 퇴원했다고 가정한다)

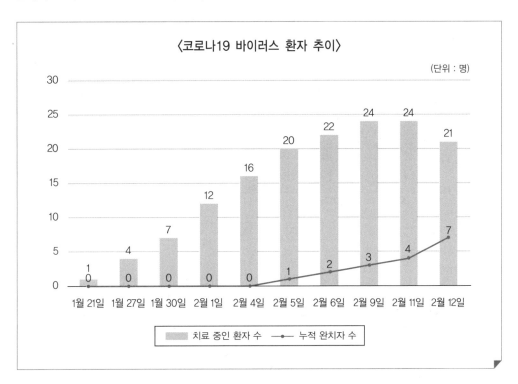

〈코로나19 바이러스 환자 추이〉

(단위 : 명)

① 2월 12일까지 총 28명의 환자가 발생했다.

② 2월 9일과 2월 11일 사이에는 추가로 확진자가 발생하지 않았다.

③ 확진 판정을 받고 치료 중인 환자는 2월 12일 기준 21명이다.

④ 그래프의 추세로 보면 누적 완치자는 점차 증가하고 있다.

⑤ 2월 11일까지 누적 확진자는 28명이며 다음날은 추가로 확진자가 발생하지 않았다.

13. 다음 자료에 대한 해석으로 옳은 것은?

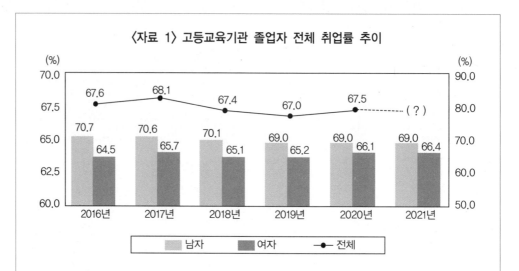

〈자료 1〉 고등교육기관 졸업자 전체 취업률 추이

〈자료 2〉 2021년 고등교육기관 졸업자 진학 현황

(단위 : 개교, 명, %)

구분		학교 수	졸업자	진학자	진학률	진학현황	
						국내진학자	국외진학자
전체		566	580,695	36,838	6.3	35,959	879
성별	남자	–	285,443	19,415	( )	19,066	349
	여자	–	295,252	17,423	( )	16,893	530

〈자료 3〉 2021년 고등교육기관 졸업자 취업통계조사 결과 현황

(단위 : 명)

구분	취업 대상자	취업자	취업현황					
			A	B	C	D	E	F
전체	516,620	349,584	318,438	2,333	617	3,125	4,791	20,280

※ 조사기준일 : 2021년 12월 31일

※ 취업대상자(명)＝졸업자－(진학자＋입대자＋취업불가능자＋외국인 유학생＋제외인정자)

※ 진학률(%)＝$\dfrac{진학자}{졸업자} \times 100$, 취업률(%)＝$\dfrac{취업자}{취업대상자} \times 100$

※ 취업현황 : 조사기준 당시 A ~ F에 해당하는 자
　　A) 건강보험 직장가입자, B) 해외취업자, C) 농림어업종사자, D) 개인창작활동종사자, E) 1인 창업 · 사업자, F) 프리랜서

① 2016년 이후 남자와 여자의 취업률 차이가 지속적으로 줄어들고 있다.

② 2016년부터 2020년까지의 기간 중 2017년에 취업자 수가 가장 많다.

③ 2021년 고등교육기관을 졸업한 취업자 중 프리랜서의 비율은 10% 미만이다.

④ 2021년 고등교육기관 졸업자 진학 현황에서 남자보다 여자의 진학률이 더 높다.

⑤ 2021년 고등교육기관 졸업자의 취업률은 70% 이상이다.

14. 다음 자료에 대한 설명으로 옳은 것은?

〈신문 구독 여부〉

(단위 : %)

구분		신문을 본다고 응답한 비율	일반 신문	인터넷 신문
20X7년	전체	75.6	67.8	77.9
20X9년	남자	79.5	61.9	80.6
	여자	65.8	50.0	82.5

※ 20X9년 조사 대상 남녀의 수는 동일함.

① 20X7년에 신문을 본다고 응답한 사람 중 일반 신문과 인터넷 신문을 모두 보는 사람의 비율은 최소 67.8%이다.

② 20X7년과 20X9년 모두에서 신문을 본다고 응답한 인구수는 여자보다 남자가 더 많다.

③ 20X9년 남자 응답자 중 인터넷 신문을 본다고 응답한 사람의 비율은 62.94%이다.

④ 20X9년에 신문을 본다고 응답한 사람의 수는 20X7년에 비해 증가했다.

⑤ 20X9년에 신문을 본다고 응답한 사람 중 일반 신문을 본다고 응답한 사람은 남자가 여자보다 많다.

15. 다음 자료에 대한 설명으로 옳지 않은 것은?

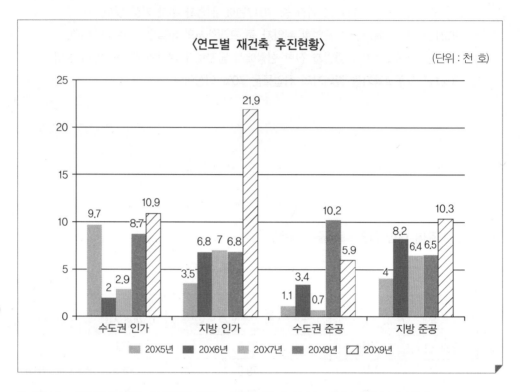

〈연도별 재건축 추진현황〉

(단위 : 천 호)

① 20X5 ~ 20X9년 동안 수도권의 평균 재건축 인가 호수는 준공 호수보다 많다.

② 재건축 인가 호수가 전년 대비 가장 큰 폭으로 변동한 것은 20X9년 지방의 경우이다.

③ 수도권이 지방보다 더 많은 재건축 인가/준공 호수를 보인 해는 각각 2개씩이다.

④ 20X9년 지방의 재건축 준공 호수는 전년 대비 50% 이상 증가하였다.

⑤ 지방의 재건축 준공 호수와 연도별 증감 추이가 동일한 항목은 없다.

16. 다음은 초콜릿 수출입에 관한 조사 자료이다. 이에 대한 설명으로 옳은 것은?

〈자료 1〉 우리나라 연도별 초콜릿 수출입

[단위 : 톤(t), 천 불(USD 1,000)]

구분	수출총량	수입총량	수출금액	수입금액	무역수지
20X4년	2,941	26,186	23,384	169,560	−146,176
20X5년	2,827	29,963	22,514	195,643	−173,129
20X6년	2,703	30,669	24,351	212,579	−188,228
20X7년	2,702	31,067	22,684	211,438	−188,754
20X8년	3,223	32,973	22,576	220,479	−197,903
20X9년	2,500	32,649	18,244	218,401	−200,157

〈자료 2〉 20X9년 우리나라의 초콜릿 수출입 주요 6개국

[단위 : 톤(t), 천 불(USD 1,000)]

구분	수출총량	수입총량	수출금액	수입금액	무역수지
미국	89.9	6,008	518	39,090	−38,572
중국	900.0	3,624	6,049	14,857	−8,808
말레이시아	15.3	3,530	275	25,442	−25,167
싱가포르	13.9	3,173	61	12,852	−12,791
벨기에	0.0	3,155	0	23,519	−23,519
이탈리아	0.0	2,596	0	27,789	−27,789

※ 〈자료 2〉의 수치는 우리나라를 기준으로 해당 국가와의 수출, 수입총량과 금액을 의미한다.

① 무역수지는 수출금액에서 수입총량을 뺀 값과 같다.

② 수출입 주요 6개국의 수출금액 평균은 1,000천 불 이하다.

③ 20X7년의 단위 총량당 수입금액은 20X6년에 비해 감소하였다.

④ 우리나라는 20X6년부터 20X9년까지 전년에 비해 수출총량이 감소하면 수출금액도 감소하는 경향을 보인다.

⑤ 20X9년 우리나라의 수출총량에서 중국으로의 수출총량의 비중은 40%를 차지한다.

17. 다음 자료에 대한 설명으로 적절하지 않은 것은?

〈우리나라 1인당 온실가스 배출원별 배출량〉

(단위 : 100만 톤 CO₂eq, 톤 CO₂eq/10억 원, 톤 CO₂eq/명)

구분		1995년	2000년	2005년	2010년	2015년	2023년
온실가스 총배출량		292.9	437.3	500.9	558.8	656.2	690.2
	에너지	241.4	354.2	410.6	466.6	564.9	601.0
	산업공장	19.8	44.1	49.9	54.7	54.0	52.2
	농업	21.3	23.2	21.6	20.8	22.2	20.6
	폐기물	10.4	15.8	18.8	16.7	15.1	16.4
GDP 대비 온실가스 배출량		698.2	695.7	610.2	540.3	518.6	470.6
1인당 온실가스 배출량		6.8	9.2	10.7	11.6	13.2	13.5

① 온실가스 배출원 중 주된 배출원은 에너지 부문이다.

② 2023년 1인당 온실가스 배출량은 1995년에 비해 약 2배 증가하였다.

③ 2005년 온실가스 총배출량 중 에너지 부문을 제외한 나머지 부문이 차지하는 비율은 15% 미만이다.

④ 온실가스 총배출량은 계속해서 증가하고, 2023년 온실가스 총배출량은 1995년 대비 2배 이상 증가하였다.

⑤ GDP 대비 온실가스 배출량이 감소한 것은 온실가스 배출량의 증가 속도보다 GDP 증가 속도가 상대적으로 더 빨랐기 때문이다.

18. 다음 표에 대한 설명으로 옳은 것을 〈보기〉에서 모두 고르면?

〈A, B, C 기업 사원의 근무조건 만족도 평가〉

(단위 : 명)

구분	불만	어느 쪽도 아니다	만족	계
A사	29	36	47	112
B사	73	11	58	142
C사	71	41	24	136
계	173	88	129	390

| 보기 |

㉠ 이 설문조사에서 현재의 근무조건에 대해 불만을 나타낸 사람은 과반수가 되지 않는다.

㉡ B사와 C사의 불만 응답 비율은 50%를 초과한다.

㉢ '어느 쪽도 아니다'라고 회답한 사람이 가장 적은 B사는 가장 근무조건이 좋은 기업이다.

㉣ '만족'이라고 답변한 사람이 가장 많은 B사가 근무조건이 가장 좋은 회사이다.

① ㉠, ㉡   ② ㉠, ㉢   ③ ㉡, ㉣

④ ㉢, ㉣   ⑤ ㉡, ㉢

19. ○○기업 인사팀에서는 부서별로 직원들의 정신적 및 신체적 스트레스 지수를 조사하여 다음과 같은 결과를 얻었다. 이에 대한 설명으로 적절하지 않은 것은?

〈부서별 정신적·신체적 스트레스 지수〉

(단위 : 명, 점)

구분	부서	인원	평균 점수
정신적 스트레스	생산	100	1.83
	영업	200	1.79
	지원	100	1.79
신체적 스트레스	생산	100	1.95
	영업	200	1.89
	지원	100	2.05

※ 점수가 높을수록 정신적·신체적 스트레스가 높은 것으로 간주한다.

① 영업이나 지원 부서에 비해 생산 부서의 정신적 스트레스가 더 높은 편이다.

② 세 부서 모두 정신적 스트레스보다 신체적 스트레스가 더 높은 경향을 보인다.

③ 신체적 스트레스가 가장 높은 부서는 지원 부서이며, 그 다음으로는 생산 부서, 영업 부서 순이다.

④ 정신적 스트레스 지수 평균 점수와 신체적 스트레스 지수 평균 점수의 차이가 가장 큰 부서는 지원 부서이다.

⑤ 전 부서원(생산, 영업, 지원)의 정신적 스트레스 지수 평균 점수와 신체적 스트레스 지수 평균 점수의 차이는 0.2점 이상이다.

20. 다음은 K 그룹의 채용에 지원서를 접수한 지원자 수와 비율에 대한 자료이다. 이에 대한 설명 으로 옳지 않은 것은? (단, 소수점 아래 둘째 자리에서 반올림한다)

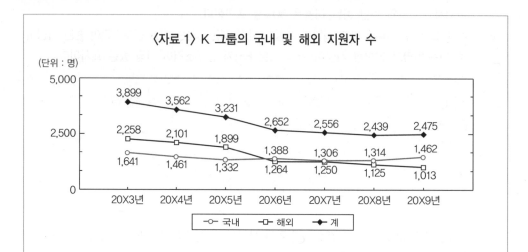

〈자료 1〉 K 그룹의 국내 및 해외 지원자 수

(단위 : 명)

계: 3,899 / 3,562 / 3,231 / 2,652 / 2,556 / 2,439 / 2,475
해외: 2,258 / 2,101 / 1,899 / 1,388 / 1,306 / 1,314 / 1,462
국내: 1,641 / 1,461 / 1,332 / 1,264 / 1,250 / 1,125 / 1,013

—○— 국내   —□— 해외   —◆— 계

〈자료 2〉 K 그룹의 국내 및 해외 지원자 비율

(단위 : %)

구분	20X3년	20X4년	20X5년	20X6년	20X7년	20X8년	20X9년
국내	42.1	41.0	41.2	52.3	51.1	53.9	(A)
해외	57.9	59.0	58.8	47.7	48.9	46.1	(B)
합계	100.0	100.0	100.0	100.0	100.0	100.0	100.0

① 전체 지원자 수에서 해외 지원자의 수가 전반적으로 감소하는 추세이다.

② 20X9년 전체 지원자 대비 국내 지원자의 비율은 약 59.1%에 해당한다.

③ 20X3년 대비 20X9년 전체 지원자 수는 1,424명 감소하였다.

④ 20X5년 대비 20X6년 전체 지원자 수는 약 25% 급감하였다.

⑤ (A)는 (B)보다 약 18.2%p 높다.

21. 다음은 이동통신시장 추이에 대한 자료이다. 이에 대한 설명으로 옳지 않은 것을 〈보기〉에서 모두 고른 것은?

〈자료 1〉 4대 이동통신사업자 매출액

(단위 : 백만 달러)

구분	A사	B사	C사	D사	합계
20X6년	3,701	3,645	2,547	2,958	12,851
20X7년	3,969	3,876	2,603	3,134	13,582
20X8년	3,875	4,084	2,681	3,223	13,863
20X9년 1~9월	2,709	3,134	1,956	2,154	9,953

〈자료 2〉 이동전화 가입 대수 및 보급률

(단위 : 백만 대, %)

구분	20X4년	20X5년	20X6년	20X7년	20X8년
가입 대수	52.9	65.9	70.1	73.8	76.9
보급률	88.8	109.4	115.5	121.0	125.3

※ 보급률(%)= $\dfrac{\text{이동전화 가입 대수}}{\text{전체 인구}} \times 100$

| 보기 |

㉠ 20X7년 4대 이동통신사업자 중 A, C사의 매출액 합은 전체 매출액 합계의 50%를 넘는다.

㉡ 20X8년에 A사와 B사의 매출액 순위가 역전된 것을 제외하고는, 20X6년부터 20X8년까지의 매출액 순위는 동일하다.

㉢ A사의 20X9년 10 ~ 12월 월평균 매출액이 1 ~ 9월의 월평균 매출액과 동일하다면, A사의 20X9년 전체 매출액은 약 36억 천2백만 달러가 된다.

㉣ 20X8년 보급률을 통해 그 해의 전체 인구가 약 7천만여 명임을 알 수 있다.

① ㉠, ㉡   ② ㉠, ㉣   ③ ㉡, ㉢
④ ㉡, ㉣   ⑤ ㉢, ㉣

22. 다음 자료에 대한 설명으로 옳지 않은 것은?

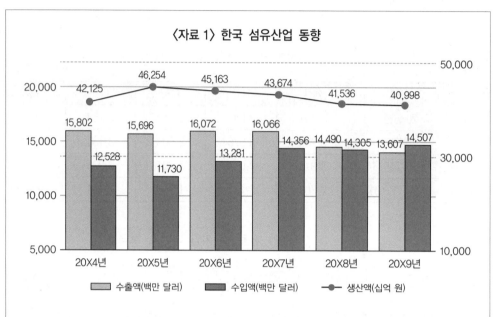

〈자료 1〉 한국 섬유산업 동향

〈자료 2〉 20X9년 세계 주요국별 섬유 수출 현황

(단위 : 억 달러)

순위	국가	금액	순위	국가	금액
	세계	7,263	8	홍콩	236
1	중국	2,629	9	미국	186
2	인도	342	10	스페인	170
3	이탈리아	334	11	프랑스	150
4	베트남	308	12	벨기에	144
5	독일	307	13	대한민국	136
6	방글라데시	304	14	네덜란드	132
7	터키	260	15	파키스탄	128

※ 기타 국가는 위 목록에서 제외함.

① 20X5년부터 20X9년까지 한국 섬유산업의 생산액은 지속적으로 감소하고 있다.
② 20X5년 한국 섬유산업 수출액은 전년 대비 236백만 달러 감소했다.
③ 20X8년 한국 섬유산업 수입액은 20X5년 대비 2,575백만 달러 증가했다.
④ 20X9년 이탈리아 섬유 수출액은 한국 섬유 수출액보다 약 145% 더 많다.
⑤ 20X6년 한국 섬유 수출액은 20X9년 프랑스의 섬유 수출액보다 더 많다.

23. 다음 자료에 대한 설명으로 옳지 않은 것은?

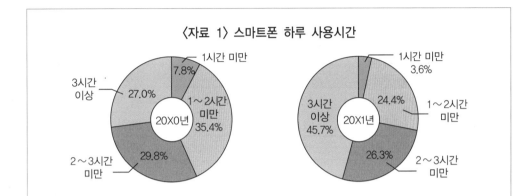

〈자료 1〉 스마트폰 하루 사용시간

〈자료 2〉 스마트폰 사용 서비스

구분		20X0년	20X1년
스마트폰을 통한 모바일인터넷 사용시간		1시간 35분	1시간 36분
하루 평균 사용시간		2시간 13분	2시간 51분
스마트폰 주 사용 서비스 (상위 5위)	채팅, 메신저	81.2%	79.4%
	음성 / 영상통화	69.7%	70.7%
	검색	42.8%	44.0%
	문자메시지	43.4%	40.0%
	게임	31.3%	29.6%

※ 20X1년 국내 스마트폰 가입자 수 : 4,083만 6,533명
※ 20X1년 국내 이동통신 가입자 수 : 5,136만 명
※ 20X1년 스마트폰 사용 실태조사 응답자 수 : 1,256만 1,236명

① 20X1년을 기준으로 우리나라 이동통신에 가입된 사람들 5명 중 4명은 스마트폰을 사용하고 있다.

② 20X1년 하루 평균 스마트폰 사용시간은 전년 대비 약 28% 증가하였다.

③ 20X1년 스마트폰 하루 사용시간이 2시간 이상인 응답자의 비율은 전년 대비 약 15.2%p 증가하였다.

④ 20X1년 스마트폰 주 사용 서비스 1위 응답자 수와 4, 5위를 합한 응답자 수의 차이는 약 120만 명이다.

⑤ 스마트폰 주 사용 서비스 중 게임을 선택한 응답자 수는 20X0년이 20X1보다 약 5,000명 정도 더 많다.

[24 ~ 25] 다음은 장애인 보행용품 취급업체인 K사 제품의 A/S 요청 현황 및 수리 일정에 관한 자료이다. 이어지는 질문에 답하시오.

〈팀별 A/S 요청 현황〉

팀명	제품	수량(개)	작업 소요일	수리 공정 시 필요부품 내역
CS 1팀	휠체어	12	3일	앞바퀴 3개, 뒷바퀴 7개
CS 2팀	지팡이	8	1일	지팡이 완제품 4개
CS 3팀	전동 휠체어	10	5일	배터리 장치 4개
CS 4팀	전동 스쿠터	15	7일	브레이크 부품 3개, 핸들용품 5개

〈K사 창고 보유부품 현황〉

자재명	수량(개)	자재명	수량(개)
휠체어용 앞바퀴	2	배터리 장치	1
휠체어용 뒷바퀴	5	전동 스쿠터용 브레이크 부품	2
지팡이 완제품	2	전동 스쿠터용 핸들용품	3

〈부품 구입 단가 및 예상 납기〉

자재명	단가(원/개)	납기	최소발주수량(개)
휠체어용 앞바퀴	22,000	발주 후 6일	20개
휠체어용 뒷바퀴	23,000		20개
지팡이 완제품	34,000	발주 후 7일	30개
배터리 장치	54,000	발주 후 4일	5개
전동 스쿠터용 브레이크 부품	86,000	발주 후 3일	제한 없음.
전동 스쿠터용 핸들용품	47,000		

24. CS 1 ~ 4팀은 각 팀에서 필요한 부품을 각각 7월 2일, 5일, 3일, 7일에 발주하였다. 이 경우, A/S를 요청받은 모든 작업을 빨리 완료하는 팀부터 순서대로 올바르게 나열한 것은? (단, 주말 과 평일은 구분하지 않는다)

① CS 1팀 – CS 2팀 – CS 3팀 – CS 4팀

② CS 1팀 – CS 3팀 – CS 2팀 – CS 4팀

③ CS 2팀 – CS 1팀 – CS 3팀 – CS 4팀

④ CS 3팀 – CS 2팀 – CS 1팀 – CS 4팀

⑤ CS 3팀 – CS 1팀 – CS 2팀 – CS 4팀

25. 다음 중 제시된 자료를 이해한 내용으로 옳지 않은 것은?

① K사 창고에 배터리 장치가 3개 더 있다면 CS 3팀은 발주를 하지 않아도 된다.

② 전동 스쿠터용 브레이크 부품이나 핸들용품은 추가로 필요한 수량만큼만 발주 가능하다.

③ A/S 요청된 휠체어 바퀴를 수리하고 남은 바퀴는 앞과 뒤를 합쳐 총 35개이다.

④ 창고 보유부품을 감안하여 최소발주수량에 따라 부품을 구입하였을 때 비용이 가장 적게 드는 품목은 전동 스쿠터용 브레이크 부품이다.

⑤ 발주 후 납기까지 가장 오랜 시간이 걸리는 부품은 지팡이 완제품이다.

ESAT **3회 기출유형문제**

시험영역명, 문항수, 시험시간은
계열사마다 상이할 수 있습니다.

문항수	70문항
시험시간	60분

▶정답과 해설 33쪽

영역 1

언어비평 _ 언어추리

✓ 20문항/10분

01. 제시된 글의 논증에 대한 설명으로 적절한 것은?

> 흰둥이는 개가 아닌 것이 분명하다. 왜냐하면 흰둥이는 나무에 올라가지만 개들은 나무에 올라가지 않기 때문이다.

① 흰둥이가 개가 아니라고 전제한다.
② 개들은 나무에 올라가지 않는다는 결론을 내린다.
③ 제시된 글에 따르면 개들은 나무를 좋아하지 않는다.
④ 제시된 글에는 논리적 오류가 있다.
⑤ 나무에 올라가는 개는 모두 흰둥이이다.

02. 제시된 글의 근거로 사용되어 필자의 주장을 강화시킬 수 있는 문장으로 적절한 것은?

> 아까 보니 소요산 입구에 산불 위험이 높다는 경고문이 붙어 있었단다. 희수야, 오늘 소요산 등산 중에는 산불을 특히 조심해야 한다.

① 희수는 심각한 골초이다.
② 희수는 지리산에서 산불을 목격한 적이 있다.
③ 오늘 새벽까지 소요산 부근에서 큰 비가 내렸다.
④ 자연적으로 일어나는 산불은 생태계에 유익하다.
⑤ 희수는 불을 무서워 한다.

03. 제시된 글의 근거로 사용되어 필자의 주장을 강화시킬 수 있는 문장으로 적절한 것은?

> 자본주의는 사회를 계층화한다. 물질적 부를 가지고 있는 사람들에게는 그에 따른 보답과 사회적 존경을 선사하지만 물질적 부를 획득하지 못한 사람들은 실패자로 낙인찍혀 낙오하게 된다. 돈을 성공의 기준으로 삼는 평가방식은 결국 계층구조를 심화시키는 데 일조한다.

① 자본주의는 현재 대부분의 국가들이 수용하고 있는 사회적 가치이다.

② 자본주의는 모든 사람들에게 공평하게 성공의 기회를 제공하므로, 자본주의적 계층화는 노력하는 자에게 기회나 다름없다.

③ 자본주의 국가인 미국의 부는 상위 1%에게 집중되어 있으며, 빈부의 격차는 신분의 차이로 직결된다.

④ 사회복지가 잘 되어 있는 국가일수록 계층간 격차가 적다.

⑤ 사회의 계층화를 저지하기 위해 부분적으로 사회주의의 가치를 수용해야 한다.

04. 다음 〈조건〉을 바탕으로 할 때, 반드시 참인 것은?

─────| 조건 |─────

- 혜주는 총 4마리의 개를 키우는데, 각각의 이름은 코코, 망치, 사랑, 구름이다.
- 네 마리 중 두 마리는 푸들이고 한 마리는 시추, 나머지 한 마리는 비글이다.
- 시추와 비글의 색은 갈색이고 푸들은 두 마리 모두 흰색이다.
- 사랑이는 갈색이다.
- 구름이와 망치는 서로 색이 다르다.
- 사랑이는 코코와 같은 색이 아니다.
- 망치와 코코는 색이 같다.

① 구름이는 푸들이다. ② 구름이는 갈색이다.

③ 망치는 갈색이다. ④ 망치는 시추이다.

⑤ 사랑이는 비글이다.

05. 다음 제시된 조건을 바탕으로 할 때 반드시 참인 것은?

- 머리를 많이 쓰면 잠이 온다.
- 머리가 길면 오래 잔다.
- 다리를 떨면 잠이 오지 않는다.
- 잠을 오래 자면 머리를 적게 쓴다.

① 잠이 오지 않으면 다리를 떤다.
② 머리가 길면 잠이 오지 않는다.
③ 머리를 많이 쓰면 잠을 오래 잔다.
④ 머리를 많이 쓰면 머리가 길어진다.
⑤ 머리를 많이 쓰면 다리를 떨지 않는다.

06. 다음 제시된 조건을 바탕으로 할 때 반드시 참인 것은?

- 안경을 쓴 사람은 가방을 들지 않았다.
- 안경을 쓰지 않은 사람은 키가 크지 않다.
- 스카프를 맨 사람은 가방을 들었다.

① 가방을 들지 않은 사람은 안경을 썼다.
② 안경을 쓰지 않은 사람은 스카프를 맸다.
③ 안경을 쓴 사람은 키가 크다.
④ 키가 큰 사람은 스카프를 매지 않았다.
⑤ 가방을 든 사람은 스카프를 맸다.

07. 다음 〈조건〉이 성립한다고 가정할 때, 반드시 참인 것은?

| 조건 |

(가) 김 대리가 빨리 오면 박 차장이 늦게 오거나 황 주임이 늦게 온다.

(나) 박 차장이 늦게 오면 김 대리는 빨리 온다.

(다) 황 주임이 늦게 오면 박 차장도 늦게 온다.

① 김 대리가 늦게 오면 박 차장은 빨리 온다.

② 황 주임이 빨리 오면 박 차장도 빨리 온다.

③ 박 차장이 빨리 오면 김 대리는 늦게 온다.

④ 황 주임이 늦게 오면 김 대리는 빨리 온다.

⑤ 김 대리가 늦게 오면 황 주임은 빨리 온다.

08. A, B, C, D, E, F 여섯 사람은 8층짜리 건물을 공동 매입하여 각자 한 층씩 사용하고 있다. 사용하는 층에 대한 정보가 〈조건〉과 같을 때, 항상 옳은 것은?

| 조건 |

㉠ A와 E가 사용하는 층 사이에 B가 사용하는 층이 있다.

㉡ D는 A보다 높은 층을 사용하고, C는 5층을 사용한다.

㉢ A가 사용하는 층의 아래층 또는 위층은 누구도 사용하지 않는다.

㉣ F가 사용하는 층은 C가 사용하는 층보다 낮고, 2층은 E가 사용한다.

㉤ 3층과 4층 중 하나는 아무도 사용하지 않는다.

① A는 6층을 사용한다.

② B가 사용하는 층은 3층이다.

③ F는 E보다 높은 층을 사용한다.

④ D가 사용하는 층은 8층이다.

⑤ 4층을 사용하는 사람은 없다.

09. 다음 〈조건〉이 성립한다고 가정할 때, 반드시 참인 것은?

─── | 조건 | ───

- 영화를 좋아하면 감수성이 풍부하다.
- 꼼꼼한 성격이면 편집을 잘한다.
- 영화를 좋아하면 꼼꼼한 성격이다.

① 편집을 잘하지 못하면 영화를 좋아하지 않는다.
② 꼼꼼한 성격이면 감수성이 풍부하다.
③ 편집을 잘하면 영화를 좋아한다.
④ 꼼꼼한 성격이면 영화를 좋아한다.
⑤ 영화를 좋아하지 않으면 편집을 잘하지 못한다.

10. 다음 명제가 모두 참일 때 〈보기〉에서 옳은 것을 모두 고르면?

- 장갑을 낀 사람은 운동화를 신지 않는다.
- 양말을 신은 사람은 운동화를 신는다.
- 운동화를 신은 사람은 모자를 쓴다.
- 장갑을 끼지 않은 사람은 목도리를 하지 않는다.
- 수민이는 목도리를 하고 있다.

─── | 보기 | ───

(가) 장갑을 낀 사람은 양말을 신지 않는다.
(나) 수민이는 운동화를 신고 있다.
(다) 양말을 신은 사람은 목도리를 하지 않는다.

① (가)   ② (나)   ③ (다)
④ (가), (다)   ⑤ (나), (다)

11. 제시된 현상을 종합하여 추론한 것으로 적절하지 않은 것은?

> - 최악의 미세먼지로 소비행태도 변화하고 있다.
> - 배달 애플리케이션 활성화 등에 힘입어 외식 대신 배달음식으로 끼니를 해결하는 경우가 급증했으며 그 규모는 1년 새 2배 가까이 늘었다.
> - 그뿐만 아니라 온라인으로 공기청정기와 의류관리기를 구매하는 액수도 크게 증가했다.

① 미세먼지가 소비행태를 바꾸기도 하는구나.
② 배달 애플리케이션들이 이전보다 많이 활성화되었구나.
③ 예전보다 실내 공기 정화를 위해 쓰는 비용이 늘었겠어.
④ 배달음식 시장 규모가 외식시장 규모를 넘어섰겠구나.
⑤ 미세먼지로 인해 매출이 증가한 기업들이 있겠어.

12. 제시된 현상을 종합하여 추론한 것으로 적절하지 않은 것은?

> - 영화와 드라마 등에서 케이블 TV를 위협할 정도로 성장하고 있는 넷플릭스의 상승세가 무섭다.
> - 넷플릭스는 지난해 전 세계 가입자 수가 1억 4,700만 명으로 급증했다.
> - 이에 따라 1분 동안 시청하는 동영상 시간은 69만 4,000시간으로 증가했다.
> - 이는 작년의 28만 6,000시간보다 약 2.4배 정도 증가한 추세다.

① 넷플릭스를 보는 사람들이 많아졌다고 할 수 있겠군.
② 내년에는 전 세계 가입자 수가 더욱 급증하겠군.
③ 사람들이 넷플릭스를 통해 동영상을 보는 경우가 많나 봐.
④ 케이블 TV를 통해 영화나 드라마를 보는 사람들이 점점 줄어들겠어.
⑤ 넷플릭스의 성장으로 인해 미디어 동영상 산업도 성장하겠군.

13. 다음 중 논리적 오류가 없는 문장으로 적절한 것은?

① 비가 많이 오면 길이 미끄럽다. 길이 미끄럽다. 그러므로 비가 많이 왔다.

② 최근 정부는 장기근속 근무자에게 추가 수당을 지급할 것이라고 발표하였다.

③ 천재 작곡가로 알려진 볼프강 아마데우스 모차르트의 실상은 사치가 심한 알코올 중독자였다. 그렇기 때문에 그의 음악이 훌륭하다고 할 수 없다.

④ 졸음운전이 음주운전보다 사망률이 높다고 한다. 그러므로 졸음운전을 하는 사람들은 모두 죽고 싶은 것이다.

⑤ 현수는 스프가 너무 뜨겁다고 했으므로 차갑게 식혀 주면 좋아할 것이다.

14. 다음 중 논리적 오류가 없는 문장으로 적절한 것은?

① 자동차에 아기가 타고 있으므로 안전운전을 해야 한다.

② 공룡이 존재하지 않았다는 것을 증명할 수 없으므로 공룡은 분명히 존재했다.

③ 염소(Cl)와 나트륨(Na)은 강한 독성을 가지고 있다. 따라서 염화나트륨(NaCl)도 강한 독성을 가지고 있다.

④ 물을 많이 마셨더니 피부가 촉촉해졌다.

⑤ 외계인이 있다는 확실한 증거가 없으므로 외계인은 없다.

15. 다음 중 논리적 오류가 없는 문장으로 적절한 것은?

① 난간에 기대면 추락 위험이 있다고 적혀 있으므로 난간에 기대는 사람은 추락하고 싶은 것이다.

② 눈이 내리는 곳에 꽃이 핀다. 그 지역은 눈이 내리지 않았으므로 꽃이 피지 않는다.

③ 내가 고양이를 좋아하는 것보다 동생이 고양이를 더 많이 좋아한다.

④ 제훈이네 어머니가 수학과 교수님이시니 제훈이도 틀림없이 수학을 잘할 것이다.

⑤ 이 의견에 동의하지 않는다면 이후에 발생하는 모든 일은 동의하지 않은 사람이 책임져야 한다.

16. 다음 제시된 문장과 유사한 논리적 오류를 범하고 있는 것은?

> 산소와 수소는 다루기 어려운 위험한 기체다. 따라서 그 둘을 반응시켜 합한 물질도 무척이나 위험할 것이다.

① 우리나라는 양궁 강국이잖아. 그러니까 우리나라 사람이라면 누구든 양궁에 소질이 있을 거야.

② 학교에서의 체벌을 금지하자는 말은 학생들에 대한 교화와 선도를 포기하자는 말과 같습니다.

③ 그 나라 사람들이 우리나라에 대해 적대적인 발언을 하는 것을 들었다. 그 나라 사람들은 우리 나라를 싫어하는 게 분명하다.

④ 피고인이 무죄라는 증거가 없지 않습니까. 그러니까 피고인은 유죄일 수밖에 없어요.

⑤ 스페인은 남아공 월드컵의 우승국이므로 스페인의 축구선수는 모두 훌륭하다.

17. 어느 댄스 오디션 프로그램에서 팀별 미션을 진행하려고 한다. 장르별 인원은 비보잉 2명, 댄스스포츠 2명, 현대무용 3명, 한국무용 4명, 발레 4명이다. 다음 〈조건〉을 만족할 때 항상 옳은 것은?

> | 조건 |
>
> • 총 다섯 팀으로 구성하며 팀별 미션 조장의 장르는 겹치지 않는다.
> • 한 팀에는 반드시 두 장르 이상의 인원이 속해야 하며, 같은 장르를 2명 이상 포함할 수 없다.

① 비보잉이 속한 팀에 항상 발레가 들어가 있다.

② 발레가 속한 팀에는 항상 현대무용이 속해 있다.

③ 한국무용이 속한 팀에 현대무용이 속하지 않는 경우는 없다.

④ 댄스스포츠가 속한 팀에 한국무용이 속하지 않는 경우가 있다.

⑤ 발레가 속한 팀에 한국무용이 속하지 않는 경우는 없다.

18. 어른 A, B, C, D와 아이 E, F, G, H가 보트를 타려고 한다. 어른과 아이가 각각 1명씩 짝을 지어 네 대의 보트에 차례대로 탑승하려고 할 때, 다음 〈조건〉 외에 어떠한 조건이 추가되어야 보트를 탄 순서가 명확해지는가?

|조건|

- A는 C보다 늦게 탔다.
- C는 H와 보트를 탔다.
- G는 제일 먼저 보트를 탔다.
- D는 A보다 먼저 보트를 탔다.
- F는 G보다는 늦게, E보다는 먼저 보트를 탔다.

① B는 G와 보트를 탔다.   ② B는 F와 보트를 탔다.

③ A는 G와 보트를 탔다.   ④ B는 E와 보트를 탔다.

⑤ A는 F와 보트를 탔다.

19. 다음 명제가 참일 때, 〈결론〉에 대한 설명으로 적절한 것은?

- 레몬에이드를 좋아하는 사람은 자유롭다.
- 자유로운 사람은 기차여행은 싫어한다.
- 레몬에이드를 좋아하는 사람은 기차여행을 싫어한다.

|결론|

(가) 기차여행을 좋아하는 사람은 레몬에이드를 싫어한다.
(나) 기차여행을 싫어하는 사람은 자유롭다.

① (가)만 항상 옳다.   ② (나)만 항상 옳다.

③ (가), (나) 모두 항상 옳다.   ④ (가), (나) 모두 항상 그르다.

⑤ (가)는 그르고 (나)는 항상 옳다.

20. ○○아파트 단지에서는 전기차 충전소를 101동, 102동, 103동, 104동, 105동 중 몇 군데에 설치하기로 했다. 다음 〈조건〉에 따라 설치할 동을 선정한다고 할 때, 반드시 참인 것은?

───────| 조건 |───────

㉠ 102동에 충전소를 설치한다면 104동에도 설치한다.

㉡ 105동에 충전소를 설치하지 않는다면 103동에는 설치한다.

㉢ 101동과 103동 중 한 곳에만 충전소를 설치한다.

㉣ 101동과 102동 중 적어도 한 곳에는 충전소를 설치한다.

㉤ 103동과 104동에는 충전소를 모두 설치하거나 어느 곳도 설치하지 않는다.

① 101동과 105동은 함께 선정되지 못하는 경우의 수만 존재한다.

② 101동과 102동에 모두 충전소를 설치할 수도 있다.

③ 102동에 충전소를 설치한다면 103동에는 설치하지 않는다.

④ 104동에 충전소를 설치하지 않는다는 조건이 추가되면, 충전소는 101동과 105동에만 설치할 수 있다.

⑤ 충전소를 설치하는 곳은 세 동 이하라는 조건이 추가되면 충전소를 선정하는 경우가 하나로 확정된다.

언어추리
독해
수리
영역별 빈출이론
1회
2회
3회
4회
기출유형문제
기초인재검사
1회
2회
3회
상황판단검사
인재유형검사
면접가이드

언어비평 _ 독해

✔ 25문항/25분

01. 다음 (가) ~ (마)를 문맥상 순서에 맞게 배열한 것은?

> (가) 문화를 이루는 인간 생활의 거의 모든 측면은 서로 관련을 맺고 있기 때문이다.
>
> (나) 20세기 인류학자들은 이러한 사실에 주목하여 문화 현상을 바라보았다.
>
> (다) 그러나 이 입장은 20세기에 들어서면서 어떤 문화도 부분만으로는 총체를 파악할 수 없다는 비판을 받게 되었다.
>
> (라) 19세기 일부 인류학자들은 결혼이나 가족 등 문화의 일부에 주목하여 문화 현상을 이해하고자 하였다.
>
> (마) 그들은 모든 문화가 '야만 → 미개 → 문명'이라는 단계적 순서로 발전한다고 설명하였다.

① (라) – (가) – (다) – (나) – (마)   ② (라) – (나) – (가) – (다) – (마)

③ (라) – (다) – (나) – (마) – (가)   ④ (라) – (마) – (가) – (다) – (나)

⑤ (라) – (마) – (다) – (가) – (나)

02. 다음 글의 흐름에 따라 빈칸 ㉠에 들어갈 문장으로 적절한 것은?

> (㉠   ) 도시의 과밀화는 상대적으로 거주공간이 부족하게 되는 결과를 낳았다. 따라서 최대한 많은 가구를 수용하기 위해 한정된 공간에 많은 집들이 근접하여 있고, 그것도 부족하여 상하 좌우로 이웃집이 위치해 있다. 그러나 이러한 물리적 이웃이 모두 마음을 줄 수 있는 이웃은 아니다. 전통적인 이웃 형태와 비교하면 더 가까운 위치에, 더 많은 이웃을 갖게 되었지만 사실상 도시의 거주자들은 이사를 자주 하기 때문에 이웃을 깊게 사귈 시간적 여유가 없다. 그뿐만 아니라 폐쇄적인 아파트의 형태와 바쁜 도시 생활로 한가로이 이웃과 대화할 시간을 만들기도 어렵다.

① 현대 도시 생활의 특징은 주거 공간의 밀집화 현상이다.

② 현대 도시 생활의 특징은 가구의 고립화 현상이다.

③ 현대 도시 생활의 특징은 도시화로 인한 활동의 분주함에 있다.

④ 현대 도시 생활의 특징은 개인주의적 경향이 두드러진 점이다.

⑤ 현대 도시 생활의 특징은 전통적 이웃 형태와의 결별이다.

03. 다음 글의 주제로 적절한 것은?

경쟁이라는 말은 어원적으로 '함께 추구한다'라는 뜻을 내포한다. 경쟁의 논리가 기술의 진보와 생산성 향상에 크게 기여했음은 부인할 수 없다. 인간의 욕구 수준을 계속 높여 감으로써 새로운 진보와 창조를 가능케 한 것이다. 정치적인 측면에서도 경쟁 심리는 민주주의 발전의 핵심적인 동인(動因)이었다. 정치적 의지를 관철시키려는 이익집단 또는 정당 간의 치열한 경쟁을 통해 민주주의가 뿌리내릴 수 있었기 때문이다.

그러나 오늘날의 경쟁은 어원적 의미와는 달리 변질되어 통용된다. 경쟁은 더 이상 목적을 달성하기 위한 수단들 가운데 하나가 아니다. 경쟁은 그 자체가 하나의 범세계적인 지배 이데올로기로 자리잡게 되었다.

경쟁 논리가 지배하는 사회에서는 승리자와 패배자가 확연히 구분된다. 경쟁 사회에서는 협상을 통해 갈등을 해소하거나 타협점을 찾을 여지가 없다. 그저 경쟁에서 상대방을 이기면 된다는 간단한 논리가 존재할 뿐이다.

① 경쟁의 어원　　　　② 경쟁의 목적　　　　③ 경쟁의 변모
④ 경쟁의 공정성　　　⑤ 경쟁의 부작용

04. 다음 글을 읽고 잘못된 추론을 한 사람은?

대부분의 포유류는 손과 발에 물갈퀴가 없다. 태아기에 손·발가락 사이에서 '세포사(細胞死)'가 일어나 세포가 제거되기 때문이다. 그렇다면 세포사는 왜 일어나는 걸까. 최근 미국과 일본 연구팀은 세포사가 진행되는 진화의 과정에 대기 중 산소가 중요한 역할을 한다는 사실을 밝혀내 국제 학술지에 발표했다. 세포사는 진화 과정에서 동물이 물속에서 산소가 많은 육지로 올라온 것과 관계가 있으며, 이 때문에 조류와 포유류의 손발 모양을 만드는 세포사가 개구리 등 대부분의 양서류에서는 일어나지 않는 것이다.

① A : 포유류라 할지라도 태아 시기에는 물갈퀴가 있었구나.
② B : 포유류의 손, 발에 물갈퀴가 없는 이유는 세포사 때문이었어.
③ C : 세포사는 대기 중 산소 농도로 인해 조절되는구나.
④ D : 진화가 진행되면서 많은 동물들이 육지에 적응하게 되었어.
⑤ E : 진화 초기 단계에서는 산소 농도가 매우 높아 물갈퀴가 존재했겠네.

05. 다음 글을 읽고 알 수 있는 내용으로 적절한 것은?

> 식수오염의 방지를 위해서 빠른 시간 내 식수의 분변오염 여부를 밝히고 오염의 정도를 확인하기 위한 목적으로 지표생물의 개념을 도입하였다. 병원성 세균, 바이러스, 원생동물, 기생체 소낭 등과 같은 병원체를 직접 검출하는 것은 비싸고 시간이 많이 걸릴 뿐 아니라 숙달된 기술을 요구하지만 지표생물을 이용하면 이러한 문제를 해결할 수 있다.
>
> 식수가 분변으로 오염되어 있다면 분변에 있는 병원체 수와 비례하여 존재하는 비병원성 세균을 지표생물로 이용한다. 이에 대표적인 것이 대장균이다. 대장균은 그 기원이 전부 동물의 배설물에 의한 것이므로 시료에서 대장균의 균체 수가 일정 기준보다 많이 검출되면 그 시료에는 인체에 유해할 만큼의 병원체도 존재한다고 추정할 수 있다. 그러나 온혈동물에게서 배설되는 비슷한 종류의 다른 세균들을 배제하고 대장균만을 측정하는 것은 어렵다. 그렇기 때문에 대장균이 속해 있는 비슷한 세균군을 모두 검사하여 분변오염 여부를 판단하고 이 세균군을 총대장균군이라고 한다.
>
> 총대장균군에 포함된 세균이 모두 온혈동물의 분변에서 기원한 것은 아니지만 온혈동물의 배설물을 통해서도 많은 수가 방출되고 그 수는 병원체의 수에 비례한다. 염소 소독과 같은 수질 정화과정에서도 병원체와 유사한 저항성을 가지므로 식수, 오락 및 휴양 용수의 수질 결정에 좋은 지표이다. 지표생물로 사용하는 또 다른 것은 분변성 연쇄상구균군이다. 이는 대장균을 포함하지는 않지만 사람과 온혈동물의 장에 흔히 서식하므로 물의 분변오염 여부를 판정하는 데 이용된다. 이들은 잔류성이 높고 장 밖에서는 증식하지 않기 때문에 시료에서도 그 수가 일정하게 유지되어 좋은 상수소독 처리지표로 활용된다.

① 온혈동물의 분변에서 기원되는 균은 모두 지표생물이 될 수 있다.

② 수질 정화과정에서 총대장균군은 병원체보다 높은 생존율을 보인다.

③ 채취된 시료 속의 총대장균군의 세균 수와 병원체 수는 비례하여 존재한다.

④ 지표생물을 검출하는 것은 병원체를 직접 검출하는 것보다 숙달된 기술을 필요로 한다.

⑤ 분변성 연쇄상구균군은 시료 채취 후 시간이 지남에 따라 시료 안에서 증식하여 정확한 오염지표로 사용하기 어렵다.

06. 다음 글의 주제로 가장 적절한 것은?

신(神)은 신성하거나 성스러운 것으로 간주되는 자연적 혹은 초자연적 존재로, 모르는 것이 없고 못하는 일이 없으며 어떠한 일이라도 다 해내는 절대자의 지혜와 능력을 가진 전지전능한 존재로 정의된다. 철학자들은 신이 존재하는가에 대해 다양한 신 존재 증명 이론을 내세웠다. 신의 존재에 대한 다양한 증명 이론 중 목적론적 신 존재 증명은 존재론적 증명, 우주론적 증명과 함께 신의 존재를 증명하기 위한 고전적 3대 증명으로 손꼽힌다.

목적론적 신 존재 증명에서 이 세계는 정연한 목적론적 질서를 드러내고 있고, 그것은 전지전능한 신에 의해 만들어진 것이라는 추론형식을 취한다. 목적론적인 질서에는 복잡한 유기체의 구조나 본능적 행동의 합목적성에서부터 우주의 정연한 질서가 상정되어 있으며, 목적론적 신 존재 증명은 이 세계가 매우 탁월한 질서를 가지고 있다고 전제한다. 이 세계를 설계하고 유기체를 창조한 고도의 이성적 능력을 가진 원인으로서의 신이 존재해야 한다고 추론하는 것이다. 따라서 목적론적 신 존재 증명은 결과인 자연현상으로부터 그 원인인 신을 추론하는 증명이다.

① 신의 존재를 증명하는 고전적 3대 이론의 비교
② 목적론적 신 존재 증명이론의 개념
③ 고전 철학자들의 진화이론과 우주의 이해
④ 삼단추론논법을 활용한 신 존재 이론에 대한 이해
⑤ 철학적인 자연현상의 이해

07. 다음 글의 내용과 일치하지 않는 것은?

> 우리가 흔히 영화를 사실적이라고 할 때, 그것은 영화의 재현 방식에 반응해서 영화 속 내용을 현실처럼 보는 데에 동의함을 뜻한다. 영화 속 내용은 실제 현실과 같지 않다. 우리는 영화가 현실의 복잡성을 똑같이 모방하기를 원하지 않으며, 영화 역시 굳이 그러기 위해 노력하지 않는다. 이렇게 관객과 감독 사이에 맺어진 암묵적 합의를 '영화적 관습'이라고 한다. 영화적 관습은 영화사 초기부터 확립돼 온 산물로, 관객과 감독의 소통을 돕는다. 반복적인 영화 관람 행위를 통해 관객은 영화적 관습을 익히고, 감독은 그것을 활용하여 관객에게 친숙함을 제공한다.
>
> 확립된 관습을 무시하거나 그것에 도전하는 것은 쉬운 일이 아니다. 그런데 프랑스의 누벨바그 감독들은 고전적인 영화 관습을 파괴하며 영화의 현대성을 주도하였다. 이들은 불필요한 사건을 개입시켜 극의 전개를 느슨하게 만들거나 단서나 예고 없이 시간적 순서를 뒤섞어 사건의 인과 관계를 교란하기도 했다. 이들은 자기만족적이고 독창적인 미학적 성취를 위해 영화의 고전적인 관습을 파괴하였다.

① 관객은 반복적인 영화관람을 통해 암묵적으로 합의된 영화적 관습을 익힐 수 있다.
② 자기만족을 위해 영화적 관습에 도전하는 행위는 영화의 현대성을 주도한다.
③ 현실의 복잡성을 그대로 모방한 영화는 사실적이라는 평가를 받는다.
④ 영화 속 내용이 시간적 순서에 따라 재현되는 방식은 영화적 관습의 예가 될 수 있다.
⑤ 프랑스의 누벨바그 감독들은 오랜 기간 확립되어 온 영화적 관습을 무시하였다.

08. 다음 글을 읽고 추론한 내용으로 옳지 않은 것은?

> 국내 출생률을 높이기 위해 정부는 다양한 지원 정책을 마련해 적극적으로 추진하고 있다. 정부정책의 성과를 높이려면 출산에 대한 사회 인식을 높이고 새로운 육아 문화가 형성되어야 한다. 출산에 대한 사회 인식을 높이기 위해서는 우선 저출산이 심각하다는 사회적 공감대를 형성하는 것이 절실하다. 저출산은 인구 감소로 직접 연결되며, 인구 감소는 생산 가능 인구를 축소시켜 노동력의 약화를 불러 온다. 저출산이 급속도로 진행되고 있는 고령화 추세와 맞물려 있어 더 큰 문제이다. 젊은 세대의 노인 부양 부담이 커질수록 세대 간 불화의 갈등이 심화되고, 국가의 복지 재정 부담도 점점 증가한다. 궁극적으로는 국가 경쟁력 자체가 떨어지게 된다. 따라서 각급 학교나 언론, 시민단체들은 기회가 있을 때마다 저출산으로 생기는 문제점을 인식하게 하고 널리 알리는 데 힘을 모아야 한다.

① 출산에 대한 사회 인식을 높여야 한다.

② 정부에서 추진하는 정책은 다양성이 결여되어있다.

③ 저출산이 심각하다는 사회적 공감대를 형성하는 것이 절실하다.

④ 각급 학교나 언론, 시민 단체는 저출산으로 인해 생기는 문제의 심각성을 널리 알려야 한다.

⑤ 새로운 육아 문화가 형성되어야 한다.

09. 다음 글의 중심 내용으로 가장 적절한 것은?

> 올바른 그리고 깊은 경험을 통해 나오는 말은 형용하기 어려운 무게를 갖고 있다. 이는 어떤 것을 표현하는 말의 진정한 설명이 그 어떤 것 자체 안에 있기 때문이다. 이러한 표현의 올바른 사용은 결코 쉬운 일이 아니며, 즉각적으로 만들어지는 것도 아니다. 이러한 맥락에서 사물에 대해서만 사색한다는 알랭 드 보통의 신조를 이해할 수 있다.
>
> 말에는 그것이 진짜 말이 되기 위한 필수적인 조건이 있다. 그것을 충족시키는 것은 그 조건에 대응하는 경험이다. 다만 현실에서는 그 조건을 최소한으로도 충족시키지 못하는 말의 사용이 횡행하고 있다. 어떤 관점에서 보면 경험이란 사물과 자기 자신 사이에서 생기는 장애 의식과 저항의 역사라고 할 수 있다. 그것을 통해 나오지 않은 말은 안이하고 매우 알기 쉽다. 그러나 사회의 복지를 논하든 평화를 논하든 그 근거가 되는 경험이 얼마나 어려운 것이어야 하는지를 알게 된다.
>
> 또한 얼마나 스스로를 포기해야 하는지를 생각하게 된다면, 세상에 횡행하는 명론탁설은 실제로는 분석도 논의도 아니며 허영심에 지나지 않음을 알 수 있을 것이다. 그런 상황에서는 아무리 이론을 깊이 파고들어 간다 해도 진정한 말에 새 발의 피만큼도 미치지 못한다. 이것이 일종의 모럴리즘의 입장에서 체험주의를 예찬하는 것은 아니다. 여기서 말하는 경험은 이른바 체험과 비슷하기도 하며 비슷하지 않기도 한 것이다. 체험주의는 일종의 안일한 주관주의로 빠지기 쉬운 것이며, 그것에 그치고 마는 경우가 대부분이기 때문이다.

① 단순한 체험주의가 아니라 사물과 자기 자신 사이에서 생기는 장애 의식과 저항의 역사라고도 할 수 있는 경험에 근거해야 비로소 사물에 맞는 진정한 말이 생겨난다.

② 사물 자체를 진정한 말로 표현하려면 자기희생을 동반하는 어려움으로 가득한 경험이 필요하다.

③ 올바르고 깊은 경험은 일종의 무게를 지닌 말을 만들어 내는데, 자기 주관에 그치는 경험은 안일하고 과장된 말밖에 만들어 내지 못한다.

④ 현실에 있는 대부분의 말은 사물과의 안일한 타협을 통해 생겨난 단순한 관념의 유희에 지나지 않으며 어떤 것 자체를 표현하지는 못한다.

⑤ 경험에 기반하지 않은 말은 진정한 말이 되기 위한 최소한의 조건을 충족시키지 못한 것이며, 진정한 말이 되기 위해 그 내용은 철저히 체험에 기반해야 한다.

[10 ~ 11] 다음 글을 읽고 이어지는 질문에 답하시오.

질적으로 유사한 인자(因子)의 종류가 서로 다른 문예 양식들에 동시에 존재하는 경우는 비일비재하다. 회화는 문학의 창작과 관련하여 작가에게 무수한 영감을 주는 원천이다. 어떤 작가는 특정 그림을 소재로 하거나 특정 그림의 영향을 받아 창작의 방향을 세우기도 한다. 우리의 전통 한시 양식 중 하나인 제화시(題畵詩)는 회화를 보고 느낀 감회를 표현한 문학작품으로 그림의 내용이 문학작품의 창작에 직접 관여하게 됨으로써 제재와 표현 영역을 제한하고 규정하게 된다. 제화시 같은 문학 장르는 회화의 영향이 직접적으로 작용한 예이다. 문학작품의 내용이 그대로 회화로 형상화되는 경우도 있다. 〈춘향전도〉와 〈구운몽도〉 같은 작품도 이야기의 핵심 장면 몇 개를 차례대로 화면에 담아 만드는 병풍으로 많이 제작되었다.

그러나 이러한 직접적인 설화화(說話化) 외에 문학의 모티브라든가 분위기가 암묵적으로 회화에 차용되는 경우는 더욱 흔하다. 문학작품에서 문학적 모티브로 숙성된 다음 그것이 비로소 회화 작품의 주제로 형상화될 수도 있고, 경험의 동시성을 포착하여 재현하는 시각 예술이 문인에게 창작의 기법이나 재료를 제공해 주는 경우도 있다. 이때 문학과 회화 사이의 상동성(相同性)은 상상력을 연결 고리로 하여 성립된다. 문학의 언어가 사람들로 하여금 동시대의 그림을 눈앞에 떠올릴 수 있게 하는 힘을 지니고 있다고 할 때 혹은 그 반대로 하나의 그림이 문학작품 속의 인물이나 사건을 연상하게 하는 힘을 가지고 있다고 할 때, 그 사이를 연결하는 매개는 상상력이다.

상상력이란 단순한 심리 활동인 '느낌'과도 다르고 이성적인 심리 작용인 '사고'와도 다르다.

⦁ ㉠ 느낌은 사고가 세워지기 전에 견고하게 자리잡아 사고가 제대로 기능할 수 있도록 하는 기초가 된다.
⦁ ㉡ 상상력은 막연한 느낌 이상의 것으로서 어떤 것을 주목하고 의식하는 행위이다. 어떤 상상력이 작용한다면 그 작용에 영향을 준 것이 분명히 있기 마련이다.
⦁ ㉢ 상상력은 느낌과 사고 사이에 위치한다.
⦁ ㉣ 느낌은 사고라는 상부 구조를 세우기 위해 조직되는 인간 정신의 기본 토대이다.
⦁ ㉤ 그렇다면 상상력이 유발되는 어떤 계기 혹은 동기가 존재하지 않겠는가?

당대성과 텍스트 상관성은 상상력의 계기 혹은 동기로서 매우 적절해 보인다. 당대성이란 시대적인 동일성뿐 아니라 사회문화적 상황의 유사성과 정신적 분위기의 흡사함까지도 포괄하는 개념으로 사용된다. 동시대를 호흡하면서 유사한 사회문화적 분위기가 자연스럽게 형성될 것이고 작가들로 하여금 비슷한 상상을 가능하게 만든다. 이러한 방식으로 동시대의 문학과 회화가 서로 닮는 현상이 벌어진다. 시인이 화가를 닮은 것은 묘사에서의 핍진성(逼眞性) 때문이다. 화가가 캔버스 위에 외적 세계의 이미지를 옮기듯이 시인은 마음의 눈으로 외적 세계의 이미지를 내적 이미지로 옮겨 놓는다.

10. 제시된 글의 내용과 일치하지 않은 것은?

① 상상력은 막연한 느낌 이상의 것으로서 대상에 대하여 주목하고 의식하는 행위이다.

② 사고는 이성적인 심리작용에 해당한다.

③ 느낌은 사고가 잘 기능할 수 있도록 하는 것이다.

④ 동시대에 만들어진 문학과 회화의 유사성은 사회문화적 분위기의 영향으로 설명한다.

⑤ 상상력은 느낌이나 사고를 초월하여 이루어지는 활동이다.

11. ㉠～㉤을 글의 흐름상 순서대로 나열한 것은?

① ㉠-㉡-㉢-㉣-㉤

② ㉡-㉠-㉤-㉢-㉣

③ ㉢-㉡-㉠-㉣-㉤

④ ㉢-㉣-㉠-㉡-㉤

⑤ ㉣-㉡-㉢-㉠-㉤

12. 다음 글의 서술 방식에 대한 설명으로 적절한 것은?

언젠가부터 우리 바닷속에 해파리나 불가사리와 같은 특정 종들만이 크게 번창하고 있다는 우려의 말이 들린다. 한마디로 다양성이 크게 줄었다는 이야기다. 척박한 환경에서는 몇몇 특별한 종들만이 득세한다는 점에서 자연 생태계와 우리 사회는 닮은 것 같다. 어떤 특정 집단이나 개인들에게 앞으로 어려워질 경제 상황은 새로운 기회가 될지도 모른다. 하지만 이는 사회 전체로 볼 때 그다지 바람직한 현상이 아니다. 왜냐하면 자원과 에너지 측면에서 보더라도 이들 몇몇 집단들만 존재하는 세계에서는 이들이 쓰다 남은 물자와 이용하지 못한 에너지가 고스란히 버려질 수밖에 없고 따라서 효율성이 극히 낮아지기 때문이다.

다양성 확보는 사회 집단의 생존과도 무관하지 않다. 조류 독감이 발생할 때마다 해당 양계장은 물론 그 주변 양계장의 닭까지 모조리 폐사시켜야 하는 참혹한 현실을 본다. 단 한 마리 닭만 질병에 걸려도 그렇게 많은 닭들을 죽여야 하는 이유는 인공적인 교배로 인해 모든 닭이 똑같은 유전자를 가졌기 때문이다. 따라서 다양한 유전 형질을 확보하는 길만이 재앙의 확산을 막고 피해를 줄이는 길이다.

이처럼 다양성의 확보는 자원의 효율적 사용과 사회 안정에 있어 중요하지만 많은 비용이 들기도 한다. 예를 들어 출산 휴가를 주고 노약자를 배려하고, 장애인에게 보조 공학 기기와 접근성을 제공하는 것을 비롯해 다문화 가정, 외국인 노동자를 위한 행정 제도 개선 등은 결코 공짜가 아니다. 그럼에도 불구하고 다양성 확보가 중요한 이유는 우리가 미처 깨닫고 있지 못하는 넓은 이해와 사랑에 대한 기회를 사회 구성원 모두에게 제공해 주기 때문이다.

① 다양성 확보의 중요성에 대해 관점이 다른 두 주장을 대비해 설명하고 있다.
② 다양성 확보의 중요성에 대해 예시를 통해 설명하고 있다.
③ 다양성이 사라진 사회를 여러 기준에 따라 분류하고 있다.
④ 다양성이 사라진 사회의 사례들을 나열하고 있다.
⑤ 다양성 확보의 중요성을 저명한 학자의 주장을 직접 인용하여 강조하고 있다.

13. 다음 (가)~(마)를 논리적 순서에 맞게 배열한 것은?

(가) 심리학자 와이너는 부정적인 경험을 한 상황을 어떻게 해석하느냐에 따라 이러한 공포증이 생길 수도 있고 그렇지 않을 수도 있으며, 공포증이 지속될 수도 있고 극복될 수도 있다고 했다. 그는 상황을 해석하는 방식을 설명하기 위해 상황의 원인을 어디에서 찾는지와 상황의 변화 가능성에 대해 어떻게 인식하는지의 두 가지 기준을 제시했다. 상황의 원인을 자신에게서 찾으면 '내부적'으로 해석한 것이고, 자신이 아닌 다른 것에서 찾으면 '외부적'으로 해석한 것이다. 또 상황이 바뀔 가능성이 전혀 없다고 생각하면 '고정적'으로 인식한 것이고, 상황이 충분히 바뀔 수 있다고 생각하면 '가변적'으로 인식한 것이다.

(나) 공포증이란 위의 경우에서 보듯이 특정 대상에 대한 과도한 두려움으로 그 대상을 계속해서 피하게 되는 증세를 말한다. 특정한 동물, 높은 곳, 비행기나 엘리베이터 등이 공포증을 유발하는 대상이 될 수 있다. 물론 일반적인 사람들도 이런 대상을 접하여 부정적인 경험을 할 수 있지만 공포증으로까지 이어지는 경우는 드물다.

(다) 와이너에 의하면, 큰 개에게 물렸지만 공포증에 시달리지 않는 사람들은 개에게 물린 상황에 대해 '내 대처 방식이 잘못되었어'라며 내부적이고 가변적으로 해석한다고 한다. 이것은 나의 대처 방식에 따라 상황이 충분히 바뀔 수 있다고 생각하는 것이므로 이들은 개와 마주치는 상황을 굳이 피하지 않는다. 그 후 개에게 물리지 않는 상황이 반복되면 '나는 어떤 경우라도 개를 감당할 수 있어'라며 내부적이고 고정적으로 해석하는 단계로 나아가게 된다.

(라) 반면에 공포증을 겪는 사람들은 개에 물린 상황에 대해 '나는 약해서 개를 감당하지 못해'라며 내부적이고 고정적으로 해석하거나 '개는 위험한 동물이야'라며 외부적이고 고정적으로 해석한다. 자신의 힘이 개보다 약하다고 생각하거나 개를 맹수로 여기는 것이므로 이들은 자신이 개에게 물린 것을 당연한 일로 받아들인다. 하지만 공포증에 시달리지 않는 사람들처럼 상황을 해석하고 개를 피하지 않으려는 노력을 기울이면 공포증에서 벗어날 수 있다.

(마) 한 아이가 길을 가다가 골목에서 갑자기 튀어나온 큰 개에게 발목을 물렸다고 하자. 아이는 이 일을 겪은 뒤 개에 대한 극심한 불안에 시달리게 된다. 멀리 있는 강아지만 봐도 몸이 경직되고 호흡 곤란을 느꼈으며 심할 경우 응급실을 찾기도 하였다. 이것은 한 번의 부정적인 경험이 공포증으로까지 이어진 경우라고 할 수 있다.

① (가)-(나)-(마)-(다)-(라)
② (가)-(다)-(라)-(마)-(나)
③ (마)-(가)-(다)-(라)-(나)
④ (마)-(나)-(가)-(다)-(라)
⑤ (마)-(나)-(다)-(라)-(가)

14. 다음 글의 ㉠~㉤ 중 〈보기〉가 들어가기에 적절한 곳은?

(㉠) 어떤 물체가 물이나 공기와 같은 유체 속에서 자유 낙하할 때 물체에는 중력, 부력, 항력이 작용한다. 중력은 물체의 질량에 중력 가속도를 곱한 값으로 물체가 낙하하는 동안 일정하다. 부력은 어떤 물체에 의해서 배제된 부피만큼의 유체의 무게에 해당하는 힘으로, 항상 중력의 반대 방향으로 작용한다.

(㉡) 빗방울에 작용하는 부력의 크기는 빗방울의 부피에 해당하는 공기의 무게이다. 공기의 밀도는 물의 밀도의 1,000분의 1 수준이므로, 빗방울이 공기 중에서 떨어질 때 부력이 빗방울의 낙하 운동에 영향을 주는 정도는 미미하다. 그러나 스티로폼 입자와 같이 밀도가 매우 작은 물체가 낙하할 경우에는 부력이 물체의 낙하 속도에 큰 영향을 미친다.

(㉢) 물체가 유체 내에 정지해 있을 때와는 달리 유체 속에서 운동하는 경우에는 물체의 운동에 저항하는 힘인 항력이 발생하는데, 이 힘은 물체의 운동 방향과 반대로 작용한다. 항력은 유체 속에서 운동하는 물체의 속도가 커질수록 이에 상응하여 커진다. 항력은 마찰 항력과 압력 항력의 합이다.

(㉣) 안개비의 빗방울이나 미세 먼지와 같이 작은 물체가 낙하하는 경우에는 물체의 전후방에 생기는 압력 차가 매우 작아 마찰 항력이 전체 항력의 대부분을 차지한다. 빗방울의 크기가 커지면 전체 항력 중 압력 항력이 차지하는 비율이 점점 커진다. 반면 스카이다이버와 같이 큰 물체가 빠른 속도로 떨어질 때에는 물체의 전후방에 생기는 압력 차에 의한 압력 항력이 매우 크므로 마찰 항력이 전체 항력에 기여하는 비중은 무시할 만하다. (㉤)

| 보기 |

마찰 항력은 유체의 점성 때문에 물체의 표면에 가해지는 항력으로, 유체의 점성이 크거나 물체의 표면적이 클수록 커진다. 압력 항력은 물체가 이동할 때 물체의 전후방에 생기는 압력 차에 의해 생기는 항력으로, 물체의 운동 방향에서 바라본 물체의 단면적이 클수록 커진다.

① ㉠　　　　　　　② ㉡　　　　　　　③ ㉢

④ ㉣　　　　　　　⑤ ㉤

[15 ~ 16] 다음 글을 읽고 이어지는 질문에 답하시오.

카페인은 주의력을 높이고 피로를 줄이는 역할도 하지만 다량 섭취 시(매일 400mg 이상) 심장과 혈관에 악영향을 미친다. 카페인이 들어 있는 식품으로는 대표적으로 커피를 꼽을 수 있으며, 콜라와 초콜릿에도 포함되어 있다. 하지만 녹차의 경우 1잔(티백 1개 기준)에 15mg 정도의 적은 양이 들어 있으며, 이는 약 70mg이 들어있는 커피의 1/4 수준도 안 되는 분량이다. 일반적으로 카페인은 높은 온도에서 보다 쉽게 용출되는데, 보통 커피는 높은 온도에서 제조하지만 녹차는 이보다 낮은 온도에서 우려내기 때문에 찻잎에 들어 있는 카페인 성분 중 60 ~ 70%만 우러나오게 된다. 이러한 연유로 1일 섭취 기준치 이상의 카페인을 녹차를 통해 섭취하기 위해서는 하루 평균 20잔 이상의 녹차를 마셔야 한다.

더불어 녹차에 들어 있는 카페인은 녹차에 들어 있는 다른 성분인 카테킨에 의해 체내 흡수가 잘되지 않으며, 녹차에만 들어 있는 아미노산의 일종인 테아닌 성분에 의해 뇌에서 작용하는 것 또한 억제가 된다. 이 때문에 사람들은 카페인이 함유되어 있는 녹차를 마시더라도 오히려 흥분을 일으키기보다는 혈압이 낮아지고 마음이 가라앉는 기분을 느낄 수 있게 되는 것이다. 적정량의 카페인은 신체에 도움을 주므로 카페인이 주는 장점만을 취하고자 한다면 커피보다 녹차를 선택하는 것이 훨씬 좋다.

15. 윗글의 주제로 가장 적절한 것은?

① 카페인이 인체에 미치는 악영향
② 커피와 녹차의 최적온도에 대한 연구
③ 카페인 섭취 시 녹차와 커피의 비교우위성
④ 녹차에 들어 있는 카페인에 대한 오해와 진실
⑤ 카페인의 종류와 그 효능

16. 윗글의 내용과 일치하지 않은 것은?

① 카페인 다량 섭취의 기준은 매일 400mg 이상이다.
② 녹차는 커피보다 높은 온도에서 우려내야 한다.
③ 녹차의 테아닌 성분은 아미노산의 일종이다.
④ 적정량의 카페인은 주의력을 높여 주는 역할을 한다.
⑤ 커피에 함유된 카페인은 녹차의 4배 이상이다.

17. 다음 글의 주제로 알맞은 것은?

전쟁을 다룬 소설 중에는 실재했던 전쟁을 제재로 한 작품들이 있다. 이런 작품들은 허구를 매개로 실제로 발발했던 전쟁을 새롭게 조명하고 있다. 가령 『박씨전』은 패전했던 병자호란을 있는 그대로 받아들이고 싶지 않았던 조선 사람들의 욕망에 따라, 허구적 인물 박씨가 패전의 고통을 안겨 주었던 실존 인물인 용골대를 물리치는 장면을 중심으로 허구화되었다.

외적에 휘둘린 무능한 관군 탓에 병자호란 당시 여성은 전쟁의 큰 피해자였다. 『박씨전』에서는 이 비극적 체험을 재구성하여 전화를 피하기 위한 장소인 피화당(避禍堂)에서 여성 인물과 적군이 전투를 벌이는 장면을 설정하고 있다. 이들 간의 대립 구도에서 전개되는 이야기로 조선 사람들은 슬픔을 위로하고 희생자를 추모하며 공동체로서의 연대감을 강화하였다. 한편 『시장과 전장』은 한국 전쟁이 남긴 상흔을 직시하고 이에 좌절하지 않으려던 작가의 의지가 이념 간의 갈등에 노출되고 생존을 위해 몸부림치는 인물을 통해 허구화되었다. 이 소설에서는 전장을 재현하여 전쟁의 폭력에 노출된 개인의 연약함을 강조하고, 무고한 희생을 목도한 인물의 내면이 드러남으로써 개인의 존엄이 탐색되었다.

우리는 이런 작품들을 통해 전쟁의 성격을 탐색할 수 있다. 두 작품에서는 외적의 침략이나 이념 갈등과 같은 공동체 사이의 갈등이 드러나고 있다. 그런데 전쟁이 폭력적인 것은 이 과정에서 사람들이 죽기 때문만은 아니다. 전쟁의 명분은 폭력을 정당화하여 적의 죽음은 불가피한 것으로, 우리 편의 죽음은 불의한 적에 의한 희생으로 간주해 버린다. 전쟁은 냉혹하게도 아군, 적군 모두가 민간인의 죽음조차 외면하거나 자신의 명분에 따라 이를 이용하게 한다는 점에서 폭력성을 띠는 것이다.

두 작품 모두에서 사람들이 죽는 장소가 군사들이 대치하는 전선만이 아니라는 점에도 주목할 만하다. 전쟁터란 전장과 후방, 가해자와 피해자가 구분되지 않는 혼돈의 현장이다. 이 혼돈 속에서 사람들은 고통받으면서도 생의 의지를 추구해야 한다는 점에서 전쟁은 비극성을 띤다. 이처럼 전쟁의 허구화를 통해 우리는 전쟁에 대한 인식을 새롭게 할 수 있다.

① 문학에 반영되는 작가의 작품 세계
② 문학작품에 나타난 전쟁의 종류
③ 문학에 반영된 당대의 여성 인권
④ 문학에 나타난 역사의 진위 여부 판단의 중요성
⑤ 문학에서 허구화된 전쟁이 갖는 의미

18. 다음 글의 주제로 적절한 것은?

> 우리나라는 1990년대 중반부터 극히 제한된 형태의 간접 광고만을 허용하는 협찬 제도를 운영해 왔다. 이 제도는 프로그램 제작자가 협찬 업체로부터 경비, 물품, 인력, 장소 등을 제공받아 활용하고 프로그램이 종료될 때 협찬 업체를 알리는 협찬 고지를 허용했다. 그러나 프로그램의 내용이 전개될 때 상품명이나 상호를 보여 주거나 출연자가 이를 언급해 광고 효과를 주는 것은 법으로 금지했다. 협찬받은 의상의 상표를 보이지 않게 가리는 것도 그 때문이었다.
>
> 우리나라는 협찬 제도를 그대로 유지하면서 광고주와 방송사 등의 요구에 따라 방송법에 '간접 광고'라는 조항을 신설하여 2010년부터 시행하였다. 간접 광고 제도가 도입된 취지는 프로그램 내에서 광고를 하는 행위에 대해 법적인 규제를 완화하여 방송 광고 산업을 활성화하겠다는 것이었다. 이로써 프로그램 내에서 상품명이나 상호를 보여 주는 것이 허용되었다. 다만 시청권의 보호를 위해 상품명 또한 상호를 언급하거나 구매와 이용을 권유하는 것은 금지되었다. 또 방송이 대중에게 미치는 영향력이 크기 때문에 객관성과 공정성이 요구되는 보도, 시사, 토론 등의 프로그램에서는 간접 광고가 금지되었다. 그럼에도 불구하고 간접 광고 제도를 비판하는 사람들은 간접 광고로 인해 광고 노출 시간이 길어지고 프로그램의 맥락과 동떨어진 억지스러운 상품 배치가 빈번해 프로그램의 질이 떨어지고 있다고 주장한다.
>
> 이처럼 시청자의 인식 속에 은연 중 파고드는 간접 광고에 적절히 대응하기 위해서는 시청자들이 간접 광고에 대한 주체적 해석을 할 수 있어야 한다. 미디어 이론가들에 따르면, 사람들은 외부의 정보를 주체적으로 해석할 수 있는 자기 나름의 프레임을 가지고 있어서 미디어의 콘텐츠를 수동적으로만 받아들이지 않는다고 한다. 이것이 간접 광고를 분석하고 그것을 비판적으로 수용하는 미디어 교육이 필요한 이유이다.

① 간접 광고 제도는 대중에게 미치는 영향력이 막대하므로 폐지해야 한다.

② 간접 광고 제도는 광고주와 방송사의 이득만을 위한 제도이다.

③ 방송이 대중에게 미치는 영향력을 고려할 때, 보다 보수적인 광고 정책인 협찬 제도로 돌아가야 한다.

④ 간접 광고 제도를 이해하기 위해서는 우선 협찬 제도의 유해성에 대한 대안이라는 등장 배경을 이해해야 한다.

⑤ 간접 광고에 대한 시청자들의 주체적인 해석을 위해서 미디어 교육이 필요하다.

[19 ~ 20] 다음 글을 읽고 이어지는 질문에 답하시오.

(가) 법정근로시간 단축 효과를 분석한 대부분의 연구는 고용구조, 임금수준에 집중해 왔다. 또한 일자리 창출의 중요성이 확대되면서 거시적인 측면에서 경제성장과 고용창출의 효과를 분석하는 연구가 주를 이루었다. 그러나 근로시간 단축은 근로자의 재량시간과 기업의 노동생산성 향상 유인을 증대시킨다는 측면에서 근로자의 생활과 근로환경에도 영향을 준다.

(나) 근로시간이 단축되면 근로자들은 늘어난 재량시간을 다른 활동에 배분하게 된다. 법정근로시간 단축으로 인한 시간사용의 효과를 분석한 연구를 보면 일본은 개인의 여가시간이 증가하는 반면 한국은 수면 등 개인 관리시간이 증가했다. 근로시간 단축은 일과 생활이 양립할 수 있는 여건이 조성된다는 측면에서 근로자의 삶의 만족도를 높일 수 있다. 근로시간이 감소하면 삶의 질과 가족 관계 등 전반적인 삶의 만족도에 긍정적 영향을 미치기 때문이다. 또한 노동시간이 감소하면 근로만족도와 업무성과가 향상될 뿐만 아니라 근로 유연성이 커져 생산성과 자체 성과평가도 개선된다.

(다) 근로시간은 근로자의 생활습관과 건강에 영향을 미친다. 근로시간이 길면 흡연, 음주, 나쁜 식습관은 늘어나는 반면 운동량은 줄어들게 되고 건강에도 부정적 영향을 준다는 연구가 다수 존재한다. Ruhm은 근로시간이 감소하면 흡연율, 비만율, 육체적 비활동률이 감소한다고 제시하고 있으며, Berniell은 프랑스의 법정근로시간이 단축되면서 근로자의 흡연과 음주, 무기력증 등이 감소했음을 보였다. 반면 Ahn은 한국의 경우 근로시간이 단축되면서 흡연 가능성은 감소했지만 음주 가능성은 증가한 것으로 보고하고 있다.

(라) 근로시간은 근로자의 근로환경에도 영향을 미치는데 이는 고용주(기업)와 근로자의 행동 변화가 복합적으로 작용하면서 나타난다. 기업의 비용최소화 모형에 따르면 고용주는 근로시간을 줄여야 하는 상황이 발생하면 노동비용을 축소하려는 행동을 증대시키게 된다. 이러한 과정에서 근로자들은 작업에 대한 추가적인 압력을 받게 된다. OECD에서는 법정근로시간 단축의 영향은 국가별 경제상황과 기업문화 등에 따라 다양하게 나타나지만 기업 측면에서는 실근로시간 감소와 시간당 노동생산성 향상이 일관되게 나타났다고 보고하고 있다.

(마) 이는 노동 강도가 높아져도 근로자가 작업장에 존재하는 절대적인 시간은 축소되어 시간사용의 유연성이 증대되기 때문이다. 또한 근로시간이 적정선을 넘어서면 생산성뿐만 아니라 작업의 안정성도 급격히 감소한다는 측면에서 근로시간 감소는 근로자에게 긍정적인 영향을 미칠 수 있다.

19. 제시된 글의 (가) ~ (마) 중 〈보기〉의 문장을 추가하기에 적절한 문단은?

| 보기 |

근로시간 단축으로 인해 근로자에게 주어지는 노동 강도가 강화된다는 연구들이 존재함에도 불구하고 근로자들이 심리적으로 체감하는 전반적인 만족도는 향상될 가능성이 존재한다.

① (가)   ② (나)   ③ (다)
④ (라)   ⑤ (마)

20. 다음 중 제시된 글의 내용과 일치하지 않는 것은?

① 근로시간과 근로자에게 주어지는 노동 강도는 부의 상관관계를 갖는다.

② OECD의 보고에 따르면 국가와 기업 측면에서 실근로시간 감소와 시간당 노동생산성 향상이 일관되게 나타났다.

③ 작업의 안정성 측면에서도 적정한 근로시간으로 단축하는 것이 바람직하다.

④ 한국 근로자의 경우 근로시간이 단축되면 수면시간과 음주 가능성이 증가한다는 연구결과가 있다.

⑤ 적정선을 넘어서는 근로시간의 설정은 작업의 생산성에 악영향을 미친다.

[21 ~ 23] 다음 글을 읽고 이어지는 질문에 답하시오.

우리나라의 청년실업 문제는 외환위기 이후 본격적으로 등장하여 거의 20년간 경제정책 과제의 최상단에 머물러 있다. 그럼에도 불구하고 이 중대한 문제는 해결되지 못하고 있으며 2016년 경기 침체와 더불어 오히려 더욱 악화되고 있다. 지금까지의 청년실업 문제에 대한 대응방향이 적절하였다면 20년이 지난 지금에서는 적어도 문제해결의 실마리는 보였어야 한다. 그러나 거듭된 정책의지 표명과 엄청난 예산 및 인력의 투입에도 불구하고 청년실업 문제는 완화될 기미조차 보이지 않고 있으며, 문제해결 방향에 대한 컨센서스가 존재하는지조차 불분명하다. 정부뿐만 아니라 학계나 연구기관 등 정책연구 분야도 청년실업 문제에 관한 해결책을 제시하지 못하고 있다는 책임에서 자유롭지 못하다.

청년실업의 원인으로 가장 흔하게 통용되고 있는 설명은 소위 '미스매치' 이론이다. 그러나 이 이론은 매우 단순한 정태적인 관점에서의 설명으로 충분한 정책적 함의를 가지지는 못한다. (㉠) 그 해결책은 '눈높이 조정'에 있다는 매우 단순한 논리이므로 현 상황에서 청년들이 어떻게 대응하여야 하는지를 알려 주는 가이드라인이 될 수는 있지만 청년실업 문제의 해결을 위해서 정부가 무엇을 해야 하는지를 말하는 정책방향에 대한 시사점은 약하다.

실제로는 남자 청년층 25 ~ 29세 고용률은 크게 하락하였지만 30 ~ 34세 고용률은 상대적으로 하락하지 않았으며, 청년일자리는 임금과 안정성 측면에서 고용의 질이 크게 개선되었다. 그럼에도 불구하고 청년일자리 공급은 충분하지 못하다. 그 가운데 지속되는 학력 상승은 노동시장에 배출되는 청년인력의 수를 감소시켜 줄어든 일자리에서 공급과 수요의 균형을 맞추는 기능을 하고 있다. 만약 청년들이 생산직을 기피하여 고용이 하락하였다면 충분한 조정기간이 경과하여 ㉡의중임금(Reservation Wage)이 조정되고 난 후에는 생산직에 취업하는 청년들이 증가하여야 한다. 그러나 청년 생산직 취업자는 증가하지 않고 있다.

청년실업 문제를 개인 차원의 적응에 맡기는 접근방법이 과연 국가경제의 관점에서 바람직한가를 검토해 볼 필요가 있다. 경제위기 상황에서는 위기극복이 가장 중요한 정책목표이므로 청년일자리는 부수적인 문제가 되고 고통분담의 차원에서 청년들의 적응을 요구할 수 있다. 그러나 그 상태가 20년간 지속되면 청년인력의 비효율적인 배분은 경제구조의 일부분이 되고 미래의 지속적인 성장을 제약하는 조건이 된다. 이 제약은 현재에서도 이미 작용하고 있는지도 모른다. 청년일자리에서 드러나는 문제들에 비추어 우리나라의 인력양성, 기업성장에 관련된 제도들의 개선 방향이 무엇인지를 검토하여야 할 시점이다.

21. 다음 중 제시된 글에 나타난 의견을 바르게 정리한 것은?

① 청년실업 문제는 인력양성, 기업성장 관련 제도들과 밀접한 관련이 있다.

② 실질적인 청년일자리의 내용은 20년 전과 비교할 때 크게 달라진 것이 없다.

③ 청년실업 문제는 미스매치 이론으로 충분한 설명이 될 수 있다.

④ 청년들이 생산직을 기피하는 이유는 의중임금이 충족되지 않기 때문이다.

⑤ 청년들의 생산직 기피는 임금구조의 조정을 통해 자연적으로 해결될 사항이다.

22. 제시된 글의 빈칸 ㉠에 들어갈 문장으로 적절한 것은?

① 졸업 후 바로 취업을 원하는 청년들의 수는 지속 감소하고 있으며

② 대졸자를 원하는 사업장은 증가하는 반면 구직을 원하는 대졸자는 감소하며

③ 대졸자가 적정 수준보다 많고 이에 비하여 대졸 일자리 공급은 부족하며

④ 대졸자가 감소하는 상황에 정부의 일자리 대책은 매우 미약하며

⑤ 청년실업의 원인은 청년이 원하는 임금과 일자리의 안정성과 실제와의 괴리이며

23. 제시된 글의 문맥상 밑줄 친 ㉡이 의미하는 것은?

① 생산직 노동시장에서 청년들에게 지급할 수 있는 최저임금

② 특정 근로자로 하여금 노동을 공급하게 하기 위해 지불해야 할 최소한의 임금

③ 대졸자가 받아야 하는 당시의 최저 평균임금

④ 노동시장에서 필요한 청년들을 확보하기 위해 지불할 수 있는 최소한의 임금

⑤ 노동시장에서 25 ～ 29세 인력과 30 ～ 34세 인력에 설정된 적정임금의 차액

[24 ~ 25] 다음 글을 읽고 이어지는 질문에 답하시오.

(가) 영화 〈비바리움〉은 완벽한 삶의 공간을 찾던 한 커플이 미스터리한 마을의 9호 집에 갇히게 되는 상황을 소재로 한다. 로칸 피네건 감독과 각본가 가렛 샌리는 2008년 글로벌 금융위기로 시작된 부동산 시장 침체가 야기한 아일랜드의 유령 부동산과 그곳에서 집을 팔지 못해 떠나지 못하는 사람들을 주목했다. 그 결과 주택 단지에 갇힌 젊은 커플을 주인공으로 한 단편 영화 〈여우들(2011)〉을 만들었다. 그 이후에 개봉한 장편 영화 〈비바리움〉은 〈여우들〉의 설정을 바탕으로 정치, 사회, 문화 문제들에 공상과학적인 상상력을 덧붙인 일종의 '확장판'이다. 로칸 피네건 감독은 "딜레마에 직면했을 때 인간은 어떻게 행동하는지, 극단적 상황에 처한 인간의 본능을 보고 싶었다."라고 연출 의도를 설명했다.

(나) 비바리움은 관찰이나 연구를 목적으로 동물, 식물을 사육하는 공간을 뜻한다. 욘더 마을의 수많은 집은 모두 같은 모양을 하고 있다. 거리도 규격화된 모습이다. 흡사 공장의 생산라인처럼 꾸며진 욘더 마을은 대량 생산을 중요시하는 자본주의 시스템을 풍자한다. 이 속에서 톰과 젬마는 노동, 육아, 즉 생산을 하면 대량으로 만든 식료품, 생활용품을 배달받는다. 즉, 소비한다. 욘더 마을은 저항과 변화를 거부한 채로 전통적인 가족상과 남녀 역할을 강요하는 사회 시스템이기도 하다. 욘더 마을에서 톰과 젬마는 매일 똑같은 하루를 보낸다. 톰은 아침이면 마당에 나가 종일 구멍을 판다. 직장에서 일하는 남편처럼 말이다. 젬마는 요리, 빨래 같은 집안일을 하고 아이를 보살핀다. '욘더의 집들은 정말 이상적'이라는 마틴의 말은 곧 남자가 돈을 벌고 여자가 집안일을 하는 성 역할에 충실한 삶이 이상적이라는 주장이다. 두 사람은 매일 똑같이 반복되는 일상의 공포를 경험한다. 탈출구는 없다. 아기를 기르면 탈출할 수 있게 해 준다고 했지만, '기른다'의 정의는 모호할 따름이다. 하루 이틀 시간이 흐를수록 둘의 관계엔 균열이 점차 커진다. 그렇게 집은 스스로 판 무덤처럼 변한다. 영화는 자신의 목소리와 선택의 자유를 상실한 채로 누군가 정한 기준에 맞춰 욕망하며 순응하는 상황에 '(㉠   )' 갇혔다고 본 것이다.

(다) 톰은 여자친구 젬마와 함께 지낼 안락한 집을 알아보다가 부동산 중개인 마틴으로부터 욘더 마을을 소개받는다. 두 사람은 똑같은 모양의 주택들이 세워진 욘더 마을의 9호 집을 둘러보다가 기묘함에 사로잡힌다. 그런데 마틴이 사라지고 둘은 어떤 방향으로 가도 다시 9호 집에 통하며 마을에 갇히게 된다. 며칠 후 9호 집 앞에 아기가 담긴 박스가 도착한다. 박스엔 '아기를 기르면 풀려난다.'고 적혀있다. 욘더 마을에서 벗어날 수 없음을 알게 된 톰은 두려움과 공포에 사로잡혀 나가는 길을 찾기 위해 마당을 파기 시작한다. 반면에 젬마는 아이를 키우며 희망을 잃지 않으려 애쓴다.

(라) 〈비바리움〉에서 이야기만큼이나 강력한 힘을 가진 것은 시각이다. 〈비바리움〉의 미술 콘셉트는 단순함과 반복적임이다. 영화는 르네 마그리트의 〈빛과 제국〉과 같이 구름을 반복적으로 배치하고 마치 그림을 그린 것처럼 마을의 하늘을 꾸몄다. 화면의 주된 톤으로 사용된 녹색은 원래 생명력을 상징하는 색깔이다. 하지만 욘더 마을에 위치한 집에 과장스럽게 칠해져 있는 녹색은 인공적인 분위기를 자아내며 관객의 불안감을 유발한다.

24. 다음 중 (가) ~ (라)를 문맥에 맞게 배열한 것은?

① (나) - (가) - (다) - (라)   ② (다) - (가) - (나) - (라)   ③ (다) - (나) - (가) - (라)
④ (다) - (나) - (라) - (가)   ⑤ (다) - (라) - (가) - (나)

25. 다음 중 ㉠에 들어갈 표현으로 적절한 것은?

① 과거에서 현재까지   ② 요람에서 무덤까지   ③ 천국에서 지옥까지
④ 시련에서 희망까지   ⑤ 상상에서 현실까지

수리비평

01. 다음 중 L 지역 건축물의 현황의 ㉠ ~ ㉣에 들어갈 수치를 바르게 연결한 것은? (단, 소수점 아래 첫째 자리에서 반올림한다)

〈L 지역 건축물 현황〉

L 지역 건축물은 상업용, 주거용, 공업용, 문화·교육·사회용과 기타로 구성되어 있다. 상업용이 4만 3,846동, 공업용이 1만 4,164동, 문화·교육·사회용이 6,378동, 기타가 1만 1,598동이다.

구분	합계		주거용	
	동 수(동)	연면적(m²)	동 수(동)	연면적(m²)
합계	220,573	189,019,253	144,587	95,435,474
10년 미만	35,541	53,926,006	19,148	25,000,123
10년 이상~15년 미만	17,552	26,141,452	8,035	13,447,067
15년 이상~20년 미만	23,381	24,463,931	13,716	11,443,662
20년 이상~25년 미만	20,587	26,113,376	11,449	13,176,750
25년 이상~30년 미만	30,279	30,608,783	20,129	17,948,163
30년 이상~35년 미만	23,442	12,875,191	17,220	7,409,831
35년 이상	48,724	12,114,897	37,972	6,001,760
기타	21,067	2,775,617	16,918	1,008,118
노후건축물 비중(%)	㉠	㉡	㉢	㉣

※ 노후건축물=사용승인 후 30년 이상 된 건물(기타 건축물은 포함하지 않음)

① ㉠ 43%　　　　② ㉡ 13%　　　　③ ㉢ 21%

④ ㉣ 30%　　　　⑤ 정답 없음.

02. 다음은 ○○시의 세입 통계이다. 이에 대한 설명으로 옳은 것은?

〈20X0 ~ 20X2년 ○○시 세입 통계〉

구분	20X0년		20X1년		20X2년	
	액수	비율	액수	비율	액수	비율
지방세	116,837	31%	130,385	28%	134,641	25%
세외수입	27,019	7%	23,957	5%	25,491	5%
지방교부세	52,000	14%	70,000	15%	80,000	15%
조정교부금	25,000	7%	35,000	8%	60,000	11%
국고보조금	93,514	24%	109,430	23%	123,220	23%
도비보조금	24,876	6%	36,756	8%	44,978	8%
보전수입 등 내부거래	42,743	11%	61,069	13%	72,105	13%
총계	381,989		466,597		540,435	

① 세외수입의 액수는 20X0년 이후 지속적으로 증가하였다.

② 전년 대비 세입 증가액은 20X1년이 20X2년보다 적다.

③ ○○시의 세입 중 가장 큰 비중을 차지하는 것은 지방세이다.

④ 전체 세입에서 지방세가 차지하는 비중은 20X0년 이후로 계속 증가하였다.

⑤ 20X1년 지방교부세의 전년 대비 증가액은 20X1년 국고보조금의 전년 대비 증가액보다 적다.

03. 다음은 세계 주요국의 20XX년 1 ~ 3분기 수출액 동향에 대한 자료이다. 이에 대한 설명으로 적절하지 않은 것은?

〈20XX년 분기별 수출액〉

(단위 : 억 $)

순위 / 국가명		1분기 수출액	2분기 수출액	3분기 수출액	1~3분기 합계 수출액
1	중국	4,800	5,633	5,891	16,324
2	미국	3,729	3,851	3,811	11,391
3	독일	3,403	3,516	3,736	10,655
4	일본	1,674	1,692	1,764	5,130
5	네덜란드	1,534	1,551	1,642	4,727
6	한국	1,321	1,471	1,510	4,302
7	홍콩	1,246	1,370	1,429	4,045
8	프랑스	1,248	1,321	1,312	3,881
9	이탈리아	1,159	1,261	1,261	3,681
10	영국	1,076	1,076	1,107	3,259
11	벨기에	1,025	1,060	1,093	3,178
12	캐나다	1,034	1,068	1,015	3,117
13	멕시코	947	1,028	1,018	2,993
14	싱가포르	889	906	943	2,738
15	러시아	826	835	844	2,505
16	스페인	777	795	764	2,336
17	대만	721	756	838	2,315
18	인도	770	718	749	2,237
19	스위스	712	762	723	2,197
20	태국	565	571	619	1,755

※ 국가별 순위는 20XX년 1 ~ 3분기 수출액 합계를 기준으로 한다.

① 20XX년 1 ~ 3분기 수출액을 각각 기준으로 한 국가별 순위는 모두 표에 제시된 순위와 다르다.
② 20XX년 1분기부터 3분기까지 수출액의 증감 방향이 중국과 동일한 국가는 10개 국가이다.
③ 20XX년 1 ~ 3분기 수출액 합계가 1조 달러를 초과하는 국가는 3개국이다.
④ 20XX년 1분기에 벨기에보다 수출액이 많은 국가는 10개국이다.
⑤ 4 ~ 6순위의 1 ~ 3분기 수출액 합계를 모두 합해도 1위의 수출액 합계에 못 미친다.

04. 다음 중 20X2년 가구원 수가 4인 이상인 농가 수의 전년 대비 증가율이 100% 이상인 지역의 개수는?

구분	연도별 농가 수(개)		가구원 수 3인 이하 농가 수(개)	
	20X1년	20X2년	20X1년	20X2년
A 지역	260	360	220	300
B 지역	20	110	10	70
C 지역	240	300	210	250
D 지역	490	660	410	580
E 지역	450	570	380	480
F 지역	250	390	200	320
합계	1,710	2,390	1,430	2,000

① 1개   ② 2개   ③ 3개

④ 4개   ⑤ 없음.

05. 다음 자료를 보고 1일 평균 차량 통행속도가 가장 빠른 곳부터 순서대로 나열한 것은?

〈시간대 · 도로별 차량의 평균속도〉

(단위 : km/h)

구분	통행속도		
	오전	낮	오후
도시고속도로	54.9	59.2	40.2
주간선도로	27.9	24.5	20.8
보조간선도로	25.2	22.4	19.6
기타도로	23.1	20.5	18.6

① 도시고속도로 – 보조간선도로 – 주간선도로 – 기타도로

② 도시고속도로 – 주간선도로 – 보조간선도로 – 기타도로

③ 도시고속도로 – 주간선도로 – 기타도로 – 보조간선도로

④ 도시고속도로 – 기타도로 – 보조간선도로 – 주간선도로

⑤ 도시고속도로 – 보조간선도로 – 기타도로 – 주간선도로

06. 다음 자료에 대한 분석으로 적절하지 않은 것은?

〈우리나라 주요 도시의 도로면 주거지역 소음 크기〉

(단위 : dB)

구분		20X3년	20X4년	20X5년	20X6년	20X7년	20X8년	20X9년
서울	낮	69	69	68	68	68	68	68
	밤	66	65	65	64	65	65	65
부산	낮	68	68	68	67	67	67	67
	밤	63	63	63	63	63	62	62
대구	낮	68	68	69	68	67	67	68
	밤	62	63	64	64	63	62	63
광주	낮	65	66	63	63	64	64	63
	밤	60	60	59	58	59	59	58
대전	낮	62	62	63	62	62	61	61
	밤	56	56	56	56	56	55	55

※ 소음환경기준은 낮 65dB, 밤 55dB이다.

① 조사기간 동안 밤 시간대 소음측정치가 가장 높은 도시는 서울이다.

② 조사기간 동안 낮 시간대의 소음환경기준을 충족시키고 있는 도시는 대전뿐이다.

③ 조사기간 동안 부산의 낮 평균 소음측정치는 약 67.43dB이다.

④ 조사기간 동안 광주에서 낮과 밤 소음측정치의 차이가 가장 큰 해는 20X4년이다.

⑤ 조사기간 동안 대구의 밤 평균 소음측정치는 대전의 낮 평균 소음측정치보다 낮다.

07. 다음 △△기업의 연도별 실적에 관한 자료를 통해 추론한 내용으로 옳은 것은?

〈△△기업의 연도별 실적 추이〉

(단위 : 천억 원, %)

구분	매출액	영업이익	경상이익	전년 대비 증감률		
				매출액	영업이익	경상이익
20X1년	580	24	−0.9	−	−	−
20X2년	551	30	10	(A)	25	흑자전환
20X3년	576	33	18	(B)	(D)	(E)
20X4년	589	33	21	(C)	0	17

※ (매출 총이익)=(매출액)-(매출원가)

※ (영업이익)=(매출 총이익)-(판매비 및 관리비)

※ (경상이익)=(영업이익)+(영업 외 수익)-(영업 외 비용)

① (B)의 값은 (C)의 값보다 작다.

② 20X4년 소요된 매출원가는 55조 6천억 원 이하다.

③ (A), (D), (E) 중에서 가장 큰 값은 (D)이다.

④ 매출액이 많은 연도일수록 영업이익도 큰 양상을 보인다.

⑤ 20X2년 영업 외 수익이 영업 외 비용보다 2조 원 더 많았다.

08. 다음 연령대별 구직급여 신청자 수에 대한 분석으로 옳은 것은?

(단위 : 명)

구분	20대 이하	30대	40대	50대	60대 이상	전체
20X1년 2/4분기	38,597	51,589	47,181	48,787	32,513	218,667
20X1년 3/4분기	37,549	49,613	47,005	49,770	35,423	219,360

① 20X1년 3/4분기의 구직급여 신청자 수가 전 분기에 비해 줄어들었다.

② 20X1년 2/4분기 신청자 중 30대의 수가 많은 것은 이직 때문이다.

③ 60대 이상 고령자의 구직급여 신청 증가 비율이 다른 연령대에 비하여 가장 높게 나타났다.

④ 20X1년 3/4분기에 20대나 30대는 전 분기에 비하여 신청자 수가 조금씩 늘었다.

⑤ 20X1년 3/4분기에 유일하게 전 분기 대비 신청자 수가 증가한 연령대는 60대 이상이다.

09. 다음 청소년 인구 추이를 나타낸 그래프에 대한 분석으로 적절하지 않은 것은?

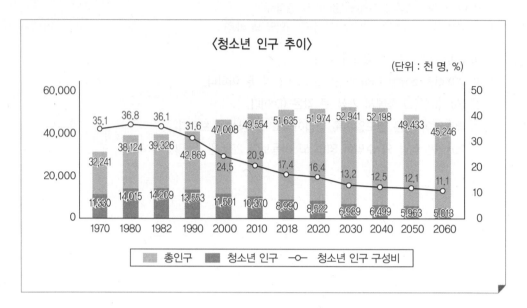

① 1980년부터 총인구 대비 청소년 인구의 비율은 점점 감소하였으며, 앞으로도 계속 감소할 것으로 전망된다.

② 1990년에는 10년 전 대비 청소년 인구가 3% 이상 감소하였다.

③ 2020년에는 10년 전 대비 총인구가 10% 이상 증가하였다.

④ 10년 전 대비 청소년 인구의 감소율은 2000년이 2010년보다 더 크다.

⑤ 청소년 인구수가 가장 많았던 해는 1982년이다.

10. 다음 J사의 지점별 연간 판매 실적에 관한 자료에 관한 설명으로 틀린 것은? (단, 모든 계산은 소수점 아래 첫째 자리에서 반올림한다)

〈J사 지점별 연간 판매 실적〉

(단위 : 천 원)

구분	20X3년	20X4년	20X5년	20X6년	20X7년	20X8년	20X9년
A 지점	39,060	39,896	42,005	43,621	41,702	41,266	32,427
B 지점	7,313	6,967	6,873	6,626	8,675	10,622	9,228
C 지점	3,627	4,168	4,088	4,424	4,616	4,984	5,570
D 지점	309	1,771	1,954	2,244	3,146	3,945	5,766
E 지점	–	–	–	–	2,395	3,786	6,667

① 20X8년 전체 판매 실적 중 B 지점은 약 16%를 차지한다.

② A 지점은 20X3년 대비 20X9년에 판매 실적이 600만 원 이상 감소했다.

③ 20X8년 다섯 지점 중 세 번째로 판매 실적이 높은 지점은 C 지점이다.

④ D 지점은 20X6년 대비 20X9년에 판매 실적이 약 2.57% 증가했다.

⑤ 20X7년에 B, C, D 지점은 전년 대비 판매 실적이 모두 증가했다.

11. 다음 K 백화점과 J 백화점의 한 해 매출액과 인건비를 비교한 자료에 대한 설명으로 옳은 것은?

(단위 : 명, 백만 원)

구분	종사자 수	매출액	매출원가	인건비
K 백화점	245	343,410	181,656	26,705
J 백화점	256	312,650	153,740	28,160

※ 매출 총이익＝매출액－매출원가

※ 직원 1인당 평균 인건비＝$\dfrac{\text{인건비}}{\text{종사자 수}}$

① J 백화점은 K 백화점보다 매출액과 매출원가가 모두 높다.

② J 백화점의 매출 총이익이 K 백화점의 매출 총이익보다 많다.

③ J 백화점의 직원 1인당 평균 인건비는 K 백화점보다 적다.

④ K 백화점은 J 백화점보다 인건비 대비 매출액이 좋은 편이다.

⑤ J 백화점이 직원을 30명 줄이고 인건비를 3,000백만 원 낮추면 직원 1인당 평균 인건비는 K 백화점보다 적어진다.

12. 다음은 202X년 1월 한 달 동안 패밀리레스토랑 방문 경험이 있는 20 ~ 35세 113명을 대상으로 연령대별 방문 횟수와 직업을 조사한 자료이다. 이에 대한 설명으로 옳은 것은?

〈표 1〉 연령대별 패밀리레스토랑 방문 횟수

(단위 : 명)

방문 횟수 \ 연령대	20 ~ 25세	26 ~ 30세	31 ~ 35세	계
1회	19	12	3	34
2 ~ 3회	27	32	4	63
4 ~ 5회	6	5	2	13
6회 이상	1	2	0	3
계	53	51	9	113

〈표 2〉 응답자의 직업 조사결과

(단위 : 명)

직업	학생	회사원	공무원	전문직	자영업	가정주부	계
응답자	49	43	2	7	9	3	113

※ 복수응답과 무응답은 없음.

① 전체 응답자 중 20 ~ 25세 응답자가 차지하는 비율은 50% 이상이다.
② 26 ~ 30세 응답자 중 4회 이상 방문한 응답자 비율은 15% 미만이다.
③ 31 ~ 35세 응답자의 1인당 평균 방문횟수는 2회 미만이다.
④ 전체 응답자 중 직업이 학생 또는 공무원인 응답자 비율은 50% 이상이다.
⑤ 전체 응답자 중 20 ~ 25세인 전문직 응답자 비율은 5% 미만이다.

13. 다음 자료에 대한 분석으로 옳은 것은?

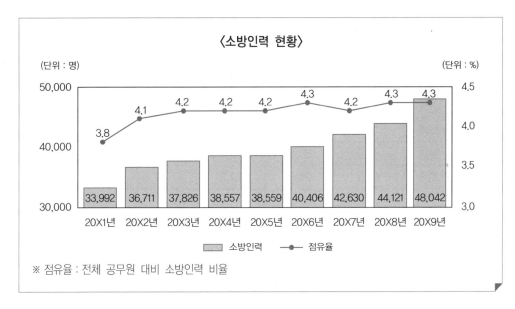

① 분석기간 중 전년 대비 소방인력 수가 가장 큰 비율로 증가한 해는 20X2년이다.

② 분석기간 중 전체 공무원 대비 소방인력 비율은 매년 4%를 초과한다.

③ 20X9년 소방인력은 8년 전 대비 1만 5천 명 이상 증가하였다.

④ 20X6년부터 20X9년까지 소방인력은 매년 4만 명 이상이다.

⑤ 20X1년 전체 공무원 수는 100만 명 이상이다.

14. 다음 청년들의 주택 점유형태를 나타낸 자료에 대한 해석으로 옳지 않은 것은?

〈청년(20 ～ 39세)의 연령계층별 점유형태 비율〉

(단위 : %)

구분	자가	임차			무상	계
		전세	보증부월세	순수월세		
20 ～ 24세	5.1	11.9	62.7	15.4	4.9	100
25 ～ 29세	13.6	24.7	47.7	6.5	7.5	100
30 ～ 34세	31.9	30.5	28.4	3.2	6.0	100
35 ～ 39세	45.0	24.6	22.5	2.7	5.2	100

① 20 ～ 24세 청년의 약 78.1%가 월세 형태로 거주하고 있으며 자가 비율은 5.1%이다.

② 20 ～ 24세 청년을 제외한 연령계층별 무상 거주 비율은 순수월세 비율보다 항상 높다.

③ 20 ～ 39세 전체 청년의 자가 거주 비중은 약 31.1%이나 이 중 20대 청년의 자가 거주 비중은 약 9.4%로 매우 낮은 수준이다.

④ 연령계층이 높아질수록 자가 비율이 높아지고 월세 비중은 작아지는 것으로 나타났다.

⑤ 25 ～ 29세 청년의 경우, 20 ～ 24세에 비해서 자가 거주의 비중이 높으며 전체의 78.9%가 임차로, 54.2%가 월세로 거주한다.

15. 다음 A 시, B 시의 물가 변동률을 나타낸 자료에 대한 설명으로 옳은 것은?

〈A 시, B 시의 물가 변동률〉

(단위 : %)

구분	A 시	B 시
20X0년	0.62	2.45
20X1년	2.00	2.17
20X2년	4.47	3.43
20X3년	3.17	4.62
20X4년	4.98	4.95
20X5년	7.19	6.62
20X6년	10.19	6.07

① B 시의 물가 변동률은 매년 상승하고 있다.

② A 시의 물가 변동률은 매년 B 시 물가 변동률의 2배 이하이다.

③ A 시 물가 변동률의 전년 대비 증가율이 가장 높은 해는 20X6년이다.

④ B 시의 물가 변동률이 A 시의 물가 변동률보다 높은 연도는 4개이다.

⑤ 20X1 ∼ 20X6년 중 전년 대비 물가 변동률의 차이가 가장 큰 연도는 A 시와 B 시가 동일하다.

16. 다음은 주요 5개 도시의 미세먼지 및 초미세먼지 농도에 대한 자료이다. 통합미세먼지 지수가 '보통' 단계인 도시는 몇 곳인가?

〈주요 5개 도시 미세먼지 및 초미세먼지 농도〉

(단위 : $\mu g/m^3$)

구분	서울	부산	광주	인천	대전
미세먼지	86	77	43	63	52
초미세먼지	40	22	27	23	38

단계	좋음	보통	나쁨	매우 나쁨
통합미세먼지 지수	0 이상∼90 미만	90 이상∼120 미만	120 이상∼160 미만	160 이상

| 계산식 |

- 통합미세먼지 지수＝미세먼지 지수＋초미세먼지 지수
- 미세먼지 지수
  - 미세먼지 농도가 70 이하인 경우 : 0.9×미세먼지 농도
  - 미세먼지 농도가 70 초과인 경우 : 1.0×(미세먼지 농도－70)＋63
- 초미세먼지 지수
  - 초미세먼지 농도가 30 미만인 경우 : 2.0×초미세먼지 농도
  - 초미세먼지 농도가 30 이상인 경우 : 3.0×(초미세먼지 농도－30)＋60

① 1곳　　　　　　② 2곳　　　　　　③ 3곳

④ 4곳　　　　　　⑤ 5곳

17. 다음 자료에 대한 설명으로 옳지 않은 것은?

〈자료 1〉 생활체육참여율

(단위 : %)

구분	20X1년	20X2년	20X3년	20X4년	20X5년	20X6년
주 1회	43.3	45.5	54.8	56.0	59.6	50.2
주 2회 이상	35.0	31.4	41.5	45.3	49.3	48.2

※ 생활체육참여율 : 10세 이상 인구 중 1회당 30분 이상 규칙적인 체육활동에 참여하는 인구의 비율

〈자료 2〉 성별 및 연령집단별 주 2회 이상 생활체육참여율

(단위 : %)

구분		20X1년	20X2년	20X3년	20X4년	20X5년	20X6년
성별	남성	35.1	29.8	41.2	44.1	49.2	45.6
	여성	34.9	33.0	43.9	46.6	49.3	50.8
연령집단	20세 미만	27.4	24.8	38.9	36.2	45.9	45.3
	20 ~ 29세	30.3	28.7	47.2	46.0	46.9	56.5
	30 ~ 39세	32.1	30.6	40.3	42.3	46.8	51.1
	40 ~ 49세	38.5	31.1	44.3	48.3	50.7	47.8
	50 ~ 59세	41.4	36.0	45.9	47.9	51.0	47.2
	60 ~ 69세	39.8	37.4	48.1	51.0	54.2	52.1
	70세 이상	37.1	34.9	39.4	44.6	49.5	48.8

① 20X4년에 주 1회 생활체육참여율은 전년 대비 2% 이상 증가하였다.

② 연령집단 중 20X1년에 주 2회 이상 생활체육참여율이 두 번째로 높은 연령대는 60대이고, 20X3년에는 20대가 두 번째로 높다.

③ 20X3년 이후 매년 10세 이상 인구의 절반 이상이 주 1회 30분 이상 규칙적으로 체육활동에 참여하였다.

④ 20X6년 주 2회 이상 규칙적인 체육활동을 하는 70세 이상 인구의 비율은 20X1년 대비 35% 이상 증가하였다.

⑤ 조사기간 중 주 2회 이상 규칙적인 체육활동을 하는 인구의 비율이 전년 대비 가장 큰 폭으로 증가한 해는 20X3년이다.

18. 다음 자료와 〈조건〉에 따를 때 A, C에 해당하는 도시를 바르게 연결한 것은?

〈교통사고 발생 현황〉

(단위 : 건)

구분	A	B	C	D	E	F
20X9년	37,219	63,360	44,006	45,555	53,692	219,966
20X8년	36,330	61,017	40,698	44,304	51,784	217,598
20X7년	34,794	57,837	37,766	40,510	52,055	204,313
20X6년	34,934	57,816	36,333	40,017	48,031	203,197

〈교통사고 사망자 수〉

(단위 : 명)

구분	A	B	C	D	E	F
20X9년	185	354	77	238	308	250
20X8년	197	409	93	246	354	304
20X7년	236	425	86	307	351	343
20X6년	219	495	99	284	388	368

〈교통사고 부상자 수〉

(단위 : 명)

구분	A	B	C	D	E	F
20X9년	64,851	100,425	70,908	75,377	92,635	321,675
20X8년	63,242	96,775	64,612	70,737	88,928	318,192
20X7년	20,982	91,447	59,579	66,704	91,852	297,364
20X6년	63,032	94,882	57,920	67,922	85,282	296,073

| 조건 |

- 교통사고 건수가 매년 증가하는 지역은 경북, 대전, 전북, 서울이다.
- 교통사고 건수와 교통사고 사망자 수가 반비례하는 지역은 강원, 경북, 충남, 서울이다.
- 교통사고 사망자 수와 부상자 수가 반비례하는 지역은 강원, 전북, 충남, 서울이다.
- 20X7년 전년 대비 교통사고 사망자 수는 증가하고, 교통사고 부상자 수는 감소한 지역은 강원, 전북이다.

   A   C   A   C   A   C

① 서울   강원   ② 충남   대전   ③ 대전   서울

④ 경북   충남   ⑤ 강원   대전

19. 다음은 연도별 및 지역별 전기차 등록 추이를 나타낸 그래프이다. 현재가 20X7년 6월이라고 가정했을 때, 다음 중 옳지 않은 것은?

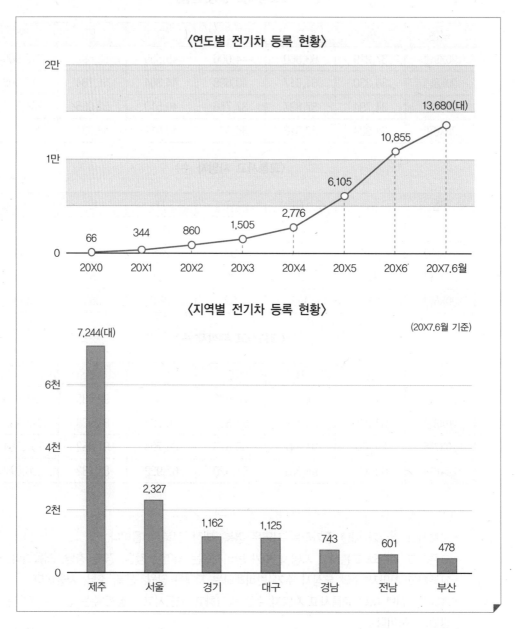

〈연도별 전기차 등록 현황〉

〈지역별 전기차 등록 현황〉

① 경기와 대구의 전기차 등록 수의 합은 서울의 전기차 등록 수보다 적다.
② 대구의 전기차 등록 수는 부산의 전기차 등록 수의 3배보다 적다.
③ 현재 전체 전기차 등록 수 중 제주의 전기차 등록 수의 비율은 50% 이하이다.
④ 현재 전체 전기차 등록 수 중 대구, 경남, 부산의 전기차 등록 수의 비율은 15%보다 높다.
⑤ 전기차 등록 수가 1,000대가 안 되는 지역의 전기차 등록 수 평균은 600대보다 높다.

20. 다음 자료에 대한 설명으로 옳지 않은 것은?

〈가구주 연령대별 가구당 자산 보유액〉

(단위 : 만 원, %)

구분		전체	30세 미만	30대	40대	50대	60세 이상
평균	20X0년	42,036	9,892	31,503	44,776	48,441	41,738
	20X1년	43,191	10,994	32,638	46,947	49,345	42,026
	증감률	2.7	11.1	㉠	4.8	1.9	0.7

〈가구주 종사상지위별 가구당 자산 보유액〉

(단위 : 만 원, %)

구분		전체	상용근로자	임시 · 일용근로자	자영업자	기타 (무직 등)
평균	20X0년	42,036	46,695	18,070	53,347	33,715
	20X1년	43,191	48,532	19,498	54,869	34,180
	증감률	2.7	㉡	7.9	2.9	1.4

① ㉠에 들어갈 수치는 3.6이다.

② ㉡에 들어갈 수치는 3.9이다.

③ 연령대별로 보면, 50대보다 30세 미만에서 20X1년의 전년 대비 자산 보유액의 증감률이 더 작다.

④ 가구주 종사상지위별로 보면, 20X1년 상용근로자의 자산 보유액이 4억 8,532만 원으로 전년 대비 3.9% 증가하였다.

⑤ 가구주 종사상지위별로 보면, 20X1년 임시 · 일용근로자의 자산 보유액이 1억 9,498만 원으로 전년 대비 7.9% 증가하였다.

21. 다음은 20X5 ~ 20X9년 동안 해외여행자 수의 전년 대비 증가율 추이를 나타낸 자료이다. 이에 대한 설명으로 옳은 것은?

〈목적별 해외여행자 수의 전년 대비 증가율〉

(단위 : %, 명)

구분	계	관광	업무	기타
20X5년	23.4 (8,426,867)	24.6 (7,028,001)	16.9 (1,120,230)	21.4 (278,636)
20X6년	14.7	15.3	9.3	19.1
20X7년	12.8	12.1	22.6	23.3
20X8년	-3.3	-4.2	0.7	-3.9
20X9년	10.9	13.1	0.5	18.6

※ ( ) 안의 수치는 20X5년의 해외여행자 수이다.

① 전년 대비 전체 해외여행자 증가 수는 20X7년이 20X6년보다 많다.

② 20X5년 대비 20X9년 업무 목적의 해외여행자 수는 감소하였다.

③ 20X5 ~ 20X9년 관광 목적의 해외여행자 수가 전년 대비 가장 크게 감소한 해는 20X8년이다.

④ 20X6년 대비 20X8년 업무 목적의 해외여행자의 증가 수는 30만 명 이상이다.

⑤ 20X5 ~ 20X9년 관광 목적의 해외여행자 수가 전년 대비 감소했던 해는 없다.

22. 다음 ○○회사의 공산품 생산량에 관한 설명으로 옳은 것은?

〈공산품 생산량 지수 추이〉

(20X0년=100.0)

구분	20X0년	20X1년	20X2년	20X3년	20X4년	20X5년
A 제품	100.0	97.0	94.4	92.5	90.1	89.0
B 제품	100.0	103.2	109.1	105.3	106.7	102.8
C 제품	100.0	106.6	119.2	115.3	113.6	130.3
D 제품	100.0	97.8	96.2	94.0	95.7	98.9

① 20X1 ~ 20X3년 중 D 제품 생산량의 전년 대비 증감률이 가장 큰 해는 20X2년이다.

② 20X1년 A 제품의 생산량을 100으로 했을 때, 20X5년 A 제품의 지수는 90 미만이다.

③ 20X1년 C 제품 생산량의 전년 대비 증가량은 B 제품 생산량의 전년 대비 증가량의 2배 이상이다.

④ 20X1 ~ 20X5년 중 A 제품 생산량의 전년 대비 감소량이 가장 큰 해는 20X1년이다.

⑤ 20X3년 생산량의 전년 대비 감소율이 가장 큰 제품은 C이다.

23. 다음 중 20X9년 유럽 주요 국가의 보건부문 통계 자료에 대한 설명으로 옳은 것을 〈보기〉에서 모두 고르면?

구분	기대수명(세)	조사망률(명)	인구 만 명당 의사 수(명)
독일	81.7	11.0	38.0
영국	79.3	10.0	27.0
이탈리아	81.3	10.0	37.0
프랑스	81.0	9.0	36.0
그리스	78.2	12.0	25.0

※ 조사망률 : 인구 천 명당 사망자 수

| 보기 |

ㄱ. 유럽에서 기대수명이 가장 낮은 국가는 그리스이다.

ㄴ. 인구 만 명당 의사 수가 많을수록 조사망률은 낮다.

ㄷ. 20X9년 프랑스의 인구가 6,500만 명이라면 사망자는 약 585,000명이다.

① ㄱ   ② ㄷ   ③ ㄱ, ㄴ

④ ㄱ, ㄷ   ⑤ ㄴ, ㄷ

www.gosinet.co.kr gosinet

영역훈련 | 영역별 빈틈없는 | 독해 | 수리

기출유형문제 1회 | 2회 | 3회 | 4회

기초인재 검사

상황판단검사 1회 | 2회 | 3회

인재유형 검사

면접 가이드

24. 다음 중 노인부양비율에 대한 설명으로 옳지 않은 것은? (단, 노인부양비율은 생산가능인구 대비 고령인구의 비율을 뜻한다)

〈인구 및 고령화 전망 추이(1990 ~ 2050년)〉

(단위 : 천 명, %)

구분	총인구	유년인구 (0 ~ 14세)		생산가능인구 (15 ~ 64세)		고령인구 (65세 이상)	
		인구	구성비	인구	구성비	인구	구성비
1990년	42,870	10,974	25.6	29,701	69.3	2,195	5.1
2000년	47,008	9,911	21.1	33,702	71.7	3,395	7.2
2010년	49,410	7,985	16.2	35,973	72.8	5,452	11.0
2014년	50,424	7,229	14.3	36,809	73.0	6,386	12.7
2017년	50,977	6,890	13.5	37,068	72.7	7,019	( )
2020년	51,435	6,788	13.2	36,563	71.1	8,084	15.7
2026년	52,042	6,696	12.9	34,506	66.3	10,840	20.8
2030년	52,159	6,575	12.6	32,893	63.1	12,691	24.3
2040년	51,092	5,718	11.2	28,873	56.5	16,501	32.3
2050년	48,121	4,783	9.9	25,347	52.7	17,991	( )

※ UN의 기준에 따르면 65세 이상 인구가 7%면 고령화사회, 14%를 넘으면 고령사회, 그리고 20%를 넘게 되면 초고령사회로 분류됨.

① 2010년 노인부양비율은 1990년 노인부양비율의 두 배 이상이다.
② 2020년 노인부양비율은 20%를 넘는다.
③ 2020년 이후 노인부양비율은 10년 단위로 계속 증가할 전망이다.
④ 2040년 노인부양비율은 약 57%로 2030년보다 15%p 이상 증가할 전망이다.
⑤ 2050년 노인부양비율은 약 75%를 상회할 전망이다.

25. 타이어 생산업체 3사의 생산성에 관한 자료를 바르게 이해하지 못한 것은?

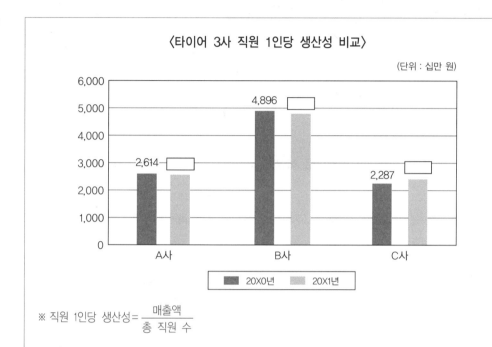

〈타이어 3사 직원 1인당 생산성 비교〉

(단위 : 십만 원)

※ 직원 1인당 생산성 = $\dfrac{\text{매출액}}{\text{총 직원 수}}$

〈타이어 3사 직원 1인당 생산성 추이〉

(단위 : 명, 억 원, %)

구분	20X0년		20X1년		직원 1인당 생산성 증감률
	직원 수	매출액	직원 수	매출액	
A사	5,050	13,200	5,010	12,900	−1.5
B사	6,760	33,100	6,950	32,900	−3.3
C사	4,350	9,950	4,170	9,770	2.4

① 20X1년에 3사 간의 매출액 차이가 전년 대비 모두 줄어들지는 않았다.

② 20X1년의 3사의 매출액 평균은 전년 대비 200억 원 이상 감소하였다.

③ 20X1년 매출액이 전년 대비 가장 많이 감소한 업체는 직원 수가 감소하였다.

④ 20X1년 기준 전년 대비 직원 1인당 생산성이 증가한 업체의 매출액은 약 2% 증가하였다.

⑤ 20X2년에 B사가 매출액을 유지한 채 직원 수를 150명 더 늘린다면 1인당 생산성은 4.7억 이하로 감소할 것이다.

ESAT **4회 기출유형문제**

시험영역명, 문항수, 시험시간은
계열사마다 상이할 수 있습니다.

| 문항수 | 70문항 |
| 시험시간 | 60분 |

▶ 정답과 해설 48쪽

영역 1

언어비평 _ 언어추리

✓ 20문항/10분

01. 제시된 글의 논증에 대한 설명으로 적절한 것은?

> 현수는 분명 똑똑한 학생이야. 걔 지난 학기에 모든 과목에서 A+를 받았잖아.

① 현수가 똑똑한 학생이라고 전제한다.

② 현수가 지난 학기에 모든 과목에서 A+를 받았다고 전제한다.

③ 똑똑한 학생은 모두 A+를 많이 받는다고 결론을 내린다.

④ A+를 많이 받은 학생은 머리가 좋다는 전제가 생략되어 있다.

⑤ 모든 과목에서 A+를 받은 사람은 똑똑하다고 결론을 내린다.

02. 제시된 글의 주장을 논리적으로 강화시킬 수 있는 문장으로 적절한 것은?

> 지난주 회의장에서 정 의원은 ○○시 의원들에게 의정활동비가 너무 적게 책정되었다고 주장했다. 4선 의원인 정 의원이 그렇게 주장하는 것을 보면, 의정활동비가 적은 것은 사실인 듯 싶다.

① 의원들의 의정활동비가 부족해 처리하지 못한 안건들이 지난해에만 수십 개에 달한다.

② ○○시의 의정활동비는 국회의원의 국정활동의 70% 수준에 그친다.

③ 정 의원은 ○○시에서 알아주는 자산가이다.

④ 대부분의 ○○시 의원들은 주어진 의정활동비를 모두 소비한다.

⑤ ○○시의 황 의원도 의정활동비가 적다고 주장한다.

03. 제시된 글의 주장을 강화시킬 수 있는 문장으로 적절한 것은?

> 담배의 위험성은 지금까지 알려진 것보다 더 심각하다고 한다. 우선 담배가 2차 흡연을 통해 비흡연자들의 발암률을 20% 정도 증가시킨다는 연구결과가 발표되었다. 게다가 담배가 위암, 간암, 후두암, 신장암의 유발과 깊은 연관이 있다는 것도 연구되었다. 이러한 연구결과들는 최근에야 밝혀지게 되었다.

① 담배의 원료 중에 치명적인 발암물질이 포함되어 있다는 사실이 얼마 전에 밝혀졌다.

② 최근 들어 선진국의 흡연율이 감소하고 있는 추세이다.

③ 20세기 말부터 담배는 주요 사망 원인에 포함되어 왔다.

④ 예전부터 산모의 흡연이 기형아 출산확률을 높인다고 알려져 있다.

⑤ 최근 금연 교실에 참여하는 흡연자가 크게 증가하였다.

04. 다음 〈조건〉을 바탕으로 할 때, 반드시 참인 것은?

───── | 조건 | ─────

• 지금 출전하는 선수는 공격수이다.

• 유효슈팅이 많은 선수는 골을 많이 넣는다.

• 공격수는 골을 많이 넣는다.

① 지금 출전하는 선수는 골을 많이 넣는 선수이다.

② 공격수가 아니면 골을 많이 넣지 않는 선수이다.

③ 골을 많이 넣는 선수는 유효슈팅이 많은 선수이다.

④ 유효슈팅이 많지 않으면 지금 출전하는 선수이다.

⑤ 지금 출전하지 않는 선수는 골을 많이 넣지 않는다.

05. 다음 〈조건〉을 바탕으로 할 때, 반드시 참인 것은?

---| 조건 |---

- 키가 작을수록 행복하다.
- 행복한 사람은 감정 기복이 심하지 않다.
- 재혁이는 가영이보다 키가 작다.
- 현주는 재혁이보다 감정 기복이 심하다.

① 재혁이의 키가 가장 작다.

② 가영이의 키가 가장 크다.

③ 현주는 가영이보다 키가 작다.

④ 재혁이는 가영이보다 감정 기복이 심하다.

⑤ 행복할수록 키가 크다.

06. 기획팀의 A, B, C, D 사원 4명이 다음 〈조건〉과 같이 각각 3월, 6월, 9월, 12월에 출장을 간다고 할 때, 이에 대한 설명으로 반드시 옳은 것은?

---| 조건 |---

- A 사원은 짝수 달에 출장을 간다.
- B 사원은 9월에 출장을 가지 않는다.
- C 사원은 A 사원보다 늦게 출장을 간다.
- B 사원은 C 사원보다 먼저 출장을 간다.

① D 사원은 9월에 출장을 간다.

② C 사원은 12월에 출장을 간다.

③ B 사원은 3월에 출장을 간다.

④ A 사원과 C 사원은 연속해서 출장을 간다.

⑤ C 사원은 D 사원보다 먼저 출장을 간다.

07. 다음 〈조건〉을 참고할 때 A ~ D에 대한 설명으로 옳지 않은 것은?

• 야근하는 직원들을 위하여 야식을 준비했다. 준비한 야식은 떡볶이, 도넛, 치킨, 피자이다.
• A, B, C, D 4명이 좋아하는 음식은 네 개의 음식 중 하나이며, 서로 겹치지 않고 전부 다르다.

───── | 조건 | ─────

• A는 피자를 좋아한다.
• C는 도넛과 피자를 좋아하지 않는다.
• B는 떡볶이를 좋아하지 않는다.
• D는 떡볶이와 치킨을 좋아하지 않는다.

① B는 도넛을 좋아하지 않는다.
② B는 치킨을 좋아한다.
③ C는 도넛을 좋아하지 않는다.
④ C는 떡볶이를 좋아하지 않는다.
⑤ D는 도넛을 좋아한다.

08. 제시된 현상을 종합하여 추론한 내용으로 적절하지 않은 것은?

• 2018년 4년제 대학의 평균 취업률은 62.8%다.
• A 대학교와 B 대학교, C 대학교 등도 취업률이 68%에 불과하다.
• 취업률 계산 시, 처우가 열악하거나 고용의 안정성이 떨어지는 프리랜서, 1인 사업자를 제외하면 취업률은 더 내려간다.

① 취업률이 높은 대학도, 낮은 대학도 있겠구나.
② 2018년도에 4년제 대학을 졸업한 사람들 중 반 이상은 취업을 했겠구나.
③ 처우가 열악하거나 고용의 안정성이 떨어지는 직장에 취업한 사람들이 있구나.
④ A 대학교, B 대학교, C 대학교 학생의 취업률은 2018년 4년제 대학의 평균 취업률보다 높구나.
⑤ 4년제 대학을 나온 모든 학생은 안정적인 직장에 취업했구나.

09. 제시된 현상을 종합하여 추론한 내용으로 적절하지 않은 것은?

• 우리나라의 포장용 플라스틱 사용량은 세계 2위에 달한다.

• 2015년 한국의 1인당 연간 포장용 플라스틱 사용량은 61.9kg이다.

• 이는 2015년 1인당 85.1kg을 사용하는 벨기에에 이어 한국은 두 번째로 많은 규모인데, 인구가 많은 국가인 미국(48.7kg)이나 중국(24.0kg)보다도 많다.

---

① 우리나라 사람들은 플라스틱을 많이 사용하는 편이구나.

② 2015년에 벨기에보다는 한국이 1인당 포장용 플라스틱을 덜 썼구나.

③ 2015년 한국의 1인당 연간 포장용 플라스틱 사용량은 중국의 2배가 넘는구나.

④ 2015년 한국의 1인당 연간 포장용 플라스틱 사용량은 미국과 중국을 합친 것보다 많구나.

⑤ 2015년 벨기에의 1인당 연간 플라스틱 사용량은 미국의 2배보다 적겠네.

10. 제시된 현상을 종합하여 추론한 내용으로 적절하지 않은 것은?

• OECD의 발표에 따르면 2013년 기준 한국의 시간당 소득은 33개국 가운데 중하위권인 22위로 나타났다.

• 사기업에 재직 중인 한국 직장인을 대상으로 조사한 결과, 주 5일 근무 기준으로 평일 3.5일을 야근했으며 '칼퇴근'한 날은 1.5일이었다.

• 인사혁신처는 주당 40시간 범위에서 자율적으로 근무일과 근무 시간을 조정할 수 있는 '공무원 근무 혁신 지침'을 시행하도록 했다(적용 대상 : 공무원, 공공기관).

---

① 한국 사기업 직장인들의 시간당 소득은 낮은 반면에 하는 일은 많은 것 같아.

② 한국 사기업 직장인들 중 일주일에 2일 이상 '칼퇴근'하는 사람은 많지 않을 거야.

③ 사기업과 공공기관의 업무 시간 격차를 줄일 수 있는 정책이 필요하겠군.

④ 젊은 구직자들이 사기업보다 공공기관을 선호하는 이유를 알 수 있을 것 같군.

⑤ 근무 환경에 비해 공무원보다 적은 보수를 받는 사기업 직장인 대부분의 처우를 개선해야지.

11. 다음 중 제시된 내용과 동일한 유형의 논리적 오류를 범하고 있는 것은?

> 팀장님은 야간 골프가 정말 좋다고 말씀하셨다. 따라서 골프는 기본적으로 야간에 쳐야 하는 운동이다.

① 그 친구가 K 전자 주식을 사면 대박이 날 거라고 말했다고? 그 친구 어릴 때 엄청 울보에다 말썽꾸러기였던 거 기억 안 나?

② 난 정말 딱 한 번만 반장 해 보는 게 소원이다. 죽은 사람 소원도 들어준다는데 너희들이 이번에 나 좀 도와줘라.

③ 요리의 대가인 A 씨는 '부먹'으로 먹는 탕수육이 제 맛이라고 하였으니 '찍먹'은 '부먹'보다 못한 방법이다.

④ 지각을 한 날은 구내식당 점심 메뉴가 맛있었어. 오늘도 지각을 했으니 분명 점심 때 맛있는 메뉴가 나오겠군.

⑤ 저 의원은 아이를 낳아 보지도 않은 사람이야. 그런 사람이 주장하는 육아 정책은 절대 신뢰할 수 없어.

12. 다음 〈대화〉의 내용과 동일한 유형의 논리적 오류를 범하고 있는 것은?

> | 대화 |
>
> A : 나는 비가 오는 날이 좋아.
> B : 매일 비만 내린다면 항상 날이 흐릴 테고, 해가 제대로 뜨지 못한다면 우리는 모두 죽고야 말 거야.

① A : 이 식당으로 예약을 할까 고민 중이야.
　 B : 이 사람은 대통령이 인정한 요리사잖아. 요리가 맛이 없을 수가 없지.

② A : 우리나라 축구 리그에는 바뀌어야 할 부분이 다소 많아 보여.
　 B : 네가 야구 리그를 좋아한다는 이유로 축구 리그를 비난할 수 있는 건 아니야.

③ A : 민형이는 그렇게 생각한다 말하더라고.
　 B : 하지만 아직 초등학교도 졸업하지 않은 열 살짜리가 뭘 알겠어.

④ A : 팀장님께서는 오늘도 파란색 옷을 입고 오셨더라고.
　 B : 벌써 나흘째 파란색 옷을 입고 오신 걸 보니, 파란색 옷밖에 없는 게 분명해.

⑤ A : 이 자동차에 사용된 부품들은 모두 성능이 최고급이래.
　 B : 그렇다면 성능이 좋은 부품으로 만든 이 자동차 역시 최고급 성능을 가졌겠구나.

13. A, B, C, D, E는 다음 조건에 따라 청소 담당 한 명, 정리 담당 두 명으로 총 세 명이 한 조를 이루어 하루씩 일하려고 한다. 오늘이 2월 10일이라면 5월 10일 청소 담당은 누구인가?

- 한 번 청소를 한 사람은 다섯 명이 모두 한 번씩 청소를 할 때까지 다시 청소를 담당하지 않는다.
- 어제 정리 담당이었던 사람은 오늘 청소나 정리를 할 수 없다.
- B와 E는 연속으로 청소를 담당할 수 없다.
- 오늘 청소담당은 A, 정리담당은 B와 C이며, 2월의 마지막 날은 28일이다.

① A   ② B   ③ C
④ D   ⑤ E

14. 사원 A, B, C의 업무성과평가를 갑, 을, 병 3명의 심사위원들이 진행하였다. 성과결과는 1 ~ 3등급으로 구분되며 업무성과평가의 〈결과〉가 다음과 같을 때, 〈보기〉 중 항상 옳은 것은? (단, 1등급은 3점, 2등급은 2점, 3등급은 1점으로 환산한다)

| 결과 |

- 심사위원 갑은 사원 A, B, C 모두에게 1등급을 주었다.
- 사원 B는 심사위원 1명에게서만 1등급을 받았다.
- 심사위원 병은 사원 C에게 3등급을 주었다.
- 사원 C는 가장 높은 종합점수를 받았다.
- 사원 A는 심사위원 1명에게 2등급을 받았다.

| 보기 |

㉠ 심사위원 을은 사원 C에게 1등급을 주었다.
㉡ 사원 A는 사원 B보다 종합점수가 높다.
㉢ 사원 A는 적어도 1명에게 3등급을 받았을 것이다.

① ㉡   ② ㉠, ㉡   ③ ㉠, ㉢
④ ㉡, ㉢   ⑤ ㉠, ㉡, ㉢

15. 직원들이 A, B, C에 대해 진술한 내용이 〈보기〉와 같을 때, 다음 중 옳지 않은 것은? (단, 불만이 있거나 없는 경우 두 가지뿐이다)

| 보기 |

- 이직한 최 과장은 A, B에게만 불만이 있다.
- 재직 중인 이 대리는 B에게만 불만이 있다.
- 재직 중인 김 부장은 A, B에게만 불만이 있다.
- 이직한 김 사원은 C에게만 불만이 있다.
- 이직한 박 대리는 B에게만 불만이 있다.

① 재직 중인 직원은 C에게 불만이 없다.
② 대리 이상의 직급의 경우 B에게 불만이 있다.
③ 과장 이상의 직급의 경우 A에게 불만이 있다.
④ B에 대한 불만은 이직에 큰 영향을 미치지 않는다.
⑤ 이직에는 A, C에 대한 불만이 중요하게 작용한다.

16. 다음 (가) ~ (마)의 명제가 모두 참일 때, 반드시 참인 것은?

(가) 대전으로 출장 가는 사람은 부산에도 간다.
(나) 대전으로 출장 가지 않는 사람은 광주에도 가지 않는다.
(다) 원주로 출장 가지 않는 사람은 대구에도 가지 않는다.
(라) 원주로 출장 가지 않는 사람은 대전에도 가지 않는다.
(마) 제주로 출장 가지 않는 사람은 부산에도 가지 않는다.

① 제주로 출장 가는 사람은 대전에도 간다.
② 부산으로 출장 가지 않는 사람은 대구에도 가지 않는다.
③ 광주로 출장 가는 사람은 대구에도 간다.
④ 제주로 출장 가지 않는 사람은 광주에도 가지 않는다.
⑤ 부산으로 출장 가는 사람은 원주에도 간다.

17. 다음의 〈조건〉이 참일 때, 반드시 참인 추론을 〈보기〉에서 모두 고른 것은?

| 조건 |

규칙을 잘 지키거나 협동 정신이 강하면, 동정심이 강하고 성실하다.

| 보기 |

ㄱ. 동정심이 강하지 않거나 성실하지 않으면, 규칙을 잘 지키지도 않고 협동 정신도 강하지 않다.

ㄴ. 규칙을 잘 지키지도 않으면서 협동 정신도 강하지 않으면, 동정심이 강하지 않거나 성실하지 않다.

ㄷ. 규칙을 잘 지키고 협동 정신이 강한 동시에, 동정심은 강하지 않거나 성실하지 않을 수 있다.

① ㄱ   ② ㄱ, ㄴ   ③ ㄱ, ㄷ
④ ㄴ, ㄷ   ⑤ ㄱ, ㄴ, ㄷ

18. 한 생산부서에서 불량이 발생한 원인은 각각의 생산 공정을 담당한 직원 4명 중 1명의 작업 실수였다. 이에 관한 다음의 증언 중 1명은 거짓말을, 나머지 3명은 진실을 말하고 있다면, 거짓을 말한 직원과 실수를 한 직원을 차례로 나열한 것은?

직원 A는 포장 작업, B는 제품 실행, C는 색칠 작업, D는 원료 분류를 담당하고 있다.

- 직원 A : 포장 작업은 불량의 원인이 아닙니다.
- 직원 B : 원료를 잘못 분류했으니 불량이 나오는 것입니다.
- 직원 C : 색칠 작업에서는 불량이 나올 수가 없습니다.
- 직원 D : 제가 보기엔 포장 작업에서 불량이 나옵니다.

① 직원 A, A   ② 직원 A, D   ③ 직원 B, D
④ 직원 D, A   ⑤ 직원 D, D

19. S 기업의 야유회에서 10명의 사원들이 5명씩 두 팀으로 나누어 보물찾기를 하고 있다. 한 팀이 먼저 보물을 숨기고 다른 팀에게 다음과 같이 힌트를 주었는데 두 명은 거짓을 말하고 있을 때, 거짓을 말하는 사람은? (단, 보물은 한 개다)

> A : 보물은 풀숲 안에 숨겼습니다.
> B : 텐트 안에 보물이 있습니다.
> C : D는 진실만을 말하고 있습니다.
> D : 풀숲 안에 보물을 숨기는 것을 보았습니다.
> E : 저희는 나무 아래에 보물을 숨겼습니다.

① A, B   ② A, D   ③ B, C

④ B, E   ⑤ C, E

20. A, B, C, D 팀원들은 각각 실험 ㉠, ㉡, ㉢, ㉣을 순서대로 하나씩 맡아 진행하였고, 그 결과 ㉠ ~ ㉣ 중 단 한 실험에서만 오류가 발견되었다. A ~ D가 실험 오류에 대해 나눈 〈대화〉 중 한 명은 거짓을, 세 명은 진실을 말하고 있다. 거짓을 말한 사람과 오류가 있는 실험을 바르게 연결한 것은?

> | 대화 |
>
> • A : 실험 ㉢ 부분에서 오류가 있었습니다.
> • B : 나는 실험을 문제없이 진행했습니다.
> • C : 실험 ㉡ 부분에는 오류가 전혀 없었습니다.
> • D : 실험 ㉣ 부분에 오류가 전혀 없었습니다.

	거짓을 말한 사람	오류가 있는 실험		거짓을 말한 사람	오류가 있는 실험
①	A	㉠	②	A	㉡
③	C	㉡	④	D	㉠
⑤	D	㉣			

언어비평 _ 독해

25문항/25분

01. 다음 글을 읽고 MBTI에 대해 추론한 내용으로 적절하지 않은 것은?

> MBTI는 융의 심리유형론을 근거로 캐서린 쿡 브릭스와 이사벨 브릭스 마이어스가 고안한 자기보고서 성격유형 자료이다. MBTI에 따르면 개인은 4가지 양극적 선호경향을 가지고 있다. 자신의 기질과 성향에 따라 에너지의 방향과 주의 초점이 외향형(E)이거나 내향형(I)이고, 정보를 수집하는 인지기능이 감각형(S)이거나 직관형(N)이며, 판단기능이 사고형(T)이거나 감정형(F)이고, 이행/생활양식이 판단형(J)이거나 인식형(P)에 해당한다. MBTI는 이와 같은 4가지 선호성향에 따라 개인을 여러 성격유형으로 구분한다.
>
> MBTI 결과는 인터넷 등을 통한 간이 테스트가 아닌 MBTI를 전문적으로 다루는 기관에서 검사를 받고 전문가의 해석을 듣는 것이 가장 좋다. MBTI는 자기를 이해하는 도구이자 다른 유형의 타인을 이해하고 존중하기 위한 목적을 가지고 있기 때문에 MBTI 결과에 따라 타인을 특정 집단 안에 집어넣고 판단하는 도구로 쓰여서는 안 된다.
>
> MBTI의 유행은 코로나19 영향 중 하나로 설명할 수 있다. 코로나19로 집에 머무는 시간이 많아지고 코로나19 이전에 당연시했던 '일상의 소중함'을 인식하게 되면서 '나'라는 사람의 본질에 집중하려는 흐름이 생겨나고 이것이 MBTI의 유행으로 이어졌다고 볼 수 있다. '어느 직장·학교에 다니는 나'가 아닌 있는 그대로의 나를 설명하고 이해하는 도구로서 MBTI가 사용되고 있는 것이다.

① 사회적 상황의 변화에 따라 유행하게 되었다고 볼 수 있다.
② 자신의 본질뿐 아니라 나를 설명하고 이해하는 도구로 유용하다고 볼 수 있다.
③ 자신을 정확히 이해하기 위해서는 인터넷보다 전문가의 해석을 듣는 것이 낫다.
④ 캐서린 쿡 브릭스와 이사벨 브릭스 마이어스의 이론을 바탕으로 만들어졌다.
⑤ MBTI 결과에 따라 타인에 대해 선입견을 가지는 것은 MBTI의 의미를 훼손하는 것이다.

02. 다음 ㉠～㉤의 문장을 문맥에 따라 순서대로 나열한 것은?

> 텔레비전은 우리에게 다양한 경험과 지식을 제공해 준다.
> ㉠ 예컨대, 세계 각국의 문화를 소개하는 다큐멘터리나 퀴즈 프로그램을 보면서 미처 몰랐던 것들을 알 수 있다.
> ㉡ 그리고 다큐멘터리를 비롯한 교양 프로그램은 인문, 사회, 자연 전반에 대한 풍성한 볼거리를 통해 지식과 경험을 제공해 준다.
> ㉢ 마지막으로 뉴스를 포함한 시사 프로그램을 보면서 국내의 정치, 사회, 문화 전반에 대한 정보를 얻을 수 있다.
> ㉣ 또한 산악 등반이나 오지 탐험 다큐멘터리를 보면서 주인공들이 겪는 극한 상황을 간접적으로 경험하기도 한다.
> ㉤ 먼저 드라마의 경우, 다양한 인물들과 그들이 겪는 이야기를 보여 주므로 타인의 삶을 이해하는 데 도움을 준다.
> 이처럼 텔레비전의 각종 프로그램은 시청자의 경험과 지식이 늘어나도록 도움을 준다.

① ㉠－㉡－㉢－㉣－㉤　　② ㉠－㉡－㉤－㉣－㉢　　③ ㉤－㉠－㉡－㉣－㉢
④ ㉤－㉡－㉠－㉢－㉣　　⑤ ㉤－㉡－㉠－㉣－㉢

03. 다음 사건을 통해 필자가 강조하고자 하는 바로 적절한 것은?

> 2015년 7월, 스스로 '임팩트 팀'이라 밝힌 해커 집단이 웹사이트 애슐리 매디슨(Ashley Madison)을 해킹했단 사실을 알려 왔다. 애슐리 매디슨은 기혼자들이 불륜 상대를 찾는 웹사이트로, 이 해킹 사건의 피해자들에게 엄청난 정신적 피해를 주었다. 유출된 데이터는 3,700만 건의 고객 기록과 취약 비밀번호 수백만 건이었다. 하지만 애슐리 매디슨은 해커들이 직원들의 로그인 화면을 통해 해킹 사실을 알려 주기 전까지 이 사실을 파악조차 못하고 있었다. 해커들은 애슐리 매디슨 고객들의 개인정보를 공개해 버렸고, 불륜자로 낙인찍힌 이들은 정신적 고통을 호소하다가 결국 두 건의 자살 사건까지 발생하고 말았다.

① 개인정보 보호의 방법　　　　　② 해킹에 대한 철저한 대비
③ 불륜의 심각성　　　　　　　　④ 해킹 기술의 놀라운 발달
⑤ 개인정보 유출 피해의 심각성

04. 다음 글에 나타난 어린이용 해열제 보관 및 복용 시 주의사항으로 옳지 않은 것은?

어린이용 약은 어른들이 먹는 제형과는 다른 데다 아이들에게 사용해선 안 되는 성분이 따로 있기 때문에 반드시 어른용과 구분해서 사용해야 한다. 또한, 연령별, 체중별로 사용 방법에 맞게 투여해야 안전하고 효과적이다.

아이는 해열제 복용 시 교차복용을 하는 경우가 많다. 일반의약품의 해열제는 크게 아세트아미노펜 성분의 해열진통제와 이부프로펜 또는 덱시부프로펜 성분의 비스테로이드성 소염진통제 두 가지로 나뉜다. 시럽 형태를 가장 많이 사용하고, 츄어블정(알약)과 좌약 형태가 있는데, 아이가 약을 먹고 토하거나 다른 이유로 먹이지 못할 경우 해열 좌약을 사용할 수 있다.

한편 아이마다 먹는 용량이 정해져 있기 때문에 약 복용 시 용법·용량에 더욱 주의해야 한다. 해열제를 보관할 때는 복약지시서나 케이스를 함께 보관하고, 복용 전 성분명을 반드시 확인해 중복 복용하지 않도록 해야 한다. 복용 시간도 매우 중요하다. 보통 아세트아미노펜과 덱시부프로펜은 4~6시간 간격, 이부프로펜은 6~8시간 간격으로 복용하는 것이 일반적이며, 교차 복용을 하더라도 투여 간격은 최소 2~3시간을 유지하는 것이 좋다. 그리고 교차 복용 시에도 각 성분의 일일 섭취량을 꼭 지켜야 한다.

마지막으로 아이가 열이 난다는 것은 감염성 질환의 증후일 수 있으니 통증이 5일 이상, 발열이 3일 이상 지속되어 해열진통제를 복용하게 될 경우 반드시 소아과를 방문해야 한다.

① 약의 복약지시서나 케이스는 버리지 않고 약과 같이 보관한다.
② 발열로 3일 이상 해열진통제를 복용하는 경우 반드시 소아과 진료가 필요하다.
③ 아이가 약을 먹고 토할 경우 시럽 형태보다 좌약을 사용하는 것이 좋다.
④ 해열진통제와 소염진통제의 교차 복용 시 투여 간격은 최소 2~3시간을 유지한다.
⑤ 이부프로펜과 덱시부프로펜은 비스테로이드성 소염진통제로 4~6시간 간격을 두고 복용한다.

05. 다음 글에 나타난 필자의 생각으로 적절하지 않은 것은?

우리는 자신이 소유하고 있는 것을 알고 있기에 그것에 매달림으로써 안정감을 찾는다. 그런데 만약 자기가 소유하고 있는 것을 잃어버리면 어떻게 될까? 소유하고 있는 것은 잃어버릴 수 있기 때문에 필연적으로 가지고 있는 것을 잃어버릴까 봐 항상 걱정하게 된다. 도둑을, 경제적 변화를, 혁신을, 병을, 죽음을 두려워한다. 따라서 늘 걱정이 끊이질 않는다. 건강을 잃을까 하는 두려움뿐만 아니라 자신이 소유한 것을 상실할까 하는 두려움까지 겹쳐 만성 우울증으로 고통받게 된다. 안정감을 위해서 더 많이 소유하려는 욕망 때문에 방어적이게 되고 경직되며 의심이 많아지고 외로워진다.

그러나 존재 양식의 삶에는 자기가 소유하고 있는 것을 잃어버릴지도 모르는 위험에서 오는 걱정과 불안이 없다. 나는 '존재하는 나'이며 내가 소유하고 있는 것은 내가 아니기 때문에, 아무도 나의 안정감과 주체성을 빼앗거나 위협할 수 없다. 나의 중심은 나 자신 안에 있으며 나의 존재 능력, 나의 기본적 힘의 발현 능력은 내 성격 구조의 일부로서 나에 근거하고 있다. 물론 이는 정상적인 삶의 과정에 해당하며 사람을 무력하게 만드는 병이나 고문, 그 밖의 강력한 외부적 제약이 있는 상황에는 해당되지 않는다. 소유는 사용함으로써 감소되는 반면, 존재는 실천함으로써 성장한다. 쓰는 것은 잃어버리는 것이 아니고 반대로 보관하는 것은 잃어버리는 것이다.

존재 양식의 삶을 살 때도 위험은 있지만, 유일한 위험은 내 자신 속에 있다. 그것은 삶에 대한 믿음의 결핍, 창조적 능력에 대한 믿음의 부족, 퇴보적 경향, 내적인 나태, 내 삶을 다른 사람에게 떠맡기려는 생각 등에 도사리고 있다. 그러나 이들 위험이 존재에 반드시 내재하는 것은 아니다. 소유 양식의 삶에 상실의 위험이 늘 있는 것과는 사정이 다르다. 아예 비교할 수조차 없는 것이다.

① 소유하려는 욕망 때문에 인간은 외로워진다.
② 소유 양식의 삶에는 늘 상실의 위험이 있다고 볼 수 있다.
③ 존재 양식의 삶은 소유 양식의 삶보다 주체성이 있다고 본다.
④ 존재 양식의 삶에는 위험이 전혀 존재하지 않는다.
⑤ 존재 양식의 삶에서는 보관하는 것이 잃어버리는 것이라고 할 수 있다.

06. 다음 글을 통해 알 수 있는 것은?

> 이미 1990년대부터 대부분의 선진국에서는 저숙련 서비스 일자리가 증가하였다. 기술혁신은 일자리를 대체하지만 새로운 상품을 창출한다. 기술혁신이 일반화되어 혁신상품이 흔해지고 가격이 하락함에 따라 보완재 관계에 있는 음식, 레저, 운송 등에서 서비스 수요와 일자리가 증가한다.
>
> 이러한 일자리 창출 메커니즘에서 핵심은 기술혁신의 성과가 재화가격 하락으로 연결되어야 한다는 점이다. 혁명적인 정보통신 발전이 있더라도 낮은 가격으로 일반화되지 않으면 서비스 일자리는 증가하지 않는다. 그러므로 서비스 일자리가 창출되려면 규제를 완화하고 경쟁을 촉진하여 가격 인하를 유도하는 것이 중요하다.
>
> 고졸임금 상승에 대한 최저임금의 영향을 검토하기 위하여 2010년과 2016년을 비교하면, 임금 상승은 최저임금 인상을 수반하였다. 그러나 최저임금이 임금 상승의 주요인이라고 볼 수는 없다. 왜냐하면 해외에서도 저숙련직 임금은 상승하였기 때문이다. 과거에는 생산직과 사무직이 주된 일자리이며 이 직업에서는 노동조합이 근로조건 보호의 기제였다. 반면 새로운 서비스 일자리에서는 노조가 없으며 정부역할이 요구된다. 각국 정부가 최저임금을 인상하는 이유가 여기에 있다.
>
> 청년실업률은 4년 대졸에서 상승하였다. 직업 분포에서는 전문 · 준 전문직이 감소하였으며, 주로 기술직, 교육, 경영금융 분야의 준 전문직이 감소하였다. 또한 대졸 고용률은 계속 하락하고 있으며, 고등학교 졸업생의 상급학교 진학률 역시 2008년을 정점으로 최근에는 약 70%로 하락하였다. 이러한 변화들은 숙련인력에 대한 수요의 감소를 시사한다.

① 현재 대부분의 선진국에서는 저숙련 서비스 일자리가 증가하는 추세이다.
② 서비스 일자리가 증가하기 위해서는 규제완화와 경쟁촉진이 필요하다.
③ 임금 상승은 최저임금 상승을 수반하며 최저임금이 고졸임금 상승의 주요인이다.
④ 서비스 중심 일자리 창출 시대에서 최저임금은 더 이상 필요한 제도적 장치가 될 수 없다.
⑤ 청년실업률 상승은 고졸의 실업률 상승에 기인하며 구체적으로 서비스 일자리 감소에 기인한다.

07. 다음 (가) ~ (라)를 아래의 〈소제목〉 순서에 맞게 재배열한 것은?

(가) 온실가스 배출권을 적극적으로 확보하여 2015년 도입된 배출권거래제에 대응할 계획이며, 2025년까지 약 338만 톤의 온실가스 배출권을 확보할 계획입니다. 또한 2030년 BAU(Business As Usual) 대비 국내 감축목표 25.7% 달성을 위해 최선을 다하겠습니다.

(나) △△발전은 산업안전보건법에 따라 노동조합과의 단체협약에 안전보건과 재해보상에 대한 회사의 의무사항, 근로자의 건강에 대한 권리사항, 노동조합과의 협의사항 등의 내용을 담고 있습니다. 관계법령 및 단체협약에 따라 매 분기 산업안전보건위원회를 5개 사업장에서 개최하고 있으며, 작업환경 측정 및 개선을 통하여 안전한 작업환경 구축에 노력하고 있습니다. 또한 직원건강 증진을 위해 본사 및 전 사업소에 보건관리자 9명을 선임하였으며, 협력업체를 포함하여 약 2,000여 명이 근무하는 보령의 경우 2명의 보건관리자를 운영하고 있습니다.

(다) 온실가스 감축 잠재량을 파악하고 경제적인 감축수단으로 노후설비 성능개선, 신재생에너지 개발, 이산화탄소 포집 및 저장기술 상용화 등에 2025년까지 8.4조 원을 투자하여 1,246만 톤의 온실가스를 감축할 계획입니다. 온실가스 감축 옵션별로 바이오매스 혼소에 1조 8천억 원, 신재생설비 확대 2조 6천억 원, 노후설비 성능개선 등에 1조 1천억 원을 투자할 계획입니다.

(라) 체계적 기후변화협약 대응, 녹색성장, 온실가스 감축 등을 위하여 조직정비 및 본사 처 · 실 간 업무분장을 조정하였으며, 탄소경영시스템을 효율적으로 운영하기 위하여 최고경영자부터 탄소담당 부서장까지 조직의 책임과 권한을 명확히 규정하였고 의사결정 주요 내용을 외부에 공개하고 있습니다.

| 소제목 |

1 기후변화 대응 역량 강화   2 온실가스 배출권 확보
3 기술개발 투자   4 재난안전경영

   1   2   3   4   1   2   3   4
① (가) – (라) – (다) – (나)   ② (나) – (가) – (다) – (라)
③ (라) – (가) – (나) – (다)   ④ (라) – (가) – (다) – (나)
⑤ (라) – (다) – (가) – (나)

08. 다음 글의 중심 내용으로 적절한 것은?

> 도시의 모든 것은 도시설계자의 발상과 계획대로 만들 수 있는 것은 아니며, 항상 변화와 성장을 반복해 마치 살아 있는 생물과 같은 것이라 할 수 있다. 다만 확실한 것은 사람들이 모여 살아가기 위해서는 그 성장을 제어하고 조종하는 계획적 개념이 필요하다는 것이다. 그러나 도시의 생명력과 어쩌면 혼돈스럽기도 할 만큼 다양한 분위기는 통치자도 설계자도 아닌 그곳에 사는 주민들의 손에서 탄생한다. 그리고 그런 논리성 혹은 합리성으로 묶이지 않는 도시일수록 그곳의 문화는 발전해 나간다. 사람들의 일상생활 속에서 긴 시간에 걸쳐 배양된 문화가 오직 그곳에만 존재하는 개성적인 모습일수록 사람들은 그 도시에 매료돼 모여들기 때문이다.
>
> 한국의 도시에 대해 말하자면 근대 이후부터는 항상 서구 도시의 방식을 따르려 하고 경제성만을 강조해 온 나머지 무질서가 만연한 모습이 되었다. 그 무질서함을 말할 때도 우연으로 바라보면서 도시적이라고 만족스럽게 평가하는 의견도 있기는 하다.
>
> 물론 여러 요소가 복잡하게 얽혀 만들어진 도시에 대해 이렇게 만들어야 한다고 한마디로 정의할 수 있는 해답은 없다. 그러나 도시가 쾌적하고 매력적이며 사람들이 꿈을 펼칠 수 있는 공간이 되기 위해서는 도시가 잘 기능할 수 있도록 질서를 마련할 수 있는 유능한 지도자가 필요하며 공동체로서의 도시를 만들려는 사람들의 공적 의식이 있어야 하는 것은 분명한 사실이다. 그런 의미에서 19세기 도시개조를 하던 시절에 급속도로 근대 도시로서의 골격을 갖췄으며, 20세기 후반부터 세계에 도시 사업에 대해 다시금 새로운 도시재생의 방식을 보여 주고 있는 파리에게 배울 점이 많다.

① 도시설계자의 발상대로 모든 도시를 계획적으로 만들 수 있는 것은 아니며 오히려 도시는 항상 변화와 성장을 반복하므로 마치 살아 있는 생물과 같은 것이라 할 수 있다.

② 도시의 생명력이 가장 잘 느껴지면서 혼돈스러울 수도 있는 다양한 분위기는 통치자도 설계자도 아닌 그곳에 사는 주민들의 손에서 탄생한다.

③ 한국의 도시는 근대 이후부터 항상 서구 도시의 방식을 따르려 한 결과, 결국 무질서가 만연한 도시의 모습을 띠고 있다.

④ 한국 도시의 무질서함은 우연에 따른 현상으로, 오히려 도시적인 것으로 만족스럽게 평가할 수도 있다.

⑤ 도시가 쾌적하고 매력적이며 사람들이 꿈을 펼칠 수 있는 공간이 되기 위해서는 도시가 잘 기능할 수 있도록 질서를 마련할 수 있는 유능한 지도자와 공동체로서의 도시를 만들려는 사람들의 공적 의식이 필요하다.

09. 다음 (가) ~ (마) 문단별 주제로 적절하지 않은 것은?

> (가) 계절풍은 세계 곳곳에 나타나지만 아시아는 세계 최대의 계절풍 지역이다. 아시아 계절풍의 특징은 여름에는 남풍계의 바람이, 겨울에는 북풍계의 바람이 부는 것이지만, 지역의 위치와 지형에 따라 계절풍의 방향은 약간의 차이가 있다. 예를 들면 남부 아시아의 인도에서는 여름에는 남서풍, 겨울에는 북동풍이 불지만, 동부 아시아에서는 여름에는 남동풍, 겨울에는 북서풍이 분다.
>
> (나) 우리나라 각 지점의 풍향을 보면 지역에 따라 계절풍이 시작되는 시기와 빈도에 차이가 있으나 대체로 겨울(12 ~ 2월)에는 서북서 · 북서 · 북북서 등 북서풍계의 비율이, 여름(6 ~ 8월)에는 남서 · 남동 등 남풍계의 비율이 높다. 이와 같이 계절에 따라 탁월풍(卓越風)의 방향이 바뀌는 것이다. 이는 두 계절풍이 발달할 때 우리나라 주변의 기압배치가 여름에는 남고북저형, 겨울에는 서고동저형으로 변하기 때문이다.
>
> (다) 겨울 계절풍은 기압경도가 크기 때문에 풍속이 강하고, 여름 계절풍은 겨울 계절풍에 비하면 기압경도가 작아서 풍속이 약하다. 그리고 바람의 물리적 성질도 겨울 계절풍은 차고 건조한 데 비하여 여름 계절풍은 무덥고 습기가 많다. 이와 같은 계절풍의 특성은 우리나라의 여름과 겨울의 기후적 특징을 결정짓는 중요한 요인이 된다.
>
> (라) 계절풍에 따른 기후현상은 우계(雨季)와 건계(乾季)의 뚜렷한 구분이다. 우리나라를 비롯한 아시아에서 여름 계절풍이 불 때는 우계가 되고, 겨울 계절풍이 불 때는 건계가 된다. 우리나라의 여름 강수량은 연강수량의 약 50 ~ 60%를 차지한다. 해안 지방은 약 50%, 내륙 지방은 약 60%이고, 남부의 다우지에서는 65% 정도를 차지한다.
>
> (마) 겨울 계절풍은 여름 계절풍보다 강하게 발달한다. 겨울이 되면 차가운 시베리아 기단이 우리나라에 영향을 미치는데, 시베리아 기단은 차고 건조한 대륙성 고기압으로 세계에서 가장 강력한 고기압이다. 시베리아 기단이 발달하면 동부 아시아 일대에는 북서풍이 분다. 한번 차가운 대기가 빠져 나가면 새로운 대기가 축적되는 데 보통 3, 4일이 걸리며, 그동안 북서풍은 약화된다. 그 틈을 타서 양쯔강 부근이나 동경국해의 온대 저기압이 동쪽으로 이동해 상대적으로 따뜻한 날씨가 된다.

① (가) 계절풍에 따른 아시아 지역의 풍향
② (나) 계절에 따른 우리나라의 풍향과 기압배치
③ (다) 우리나라의 지역 및 계절별 강수량의 차이
④ (라) 계절풍에 따른 기후현상
⑤ (마) 우리나라 겨울철 기후에 영향을 미치는 요인

10. 다음 강의를 들은 청중의 반응으로 적절하지 않은 것은?

> 블랙박스 암호란 물리적인 하드웨어로 만들어진 암호화 장치를 기반으로 작동되는 암호 기술을 말합니다. 하드웨어로 구성된 암호화 장치가 외부의 공격으로부터 보호받을 수 있다는 가정하에 암호 키를 암호 장치 내부에 두고 보안하도록 설계하는 방식입니다. 언뜻 보면 완벽한 보안 장치로 보이지만 공격자에게 그 내부가 공개되는 순간 암호와 키가 모두 유출될 위험이 있습니다.
>
> 화이트박스 암호는 이런 블랙박스 암호의 한계를 보완하기 위해 등장한 기술로 암호화 기술에 소프트웨어 개념을 도입하여 암호 알고리즘의 중간 연산 값 및 암호 키를 안전하게 보호할 수 있다는 장점이 있습니다. 암호와 키에 대한 정보가 소프트웨어로 구현된 알고리즘 상태로 화이트박스에 숨겨져 있기 때문에 내부 해킹을 시도해도 알고리즘을 유추할 수 없는 것입니다. 또한 화이트박스 암호는 다른 저장 매체에 비해 운용체계에 따른 개발과 관리가 용이합니다. 애플리케이션 업데이트를 통해 원격으로 암호 알고리즘에 대한 오류 수정 및 보완이 가능하기 때문에 블랙박스 암호의 한계를 더욱 보완할 수 있습니다. 최근에는 패스(PASS), 모바일 결제 시스템, 전자지갑, 모바일 뱅킹의 주요 보완 수단으로 활용되고 있습니다.
>
> 그러나 화이트박스 암호도 변조 행위나 역공학에 의한 공격을 받는다면 노출될 가능성이 있습니다. 그래서 더욱 다양한 플랫폼과 콘텐츠를 통해 안정성을 확보하는 것이 중요하며 그 과정에서 새롭게 등장한 플랫폼이 화이트크립션입니다. 화이트크립션은 화이트박스 암호 보안을 위해 애플리케이션 보호 기능을 제공하는 플랫폼으로, 기존의 암호화 기능을 더욱 강화하여 암호 실행 중에도 암호 키를 활성화하여 보호하는 기술을 가지고 있습니다.

① 화이트박스 암호는 전자 서명 서비스나 핀테크 산업에도 사용될 수 있겠군.

② 외부의 공격으로 내부가 뚫리더라도 화이트박스 암호는 쉽게 유출될 수 없겠군.

③ 해킹의 성공 여부에 있어 중요한 포인트는 암호화 키가 어떻게 숨겨져 있는지겠군.

④ 화이트박스 암호는 블랙박스 암호를 보완하기 위해 등장한 기술로 외부 공격에 노출될 위험이 전혀 없겠군.

⑤ 화이트박스 암호는 애플리케이션의 업데이트를 통해 원격으로 암호 알고리즘에 대한 오류 수정 및 보완이 가능하겠군.

11. 다음 글의 논리적 구조를 바르게 설명한 것은?

> (가) 붕당(朋黨)은 싸움에서 생기고 그 싸움은 이해(利害)에서 생긴다. 이해가 절실할수록 당파는 심해지고, 이해가 오래될수록 당파는 굳어진다. 이것은 형세가 그렇게 만드는 것이다. 어떻게 하면 이것을 밝힐 수 있을까?
>
> (나) 이제 열 사람이 모두 굶주리다가 한 사발의 밥을 함께 먹게 되었다고 하자. 그릇을 채비우기도 전에 싸움이 일어난다. 말이 불손하다고 꾸짖는 것을 보고 사람들은 모두 싸움이 말 때문에 일어났다고 믿는다. 다른 날에 또 한 사발의 밥을 함께 먹다 그릇을 채비우기도 전에 싸움이 일어난다. 태도가 공손치 못하다고 꾸짖는 것을 보고 사람들은 모두 싸움이 태도 때문에 일어났다고 믿는다. 다른 날에 또다시 같은 상황이 벌어지면 이제 행동이 거칠다고 힐난하다가 마침내 어떤 사람이 울화통을 터뜨리고 여럿이 이에 시끌벅적하게 가세한다. 시작은 대수롭지 않으나 마지막에는 크게 된다.
>
> (다) 이것을 또 길에서 살펴보면 이러하다. 오던 자가 어깨를 건드리면 가던 자가 싸움을 건다. 말이 불손하고 태도가 사나우며 행동이 거칠다 하여 그 하는 말은 끝이 없으나 떳떳하게 성내는 것이 아닌 것은 한 사발의 밥을 함께 먹다 싸울 때와 똑같다.
>
> (라) 이로써 보면 싸움이 밥 때문이지, 말이나 태도나 행동 때문에 일어나는 것이 아님을 알수 있다. 이해의 연원이 있음을 알지 못하고는 그 잘못됨을 장차 고칠 수가 없는 법이다. 가령 오늘은 한 사발의 밥을 함께 먹다 싸웠으되 내일에는 각기 밥상을 차지하고 배불리 먹게 하여 싸우게 되었던 원인을 없앤다면, 한때 헐뜯고 꾸짖던 앙금이 저절로 가라앉아 다시는 싸우는 일이 없게 될 것이다.

① (가)는 (라)로부터 이끌어 낸 주장이다.
② (나)는 원인과 결과를 분석하고 있다.
③ (다)는 (나)에 대한 예시이다.
④ (나)와 (다)는 병렬적 관계이다.
⑤ (라)는 주장에 대한 반론을 제시하고 있다.

12. 다음 글의 제목과 부제목으로 적절한 것은?

사회와 환경 측면에서 윤리적인 직업에 대한 관심이 많아졌다. 그에 따라 블루칼라, 화이트 칼라에 이어 그린칼라로 불리는 일자리, 그린잡(Green Job)이 등장했다. 고용이 길을 만들고 상품을 찍어 내며 주택을 지어야만 늘어난다고 생각하던 때는 지났다. 인간이 고용을 늘리기 위해 만들었던 여러 기반시설들은 인류가 추가적으로 지불해야 하는 비용을 발생시키기도 했다. 이를 줄이는 것에 대한 인식이 높아지면서 생겨난 것이 그린잡이다.

예를 들면 지구의 물 여과시스템인 습지대는 1900년 이후 절반이 사라졌다. 비용을 들이지 않고 오염원을 걸러낼 수 없으니 정화시설이 새로 필요하게 된 셈이다. 이제는 원래의 자연과 생태계를 회복시키려는 복원경제, 즉 그린경제가 이익을 창출하는 시대가 됐다. 더불어 개인의 만족뿐 아니라 사회적으로 의미가 있는 일을 찾는 이들이 늘어나면서 이 같은 일자리에 대한 관심도 높아졌다. 끊임없이 동기를 부여하고 직무에 대한 만족도를 높일 수 있다는 점이 그린잡의 가장 큰 장점이기도 하다.

미국 노동부와 노동통계국은 그린잡을 두 가지 개념으로 본다. 하나는 환경이나 천연자원에 이득이 되는 제품과 서비스를 만드는 직업이고, 또 다른 하나는 자원을 덜 쓰고 생산 과정이 친환경적인 직업이다. 미국에서는 직접적인 자연복구 산업 105억 달러를 포함해 총 340억 달러 수준의 시장이 형성돼 있다.

특히 그린잡과 관련된 산업은 채용 시장에도 활기를 불어넣는다. 그린잡 직종에 100만 달러가 투자될 때마다 104 ~ 397개 일자리가 생긴다고 노동통계국은 설명한다. 석유와 가스 산업이 동일 투자 대비 5.3개 직업을 만드는 데 비하면 훨씬 많다. 특히 민간부분이 상당한 일자리를 만드는 것으로 분석됐다. 그린잡은 특정 구역을 대상으로 고용과 산업이 형성돼 이득을 창출하기 때문에 지역밀착형으로 집중되어 만들어지므로 각 지역의 노동력과 자원을 소비하는 경향이 있다. 또한 계절과 주기에 따라 인력을 필요로 하기 때문에 계약직의 비율이 높은 편이지만 평균 임금보다는 많은 보상을 받는 편이다.

	제목		부제목
①	환경과 산업의 만남, 그린잡	–	환경도 살리고 경제도 살리고
②	인간의 이기심이 낳은 환경오염	–	그린잡의 탄생 배경
③	환경보호를 우선시하는 직업	–	그린잡의 발전 가능성
④	새로운 직업군의 등장	–	친환경 기업 경영에 대한 관심을 바탕으로
⑤	환경에 대한 새로운 인식	–	그린잡을 통한 환경보호

13. 밑줄 친 ⊙에 해당하는 사례로 가장 적절한 것은?

> 놀이가 상품 소비의 형식을 띠면서 놀이를 즐기는 방식도 변화한다. 과거의 놀이가 주로 직접 참여하는 형식으로 이루어졌다면, ⊙<u>자본주의 사회의 놀이는 대개 참여가 아니라 구경이나 소비의 형태로 이루어진다.</u> 생산자가 이미 특정한 방식으로 소비하도록 놀이 상품을 만들어 놓았기 때문이다. 그런데 이른바 디지털 혁명이 일어나면서 놀이에 자발적으로 직접 참여하여 즐기고자 하는 사람들이 늘어나고 있다. 이런 성향은 비교적 젊은 세대로 갈수록 더하다. 이는 젊은 세대가 놀이의 주체가 되려는 욕구가 크기 때문이다. 인터넷은 주요 특성인 쌍방향성을 통해 그런 욕구의 실현 가능성을 높여 준다. 이는 텔레비전과 같은 대중 매체가 대다수의 사람들을 구경꾼으로 만들었던 것과는 근본적으로 차이가 있다.

① 진희는 직장 동료가 추천해 준 식당에 찾아가서 저녁을 먹었다.

② 성호는 제휴 카드 할인을 통해 저렴하게 미술관을 관람하였다.

③ 민지는 여행사에서 제시한 상품을 통해 일본 여행을 다녀왔다.

④ 우주는 드라마 속에 등장하는 간접광고를 보고 놀이공원에 갔다.

⑤ 현수는 학교에서 추첨한 이벤트에 당첨되어 공짜로 콘서트를 관람하였다.

14. 다음 글의 주제로 적절한 것은?

제2차 세계대전 중, 태평양의 한 전투에서 일본군은 미군 흑인 병사들에게 자신들은 유색인과 전쟁할 의도가 없으니 투항하라고 선전하였다. 이 선전물을 본 백인 장교들은 그것이 흑인 병사들에게 미칠 영향을 우려하여 급하게 부대를 철수시켰다. 사회학자인 데이비슨은 이 사례로부터 아이디어를 얻어서 대중 매체가 수용자에게 미치는 영향과 관련한 '제3자 효과(Third-person Effect)' 이론을 발표하였다.

이 이론의 핵심은 사람들이 대중 매체의 영향력을 차별적으로 인식한다는 데에 있다. 사람들은 수용자의 의견과 행동에 미치는 대중 매체의 영향력이 자신보다 다른 사람들에게서 더 크게 나타나리라고 믿는 경향이 있다는 것이다. 예를 들어 선거 때 어떤 후보에게 탈세 의혹이 있다는 신문 보도를 보았다고 하자. 그때 사람들은 후보를 선택하는 데에 자신보다 다른 독자들이 더 크게 영향을 받을 것이라고 여긴다. 이러한 현상을 데이비슨은 '제3자 효과'라고 하였다.

① 제3자 효과의 의의 및 현대적 재조명
② 제3자 효과 이론의 등장 배경 및 개념 정의
③ 유해한 대중 매체가 수용자에게 미치는 영향력
④ 제3자 효과를 이용한 대중 매체 규제의 필요성
⑤ 제3자 효과의 예시와 현대사회에서 보이는 한계

15. 다음 글을 통해 알 수 있는 사실이 아닌 것은?

> 아이디어 보험상품은 기존 권리보호제도에 의해 보호를 받지 못하는 단계의 아이디어를 보험의 목적으로 하기 때문에 사전 통계자료 혹은 유사통계가 존재하지 않을 가능성이 크다. 또한 손해의 유형 설정에 따라서는 통계학적 관리가 어려울 것으로 예상되며, 손해의 규모 역시 예측하기 곤란하여 대수의 법칙*과 수지상등의 원칙**을 유지하기 어려울 수도 있다. 따라서 손해보험의 원칙들을 충족하는 상품의 설계가 과연 가능한 것인가에 대한 여러 의견이 있다. 하지만 손해의 유형을 최대한 미리 특정해 두고 손해의 규모를 실손 형태가 아닌 정액형으로 구성한다면 보험상품으로 설계하는 것이 충분히 가능하리라 보고 있다.
>
> * 대수의 법칙 : 관찰 대상의 수를 늘려갈수록 개개의 단위가 가지고 있는 고유의 요인은 중화되고 집단에 내재된 본질적인 경향성이 나타나게 되는 현상을 가리킨다. 이러한 경향성은 관찰의 기간을 늘릴수록 안전도가 높아지면서 하나의 법칙성에 도달하게 된다.
>
> ** 수지상등의 원칙 : 보험계약에서 장래 수입될 순보험료 현가의 총액이 장래 지출해야 할 보험금 현가의 총액과 같게 되는 것을 말한다.

① 아이디어 보험상품은 아직 국내에서 출시되지 않았지만 해외에서는 유사한 보험상품이 판매되고 있다.

② 아이디어 보험상품은 아이디어의 시가 내지 무단 도용되었을 때의 손해액을 산정하기 어렵다는 문제가 있다.

③ 아이디어 보험상품은 국내의 기존 권리보호제도에 의해서는 보호를 받지 못하고 있는 단계의 아이디어를 보호하기 위한 보험이다.

④ 아이디어 보험상품은 보험사고로 어떠한 내용을 정의할 것인지에 대한 구체적인 합의가 아직 이루어지지 않았다.

⑤ 손해보험 상품의 설계에는 일반적으로 대수의 법칙과 수지상등의 원칙 등이 고려된다.

16. 다음 글을 읽고 알 수 없는 내용은?

언제부턴가 우리에게 '집'은 쉼터가 아닌 '자랑거리'가 되어 버렸다. 부동산이 최고의 가치가 되어 버린 지금 시대에 한평생을 청렴하게 살다 간 정승의 소박한 집은 역설적으로 생명력을 갖는다.

맹사성은 조선 세종 때 황희, 윤희, 권진 등과 함께 나라를 다스린 명재상이다. 높은 벼슬에 있으면서도 약 27평 남짓한 작은 집에서 살았다. 방문객의 신분이 높든 낮든 항상 의복을 갖추고 예를 다해 맞았다는 그의 집 대문 앞에 섰다. 아침 공기가 유난히 시렸던 날, 대문 언저리의 은행나무에선 아이의 웃음소리처럼 맑은 새소리가 들렸다. 기차와 지하철이 지척에 다니지만 이곳에는 수백 년 세월이 그대로 멈춘 것 같은 고즈넉함이 있다.

작은 고택의 역사는 700여 년 전으로 올라간다. 고려 말, 최영 장군이 실제로 살았으며 맹사성의 아버지 맹희도가 물려받은 후로 신창 맹씨 일가가 관리하고 있다. 대청마루에 서면 집안 전체가 보일 정도로 아담한 이곳에 고려와 조선을 대표하는 두 청백리, 최영과 맹사성이 살다 갔다. 집 주변을 천천히 돌아도 몇 걸음이 되지 않는 작은 집. 하지만 흔들리지 않는 기백은 하늘을 가릴 듯 우뚝 선 은행나무만큼이나 크다.

고택을 내려다보는 곳에는 맹희도와 맹사성의 위패를 모신 세덕사가 있다. 고택을 둘러싼 돌담길에 손을 대고 한 걸음 한 걸음 느리게 걸어 본다. 고택만큼 소박한 밭을 지나면 맹사성이 황희, 권진과 느티나무를 세 그루씩 심었다는 구괴정이 나온다. 시를 읊으며 농민을 위로하던 세 정승의 푸근한 말소리가 들리는 듯하다. 600여 년의 시간이 지나 아홉 그루의 느티나무는 두 그루만 남았다. 탁, 탁, 탁, 도시로 향하는 여행자의 발걸음 소리가 고요한 마을에 울려 퍼진다. 마치 노인의 두 다리처럼 받침대에 의지한 두 느티나무가 타박타박 뒤따르며 말을 걸고 있는 것 같다. "또 오게나."

① 훌륭한 재상은 백성을 위한다.
② 맹사성 고택의 느티나무는 옛 정승의 모습 같다.
③ 최영과 맹사성은 청렴한 관리였다.
④ 도시의 고택은 역사를 잃어버렸다.
⑤ 높은 벼슬에 있던 정승의 작은 집은 소박함을 나타낸다.

17. 다음 글의 주제로 적절한 것은?

　　현대인은 타인의 고통을 주로 뉴스나 영화 등의 매체를 통해 경험한다. 타인의 고통을 직접 대면하는 경우와 비교할 때 그와 같은 간접 경험으로부터 연민을 갖기는 쉽지 않다. 더구나 현대 사회는 사적 영역을 침범하지 않도록 주문한다. 이런 존중의 문화는 타인의 고통에 대한 지나친 무관심으로 변질될 수 있다. 그래서인지 현대 사회는 소박한 연민조차 느끼지 못하는 불감증 환자들의 안락하지만 황량한 요양소가 되어 가고 있는 듯하다.

　　연민에 대한 정의는 시대와 문화, 지역에 따라 가지각색이지만 다수의 학자들에 따르면 연민은 두 가지 조건이 충족될 때 생긴다. 먼저 타인의 고통이 그 자신의 잘못에서 비롯된 것이 아니라 우연히 닥친 비극이어야 한다. 다음으로 그 비극이 언제든 나를 엄습할 수도 있다고 생각해야 한다. 이런 조건에 비추어 볼 때 현대 사회에서 연민의 감정은 무뎌질 가능성이 높다. 현대인은 타인의 고통을 대부분 그 사람의 잘못된 행위에서 비롯된 필연적 결과로 보며 자신은 그러한 불행을 예방할 수 있다고 생각하기 때문이다.

　　그러나 현대 사회에서도 연민은 생길 수 있으며 연민의 가치 또한 커질 수 있는데, 그 이유를 세 가지로 제시할 수 있다. 첫째, 현대 사회는 과거보다 안전한 것처럼 보이지만 실은 도처에 위험이 도사리고 있다. 둘째, 행복과 불행이 과거보다 사람들과의 관계에 더욱 의존하고 있는데, 이는 친밀성은 줄었지만 사회·경제적 관계가 훨씬 촘촘해졌기 때문이다. 셋째, 교통과 통신이 발달하면서 현대인은 이전에 몰랐던 사람들의 불행까지도 의식할 수 있게 되었다. 물론 간접 경험에서 연민을 갖기가 어렵다고 치더라도 고통을 대면하는 경우가 많아진 만큼 연민의 필요성이 커지고 있다. 이런 정황에서 볼 때 연민은 그 어느 때보다 절실히 요구되며 그만큼 가치도 높은 것이다.

　　진정한 연민은 대부분 연대로 나아간다. 연대는 고통의 원인을 없애기 위해 함께 행동하는 것이다. 연대는 멀리하면서 감성적 연민만 외치는 사람들은 은연중에 자신과 고통받는 사람들이 뒤섞이지 않도록 두 집단을 분할하는 벽을 쌓는다. 이 벽은 자신의 불행을 막으려는 방화벽이면서, 고통받는 타인들의 진입을 차단하는 성벽이기도 하다. '입구 없는 성'에는 출구도 없듯, 이들은 성 바깥의 위험 지대로 나가지 않으려고 한다. 이처럼 안전 지대인 성 안에서 가진 것의 일부를 성벽 너머로 던져 주며 자족하는 동정도 가치 있는 연민이지만 진정한 연민은 벽을 무너뜨리며 연대하는 것이다.

① 연민의 감정은 공동체 사회에서 꼭 필요한 요소이다.
② 감성적 연민으로 쌓은 벽을 무너뜨리고 연대를 통한 연민으로 나아가야 한다.
③ 황량한 현대 사회일수록 연민의 의미와 가치를 되새길 필요가 있다.
④ 연민에 대한 정의는 시대와 문화, 지역에 따라 다르게 나타난다.
⑤ 연민의 감정보다는 연대의 가치가 사회적으로 더 중요하다.

18. 다음 글을 읽고 추론한 내용으로 적절하지 않은 것은?

> 도금은 물질이 닳거나 부식되지 않도록 보호하기 위해 혹은 물질의 표면 상태를 개선하기 위해 금속 표면에 다른 물질로 얇은 층을 만들어 덮어씌우는 일을 말한다. 오늘날 도금은 일반적으로 전기 도금을 가리키는데, 전기 도금은 전기 분해의 원리를 이용하여 한 금속을 다른 금속 위에 덧씌우는 도금 방법을 의미한다. 일반적으로 금이나 은, 구리, 니켈 등을 사용하는데, 다른 도금 방법들에 비해 내구성이 뛰어나다는 장점이 있어서 다양한 분야에서 필수적으로 여겨지는 가공 기술이다.
>
> 전기 도금 중, 구리 도금을 하는 방법은 우선 도금할 물체를 음극에 연결하고 양극에는 구리를 매단다. 그리고 전해액으로 구리의 이온이 포함된 용액을 사용한다. 두 전극을 전해질 용액에 담그고 전류를 흘려주면 양극에 있는 구리가 산화되어 이온이 발생하며, 음극에서는 이온이 구리로 환원되어 도금이 된다.
>
> 최근에는 플라스틱을 이용한 도금 기술이 많이 사용되고 있다. 분사 스프레이로 플라스틱을 분사해 금속 표면에 색을 입히는 것이다. 이 방법은 고가의 설비 없이 다양한 색상과 질감 효과를 줄 수 있어 경제적이지만, 공정 시 사용되는 재료가 인체에 상당히 해로운 영향을 미친다는 단점이 있다.

① 전기 도금을 하면 그 특성 덕분에 다른 도금 방법들보다 칠이 쉽게 벗겨지지 않는다.

② 숟가락을 은이나 니켈로 도금하기 위해서는 두 과정 모두 음극에 숟가락을 연결해야만 한다.

③ 금속이 산화되면 이온이 발생하게 된다.

④ 도금을 통해 금속에 원하는 색을 입히는 것이 가능하다.

⑤ 금속으로 플라스틱을 도금하는 과정은 다른 도금 방법들과 비교하여 인체에 더 유해하다.

19. 빈칸 ㉠에 들어갈 내용으로 적절한 것은?

평상시 우리는 대화할 때 "우리는 사회 속에서 살고 있다.", "사회의 벽은 높다.", "사회가 변했다.", "너도 이제부터는 사회라는 거친 파도를 극복해야 한다."라고 말한다. 그리고 이때 이러한 말을 하는 사람과 듣고 있는 사람 모두 마치 '사회'라는 실체가 우리 인간과는 별개인 존재인 것처럼 생각하고 있을 뿐만 아니라, 사회가 실체로 존재한다는 사실을 특별히 신기하게 생각하지 않는다. 그리고 우리는 "젊은이들이 변한 것은 사회가 변했기 때문이야.", "이러한 사회에서는 인간은 살아갈 수 없어."라고 말하며, 그러므로 "빨리 사회를 변화시켜야 한다."라고도 말한다. 그렇게 말하고 나서 우리가 생각하는 것은 사회의 구조나 제도, 법률 등의 제도적인 내용이지, 인간 개개인에 대한 것이 아니다.

하지만 조금 냉정하게 생각해 보면 사회라는 실체가 (㉠   )는 것을 금방 깨달을 수 있다. 사회가 실체로 존재한다고 했을 때, 사회의 실체인 것처럼 믿고 있는 조직이나 제도, 법률 등도 사실은 인간이 사회생활을 원활히 하기 위해 잠정적으로 꾸민 사물이거나 일이지, 인간과 떨어져 객관적으로 존재하고 있는 것이 아니다. 따라서 제도나 법률 등은 우리가 생활하는 데 있어서 불필요하다고 생각한다면 언제든지 없앨 수 있는 것이며 상황이 안 좋으면 언제든지 상황이 좋게끔 변하게 할 수 있는 것이다. 사회에 대해서 생각할 경우 이를 확실히 염두에 두어야 한다.

① 인간의 생활에 영향을 끼치고 있다
② 인간과 떨어져서 존재하지 않는다
③ 논리적으로 설명되어 있지 않다
④ 놀라운 속도로 변화하고 있다
⑤ 항상 긍정적인 것만은 아니다

20. 다음 글을 통해 추론하기 어려운 것은?

> DNA가 유전 정보를 암호화하고 있음이 밝혀지자 미국과 영국을 중심으로 인간의 염기서열을 파악하기 위한 연구가 시작되었다. 32억 개에 달하는 인간이 가진 모든 유전자의 염기서열을 조사하기 위한 이 연구는 1990년부터 시작하여 15년이 걸릴 것이라고 예상했지만 생명공학 기술의 발달로 13년 만인 2003년에 완료되었다. 염기서열의 수가 워낙 방대하기 때문에 세계 각국의 유전자 센터와 대학 등에서 나누어 실시되었으며, 인간 유전자의 서열을 99.99%의 정확도로 완성하였다.
>
> 인간 게놈 프로젝트는 단지 염기서열만을 알아내는 것이 아니라 염기서열의 의미를 발견하는 것이다. 처음 과학자들은 인간이 생각하고 말을 할 수 있는 복잡한 생물이기 때문에 유전자의 수가 약 10만 개라고 생각하였다. 하지만 연구가 끝나고 난 후 의미가 있는 유전자 수는 약 2만 ~ 2만 5천 개 정도에 불과하다는 것을 알게 되었다. 이는 단순한 동물들의 유전자 수와 크게 다르지 않으며, 심지어 식물이 가진 유전자보다도 그 수가 적다는 것이 확인되었다.
>
> 인간 게놈 프로젝트가 완성되면 유전자와 관련된 질병을 해소하는 데 큰 도움이 될 것이라 기대되었다. 어떤 염기서열이 유전병을 일으키는지 알아낼 수 있다면 유전병을 해결하기 위한 방안까지 쉽게 접근할 수 있을 것이라는 기대감 때문이었다. 또한 인간이 어디에서부터 진화하였는지 인간과 유사한 염기서열을 가지는 다른 생물들과의 비교를 통해 인간의 기원을 밝혀 낼 수 있을 것이라고 생각했다. 게놈을 분석한 결과 침팬지와 사람의 유전자가 99% 일치함에 따라 침팬지 기원설에도 확신을 얻게 되었다. 하지만 염기서열이 모두 밝혀지는 것이 꼭 좋은 일만은 아니다. 태아의 염기서열에서 유전병 요인이 발견될 경우 아이를 포기하는 일이 생길 수 있고, 염기서열로 사람의 우열을 가리게 될 가능성도 있다. 그리고 염기서열을 토대로 인간 복제가 가능해진다면 생명 경시 풍조가 나타나는 것도 배제할 수 없다.

① 생명공학 기술의 발달은 실제 연구 기간을 예상보다 단축할 수 있다.
② 인간 염기서열 분석 연구는 미국과 영국뿐 아니라 세계 각국에서 이루어졌다.
③ 게놈 분석 결과는 침팬지 기원설을 지지하는 근거가 될 수 있다.
④ 복잡한 생물일수록 가지고 있는 유전자의 수가 많다.
⑤ 염기서열을 모두 파악한다면 태아가 유전병 요인을 지니고 있는지 알 수 있다.

21. 다음 글을 통해 전달하고자 하는 핵심 내용으로 적절한 것은?

> 4차 산업혁명, 인공지능, 로봇 등 과학 기술의 발전은 우리 사회와 직업 세계 전반에 많은 영향을 미칠 것으로 예상된다. 4차 산업혁명 시대의 모습은 다양한 형태로 나타날 수 있겠지만, 가장 핵심적인 특징 가운데 하나가 바로 초연결성이다. 초연결은 캐나다 사회과학자인 아나벨 콴하스(Anabel Quan-Haase)와 배리 웰먼(Barry Wellman)에 의해 시작된 용어로 네트워크를 통해 사람-사람, 사람-사물, 사물-사물이 자유롭게 연결되어 커뮤니케이션할 수 있는 것을 말한다.
>
> 이러한 기술이 활성화되는 사회를 초연결사회라고 하는데 초연결사회는 사람, 프로세스, 사물 등 모든 사물과 사람 간의 네트워크 연결이 극대화된 사회를 말한다. 이를 통해 기존과는 다른 사회 서비스를 만들어 내고, 새로운 문화와 가치를 형성해 나가는 기반이 된다. 초연결사회의 핵심 기술은 사물 인터넷, 클라우드 컴퓨팅, 빅데이터 등이며 이러한 기술들은 서로 결합되어 모든 사물과 사람 간의 연결을 극대화하도록 지원한다.
>
> 초연결 기술들은 초연결사회의 직업 세계 모습에 큰 영향을 준다. 초연결사회의 직업 세계에서는 지능을 가진 기계와 사람 간의 협업, 저숙련 직무를 중심으로 인공지능 기계의 대체 직무에 따른 업무의 양극화 등이 가속될 것으로 예측된다. 정교함이 떨어지는 직업이나 단순 업무들은 자동화로 인하여 인공지능이나 로봇으로 대체될 것으로 전망된다. 초연결 기술들은 일하는 방식이나 일터의 변화를 수반하고, 네트워크의 극대화와 디지털의 특성으로 유연한 근무시간이나 재택근무가 확대되면서 독립 자영업자와 같이 일하는 방식이 일반화될 것으로 예측된다.

① 초연결사회란 무엇인가?
② 4차 산업혁명 시대의 특징
③ 초연결사회가 가져올 직업 세계의 변화
④ 새로운 문화와 가치를 형성하는 초연결사회
⑤ 네트워크의 극대화 및 디지털화에 따른 재택근무의 확대

22. 다음의 (가)~(라)를 문맥에 맞게 순서대로 배열한 것은?

> (가) 이는 'hyper(초월한)'와 'text(문서)'의 합성어이며, 1960년대 미국 철학자 테드 넬슨이 구
>   상한 것으로, 컴퓨터나 다른 전자기기로 한 문서를 읽다가 다른 문서로 순식간에 이동해
>   읽을 수 있는 비선형적 구조의 텍스트를 말한다. 대표적인 예시인 모바일은 정보에 접근
>   하는 속도는 매우 빠르지만 파편성은 극대화되는 매체다.
>
> (나) 밀레니얼 세대(Y세대)와는 다르게 다양성을 중시하고 '디지털 네이티브'로 불리는 Z세대
>   는 대개 1995년부터 2010년까지 출생한 세대를 보편적으로 일컫는 말이다. 이들은 어
>   렸을 때부터 인터넷 문법을 습득하여 책보다는 모바일에 익숙하다. 책은 선형적 내러티
>   브의 서사 구조를 갖는 반면 인터넷은 내가 원하는 정보로 순식간에 접근할 수 있게 해
>   준다는 측면에서 정보들 사이의 서사적 완결성보다는 비선형적 구조를 지향한다. 이러한
>   텍스트 구조를 하이퍼텍스트라고 한다.
>
> (다) 따라서 앞으로는 무한하게 확장된 정보 중에서 좋은 정보를 선별하고, 이를 올바르게 연
>   결하는 개인의 능력이 중요하게 부각될 것이다.
>
> (라) 이러한 경우 정보의 시작과 끝이 없으므로 정보의 크기를 무한대로 확장할 수 있다는
>   특징을 가진다. 기존의 문서는 저자가 일방적으로 정보를 제공했지만 하이퍼텍스트는 독
>   자의 필요에 따라 특정 정보만 선택해서 제공할 수 있다.

① (가)-(나)-(다)-(라)   ② (가)-(다)-(나)-(라)   ③ (나)-(가)-(라)-(다)
④ (나)-(라)-(가)-(다)   ⑤ (다)-(라)-(나)-(가)

23. 다음 글의 주제로 적절한 것은?

사회적 상호작용은 생물의 질병 진행 양상에 매우 중요한 역할을 할 수 있다. 그 예시로 프랑스 국립과학연구원(CNRS)의 노랑초파리 연구를 들 수 있다. CNRS에서는 암처럼 전염성이 없는 질병의 진행에 사회적 상호작용이 미치는 영향에 관하여 연구하였다. 그 결과, 암에 걸린 초파리의 질병 진행 속도는 다른 파리와 상호작용이 있을 때보다 사회적으로 고립되어 있을 때 더 빠른 것으로 나타났다. 게다가 놀랍게도 암에 걸린 초파리가 속한 사회적 집단의 특성 또한 질병의 진행 속도에 영향을 미칠 수 있다는 가능성이 제기됐다. 암에 걸린 초파리들끼리 함께 상호작용할 때보다 건강한 초파리들과 함께 있을 때 종양이 더 빨리 퍼진 것이다.

연구진에 따르면 암에 걸린 초파리가 건강한 개체들과 함께 있으면 암에 걸린 초파리들과 있을 때보다 상호작용 활동량이 적은 것이 그 원인으로 보인다. 마치 군중 속에서 고립되는 것과 유사한 것이다. 그렇다면 암에 걸린 초파리가 암에 걸린 초파리가 있는 그룹과 건강한 초파리가 있는 그룹 중 한 곳을 선택할 수 있다면 어떠한 결정을 할까? 발병 초창기에는 암에 걸린 초파리가 있는 그룹을 선택하는 경향성이 나타났으나, 종양이 어느 정도 진전된 상태에서는 더 이상 그룹선호도를 보이지 않았다.

건강한 초파리의 경우, 암 발생 초기 단계에 있는 초파리 그룹과 건강한 초파리 그룹을 구분하지는 않았다. 하지만 종양이 진전된 초파리가 있는 그룹과 건강한 초파리가 있는 그룹 중에 선택권이 주어지면 건강한 초파리 그룹을 선택하는 경향이 두드러졌다.

① 질병의 진행 속도와 사회적 상호작용 사이의 관계
② 프랑스 국립과학연구원(CNRS)의 최신 연구 동향
③ 사회적 상호작용이 암의 발생에 미치는 영향
④ 초파리의 그룹 선택에 영향을 주는 인자들
⑤ 초파리의 사회적 상호작용의 특이점

24. 다음 갑～정의 논쟁에 대한 분석으로 적절한 것은?

> 다른 사람의 증언은 얼마나 신뢰할 만할까? 증언의 신뢰성은 두 가지 요인에 의해서 결정된다. 첫 번째 요인은 증언하는 사람이다. 만약 증언하는 사람이 거짓말을 자주 해서 신뢰하기 어려운 사람이라면 그의 말은 신뢰성이 떨어질 수밖에 없다. 두 번째 요인은 증언 내용이다. 만약 증언 내용이 우리의 상식과 상당히 동떨어져 있다면 증언의 신뢰성은 떨어질 수밖에 없다. 그렇다면 이 두 요인이 서로 대립하는 경우는 어떨까? 가령 매우 신뢰할 만한 사람이 기적이 일어났다고 증언하는 경우에 우리는 그 증언을 얼마나 신뢰해야 할까?
>
> 갑 : 우리는 주변에서 신뢰할 만한 사람이 가끔 특정한 목적을 위해서 또는 자신의 의도와 무관하게 거짓을 말하는 경우를 이따금 찾아볼 수 있습니다. 이것은 신뢰할 만한 사람도 자신의 신뢰성과는 반대로 거짓을 말할 확률이 그리 낮지는 않다는 것을 의미하는 것이지요.
>
> 을 : 신뢰할 만한 사람이 거짓을 말한다면 그는 더 이상 신뢰할 수 있는 사람이라고 말할 수 없게 됩니다. 따라서 신뢰할 만한 사람은 항상 참을 말하는 사람이라는 전제가 존재하는 것이지요.
>
> 병 : 우리는 증언의 신뢰성을 결정하는 첫 번째 요인이 거짓일 확률보다 두 번째 요인이 거짓일 확률이 더 높을 때 그 증언을 신뢰할 수 있는 것입니다.
>
> 정 : 기적이란 사전적으로 '상식을 벗어난 기이하고 놀라운 일'로 풀이됩니다. 누군가가 자동차가 하늘로 날아다닌다고 말을 하면 이는 자연법칙을 위반한 사건이며, 지금까지 한 번도 일어나지 않은 사건이지요. 하지만 물리적으로 자동차가 하늘을 날아다니는 장면이 절대 일어날 수 없는 것은 아닙니다. 다만 이러한 일이 일어날 확률은 그야말로 제로에 가깝다고 말할 수 있을 뿐입니다. 그렇기 때문에 결국 우리는 기적이 일어났다는 증언을 신뢰해서는 안 됩니다.

① 갑과 병은 신뢰할 만한 사람의 증언 내용이 거짓일 확률이 더 크다고 주장한다.
② 을의 주장은 신뢰할 만한 사람이 기적이 일어났다고 하는 증언을 신뢰할 수 있게 해 준다.
③ 병은 정의 의견을 뒷받침하는 근거를 제시한다.
④ 을과 병의 의견을 토대로 신뢰할 만한 사람이 기적이 일어났다고 하는 증언을 신뢰할 수 있다.
⑤ 갑과 정의 의견을 토대로 신뢰할 만한 사람이 기적이 일어났다고 하는 증언을 신뢰할 수 없다.

25. 다음 (가)~(마)의 중심 내용으로 적절하지 않은 것은?

(가) 이제 막 탄생한 비트코인의 미래를 얘기하는 것은 마치 점쟁이가 갓난아기의 미래를 점치는 것만큼이나 막연하고 불확실한 예단이 될 위험성이 높다. 그러나 이미 글로벌한 인터넷상에서 광풍을 몰고 온 마당이니 그 미래에 대해 어떻게든 추정하고 대비해야 할 필요는 있다.

(나) 세계적으로도 광풍을 일으켰지만 한국은 그 가운데서도 그 광풍의 진원지인양 요란해 외신을 탈 정도였으니 그 투기성에 경각심을 갖는 이들이 많다. 그럼에도 불구하고 비트코인을 4차 산업혁명의 상징적 코드로 보는 시각 또한 존재하기 때문에 정부가 행여 그 불씨를 아예 꺼 버리는 것이 미래산업으로 가는 길을 어둡게 하는 건 아닌지 염려하는 목소리도 나온다.

(다) 초기 금융거래는 상업 분야에서 단순한 민간거래로 시작했지만 결국 국가가 그 통제권을 획득함으로써 공익성까지는 아니어도 적어도 공공적 가치에 순응하도록 이끌어 가게 됐고 그럼으로써 그 시장의 수명을 늘려왔다. 금융정책 속에 순응시키거나 통제 불가능한 경우 도태시켜 버리는 방향으로 금융산업이 발전해 왔듯 비트코인 또한 그런 제도적 통제권 안에 들어올 수 있는지의 여부로 그 존폐를 결정하는 것이 바람직할 것이다.

(라) 문제는 현재와 같은 구조에서 이미 출발부터 국경을 넘어 글로벌 시장 영역에서 돈 거래가 되고 있는 상황이 과연 국가 단위로부터 통제될 수 있는지, 익명거래를 실명화시킬 방안이 찾아질 것인지 가늠하기가 어렵다는 점이다. 한국 정부가 한마디 던져놓은 것처럼 거래소 폐쇄까지 고려하는 게 현재로선 일견 적절해 보이기도 하지만 한편으로는 아직 그 미래가 불확실한 시장을 미리 방어적으로만 대응하는 게 옳은지도 쉽게 판단하기는 어렵다.

(마) 자칫 국내 거래소 폐쇄가 해외 거래소로의 자금 유출을 부르며 미국 시장을 한국 자금의 블랙홀로 만들 위험은 없는지도 검증해 봐야 한다. 또 4차 산업혁명은 차치하고라도 미래 금융산업의 주도권에서 확실하게 밀려날 위험이 없는지도 살펴봐야 한다. 물론 경제 관련법 제정이 법무부 단독으로 가능한 것이 아니니 관계 기관 간의 많은 협의가 있겠지만 매사 너무 신중한 것도, 너무 성급한 것도 다 바람직하지는 않다.

① (가) 비트코인의 미래에 대해 생각해 봐야 할 필요성
② (나) 비트코인에 대한 여러 가지 관점들
③ (다) 비트코인의 존폐를 결정하는 바람직한 방법
④ (라) 비트코인 거래소 폐쇄의 궁극적인 목적
⑤ (마) 여러 방면을 고려해 지정해야 하는 비트코인 관련법의 중요성

영역 **3** 수리비평

✅ 25문항/25분

01. 다음 자료에 대한 설명으로 옳지 않은 것은?

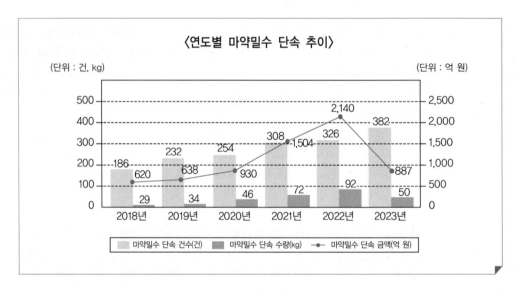

〈연도별 마약밀수 단속 추이〉

① 2019년 마약밀수 단속 건수는 전년 대비 46건 증가하였다.

② 2021년 마약밀수 단속 수량은 전년 대비 55% 이상 증가하였다.

③ 2022년 마약밀수 단속 금액은 2018년 대비 300% 이상 증가하였다.

④ 2023년에 마약밀수 단속 건당 평균 130g 이상의 마약을 적발하였다.

⑤ 마약밀수 단속 건수는 증가하는 추세이다.

02. 다음은 20X0 ~ 20X1년 콘텐츠 산업별 매출액에 관한 자료이다. 이에 대한 설명으로 적절하지 않은 것은?

〈콘텐츠 산업별 매출액〉

(단위 : 백만 원)

산업 \ 매출액	20X0년		20X1년
	상반기	하반기	상반기
출판	10,390,607	10,657,888	10,526,705
만화	552,687	605,118	610,185
음악	2,906,453	3,586,648	3,065,949
게임	7,072,792	6,860,742	7,074,465
영화	2,759,731	2,829,843	2,960,095
애니메이션	311,088	341,748	324,644
방송	8,714,075	10,462,023	8,812,945
광고	7,622,069	9,596,675	7,810,356
캐릭터	6,118,504	6,167,550	6,158,875
지식정보	7,588,077	8,914,879	8,330,152
콘텐츠 솔루션	2,334,846	2,716,259	2,456,268
합계	56,370,929	62,739,373	58,130,639

① 20X0년 게임 산업의 매출액은 13.9조 원 이상이다.

② 20X1년 상반기 매출액 규모는 출판 산업에서 가장 컸다.

③ 20X0년 콘텐츠 산업 총매출액은 상반기보다 하반기에 더 높았다.

④ 20X1년 상반기 음악 산업 매출액은 전반기 대비 14% 이상 감소했다.

⑤ 20X1년 상반기 애니메이션 산업 매출액은 전년 동기 대비 5% 이상 감소했다.

03. 2018년 화재로 인한 사망자 수는 전년 대비 20% 감소하였고, 2019년 화재로 인한 부상자 수는 전년 대비 20% 증가하였다. 2018년 화재로 인한 인명피해 인원은 총 몇 명인가?

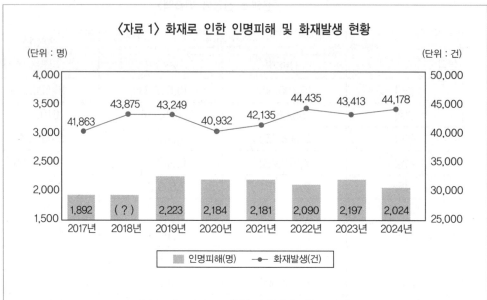

〈자료 1〉 화재로 인한 인명피해 및 화재발생 현황

(단위 : 명) (단위 : 건)

〈자료 2〉 화재로 인한 인명피해 세부 현황

(단위 : 명)

구분	2017년	2018년	2019년	2020년	2021년	2022년	2023년	2024년
소계	1,892	( )	2,223	2,184	2,181	2,090	2,197	2,024
사망	305	( )	267	307	325	253	345	306
부상	1,587	( )	1,956	1,877	1,856	1,837	1,852	1,718

① 1,874명   ② 1,892명   ③ 1,974명

④ 2,107명   ⑤ 2,250명

04. 다음은 20XX년의 남성의 육아휴직에 관한 자료이다. 이에 대한 설명으로 틀린 것은?

〈육아휴직 사용자 중 남성의 비중〉

(단위 : %)

국가	남성의 비중	국가	남성의 비중
아이슬란드	45.6	캐나다	13.6
스웨덴	45.0	이탈리아	11.8
노르웨이	40.8	한국	4.5
포르투갈	43.3	오스트리아	4.3
독일	24.9	프랑스	3.5
덴마크	24.1	일본	2.3
핀란드	18.7	벨기에	25.7

〈아빠전속 육아휴직 기간과 소득대체율〉

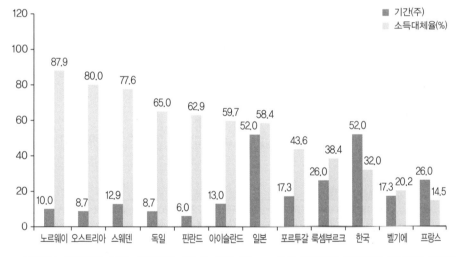

※ 아빠전속 육아휴직 기간 : 육아휴직기간 중 할당 또는 그 밖의 방법으로 아빠에게 주어지며 엄마에게 양도하거나 공유할 수 없는 기간을 말함.

① 육아휴직 사용자 중 남성의 비중이 가장 큰 국가와 가장 작은 국가의 차이는 43.3%p이다.

② 육아휴직 사용자 중 남성의 비중이 높다고 해서 아빠전속 육아휴직 기간이 긴 것은 아니다.

③ 아빠전속 육아휴직 기간이 길수록 소득대체율이 높다.

④ 아빠전속 육아휴직 기간은 일본이 포르투갈보다 3배 이상 길다.

⑤ 아빠전속 육아휴직 기간이 가장 긴 국가와 가장 짧은 국가의 차이는 46주이다.

05. 어느 기업의 각 연도별 자동차 수출입액을 분기 단위로 산술평균한 자료와 각 연도별 자동차 수출입 대수에 관한 다음 자료를 바르게 이해한 사람은?

〈분기별 자동차 수출, 수입액〉

〈분기별 자동차 수출, 수입 대수〉

① 대용 : 2022년 하반기 자동차 수출액은 2조 2천억 원 미만이야.

② 민철 : 2021년 4분기 자동차 수출액은 수입액의 5배 이상이야.

③ 재민 : 자료에서 분기별 수출액과 수입액의 차이가 가장 작을 때에도 그 차이가 8천억 원 이상이 유지됐어.

④ 수창 : 자동차 수입 대수와 수출 대수의 차이가 가장 클 때는 자동차의 수출 대수가 수입 대수의 3배를 넘었었어.

⑤ 태인 : 자동차 수출액이 가장 많았던 분기에 자동차 수출 대수도 가장 많았어.

06. 다음은 ○○사 전 직원의 구강건강에 대한 실태조사 자료이다. 이에 대한 설명으로 옳은 것을 〈보기〉에서 모두 고르면?

〈○○사 전 직원의 구강건강실태〉

구분		대상자 (명)	구강건강실태(%)				
			매우 건강	건강	보통	건강하지 않음	매우 건강하지 않음
전체		19,597	6.87	34.60	42.46	14.75	1.32
성별	남성	10,154	6.99	35.47	40.97	15.33	1.23
	여성	9,443	6.74	33.65	44.08	14.11	1.41
연령별	20대	4,784	9.66	39.00	34.69	14.29	2.36
	30대	4,365	7.14	37.49	40.88	13.85	0.64
	40대	5,173	5.95	34.32	46.01	12.95	0.77
	50대 이상	5,275	4.84	28.09	47.93	17.67	1.46
근무지	A 지사	8,487	7.44	36.62	40.34	14.01	1.58
	B 지사	8,555	6.51	33.69	43.83	14.94	1.03
	본사	2,555	5.77	27.60	46.18	18.53	1.91

※ 구강건강실태(%)는 소수점 아래 셋째 자리에서 반올림한 값임.

| 보기 |

㉠ 연령대가 낮을수록 구강건강이 보통인 직원의 비율이 높다.
㉡ 구강건강이 매우 건강하지 않은 직원들 중에서 B 지사에서 근무하는 직원이 A 지사에서 근무하는 직원보다 더 많다.
㉢ 전체 직원 중에서 구강건강이 매우 건강한 직원은 1,300명 이상이다.
㉣ 구강건강이 매우 건강한 남성 직원이 구강건강이 매우 건강한 여성 직원보다 더 많다.

① ㉠, ㉡   ② ㉠, ㉢   ③ ㉡, ㉢
④ ㉡, ㉣   ⑤ ㉢, ㉣

언어추리
영역별 빈출이론
독해
수리

기출유형문제
1회
2회
3회
4회

기초인재
검사

상황판단검사
1회
2회
3회

인재유형
검사

면접
가이드

07. 다음은 20XX년 미국과 중국의 총수출 중 한국이 차지하는 비중을 나타낸 자료이다. 이에 대한 설명으로 옳은 것을 〈보기〉에서 모두 고르면?

〈미국과 중국의 수출 중 한국의 위치〉

(단위 : 백만 불)

구분	미국			중국		
	총수출	한국수출	국별 순위(위)	총수출	한국수출	국별 순위(위)
20XX년	1,275,029	39,888	7	1,830,131	83,559	4
1월	117,711	3,368	8	182,694	7,882	4
2월	119,340	3,572	8	120,054	6,552	4
3월	135,648	4,360	7	180,464	9,293	4
4월	123,722	4,429	6	179,759	8,353	4
5월	128,025	4,495	6	190,826	8,833	4
6월	133,071	4,227	7	196,384	8,734	4
7월	122,168	4,070	6	193,544	8,084	4
8월	129,286	3,736	7	199,300	8,626	4
9월	130,043	3,825	8	198,160	8,865	4
10월	136,014	3,807	7	188,947	8,337	4

| 보기 |

(가) 미국의 총수출 중 한국의 비중은 매월 3% 이상이다.
(나) 20XX년 1월 ~ 10월 동안 중국의 총수출 중 한국의 비중이 5% 이상인 시기는 없다.
(다) 미국의 총수출 중 한국의 비중은 더 높지만 국별 순위는 더 낮은 시기가 있다.
(라) 한국에 대한 수출의존도는 미국보다 중국이 더 높다고 볼 수 있다.

① (가), (다) ② (가), (라) ③ (나), (다)
④ (나), (라) ⑤ (다), (라)

08. 다음 산불 피해 현황 자료 분석으로 옳은 것은?

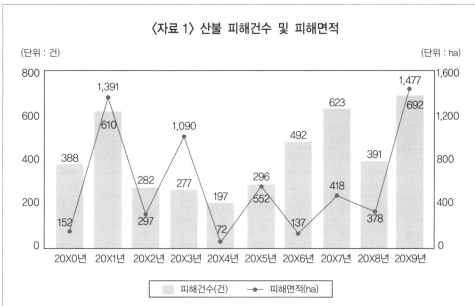

〈자료 1〉 산불 피해건수 및 피해면적

※ 피해면적 : 산불이 발생되어 지상입목, 관목, 시초 등을 연소시키면서 실제로 산불이 지나간 면적

〈자료 2〉 산불 건당 피해면적 및 피해액

(단위 : ha, 백만 원)

구분	20X2년	20X3년	20X4년	20X5년	20X6년	20X7년	20X8년	20X9년
건당 피해면적	( )	3.9	0.4	1.9	( )	0.7	1.0	2.1
피해액	4,451	29,063	2,542	25,020	9,285	20,480	15,721	80,150

※ 피해액 : 산불로 인한 손실 금액으로 입목피해액

① 피해건수가 적을수록 피해액이 적다.

② 20X9년의 피해건수는 전년 대비 100% 이상 증가했다.

③ 20X6년의 피해면적은 20X4년 피해면적의 2배 이상이다.

④ 조사기간 중 피해건수가 가장 많고, 피해면적이 가장 큰 해는 20X1년이다.

⑤ 건당 피해면적은 피해면적을 피해건수로 나눈 값으로 건당 피해가 가장 적은 해는 20X6년이다.

09. 다음은 보훈 보상금 지급 현황에 관한 자료이다. 이에 대한 설명으로 옳지 않은 것은? (단, 소수점 아래 셋째 자리에서 반올림한다)

〈보훈 보상금 지급 현황〉

(단위 : 천 명, 억 원)

구분		2020년	2021년	2022년	2023년	2024년
계	인원	522	524	527	526	502
	금액	32,747	34,370	35,610	36,672	37,306
독립유공자	인원	6	6	6	6	6
	금액	776	799	863	896	910
국가유공자	인원	227	228	237	246	237
	금액	25,212	26,085	26,967	27,570	27,948
고엽제 후유의증환자	인원	37	37	37	37	37
	금액	2,209	2,309	2,430	2,512	2,590
참전유공자	인원	252	253	247	237	222
	금액	4,550	5,177	5,350	5,694	5,858

① 2020년 대비 2024년에 전체 대상자 인원이 감소한 것은 참전유공자의 인원이 감소한 것에 기인한다.
② 2020년 고엽제후유의증환자의 1인당 보상금액은 참전유공자의 1인당 보상금액의 3배 이상이다.
③ 2022년 보훈 대상자는 전년 대비 약 3천 명 증가하였고, 보상금액은 약 1,240억 원 증가하였다.
④ 2023년 국가유공자의 1인당 보상금액은 전년 대비 20만 원 이상 감소하였다.
⑤ 2024년 고엽제후유의증환자의 보상금액은 전년 대비 78억 원 증가하였다.

10. 다음은 20XX년 공항철도 여객 수송실적을 나타낸 자료이다. 이에 대한 해석으로 옳지 않은 것은?

〈공항철도 월별 여객 수송실적(20XX년)〉

(단위 : 천 명)

구분	승차인원	유입인원	수송인원
1월	2,843	2,979	5,822
2월	(A)	2,817	5,520
3월	3,029	3,302	6,331
4월	3,009	3,228	6,237
5월	3,150	3,383	6,533
6월	3,102	3,259	6,361
7월	3,164	3,267	6,431
8월	3,103	(B)	6,720
9월	2,853	3,480	6,333
10월	3,048	3,827	6,875
11월	2,923	3,794	6,717
12월	3,010	3,900	(C)

※ 유입인원 : 다른 철도를 이용하다가 공항철도로 환승하여 최종 종착지에 내린 승객의 수
※ 수송인원=승차인원+유입인원

① 20XX년 공항철도의 수송인원은 매 분기 증가하고 있다.

② 20XX년 2분기 공항철도 유입인원은 1천만 명보다 적다.

③ 9월의 공항철도 유입인원은 8월에 비해 1만 5천 명 이하로 줄었다.

④ 유입인원이 가장 많았던 달과 수송인원이 가장 많았던 달은 일치한다.

⑤ 승차인원이 가장 많았던 달의 승차인원은 가장 적었던 달보다 40만 명 이상 더 많았다.

11. 다음 〈자료 1〉은 탄소포인트제 가입자 A ~ D의 에너지 사용량 감축률 현황이다. 〈자료 2〉에 따라 탄소포인트를 지급받을 때, 가장 많이 지급받는 가입자와 가장 적게 지급받는 가입자를 바르게 짝지은 것은?

〈자료 1〉 A ~ D의 에너지 사용량 감축률 현황

(단위 : %)

가입자\에너지 사용 유형	A	B	C	D
전기	−6.7	9	8.3	6.3
수도	11	−2.5	5.7	9.1
가스	14.6	17.1	9.1	4.9

〈자료 2〉 탄소포인트 지급 방식

(단위 : 포인트)

에너지 사용량 감축률\에너지 사용 유형	5% 미만	5% 이상 ~ 10% 미만	10% 이상
전기	0	5,000	10,000
수도	0	1,250	2,500
가스	0	2,500	5,000

※ 아래의 두 가지 조건 중 적어도 하나를 만족할 경우 지급받는 탄소포인트의 10%를 추가로 지급받는다.
  ① 모든 유형의 에너지 사용량 감축률의 합이 20%p를 넘는 경우
  ② 모든 유형의 에너지 사용량 감축률이 음수를 기록하지 않은 경우
※ 가입자가 지급받는 탄소포인트＝전기 탄소포인트＋수도 탄소포인트＋가스 탄소포인트

	가장 많이 지급받는 가입자	가장 적게 지급받는 가입자
①	B	A
②	B	D
③	C	A
④	C	D
⑤	D	B

12. 다음 자료에 대한 해석으로 옳은 것을 〈보기〉에서 모두 고르면?

〈지역별 수출 현황〉

구분	20X5년		20X0년 대비 증가율(%)
	수출(백만 달러)	구성비(%)	
동남아	143,868.1	23.81	−0.32
중국	131,577.1	21.78	14.04
미국	95,485.0	15.81	4.96
EU	65,306.5	10.81	5.06
일본	35,593.0	5.89	17.94
중동	34,758.3	5.75	89.54
중남미	33,747.3	5.59	38.40
기타	63,791.99	10.56	–

〈지역별 수입 현황〉

구분	20X5년		20X0년 대비 증가율(%)
	수입(백만 달러)	구성비(%)	
중동	118,985.5	22.96	67.65
중국	88,973.7	17.17	−6.33
동남아	71,756.4	13.84	7.06
EU	63,787.4	12.31	19.10
일본	50,297.5	9.70	14.35
미국	48,511.9	9.36	−22.74
중남미	18,389.1	3.55	7.23
기타	57,591.17	11.11	–

──| 보기 |──

㉠ 20X5년 우리나라의 상품수지 흑자규모는 850억 달러 이상이다.

㉡ 20X0년에 비해 20X5년 우리나라 상품수지 흑자액은 중국보다 미국이 더 많이 증가했다.

㉢ 20X6년에 20X5년의 수출 상위 3개 지역만 수출액이 20%씩 증가한다면 수출 총액은 7,000억 달러 이상이 된다.

㉣ 20X5년에 기타를 제외한 7개 지역 중 우리나라가 상품수지 적자를 보이고 있는 지역은 2개 지역이다.

① ㉠, ㉡   ② ㉠, ㉣   ③ ㉡, ㉣
④ ㉠, ㉢, ㉣   ⑤ ㉠, ㉡, ㉢, ㉣

13. 다음 〈보기〉에서 자료를 잘못 분석한 사람은 모두 몇 명인가?

〈자료 1〉 성별에 따른 결혼할 의향이 없는 1인 가구의 비율

구분	2022년		2023년	
	남자	여자	남자	여자
20대	8.2%	4.2%	15.1%	15.5%
30대	6.3%	13.9%	18.8%	19.4%
40대	18.6%	29.5%	22.1%	35.5%
50대	24.3%	45.1%	20.8%	44.9%

〈자료 2〉 연도별 향후 1인 생활 지속기간 유지 여부 예상 비율

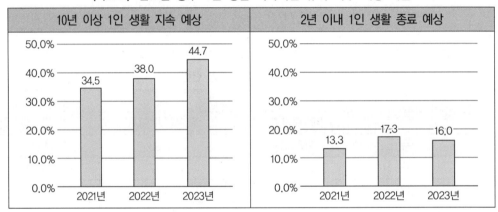

※ 위 자료에서 각 연령대 및 성별 조사 인원은 동일하다.

| 보기 |

A : 2023년 조사에서 남자 중 앞으로 결혼할 의향이 없는 1인 가구의 비율은 50대가 20대에 비해 45% 이상 많아.

B : 2022년 조사에서 여자는 연령대가 높아질수록 결혼할 의향이 없다는 1인 가구의 비율이 높아져.

C : 2023년 조사에서 2년 이내에 1인 생활 종료가 예상된다고 응답한 사람의 비율은 전년보다 1.3%p 줄어들었네.

D : 제시된 자료에서 1인 생활을 10년 이상 지속할 것이라고 예상하는 사람의 비율은 갈수록 늘어나고 있어.

① 0명   ② 1명   ③ 2명
④ 3명   ⑤ 4명

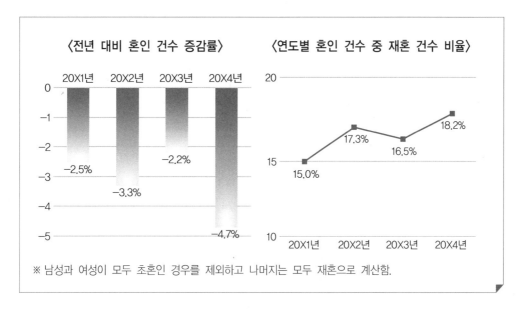

14. 다음은 A 도시의 전년 대비 혼인 건수 증감률과 연도별 혼인 건수 중 재혼이 차지하는 비율을 나타낸 자료이다. 20X0년 혼인 건수가 15,300건일 때, 자료에 대한 설명으로 옳은 것을 〈보기〉에서 모두 고르면? (단, 증감률과 비율은 소수점 아래 둘째 자리에서 반올림한 값이다)

〈전년 대비 혼인 건수 증감률〉

20X1년 −2.5%
20X2년 −3.3%
20X3년 −2.2%
20X4년 −4.7%

〈연도별 혼인 건수 중 재혼 건수 비율〉

20X1년 15.0%
20X2년 17.3%
20X3년 16.5%
20X4년 18.2%

※ 남성과 여성이 모두 초혼인 경우를 제외하고 나머지는 모두 재혼으로 계산함.

| 보기 |

㉠ 20X4년 혼인 건수는 13,000건 미만이다.
㉡ 20X2년 남성과 여성이 모두 초혼인 건수는 11,000건 이상이다.
㉢ 20X3년의 재혼 건수가 2,330건이면 혼인 건수는 14,000건 이상이다.
㉣ 20X1년의 재혼 건수 중 남성의 재혼 비율이 63%라면 남성의 재혼 건수는 1,500건 이상이다.

① ㉠, ㉢   ② ㉡, ㉢   ③ ㉡, ㉣
④ ㉠, ㉡, ㉢   ⑤ ㉡, ㉢, ㉣

15. 다음 자료에 대한 설명으로 옳지 않은 것은? (단, 소수점 셋째 자리에서 반올림한다)

〈K 글로벌회사의 연도별 임직원 현황〉

(단위 : 명)

구분		20X7년	20X8년	20X9년
국적	한국	9,566	10,197	9,070
	중국	2,636	3,748	4,853
	일본	1,615	2,353	2,749
	대만	1,333	1,585	2,032
	기타	97	115	153
	계	15,247	17,998	18,857
고용형태	정규직	14,173	16,007	17,341
	비정규직	1,074	1,991	1,516
	계	15,247	17,998	18,857
연령	30대 이하	8,914	8,933	10,947
	40대	5,181	7,113	6,210
	50대 이상	1,152	1,952	1,700
	계	15,247	17,998	18,857
직급	사원	12,365	14,800	15,504
	간부	2,801	3,109	3,255
	임원	81	89	98
	계	15,247	17,998	18,857

① 20X9년의 임직원 수 중 전년 대비 가장 많이 증가한 국적의 임직원 수는 나머지 국적에서 증가한 임직원 수의 합보다 크다.

② 20X9년에는 전년에 비해 비정규직 임직원이 차지하는 비율이 약 3%p 감소하였다.

③ 20X7년 대비 20X9년 연령별 임직원 수 증가율이 가장 큰 연령대는 50대 이상이다.

④ 전체 임직원 중 사원이 차지하는 비율은 매년 증가하는 추세이다.

⑤ 20X8년과 20X9년의 40대 이상 임직원 비율은 약 8.42%p 정도 차이가 난다.

[16 ~ 17] 다음은 연도별 수출 및 무역수지를 나타낸 표이다. 이어지는 질문에 답하시오.

(단위 : 억 달러)

구분	수출	수입	무역수지
2020년	3,255	3,094	161
2021년	3,715	3,568	147
2022년	4,220	4,353	−133
2023년	3,635	3,231	404
2024년	4,674	4,257	417

16. 다음 〈보기〉 중 위 표에 대한 설명으로 옳은 것을 모두 고르면?

| 보기 |

㉠ 2022년부터 2024년까지 수출과 수입 무역금액의 평균은 약 4,025억 달러이다.

㉡ 수출과 수입의 격차가 가장 큰 해는 2023년이다.

㉢ 2025년의 수입이 14.6% 증가할 것이라 예상했을 때, 수입금액은 약 4,878억 달러이다.

㉣ 무역수지가 적자였던 해는 2021년이다.

㉤ 2024년 전체 무역금액에서 수출금액은 약 50% 이상을 차지한다.

① ㉠, ㉡   ② ㉠, ㉤   ③ ㉡, ㉢

④ ㉢, ㉤   ⑤ ㉣, ㉤

17. 2024년 수출 품목 중 자동차가 39.3%를 차지한다고 했을 때, 자동차의 수출금액은?

① 1,474억 달러   ② 1,633억 달러   ③ 1,723억 달러

④ 1,836억 달러   ⑤ 1,900억 달러

18. 다음은 지역별 학교 현황과 대학진학률에 관한 표이다. 이에 대한 설명으로 옳은 것은?

〈표 1〉 지역별 학교 현황

(단위 : 개)

구분	초등학교	중학교	고등학교	대학교	합계
서울	591	377	314	52	1,334
경기도	1,434	721	592	68	2,815
강원도	353	163	117	18	651
충청도	873	410	262	53	1,598
전라도	1,107	556	354	58	2,075
경상도	1,718	932	677	98	3,425
제주도	116	43	30	5	194

〈표 2〉 지역별 고등학교 졸업생의 대학진학률

(단위 : %)

구분	20X6년	20X7년	20X8년	20X9년
서울	65.6	64.7	64.2	62.8
경기도	81.1	80.6	78.5	74.7
강원도	92.9	90.8	88.4	84.2
충청도	88.2	86.7	84.0	80.1
전라도	91.3	88.1	86.9	81.9
경상도	91.8	89.6	88.2	83.8
제주도	92.6	91.5	90.2	87.6

① 20X9년 전국 고등학교 졸업생의 대학진학률 평균은 약 79.3%이다.

② 대학진학률의 순위는 각 지역의 대학교 개수와 서로 밀접한 관련이 있다.

③ 전체 학교의 개수가 많은 지역일수록 대학교의 개수도 많다.

④ 20X6년 대비 20X9년의 대학진학률 감소폭이 가장 작은 지역은 경기도이다.

⑤ 20X8년 전라도의 고등학교 졸업생 대학진학률은 20X7년에 비해 1.8% 감소하였다.

19. 다음 표를 분석한 내용으로 옳지 않은 것은?

〈우리나라 유제품별 생산 및 소비 실적〉

(단위 : 톤)

유제품별	2023년		2024년	
	생산	소비	생산	소비
연유	2,620	1,611	4,214	1,728
버터	1,152	9,800	3,371	10,446
치즈	24,708	99,520	22,522	99,243
발효유	522,005	516,687	557,639	551,595

① 2024년에 전년 대비 증가한 연유 생산량은 전년 대비 증가한 연유 소비량보다 크다.

② 조사 기간 동안 2년간 치즈의 소비량은 생산량보다 4배 이상 많았다.

③ 2024년 유제품별 생산량을 높은 순서대로 나열하면 전년도의 순서와 같다.

④ 전년도 대비 2024년 발효유의 소비량 증가율은 생산량 증가율보다 높다.

⑤ 2023년에 소비량이 생산량에 비해 가장 많은 유제품은 버터이다.

20. 다음 자료에서 국내 임금 근로자 대비 비정규직 근로자가 차지하는 비중이 가장 높은 해는? (단, 소수점 아래 둘째 자리에서 반올림한다)

〈국내 임금 근로자 및 비정규직 근로자 현황〉

(단위 : 천 명)

구분	20X3년	20X4년	20X5년	20X6년	20X7년
임금 근로자	18,240	18,776	19,312	19,627	19,883
비정규직 근로자	4,092	4,065	4,302	4,293	4,106

① 20X3년   ② 20X4년   ③ 20X5년

④ 20X6년   ⑤ 20X7년

21. 2020년 기준 11개국 중 1985년 대비 기대수명의 변화가 가장 큰 국가와 가장 작은 국가를 순서
대로 바르게 나열한 것은?

〈자료 1〉 한국의 성별 기대수명

(단위 : 세)

구분	1985년	1990년	1995년	2000년	2005년	2010년	2015년	2020년
남자	61.89	64.60	67.46	69.70	72.35	74.89	76.84	78.96
여자	70.41	73.23	75.87	77.94	79.67	81.60	83.63	85.17
전체	66.15	68.91	71.66	73.81	76.01	78.24	80.24	82.06

※ 기대수명은 연령별 사망률 통계를 기반으로 사람들이 평균적으로 얼마나 오래 살 것인지를 산출한 것임. 흔히
현 시점에서 0세의 출생자가 향후 생존할 것으로 기대되는 평균 생존 연수

〈자료 2〉 주요국의 기대수명

(단위 : 세)

구분	1985년	1990년	1995년	2000년	2005년	2010년	2015년	2020년
중국	65.5	67.7	68.9	69.7	70.9	73.1	74.7	75.7
미국	73.3	74.4	74.9	75.7	76.5	77.2	78.2	78.9
영국	73.0	74.2	75.1	76.2	77.2	78.4	79.7	81.0
독일	72.3	73.6	75.0	76.0	77.3	78.6	79.7	80.4
프랑스	73.5	74.6	75.9	77.2	78.3	79.4	80.8	81.9
호주	73.6	75.1	76.2	77.7	78.8	80.3	81.5	82.3
스페인	74.4	76.1	76.9	77.6	78.8	79.9	81.2	82.5
스위스	75.2	76.1	77.2	77.9	79.2	80.5	81.8	82.7
이탈리아	73.5	74.9	76.4	77.5	78.8	80.3	81.5	82.3
일본	75.4	77.0	78.5	79.4	80.5	81.8	82.7	83.3

① 한국, 미국   ② 한국, 영국   ③ 한국, 스위스

④ 호주, 미국   ⑤ 호주, 스위스

22. 다음 자료를 적절하게 분석한 사람은?

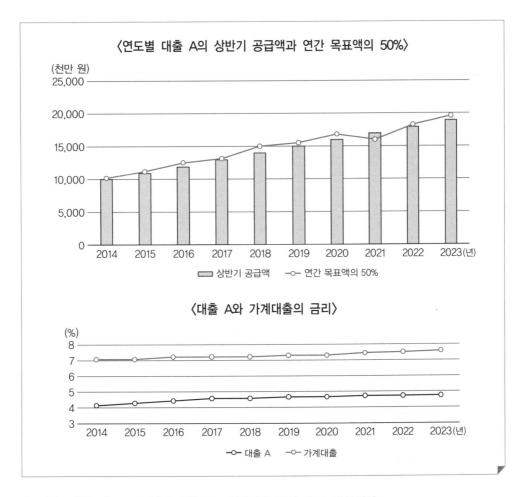

① 지민 : 대출 A는 2021년에 처음으로 연간 목표액을 초과 달성했어.

② 민영 : 2023년 대출 A의 상반기 공급액은 2015년의 연간 목표액보다 더 높아.

③ 호연 : 2018년 대출 A의 연 목표 대출이자수익은 1,500천만 원 이상이었어.

④ 수빈 : 대출 A의 금리는 가계대출 금리와 매년 2%p 이상의 차이를 계속 유지하고 있어.

⑤ 진아 : 2019년에 대출 A 대신 가계대출로 70천만 원을 대출한 채무자가 부담해야 했던 이자 지출의 차이는 2.8천만 원 이상이었어.

인적성검사

23. 다음 우리나라의 연령별 인구를 나타낸 자료를 바탕으로 옳지 않은 설명을 〈보기〉에서 모두
고른 것은?

(단위 : 명)

구분	총인구	남성	여성
0 ~ 4세	2,102,959	1,077,714	1,025,245
5 ~ 9세	2,303,030	1,185,280	1,117,750
10 ~ 14세	2,276,763	1,178,964	1,097,799
15 ~ 19세	2,922,140	1,523,741	1,398,399
20 ~ 24세	3,517,690	1,872,652	1,645,038
25 ~ 29세	3,407,757	1,815,686	1,592,071
30 ~ 34세	3,447,773	1,804,860	1,642,913
35 ~ 39세	4,070,681	2,100,211	1,970,470
40 ~ 44세	4,037,048	2,060,634	1,976,414
45 ~ 49세	4,532,957	2,295,736	2,237,221
50 ~ 54세	4,122,551	2,082,358	2,040,193
55 ~ 59세	4,258,232	2,120,781	2,137,451
60 ~ 64세	3,251,699	1,596,954	1,654,745
65 ~ 69세	2,315,195	1,113,374	1,201,821
70 ~ 74세	1,756,166	802,127	954,039
75 ~ 79세	1,543,849	643,508	900,341
80 ~ 84세	943,418	335,345	608,073
85 ~ 89세	434,947	119,540	315,407
90 ~ 94세	141,555	31,590	109,965
95 ~ 99세	32,154	6,435	25,719
100세 이상	3,943	565	3,378

※ 성비 : 여성 100명에 대한 남성의 수

| 보기 |

㉠ 15세 미만 총인구는 55세 이상 총인구보다 많다.

㉡ 20대의 성비가 가장 높다.

㉢ 성비는 100세 이상 연령에서 가장 낮게 나타난다.

㉣ 남성과 여성 모두 전체 인구 중 40대가 차지하는 비율이 가장 높다.

㉤ 0세에서 50대까지의 연령에서는 남성의 비율이 높고, 60대에서 100세 이상의 연령에서는 여성의 비율이 높다.

① ㉠, ㉢　　　　　　② ㉠, ㉤　　　　　　③ ㉡, ㉣

④ ㉡, ㉤　　　　　　⑤ ㉣, ㉤

24. 다음은 A 시의 에너지 사용량을 가구원 수에 따라 정리한 자료이다. 이에 대한 설명으로 옳지 않은 것은?

구분 \ 가구원 수	1인	2인	3인	4인	5인 이상
전기(Mcal)	6,117	7,138	7,280	7,839	8,175
가스(Mcal)	3,797	4,126	4,270	4,651	5,629
수도(m³)	95	118	144	172	219
지역난방(Mcal)	515	617	1,070	1,461	1,523
탄소배출량(kg-CO₂)	1,943	2,131	2,213	2,370	2,669

① 5인 이상 가구의 가스 사용량은 1인 가구의 가스 사용량의 약 1.5배인 것으로 나타났다.

② 5인 이상 가구의 전기 사용량은 1인 가구의 전기 사용량의 약 1.3배인 것으로 나타났다.

③ 가구원 1인당 전기 사용량, 탄소배출량은 각각 1인 가구가 5인 이상 가구의 3배 이상인 것으로 나타났다.

④ 5인 이상 가구의 수도와 지역난방 사용량은 각각 1인 가구의 약 2.3배, 약 3.0배인 것으로 나타났다.

⑤ 가구원 수가 증가할수록 1인당 에너지 사용량은 증가하며, 1인 가구의 증가는 전체 에너지 사용량 감소로 이어질 것이다.

25. A 사원은 팀장으로부터 다음 자료를 그래프로 바꿔 작성할 것을 지시받았다. A 사원이 작성해야 할 그래프로 가장 옳은 것은?

〈65세 이상 인구 의료 진료비 현황〉

구분	20X4년	20X5년	20X6년	20X7년	20X8년	20X9년
65세 이상 인구 (천 명)	5,468	5,740	6,005	6,223	6,445	6,806
65세 이상 진료비 (억 원)	164,494	180,852	199,687	222,361	252,692	283,247

①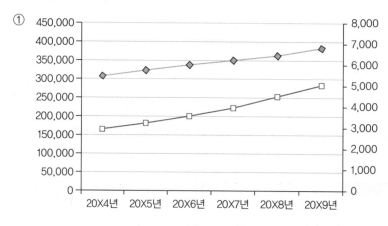

②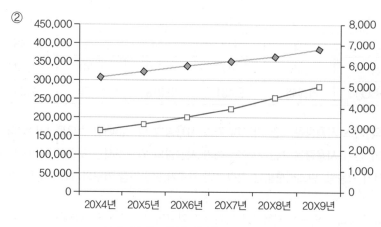

③

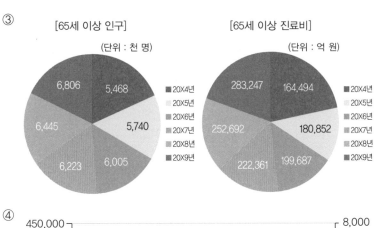

[65세 이상 인구]
(단위 : 천 명)

5,468	20X4년
5,740	20X5년
6,005	20X6년
6,223	20X7년
6,445	20X8년
6,806	20X9년

[65세 이상 진료비]
(단위 : 억 원)

164,494	20X4년
180,852	20X5년
199,687	20X6년
222,361	20X7년
252,692	20X8년
283,247	20X9년

④

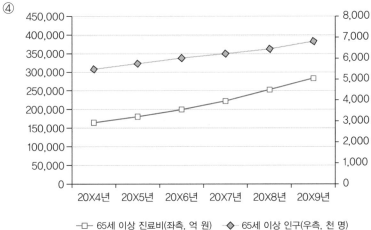

─□─ 65세 이상 진료비(좌측, 억 원)   ◆ 65세 이상 인구(우측, 천 명)

⑤

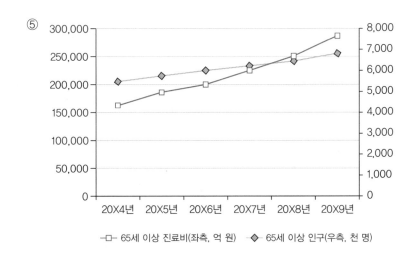

─□─ 65세 이상 진료비(좌측, 억 원)   ◆ 65세 이상 인구(우측, 천 명)

고시넷 이랜드그룹(ESAT) 인적성검사 최신기출유형모의고사

출제 영역 · 문항 수 · 시험 시간

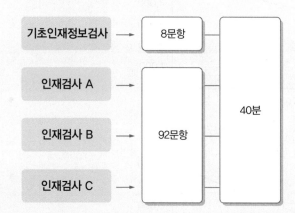

기초인재정보검사 → 8문항

인재검사 A →

인재검사 B → 92문항

인재검사 C →

40분

파트 3 기초인재검사

ESAT **기초인재검사**

※ 기초인재검사는 자신에게 해당하는 것을 선택하는 문제유형으로, 정답과 해설을 별도로 제공하지 않습니다.

영역 1

기초인재정보검사

✓ 8문항

[001 ~ 008] 다음 질문을 읽고 사실에 근거하여 답하시오.

001. 취업 준비 기간이 어떻게 되는가?

① 6개월 미만
② 6개월 이상 1년 미만
③ 1년 이상 2년 미만
④ 2년 이상 3년 미만
⑤ 3년 이상

002. 학창시설 아르바이트 경험이 있는가, 있다면 근무 기간이 어떻게 되는가?

① 없다.
② 6개월 이하
③ 6개월 이상 1년 미만
④ 1년 이상 2년 이하
⑤ 2년 이상

003. 현재 생활비는 어떠한 방식으로 충당하는가?

① 재직 중인 회사에서 급여를 받아 충당하고 있다.
② 아르바이트를 통해 충당하고 있다.
③ 이전 직장 퇴사 후 모아둔 돈을 생활비로 사용하고 있다.
④ 부모님께 받고 있다.
⑤ 대출을 통해 충당하고 있다.

004. 대학교에서 전공한 학문이 지원한 부서의 업무와 관련성이 있는가?

① 전공과 부서 업무가 일치한다.

② 전공과 부서 업무와의 관련성이 높다.

③ 전공과 부서 업무와의 관련성이 낮다

④ 전공과 부서 업무와의 관련성이 없다.

⑤ 부서 업무와 관련된 학문을 전공하지는 않았지만 관련 업무 경력은 있다.

005. 이랜드 계열사에 지원한 이유는 무엇인가?

① 이전 직장보다 근무환경과 조건이 나아서

② 다니고 싶었던 기업이어서

③ 기업이 추구하는 목표가 나의 목표와 비슷해서

④ 이랜드가 원하는 인재상과 나의 성격이 비슷해서

⑤ 거주지가 기업과 가까워서

006. 현재(혹은 이전에) 근무하는 곳의 업무가 이랜드에서 지원한 부서의 업무와 유사한가? (단, 아르바이트를 했던 경력도 포함하여 답한다)

① 근무하던 곳의 업무가 지원한 곳의 업무와 같다.

② 근무하던 곳의 업무가 지원한 곳의 업무와 50% 이상 유사하다.

③ 근무하던 곳의 업무가 지원한 곳의 업무와 20% 정도 유사하다.

④ 근무하던 곳의 업무가 지원한 곳의 업무와 다르다.

⑤ 다른 회사에서 근무한 적이 없다.

007. 이전에도 이랜드 계열사를 지원해 필기시험을 본 적이 있는가?

① 이랜드 계열사는 처음 지원했다.

② 1회의 필기시험을 치른 적 있다.

③ 2회의 필기시험을 치른 적 있다.

④ 3회의 필기시험을 치른 적 있다.

⑤ 4회 이상의 필기시험을 치른 적 있다.

008. 이랜드 계열사에서 근무한 적이 있는가? (단, 아르바이트를 했던 경력도 포함하여 답한다)

① 이랜드 계열사에서 1년 이상 일한 경력이 있다.

② 이랜드 계열사에서 6개월 이상 1년 미만으로 일한 경력이 있다.

③ 이랜드 계열사에서 3개월 이상 6개월 미만으로 일한 경력이 있다.

④ 이랜드 계열사에서 한 달 이상 3개월 미만으로 일한 경력이 있다.

⑤ 이랜드 계열사에서 일한 적이 없다.

영역**2** 인재검사 A

✓ 62문항

[009 ~ 070] 다음을 읽고 자신에게 해당한다고 생각하는 것을 고르시오.

번호	문항	예	아니오
009	배우자는 하늘이 정해준다.	①	②
010	나는 수줍음을 많이 타는 편이다.	①	②
011	나는 과거의 실수가 자꾸만 생각나곤 한다.	①	②
012	나는 사람들과 서로 일상사에 대해 이야기 하는 것이 쑥스럽다.	①	②
013	내 주변에는 나를 좋지 않게 평가하는 사람들이 있다.	①	②
014	나는 가족들과는 합리적인 대화가 잘 안 된다.	①	②
015	나는 내가 하고 싶은 일은 꼭 해야 한다.	①	②
016	나는 개인적 사정으로 타인에게 피해를 주는 사람을 이해할 수 없다.	①	②
017	나는 많은 것을 성취하고 싶다.	①	②
018	나는 변화가 적은 것을 좋아한다.	①	②
019	나는 내가 하고 싶은 일과 해야 할 일을 구분할 줄 안다.	①	②
020	종교는 인간에게 있어서 필수적이다.	①	②
021	나는 뜻대로 일이 되지 않으면 화가 많이 난다.	①	②
022	내 주변에는 나에 대해 좋게 얘기하는 사람이 있다.	①	②
023	요즘 세상에서는 믿을 만한 사람이 없다.	①	②
024	나는 할 말은 반드시 하고야 마는 사람이다.	①	②
025	나는 내일 일기를 쓴다.	①	②
026	나는 가끔 부당한 대우를 받는다는 생각이 든다.	①	②
027	나는 가치관이 달라도 친하게 지내는 친구들이 많다.	①	②
028	나는 새로운 아이디어를 내는 것이 쉽지 않다.	①	②
029	주말마다 교회나 절, 성당 등 종교활동을 한다.	①	②
030	나는 노력한 만큼 인정받지 못하고 있다.	①	②
031	나는 매사에 적극적으로 참여한다.	①	②
032	나의 가족들과는 어떠한 주제를 가지고도 서로 대화가 잘 통한다.	①	②
033	나는 사람들과 어울리는 일에서 삶의 활력을 얻는다.	①	②

034	학창시절 마음에 맞는 친구가 없었다.	①	②
035	특별한 이유 없이 누군가를 미워한 적이 있다.	①	②
036	내가 원하는 대로 일이 되지 않을 때 화가 많이 난다.	①	②
037	요즘 같은 세상에서는 누구든 믿을 수 없다.	①	②
038	내가 봉사활동을 한다면 그 이유는 종교적인 이유이다.	①	②
039	나는 여행할 때 남들보다 짐이 많은 편이다.	①	②
040	나는 상대방이 화를 내면 더욱 화가 난다.	①	②
041	나는 반대 의견을 말하더라도 상대방을 무시하는 말을 하지 않으려고 노력한다.	①	②
042	나는 학창시절 내가 속한 동아리에서 누구보다 충성도가 높은 사람이었다.	①	②
043	나는 새로운 집단에서 친구를 쉽게 사귀는 편이다.	①	②
044	나는 다른 사람을 챙기는 태도가 몸에 배여 있다.	①	②
045	나는 항상 겸손하려고 노력한다.	①	②
046	나는 가족들과 대화를 자주 한다.	①	②
047	삶에서 많은 것은 신에 의해 정해져 있다.	①	②
048	나는 스트레스를 받으면 몸에 이상이 온다.	①	②
049	나는 내가 하고 싶은 일은 나중에라도 꼭 해야 한다.	①	②
050	나는 재치가 있다는 말을 많이 듣는 편이다.	①	②
051	나는 사람들에게 잘 보이기 위해 마음에 없는 거짓말을 한다.	①	②
052	다른 사람을 위협적으로 대한 적이 있다.	①	②
053	나는 부지런하다는 말을 자주 들었다.	①	②
054	나는 쉽게 화가 났다가 쉽게 풀리기도 한다.	①	②
055	나도 남들처럼 든든한 배경이 있었다면 지금보다 훨씬 나은 위치에 있었을 것이다.	①	②
056	나는 능력과 무관하게 불이익을 받은 적이 있다.	①	②
057	친구를 쉽게 사귄다.	①	②
058	감동적이거나 슬픈 영화를 보는 것을 좋아한다.	①	②
059	다양한 분야에 관심이 있다.	①	②
060	창이 있는 레스토랑에 가면 창가에 자리를 잡는다.	①	②
061	기부나 봉사활동을 해본 적이 있다.	①	②
062	다른 사람의 행동을 내가 통제하고 싶을 때가 있다.	①	②

063	무단횡단을 한 번도 해 본 적이 없다.	①	②
064	어려운 목표라도 어떻게 해서든 실현 가능한 해결책을 만든다.	①	②
065	친구를 사귀는 것이 어렵다.	①	②
066	서두르지 않고 순서대로 일을 마무리한다.	①	②
067	나는 따뜻하고 부드러운 마음을 가지고 있다.	①	②
068	회의에 적극 참여한다.	①	②
069	내 분야에서 1등이 되어야 한다.	①	②
070	나는 보통사람들보다 더 존경받을 만하다고 생각한다.	①	②

영역 **3** 인재검사 B

✓ 8문항

[071 ~ 078] 다음을 읽고 자신에게 해당한다고 생각하는 것을 고르시오.

번호	문항	예	아니오
071	스스로 내향적인 사람이라고 생각한다.	①	②
072	나는 이성적인 사람이다.	①	②
073	나는 말도 안 되는 상상을 하는 것을 좋아한다.	①	②
074	일을 시작하기 전에 계획을 세우는 것이 중요하다.	①	②
075	리더로서 가장 중요한 것은 사고의 유연성이다.	①	②
076	사람이 많은 곳에 가면 피곤하다.	①	②
077	현실적이지 않은 대책은 바로 폐기한다.	①	②
078	화가 나는 상황이 오면 그 감정을 말로 표현한다.	①	②

언어추리 독해 수리 영역별 빈출이론 1회 2회 3회 4회 기출유형문제 기초인재검사 1회 2회 3회 상황판단검사 인재유형검사 면접가이드

영역 **4** 인재검사 C

[079 ~ 100] 다음을 읽고 ①~④ 중 자신의 성격과 가장 일치하는 것을 고르시오.

번호	문항	응답
079	온화한	①
	꼼꼼한	②
	논리적인	③
	리더십 있는	④

번호	문항	응답
080	자유로운	①
	섬세한	②
	창의적인	③
	특별한	④

번호	문항	응답
081	평범한	①
	행동이 느린	②
	소심한	③
	성격이 급한	④

번호	문항	응답
082	침착한	①
	계획적인	②
	눈치가 빠른	③
	융통성 있는	④

번호	문항	응답
083	긍정적인	①
	호기심이 많은	②
	상상력이 풍부한	③
	적응이 빠른	④

번호	문항	응답
084	결단력 있는	①
	효율을 중시하는	②
	스스로를 잘 아는	③
	목표의식이 뚜렷한	④

번호	문항	응답
085	약속을 잘 지키는	①
	집중력이 좋은	②
	공감능력이 높은	③
	생각이 많은	④

번호	문항	응답
086	감성적인	①
	혼자만의 시간을 좋아하는	②
	문화생활을 즐기는	③
	남을 잘 챙기는	④

번호	문항	응답
087	순종적인	①
	관조적인	②
	즉흥적인	③
	감정적인	④

번호	문항	응답
088	실행력이 높은	①
	인내심 있는	②
	습득이 빠른	③
	일관성 있는	④

089	열정적인	①
	창의적인	②
	외향적인	③
	에너지 넘치는	④

090	사교성 있는	①
	규칙적인 생활을 하는	②
	관심사가 다양한	③
	유연한 사고를 가진	④

091	존경할만한	①
	늘 열심히 하는	②
	승부욕이 있는	③
	인정받고 싶은	④

092	실패를 두려워하지 않는	①
	아이디어가 많은	②
	암기력이 좋은	③
	상황판단이 뛰어난	④

093	명확한	①
	개인적인	②
	현실적인	③
	조용한	④

094	유머감각이 있는	①
	감수성이 풍부한	②
	적극적인	③
	활동적인	④

095	신뢰할 수 있는	①
	솔직한	②
	성실한	③
	윤리적인	④

096	정직한	①
	논리적인	②
	이성적인	③
	규범을 지키는	④

097	조용한	①
	수줍은	②
	진솔한	③
	정적인	④

098	친구가 많은	①
	센스 있는	②
	예술적인	③
	트렌드에 민감한	④

099	호불호가 강한	①
	단호한	②
	스트레스가 많은	③
	딱딱한	④

100	사려 깊은	①
	따뜻한	②
	부드러운	③
	친절한	④

언어추리 / 독해 / 수리

기출유형문제 1회 / 2회 / 3회 / 4회

기초인재검사

상황판단검사 1회 / 2회 / 3회

인재유형검사

면접가이드

고시넷 이랜드그룹(ESAT) 인적성검사 최신기출유형모의고사

출제 영역 · 문항 수 · 시험 시간

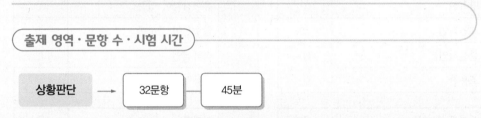

| 상황판단 | → | 32문항 | 45분 |

상황판단검사는 조직의 발전을 위한 방안이나 직장에서의 인간관계 문제를 통해 지원자의 능력을 측정한다. 업무 중의 다양한 상황에서 어떻게 대처할 것인가를 선택하는 문제를 통해 지원자의 상황대처능력과 성향을 판단한다.

파트 4 상황판단검사

ESAT **1회 상황판단검사**

※ 상황판단검사는 정해진 답이 없는 문제유형으로, 정답과 해설을 별도로 제공하지 않습니다.

[01 ~ 32] 각 문제를 읽고 해당 문제 및 상황에 대한 원인과 대안을 생각하여 가장 바람직하다고 생각하는 것을 고르시오.

01. D 대리는 기술직 사원으로 기계를 만지는 일을 주로 한다. D는 부하 직원으로 R을 두었는데, 전반적으로 R은 D보다 경력은 적지만 기술 능력은 더 뛰어나서 어떤 업무에도 실수 없이 일을 진행하는 편이다. 그러던 중, D의 실수로 현장에서 사용하는 기계가 고장이 나서 상품 제조 진행에 차질이 생기게 되었다. 다행히 R이 현장에서 대처를 잘하여 회사에 큰 손해를 막을 수 있었다. R이 다른 동료들에게 대놓고 불평하면서 선임인 D가 자신보다 기술력이 부족하다고 흉을 보고 다닌다. 당신이 D라면 어떻게 할 것인가?

① 기술력이나 근무 경력을 떠나서 선임을 흉보는 일은 잘못된 것이므로 R을 따끔하게 훈계한다.
② 후임보다 기술력이 뒤지지 않도록 퇴근 후 자기 개발에 몰두하여 기술력을 높인다.
③ 후임보다 능력도 없고 회사에 도움이 안 되는 것은 사실이며 모두를 위해서 퇴사한다.
④ R을 부드럽게 훈계한다.

02. U 과장은 본인의 담당 대리점 업무를 K 대리에게 맡기고 해외 출장을 갔다. 복귀 후 K 대리에게 맡겼던 업무를 확인해 보니, K의 실수로 회사가 큰 손해를 입었다. 엎친 데 덮친 격으로 만회할 수 있는 기한이 지나 더 이상 손을 쓸 수 없는 상황에서 팀장이 책임을 묻고 있다. 본인이 U 과장이라면 어떻게 할 것인가?

① K의 실수로 인한 손실이므로, 업무 책임을 K에게 전가한다.
② K가 저지른 실수이지만, 본인의 담당 대리점 업무이므로 본인 책임이라고 말한다.
③ 해외 출장 때문에 불가피한 일이었다고 팀장에게 변명한다.
④ 팀장 앞에서는 K를 혼내고, 사석에서 따로 달래며 사과한다.

03. H 사원은 명절 연휴 기간에 부모님의 효도여행을 계획하였다. 그런데 H 사원의 팀에서 거래하는 해외 바이어에 이슈가 생겨 연휴기간에 출장을 가야 하는 일이 발생했다. 부서 내에서 아직 휴가 계획이 있는 직원은 없고, 이 출장을 가야 하는 직원은 본인의 연휴를 뒤로 미루어야 하는 상황이다. R 팀장이 H 사원에게 출장을 다녀오라고 지시한다면, H 사원은 어떻게 해야 하는가?

① 팀장에게 허락을 받고 연휴 계획이 없는 다른 팀원에게 출장을 양도한다.
② 맡은 출장은 다녀오되, 휴가 일수의 연장을 건의한다.
③ 팀장이 업무를 지시한 것이므로 당연히 휴가 일정을 미룬다.
④ 우선 출장은 맡되, 해외 거래처와 일정을 조율하여 효도여행 이후에 다녀온다.

04. G 과장의 팀장 V는 팀원들에게 항상 타 부서보다 실적이 좋아야 하고 열심히 일해야 한다는 것을 강조한다. 특히 매월 마감 실적을 타 부서와 비교하며 실적이 부진할 경우 팀원들에게 화를 내고, 극심한 스트레스를 준다. 팀원들은 중간 관리자인 G에게 이러한 스트레스에 대해 종종 하소연을 한다. 본인이 G 과장이라면 어떻게 대처할 것인가?

① G 또한 스트레스를 받고 있음을 어필하며 팀원들과 V 팀장의 업무 방식을 비판한다.
② 부서의 매출실적이 좋으면 팀원들의 성과도 좋아지는 것이기 때문에 팀원들을 다독여 열심히 일한다.
③ 팀원들에게 원래 팀장급들은 매출 압박을 가장 심하게 받는다며 V를 두둔한다.
④ V를 찾아가 팀원들의 사기가 많이 떨어져 있으니 조금만 자제해 달라고 부탁한다.

05. J 대리는 진급시험을 앞둔 W 과장과 함께 일하고 있다. W 과장은 본인의 시험공부를 핑계로 J 대리에게 업무를 인계하고 있는데, J 대리는 과중한 업무로 야근을 하며 자신의 업무 외의 일을 커버하고 있는 상황이다. 이때, J 대리가 담당해 온 프로젝트의 발표일이 다가와 이 업무에만 매진해야 하는 일이 생겼다. 본인이 J 대리라면 어떻게 할 것인가?

① 다른 사원에게 양해를 구해, 프로젝트 마감 일까지만 W 과장의 업무를 다른 사원에게 인계한다.
② 나중에 자신도 진급시험을 앞두고 도움을 받아야 하기 때문에, W 과장의 업무를 계속 도맡는다.
③ 팀장에게 보고하여 자신의 프로젝트와 관련하여 다른 직원의 지원 요청을 한다.
④ W 과장에게 상황을 설명하고, 인계받았던 업무를 조율해 줄 것을 상의해 본다.

06. C 대리는 이번 상반기에 채용한 12명의 인턴을 관리하는 담당자이다. 이 인턴 중 한 명인 S 사원은 유학파로, C 대리보다 나이도 많고 직장 경험도 있어 C의 지시를 잘 따르지 않고, 사내 환경에 대해서도 종종 불평불만을 이야기하는 편이다. 관련하여 몇 번 S 사원에게 좋게 타일렀지만 그의 태도는 전혀 변화가 없다. 이 경우 본인이 C 대리라면 어떻게 대응할 것인가?

① 자신이 S에게 업무를 지시하는 과정에서 문제가 있었나 생각해 본다.
② 좋게 타일러도 효과가 없었기 때문에 S에게 더욱 강한 주의를 준다.
③ 인턴의 관리책임업무를 맡아 본 경험이 있는 다른 상사에게 조언을 구한다.
④ S를 그대로 두고, 인턴 평가를 할 때 사실 그대로 기재한다.

07. 특정 생활 습관에 집착하는 F 차장은 팀원들에게도 본인의 생활 습관을 강요한다. 예를 들어, 책상의 전화기는 반드시 왼쪽에 있어야 한다는 둥, 아주 사소한 생활 습관까지 간섭을 하고, 이를 거부하면 업무와 고과에 있어서도 부당한 대우를 한다. 본인이 팀원 중 한 사람이라면 어떻게 할 것인가?

① F의 강요를 무시하고, 이에 대해 부당한 대우가 있다면 팀장에게 보고한다.
② 주변에 F가 있을 때만 그의 말을 따르고 평소에는 자유롭게 생활한다.
③ 적정 범위를 넘는 간섭은 부당하기 때문에, F에게 항의한다.
④ 사내 인트라넷에 F의 부당함에 대해 익명으로 투고한다.

08. 기술영업 영업사원인 K는 거래처 입찰을 진행 중이다. 거래처 Y사에 기존 단가 대비 10% 인하하여 입찰을 제시하였다. 하지만 Y사의 발주담당자 Z는 기존 단가 대비 20% 저렴한 입찰을 요구하고 있다. 당신이 K라면 어떻게 할 것인가?

① 담당자 Y와 자주 교류하여 친분을 쌓은 후, 다시 협상해 본다.
② 거래처와 친밀한 관계를 유지하는 동료 S에게 대신 협상해 달라고 얘기한다.
③ 무리한 조건을 요구한 담당자 Z에게 이런 거래는 성립이 되지 않는다고 항의한다.
④ 상사에게 진행상황을 보고한 뒤, 입찰업무 방향을 수정하거나 지침을 받아 처리한다.

09. 부서 막내인 A는 B의 괴롭힘을 받는다. B는 개인적인 업무를 A에게 과도하게 강요하고 있는데, A는 이로 인해 스트레스가 크다. A는 B에게 개인 면담을 요청하여 심부름을 줄여 줄 것을 건의하였지만, B는 요지부동이다. A는 최근 같은 부서에서 근무 중인 C에게 자신의 고민을 털어놓았다. 이때 C의 행동으로 가장 적절한 것은?

① B와 다시 이야기해 보라고 조언한다.

② B의 상사에게 이야기한다.

③ B에게 A가 사내 적응에 어려움을 겪으니 도와달라고 간접적으로 요청한다.

④ 부서 회의 시, 부서원 전체를 대상으로 사적인 심부름을 자제해 줄 것을 돌려서 말한다.

10. G와 A는 고등학교 동창이다. 사소한 말다툼으로 인해 사이가 멀어진 둘은, 거래처와 담당자 관계로 다시 만나게 되었다. G와 A는 미팅에 참석했는데, G는 A에게 전혀 아는 체를 하지 않는다. 거래처 관계이기에 G와는 3년간 계속 만날 것으로 예상된다. 이때 A의 행동으로 적절한 것은?

① G와 사적인 자리를 만들어, 지난 일은 잊고 다시 잘 지내보자고 이야기한다.

② 업무상 만났을 때 친근감을 표하며 잘 부탁한다고 이야기한다.

③ 팀장에게 다른 거래선으로 바꾸어 주면 더 열심히 하겠다고 이야기한다.

④ 미팅 후 G를 찾아가 혹시 자신이 불편하다면 다른 사람으로 바꾸어 주겠다고 이야기한다.

11. U 부장은 항상 부서 막내인 P에게 불필요한 충고를 많이 하고, 쓸데없는 이야기를 너무 많이 해서 스트레스를 받게 한다. P는 이에 극심한 스트레스를 받고 있고, 동료인 B에게 고충을 이야기하였다. B가 동료로서 해야 할 바람직한 행동은?

① 내 일이 아니므로 넘어간다.

② P의 기분을 풀어 주기 위해 노력한다.

③ U에게 동료로서 솔직하게 느낀 점을 이야기하고, P의 마음을 헤아릴 수 있도록 간접적으로 말한다.

④ P의 편을 들며 U에게 불만을 토로한다.

12. A는 업무 시간 내에 일을 마치고 정시 퇴근하는 것을 선호한다. 그런데 A와 같은 프로젝트를 담당하고 있는 B는 오후부터 일을 시작해서 늦은 저녁이 되어야 업무를 마친다. A와 B의 일일 보고는 함께 보고되어야 하기 때문에 A는 자신의 하루 업무를 다 마친 상태임에도 B의 업무가 마무리되는 것을 기다렸다가 늦게 퇴근해야 하는 일이 빈번하다. 이때 A가 취해야 할 적절한 행동은?

① B에게 "저는 업무를 다 마쳤으니 퇴근 시 함께 보고해 주세요."라고 말하면서 자신의 업무 내용을 전달한 후 먼저 퇴근한다.

② B에게 일일 업무 종료 여부와 관계없이 퇴근 시간이 되면 일단 업무 결과에 대한 보고를 진행하는 것이 옳은 것 같다고 말한 뒤 매일 정해진 시간에 업무 보고를 하게 한다.

③ B에게 당신의 업무 스타일로 인하여 나의 퇴근 시간이 보장되지 않아 힘들다고 솔직하게 이야기한 후 퇴근 시간 전에 최대한 업무를 다 마쳐 달라고 요청한다.

④ B에게 일의 효율을 높이기 위하여 업무 시간 내에 무조건 일일 업무를 마치도록 하자고 돌려서 말한 후 퇴근 시간이 되면 업무 결과를 자신에게 전달하게 한다.

13. A 대리가 속한 팀에서 진행한 프로젝트가 성공적으로 마무리되었다. 이에 따라 회사 창립기념 행사에서 팀장이 대표로 나서 프로젝트 결과를 보고하였고, 팀장은 이달의 우수사원으로 선정되었다. 그리고 팀장에게만 특별휴가 3일이 지급되었다. 프로젝트 성공에 따른 결과였는데, A 대리를 포함한 팀원 4명에게는 별다른 보상이 주어지지 않았다. 이때 A 대리가 취해야 할 적절한 행동은?

① 왜 팀장에게만 특별휴가가 지급된 것인지 팀장에게 직접 물어본다.

② 팀장에게 자신을 포함한 팀원들은 언제 휴가를 가면 되는지 자연스럽게 물어본다.

③ 팀장이 휴가를 받은 데는 프로젝트 성공 외의 이유도 있을 것이라고 생각하며 스스로를 위로한다.

④ 팀장보다 높은 직급에 있는 부장에게 왜 함께한 팀원에게는 휴가가 주어지지 않았는지 여쭤본다.

14. 회사에서 성실하다고 평판이 자자했던 A 대리는 요새 지각이 잦고 실수도 많이 한다. A 대리가 걱정된 팀장은 따로 불러 면담을 진행했다. 알고 보니 A의 어머니가 암에 걸리셔서 퇴근 후에 병간호를 하고 있다고 한다. 이때 A 대리에게 해야 할 팀장의 행동은?

① A에게 당분간 휴가를 낼 것을 권유한다.

② A에게 어떻게 하면 좋겠는지 의견을 묻는다.

③ A의 상황을 팀원들에게 말하고 업무를 분담해 준다.

④ A에게 최대한 일에 집중하도록 하며, 급한 일은 도와주겠다고 말한다.

15. A 팀장이 신입사원 B에게 지금 당장 처리해야 하는 급한 업무이거나 중요한 업무는 아니지만, 퇴근 시간 전에는 끝내 줬으면 좋겠다고 말하면서 업무를 맡겼다. B는 처음으로 팀장에게서 부여받은 단독 업무이기 때문에 이 업무의 처리 결과가 자신의 인상을 결정한다고 생각해서 최대한 완벽하게 업무를 해내고 싶다. 그런데 직속 사수인 C가 와서 현재 C가 맡아서 진행하고 있는 행사 준비에 일손이 많이 부족하니, 얼른 행사장으로 와서 업무 지원을 하라고 한다. 현재 팀장은 부재중이고 퇴근 시간까지는 4시간밖에 남지 않았다. 이런 상황에서 B가 취해야 할 적절한 행동은?

① C가 다급하게 행사 지원을 요청한 것에 대하여 A에게 메일로 보고하고 C를 따라나선다.

② C에게 퇴근 전까지 팀장님에게 보고해야 하는 업무가 있어서 돕지 못한다고 이야기한다.

③ A가 C보다 높은 사람이므로 A의 업무를 처리하고 시간이 남으면 C를 도우러 간다.

④ C를 따라가서 한 시간 정도만 일을 돕다가 사정을 이야기하고 시킨 업무를 한다.

16. A 팀장은 P 팀으로부터 매우 중요한 업무를 요청받고 중대한 사안이므로 내일까지 P 팀이 요청한 업무를 완료해야 한다는 상사의 지시까지 받았다. 하지만 팀에서 해당 업무를 가장 잘하는 B가 몸이 아파서 출근을 하지 못하는 상황이고, C는 다른 바쁜 업무로 인하여 F 팀과 협업을 하는 중이며, D는 오후에 거래처 미팅을 위하여 외근을 가야 한다. 그리고 신입사원 E는 입사한 지 2주밖에 되지 않아 현실적으로 도움이 되지 않는다. 이런 상황에서 A가 취해야 할 행동은?

① P 팀에 팀의 인력 상황을 설명하고 내일까지 업무를 마치기는 어렵다고 이야기한다.

② 자신의 팀에는 해당 업무를 맡을 사람이 없으므로, P 팀에 인력 지원을 요청한다.

③ 출근을 하지 않은 B를 제외한 팀원들을 소집하여 현재 상황에 대해 논의한다.

④ 자신이 D 대신에 거래처 미팅 외근을 나가고 D에게 해당 업무를 맡긴다.

17. 건설사 P가 곧 촬영에 들어갈 드라마에 아파트를 협찬하기로 함에 따라 담당 부서의 A 팀장과 B 대리가 해당 드라마 기획자인 유명 PD C와 미팅을 하기로 하였다. 그런데 미팅을 하러 가는 차 안에서 A 팀장은 B 대리에게 자신이 평소에 드라마도 잘 보지 않고 말주변도 없으니 B 대리가 나가서 미팅을 이끌어 나가 달라고 신신당부를 하였다. 이런 상황에서 B가 취해야 할 행동은?

① 학교, 지역, 가족 등 PD인 C와 자신이 공감대를 형성할 수 있을 만한 정보를 미리 조사해서 친밀감을 형성하는 방식으로 미팅 분위기를 주도해 나간다.

② C가 이전에 기획하거나 연출했던 드라마에 대한 호평으로 인사를 시작하며 미팅 전에 상대의 호감을 사는 방식으로 업무 이야기를 시작해 나간다.

③ C를 만난 후에 자신이 드라마 보는 것을 좋아한다고 밝히면서 곧 촬영에 들어갈 C의 드라마에 대한 기대감을 드러내며 호감을 표한다.

④ 협찬이 C의 드라마에 어떠한 긍정적 영향을 미칠지에 대해 중점적으로 정리하여 C에게 전달함으로써 C를 설득한다.

18. 어느 날 점심시간에 사원 A는 같은 팀 선배 B와 이런저런 이야기를 나누던 중에 일주일 뒤 B의 생일이라는 사실을 알고, B에게 생일을 어떻게 보낼 계획인지 물었다. 그러자 B는 자신이 클래식을 굉장히 좋아한다면서, 이번에 클래식 공연을 보고 싶지만 친구들과 일정이 맞지 않아 혼자 생일을 보내야 할 것 같다고 답했다. B는 A가 신입 때부터 많은 도움을 준 선배지만 아직 사적인 자리에서 만난 적은 없는 사이이다. 게다가 A는 클래식 음악에 대해서 아는 바도 거의 없고 관심도 없었다. 하지만 B의 이야기를 들은 이상 생일을 지나치기에는 마음이 불편할 것 같다. 이 상황에서 A가 취해야 하는 행동은?

① B의 생일 당일, 퇴근 시간 전에 팀 사람들과 함께 축하 파티를 해 준다.
② B의 생일에 볼 만한 클래식 공연을 알아보고 그 정보를 B에게 알려 준다.
③ 클래식 음악을 잘 아는 사람에게 물어봐서 적당한 음악 CD를 B에게 선물한다.
④ 가볍게 오고 간 대화이므로 크게 신경 쓰지 않고 생일날 B에게 축하 인사를 건넨다.

19. A는 거래 계약을 위해 해외 바이어를 인천국제공항에서 픽업해 미팅 장소로 향하고 있다. 차 안에서 대화 중에 해외 바이어가 최고급 호텔과 비행기 비즈니스석을 예약해 주지 않은 것에 대한 불만을 A에게 토로하고 있다. 하지만 회사에서 할 수 있는 예산을 모두 동원해 대접한 상황일 경우, A는 조직을 위해 어떻게 행동해야 할 것인가?

① 회사 사정상 미팅에 사용되는 예산이 충분하지 않았음을 설명하고 다음에는 예산을 늘리겠다고 양해를 구한다.

② 계약 성립이 중요하므로 이번에는 개인적 사비로 최고급 호텔에 예약해 주고, 회사에 차후부터는 비즈니스석과 최고급 호텔 예약이 필요함을 보고한다.

③ 만족하는 수준이 아닌 대접을 한 것에 대해서 정중히 사과한다.

④ 팀장에게 바이어의 불만에 대해서 보고하고 예산을 더 집행할 수 있는지 확인해 본다.

20. A 팀의 B 대리는 업무능력은 뛰어나지만 자기주장이 강하고 직설적이라 팀원들과 몇 차례 불화를 겪었던 이력이 있다. B 대리가 포함된 프로젝트에서 이번에 인원 보강을 위해 업무 능력이 괜찮고 평판도 좋은 C 대리를 영입하였다. 하지만 B 대리와 C 대리는 업무를 같이 하며 겪은 불화로 현재 매우 사이가 좋지 않다. B 대리와 C 대리가 함께 진행해야 하는 프로젝트를 성공적으로 마무리하기 위해 A 팀의 팀장인 당신은 어떻게 해야 하는가?

① B 대리와 C 대리를 따로 불러서 이번 기회에 서로 관계도 회복하고 일도 잘해 보자고 설득한다.

② 프로젝트 참여 인원들과 술자리를 만들어서 B 대리와 C 대리가 자연스럽게 이야기하며 관계가 회복되도록 노력한다.

③ 둘을 따로 불러 사적인 감정으로 일에 나쁜 영향을 주지 않기를 기대한다고 이야기한다.

④ B 대리와 C 대리가 함께 일하는 것은 팀워크에 도움이 되지 않으므로 둘 중 한 명만 프로젝트에 참여시킨다.

21. M은 상사인 P와 2인 1조가 되어 프로젝트 진행을 맡았다. 프로젝트의 마감기한이 코앞인 지금 상사와의 팀워크가 가장 중요한 상황이다. 그런데 상사가 집안에 일이 생겨서 며칠 간 휴가를 쓴다고 하였다. 당신이 M라면 어떻게 하겠는가?

① 그동안 같이 해온 게 있으니 휴가 동안 혼자 맡아서 하고 있겠다고 한다.
② 팀장에게 새로운 팀원을 붙여 달라고 한다.
③ 나중에 잘못되면 상사에게 모든 것을 책임지라고 한다.
④ 프로젝트의 마감 기한을 늦춰 달라고 팀장에게 말한다.

22. K 회사에서 새로운 프로젝트를 위해 팀을 구성했는데, 그 팀에 N이 선발되었다. 그런데 N이 그 팀에서 업무를 진행하던 도중 팀장의 업무처리 스타일에 불만을 갖게 되었다. 당신이 N이라면 어떻게 하겠는가?

① 다른 팀원들의 생각을 모아 팀장에게 알려 준다.
② 팀장에게 직접적으로 불만사항을 이야기한다.
③ 팀장보다 더 높은 상관에게 보고한다.
④ 신경 쓰지 않고 자신의 업무에만 열중한다.

23. A는 퇴근 후 같은 팀 상사인 B와 함께 거래처 직원인 C와 술자리를 가졌다. 처음에는 좋은 분위기로 대화가 이어지다가 술기운이 오른 B가 C에게 기분이 나빠질 만한 농담을 했고, C는 참다가 결국 화를 내며 자리를 박차고 나갔다. 당신이 A라면 어떻게 하겠는가?

① C를 따라 나가 대신 사과한다.
② B에게 빨리 사과하라고 한다.
③ 다음 날 팀장에게 사실대로 보고한다.
④ 다른 상사에게 도움을 요청한다.

24. A 사원은 B 대리와 함께 팀 프로젝트를 진행하고 있다. 그런데 B 대리는 팀 프로젝트에 관심도 갖지 않고 성의 없이 대충 진행하려는 태도를 보이고 있다. 하지만 이번 프로젝트로 직무 평가를 받아야 하는 A에게는 매우 중요한 프로젝트이다. 당신이 A라면 어떻게 하겠는가?

① B 대리와 사적으로 만나 허심탄회하게 자신의 입장을 이야기한다.
② B 대리의 몫까지 본인이 알아서 진행한다.
③ 더 높은 직급의 상사에게 고민을 이야기한다.
④ 다른 팀원에게 B 대리에 대한 불만을 이야기한다.

25. 올해 하반기 목표로 영업실적 1위를 되찾기 위해 새로운 프로젝트를 진행할 팀이 꾸려졌다. 그런데 팀장을 맡은 P는 팀 구성원 목록에서 새로운 프로젝트를 맡을 자질이 부적합한 Q를 발견하였다. Q는 지난 프로젝트에서도 같은 실수를 반복해서 저질렀음에도 반성의 기미를 보이지 않고 남 탓을 하곤 했다. 이번 프로젝트는 영업실적 부진에서 벗어나기 위한 매우 중요한 프로젝트이며, 결과가 P의 임원 승진 여부와도 결부된다. 당신이 P라면 어떻게 하겠는가?

① Q를 구성원에서 제외시킨다.
② Q의 실수를 수습해 줄 수 있는 다른 사원을 투입한다.
③ 팀장 자리를 다른 사람에게 넘긴다.
④ Q만 따로 불러 면담한다.

26. A는 평소에 이기적인 동료 B를 좋아하지 않는다. B는 자신의 업무만 중요하게 생각하고 다른 누군가가 도움을 요청하면 바쁘다고 무시하기 때문이다. 그런데 B가 새로 맡은 일을 처리하던 중에 모르는 점이 생겨 A에게 도움을 요청했다. 당신이 A라면 어떻게 하겠는가?

① B가 평소 했던 대로 무시한다.
② 바쁘다고 말하고 다른 사람에게 물어보라고 한다.
③ 나도 잘 모르는 일이라고 한다.
④ 가르쳐 주고 다음부턴 다른 사람들도 도와주라고 말한다.

27. B는 출근 시간 사내 엘리베이터에서 직원들이 많아 실수로 여직원 P의 허벅지를 만지게 되었다. P는 당황한 B에게 소리를 지르고, 다른 직원들은 B를 흘끔흘끔 쳐다보며 수군거린다. 당신이 B라면 어떻게 하겠는가?

① P에게 실수였음을 이야기하고 바로 사과한다.
② 다른 직원들에게 자신은 그런 사람이 아니라고 이야기한다.
③ 그냥 다음 층에서 내린다.
④ P에게 당신한테 관심 없다고 이야기한다.

28. 입사한 지 3년이 넘은 P에게는 요즘 고민이 생겼다. 새로 들어온 신입사원 J가 P보다 나이도 많고 좋은 학교를 나왔다는 이유에서인지, P에게 존댓말도 아니고 반말도 아닌 말투를 쓰기 때문이다. 처음에는 그냥 참고 넘겼지만 회사생활은 사회생활이라는 생각에 점점 더 화가 난다. 당신이 P라면 어떻게 하겠는가?

① J를 따로 불러 사회생활에 대해 가르친다.
② 먼저 J에게 극존칭을 사용하여 무안하게 한다.
③ 원만한 회사생활을 위해 그냥 참고 넘어간다.
④ 다른 직원들 앞에서 망신을 준다.

29. U 부서의 사원들은 다 같이 나가서 점심식사를 하는데, 어느 날 B 사원이 놓고 온 것이 있다며 식당으로 가는 도중 사무실에 다시 다녀왔다. 그런데 그날 오후 업무를 시작할 무렵 K는 며칠간 공들여 작업한 프로젝트 기획안이 없어진 사실을 알게 되었다. 당신이 K라면 어떻게 하겠는가?

① B를 따로 불러 기획안을 가져가지 않았느냐고 물어본다.
② 모든 직원들에게 점심시간에 보고서가 없어졌다고 알린다.
③ B에게 의심하는 것이 아니라고 말한 뒤, 기획안을 못 봤냐고 물어본다.
④ 분실 사실을 이야기하면 사무실 분위기가 흐려질 수도 있으니 우선 조용히 찾아본다.

30. 영업직 사원인 M은 대리점 고객으로부터 구매한 제품의 부품에 대한 상세한 정보를 요청받았다. M은 회사에서 받은 정보를 모아서 고객에게 보내 주었지만 고객은 내용을 이해하기 어렵다고 불만을 표시하였다. 하지만 M은 판매를 위한 교육만 받았고 부품에 대해 전문가가 아니라 어렵 긴 마찬가지였다. 연구소 쪽에서는 바빠서 더 이상의 도움을 주기는 어렵다는 답변을 주었다. 당신이 M이라면 어떻게 하겠는가?

① 선배에게 상황을 설명하고 어떻게 해야 하는지 조언을 구한다.

② 다시 연구소에 자료를 요청해서 스스로 공부한 후 핵심만 정리해서 고객에게 전달한다.

③ 연구소에 연락해 고객이 어려워하는 부분만이라도 설명을 해 달라고 간곡하게 요청한다.

④ 고객에게 최선을 다했으며 더 이상의 방법은 없다고 최대한 친절하게 설명한다.

31. A는 제약회사의 영업사원이다. 업무상 D 병원의 의사와 친해져야 하는데 의사가 너무 바빠 친해 질 기회가 생기지 않는다. 당신이 A라면 어떻게 하겠는가?

① 의사가 시간이 될 때까지 병원에서 하루 종일 기다린다.

② 의사에게 직접적으로 시간 약속을 잡고 만나자고 얘기한다.

③ 상사에게 도움이 될 만한 방법을 조언받는다.

④ 주위의 인맥을 이용하여 의사에게 개인적으로 접근한다.

32. 마케팅 부서 팀장인 C는 중요한 팀 프로젝트를 진행하고 있는데, 팀원 중 P와 Q가 만나기만 하면 싸우는 것을 알게 되었다. 심지어 팀원들도 P와 Q 중 한쪽의 편을 들며 두 편으로 나뉘는 상황에까지 이르게 되었다. 당신이 C라면 어떻게 하겠는가?

① P와 Q를 팀에서 배제시킨다.

② P와 Q에게 이야기를 들어보고 잘못한 사람만 팀에서 배제시킨다.

③ P나 Q 중 자신을 더 잘 따르는 사람에게 참으라고 부탁한다.

④ 팀 프로젝트가 끝날 때까지 참고 그냥 둔다.

ESAT **2회 상황판단검사**

※ 상황판단검사는 정해진 답이 없는 문제유형으로, 정답과 해설을 별도로 제공하지 않습니다.

[01 ~ 32] 각 문제를 읽고 해당 문제 및 상황에 대한 원인과 대안을 생각하여 가장 바람직하다고 생각하는 것을 고르시오.

01. C 회사의 직원인 J는 회사에서 집이 멀어 늘 집에 늦게 도착한다. 그런데 상사가 다음 날부터 중요한 프로젝트를 맡아 더 늦게까지 야근해야 할 것 같다고 말한다. 당신이 J라면 어떻게 하겠는가?

① 사정을 이야기하고 더 늦게까지 야근은 힘들 것 같다고 말한다.
② 상사의 말이므로 어쩔 수 없이 알았다고 한다.
③ 부서를 바꾸겠다고 말한다.
④ 야근은 힘들다고 말하고 대신 더 일찍 출근하겠다고 한다.

02. K는 공동 업무와 개인 업무를 동시에 진행하고 있다. 두 업무 모두에 지장이 생기지 않도록 신경 쓰고 있는데 동료인 L은 공동 업무를 모두 K에게 맡기고 본인의 개인 업무만 한다. 당신이 K라면 어떻게 하겠는가?

① 어쩔 수 없다고 생각하고 공동 업무를 혼자 처리한다.
② 공동 업무에도 신경 써 달라고 L에게 이야기한다.
③ 상사에게 불만을 토로한다.
④ 공동업무 비중을 공평하게 나눠 L에게 부여한다.

03. C 대리는 어제 T 팀장과 둘이 식사를 하게 되었다. T 팀장은 C 대리에게 요즘 우리 팀원들이 예전에 비해 각자 맡은 업무만 빨리 마치려 하고, 그 외의 다른 역량을 향상시키기 위한 자기 계발은 하지 않는 것 같다고 불만을 토로하였다. 조직의 능력을 향상시키기 위해서 사원 개개인 의 자기 계발 함양도 꼭 필요하다고 하면서, C 대리에게 팀원들의 자기 계발을 독려할 수 있는 방안이 있으면 생각해 보라고 하였다. 당신이 C라면 어떻게 하겠는가?

① 현재 시중에 소개되어 있는 다양한 자기 계발 프로그램을 조사하여 우리 팀에 적용할 만한 것을 선택해 보겠다고 이야기한다.

② 평소 틈틈이 자기 계발을 위해 힘쓰자고 팀원들에게 사내 메신저와 메일 등을 통해 수시로 메시 지를 전달한다.

③ 회사 차원에서 자기 계발 관련 도서를 사원에게 제공해 주거나, 자기 계발 관련 학습 비용을 지원하는 방안을 마련해 줄 것을 건의해 본다.

④ 우선 팀장님과 함께 솔선수범하여 자기 계발에 힘쓰는 모습을 보이자고 이야기한다.

04. 오늘은 사원인 A의 결혼기념일이다. 아내를 위해서 한 달 전부터 이벤트도 준비하였고 저녁식사 를 위한 레스토랑 예약도 해 놓았다. 그런데 점심식사를 마치고 오후 업무를 보던 중 고객의 중요한 요청사항이 들어왔고 상사는 오늘까지 꼭 해결해야 된다고 신신당부를 하였다. 당신이 A라면 어떻게 하겠는가?

① 아내에게 전화하여 상황을 설명하고 기념일을 내일로 미루자고 한다.

② 상사에게 오늘이 결혼기념일이라고 말하고 양해를 구한다.

③ 어떻게 해서든지 퇴근 시간 전까지 마무리하기 위해 노력한다.

④ 동료에게 대신 일을 처리해 달라고 부탁한다.

05. C 회사의 직원인 A는 평소 비위가 약하여 못 먹는 음식이 많다. 어느 날 상사가 몸보신도 할 겸 다같이 보양식을 먹으러 가자고 한다. 사람들은 모두 동의를 했지만 보양식은 A가 평소에 먹지 못하는 음식이다. 당신이 A라면 어떻게 하겠는가?

① 못 먹는 음식임을 밝히고 따로 먹겠다고 한다.

② 식당으로 함께 가지만 다른 메뉴를 시킨다.

③ 다른 메뉴를 상사에게 추천한다.

④ 분위기를 망칠 수 없으므로 먹도록 노력해 본다.

06. S 회사의 직원인 G는 새로운 프로젝트의 팀장을 맡았다. 그런데 다른 동료들은 일을 도와주지 않고 게으름만 피웠고 사실상 G 혼자 일을 거의 다 했다. 상사가 프로젝트를 잘 수행했다며 팀장인 G에게 보너스를 주었고 팀원들은 이 사실을 모른다. 당신이 G라면 어떻게 하겠는가?

① 팀 전체에게 준 것이므로 똑같이 나눠 준다.

② 다른 동료들은 일을 거의 하지 않았으므로 그냥 혼자 갖는다.

③ 팀 동료들과 회식하는 데 쓰고 그동안 서운했던 점을 이야기한다.

④ 프로젝트에 참여한 비율을 따져 나눠 준다.

07. 외국어에 소질이 없는 구매팀 사원 A는 외국인 바이어 B와의 협상을 앞두고 안절부절못하고 있다. 협상시간이 다가오고 있는데 외국어에 능통한 동료 C가 아직 도착하지 않았기 때문이다. 그런데 C에게 연락해 보니 길을 잃어 1시간 정도 늦게 도착할 것 같다고 한다. 당신이 A라면 어떻게 하겠는가?

① 구매팀 팀장에게 연락하여 C가 늦을 것이라고 이야기한 후 지시를 기다린다.

② B에게 협상시간을 조금만 미뤄 달라고 사정한다.

③ 우선 B를 만나 협상을 진행하는 척하면서 C가 도착할 때까지 시간을 끈다.

④ C와 연락이 가능한 휴대전화 등의 장비를 이용하여 협상을 진행할 수 있도록 한다.

08. S 대리는 점심식사 후 사무실 부근에서 K 팀장과 차를 마시게 되었다. K 팀장은 S 대리에게 최근 팀원들이 바쁜 업무 때문인지 각자 맡은 일만 하고, 서로 간의 대화나 교류는 점점 줄고 있는 것 같다며 어떻게 해야 팀 분위기를 전환시킬 수 있을지 고민이라고 하였다. 장기적으로 업무 능력을 향상시키기 위해서라도 팀 내 분위기 쇄신은 꼭 필요하다고 역설하면서 S 대리에게 좋은 방법이나 아이디어가 있으면 생각해 보라고 하였다. 당신이 S라면 어떻게 하겠는가?

① 돌아오는 주말에 1박 2일로 팀 워크숍을 가자고 제안한다.

② 우선 팀원들을 따로 만나 각자 생각하고 있는 것들을 물어본 후 의견을 이야기한다.

③ 회의 시간을 빌려 각자 팀 내 분위기 쇄신을 위해 힘써 보자고 이야기한다.

④ 회식 자리를 마련하여 각자의 생각을 허심탄회하게 털어놓을 수 있는 시간을 마련하는 게 좋겠다고 이야기한다.

09. A는 창의적인 기획안을 제출했으나, 상사는 기존의 방식대로 일을 처리하자고 한다. 당신이 A라면 어떻게 하겠는가?

① 상사의 지시대로 한다.

② 동료들과 상의하여 기획안을 접수시킨다.

③ 창의적인 기획안을 실행했을 때의 장단점을 제출한다.

④ 기존의 방식대로 하되 기획안을 조금이라도 적용하려고 한다.

10. C 회사에 다니는 L은 최근 개인비품이 자꾸 없어지거나 줄어들어 이상하게 여겼다. 그러던 어느 날 우연히 동료 P가 L의 책상에서 아무렇지 않게 물건을 가져다 쓰는 것을 목격했다. 당신이 L이라면 어떻게 하겠는가?

① 왜 남의 물건을 함부로 쓰느냐고 따진다.

② 동료에게 지금까지 자신의 물품을 썼는지 묻고 앞으로는 허락을 받고 써 달라고 말한다.

③ 서랍에 자물쇠를 채워 둔다.

④ 앞으로 P의 물건을 마음대로 쓴다.

11. O 회사에 다니는 R은 몇 년간 휴가도 쓰지 않고 회사를 위해 열심히 일했다. 올해는 R의 아버지 께서 정년 퇴임을 하시는 해라 처음으로 가족과 휴가를 보내기로 했다. 회사에도 미리 이야기를 해 뒀고 비행기표와 숙소 역시 예약해 놓았다. 내일이면 휴가를 떠나는데 갑자기 상사가 회사에 급한 일이 터졌으니 휴가를 취소할 수 없느냐고 물었다. 당신이 R이라면 어떻게 하겠는가?

① 절대 취소할 수 없다고 하고 예정대로 휴가를 떠난다.
② 가족들에게 양해를 구하고 가족들만 휴가를 보낸다.
③ 예약을 취소할 수 있는지를 알아보고 취소할 수 있다면 휴가를 가지 않는다.
④ 사정을 말하고 자신이 할 수 있는 일을 최대한 끝마친 후 휴가를 떠난다.

12. P 회사에 다니는 N은 중요한 자료 정리를 맡았다. 며칠 동안 야근까지 하며 어느 정도 일을 마무 리해 놨는데 동료의 실수로 파일이 지워져 버렸고 상사는 정리된 자료를 빨리 가져오라고 한다. 당신이 N이라면 어떻게 하겠는가?

① 동료한테 상사에게 가서 사정을 말하라고 한다.
② 상사에게 직접 사정을 이야기하고 다시 시간을 달라고 한다.
③ 상사에게 사정을 말한 후 동료에게 자료 정리를 맡긴다.
④ 동료에게 이 일에 대해 어떻게 책임질 것인지 묻는다.

13. H와 연애 중인 A는 교제 사실을 회사 사람들이 알게 되면 이런저런 말들이 많아질 것이 부담스 러워 비밀로 하고 있다. 어느 날, A는 H와 몰래 데이트를 하던 중 회사에서 O 대리에게 들켜 버렸고, O 대리는 회사에 알리겠다고 한다. 당신이 A라면 어떻게 하겠는가?

① O 대리에게 비밀로 해 달라고 정중히 부탁한다.
② O 대리에게 H와는 사귀는 사이가 아니라고 거짓말한다.
③ O 대리가 말한다면 그냥 두고, 회사에 교제 사실을 먼저 알린다.
④ O 대리가 회사에 말하면 헤어진 척한다.

14. H 회사는 직원들의 단합을 위해 주말에 야유회나 체육대회 등을 자주 하는 편이다. 그런데 신입사원인 P는 이런 행사에 참여하는 것보다 휴식을 취하는 것이 더 좋다고 생각한다. 당신이 P라면 어떻게 하겠는가?

① 신입사원일 때만 열심히 참여하는 척하고 시간이 지나면 눈치를 보면서 빠진다.
② 다른 중요한 볼일이 있다고 핑계를 대며 빠진다.
③ 아무 말 없이 모든 행사에 참여한다.
④ 지나치게 잦은 행사가 부담스럽다고 상사에게 건의한다.

15. 얼마 전 스마트폰을 새로 장만한 Q는 직속상사 A가 시도 때도 없이 스마트폰 메신저로 말을 걸어 곤란하다. 심지어 주말에 혼자 쉬고 싶을 때에도 메신저로 연락을 해 업무에 대해 묻는다. 차단기능을 이용해 차단하고 싶어도 직속상사이기 때문에 그러지도 못하는 상황이다. 당신이 Q라면 어떻게 하겠는가?

① 상사에게 중요한 일이 아니면 밤이나 주말에는 연락을 줄여 달라고 정중하게 부탁한다.
② 거꾸로 상사가 질릴 때까지 연락을 해 다시는 그렇게 하지 않도록 한다.
③ 직속상사이므로 참고 견딘다.
④ 다른 직원들은 어떻게 대처하고 있는지 물어본다.

16. 중요한 업무보고서를 맡아 작성한 K 사원은 과장, 부장, 이사의 순으로 결재를 받아야 한다. 오늘 내로 해결해야 하는데 과장이 결근을 하였다. 당신이 K라면 어떻게 하겠는가?

① 과장이 출근하는 날 결재받는다.
② 부장을 찾아가서 과장이 결근했음을 말한 후 결재를 요청한다.
③ 다른 부서의 과장에게 사정을 말한 후 결재를 받아 부장에게 간다.
④ 같은 부서의 선배에게 어떻게 하면 좋을지 물어본 후 그가 시키는 대로 한다.

17. A보다 늦게 입사했지만 나이가 많은 B는 자주 자리를 비우고 제대로 일을 하지 않아 A의 업무에도 지장이 생기고 있다. 당신이 A라면 어떻게 하겠는가?

① 조용히 불러내서 주의를 준다.
② 직원들과 단합하여 상사에게 B에 대한 불만을 토로한다.
③ 자신의 업무에만 신경 쓴다.
④ 직속상사에게 B의 행실에 대한 메일을 보낸다.

18. K 제약회사의 연구팀원인 N은 매번 자신의 연구실적을 팀장이 가로채는 것에 대해 불만을 가지고 있는데, 동료 연구원들은 그것이 관행이라며 참으라는 말만 한다. 그러나 N은 자신의 능력에 대한 정당한 보상을 받고 싶다. 당신이 N이라면 어떻게 하겠는가?

① 팀장에게 개인적으로 자신의 연구실적을 가로채지 말라고 정중히 요청한다.
② 동료 연구원들에게 팀장의 부당함에 대해 따지자고 설득한다.
③ 회사 내 팀장보다 더 높은 상관에게 호소한다.
④ 사원만 사용할 수 있는 사내 게시판에 팀장의 행위를 예로 들어 나쁜 관행을 없애자는 여론을 형성한다.

19. D 회사에 다니는 H는 진급을 위해서 반드시 해외 근무를 2년 이상 해야 한다. 그러나 H는 결혼한 지 얼마 안 됐고, H의 아내는 반드시 국내에서 일해야 한다. 당신이 H라면 어떻게 하겠는가?

① 아내의 일을 그만두게 하고 함께 해외로 간다.
② 아내를 남겨 두고 혼자 해외로 간다.
③ 해외 근무 대신 할 수 있는 업무가 있는지 회사에 문의한다.
④ 해외 근무 연수를 줄일 수 있는 방법은 없는지 물어본다.

20. U 회사에 다니는 J는 회사 동료들과 함께 밥을 먹는 도중 회사 동료들이 상사의 험담을 하는 것을 들었고 J는 분위기상 맞장구를 쳐 줬다. 그런데 며칠 뒤 그 상사가 왜 동료들 사이에서 자신의 험담을 주도하냐며 J에게 따졌다. 당신이 J라면 어떻게 하겠는가?

① 자신은 분위기상 맞장구만 쳤을 뿐이라고 이야기한다.

② 죄송하다고 말한 후, 자신을 험담 주도자라고 한 사람을 찾아낸다.

③ 험담을 주도한 동료들의 이름을 대며 자신이 아니라고 말한다.

④ 동조를 한 것은 사실이므로 일단 죄송하다고 사과한다.

21. Q의 직장동료 R은 업무시간에 회사 일보다 개인적인 대학원 공부에 더 몰두한다. 처음엔 크게 신경 쓰지 않았으나 최근 Q의 업무에도 지장이 생기고 있다. 당신이 Q라면 어떻게 하겠는가?

① 어쩔 수 없다고 생각하고 R의 몫까지 일한다.

② 상사에게 사실을 말하고 조치해 달라고 한다.

③ R을 따로 불러 업무에 지장이 생기고 있음을 이야기하고 시정해 줄 것을 부탁한다.

④ 그때그때 업무에 지장을 줄 때만 이야기한다.

22. T 사원은 성격이 밝고 적극적인 E 사원 옆자리에서 근무한다. E 사원의 활발한 성격 때문에 주변에 친구들이 많고 근무 시간 중에도 사적인 통화를 자주한다. 또한 옆 동료와도 사적인 대화가 많아 업무 중에 방해될 때가 있다. 처음에는 본인이 알아서 하겠지 하고 가볍게 넘겼지만 오히려 더 당당하게 통화를 하고 사적인 대화의 빈도가 잦아 졌다. 당신이 T라면 어떻게 하겠는가?

① E에게 직접적으로 업무에 방해된다고 말한다.

② 상사에게 E의 행동에 대해 보고하여 대책을 강구한다.

③ 기분이 상하지 않는 범위에서 조용히 따로 불러 이야기한다.

④ E가 눈치 챌 수 있도록 다른 사람에게 E가 말을 걸면 못 들은 척해 달라고 부탁한다.

23. 사내에서 성실하고 친절하다는 평가를 받고 있는 R은 요즘 잦은 야근으로 많이 피곤한 상태이다. 어느 날 야근이 없어 일찍 퇴근하려는데 신입사원 U가 R에게 회계보고서 작성을 도와달라고 한다. 이 회계보고서는 아직 기한이 한참이나 남아 있어 당장 급한 것은 아니지만 U는 빨리 보고서를 완성하고 싶다고 한다. 당신이 R이라면 어떻게 하겠는가?

① 너무 힘들어서 도와줄 수 없다고 솔직하게 말한다.
② 아직 기간이 많이 남았으니 다음에 도와주겠다고 한다.
③ 신입사원의 부탁이니 도와준다.
④ 할 수 있는 부분까지만 도와준다.

24. S 사원의 상사인 T는 덤벙거리는 성격 탓에 물건을 자주 잃어버린다. 그러고는 아무렇지 않게 필요한 물건이 있을 때마다 S의 책상에서 꺼내어 쓰고 돌려주지 않는 경우가 많다. 당신이 S라면 어떻게 하겠는가?

① 상사이기 때문에 참는다.
② 책상 서랍을 잠가 놓는다.
③ 따로 자리를 마련하여 T에게 이야기 한다.
④ 빌려갈 때마다 언제 돌려줄 것인지 계속 묻는다.

25. C 대리는 상사 G가 시키는 대로 업무를 수행했다. 이를 보고하기 위해 G에게 가져갔더니 C에게 누가 일을 이렇게 하냐고 다그치면서 화를 냈다. 당신이 C라면 어떻게 하겠는가?

① 어떻게 수정하면 될지 물어본다.
② 잘못을 인정하고 다시 해 오겠다고 한다.
③ 한 귀로 듣고 다른 한 귀로 흘려듣는다.
④ G가 시킨 대로 업무를 처리했다고 정확하게 말한다.

26. 신입사원 A는 친하던 동기 B와 사소한 말다툼으로 인해 사이가 멀어졌다. 그런데 같은 동기인 C가 둘 사이를 중재해 주어 서로 화해를 하게 되었다. A는 모든 앙금이 사라졌다고 믿고 B를 이전처럼 친근하게 대했다. 그러던 어느 날 A는 B가 직속상사인 D에게 자신의 험담을 하는 것을 목격했다. 당신이 A라면 어떻게 하겠는가?

① C에게 B의 행동에 대해 말하고 조언을 구한다.
② 속으로 삭이고 아무런 행동도 하지 않는다.
③ 그 자리에서 B에게 왜 남의 험담을 하냐고 따진다.
④ B를 따로 불러 자신의 험담을 한 것에 대해 사과를 요구한다.

27. Z 회사의 직원인 P는 평소에 상사 R의 재미없는 농담에 불만이 많다. 점심시간에 식사를 하는 도중 R은 또 아무렇지 않게 재미없는 농담을 했고 P는 이것을 그냥 흘려들었다. 그런데 R이 P를 꼭 찍어 왜 웃지 않냐고 물었다. 당신이 P라면 어떻게 하겠는가?

① 일단 큰 소리로 웃는다.
② 재미없다는 생각이 드러나지 않게 다른 핑계를 댄다.
③ 잘 못 들었다고 다시 한번 말해 달라고 한다.
④ 더 재미있는 농담을 하며 넘어간다.

28. S 회사의 V 과장은 업무상 해외출장을 가게 되었다. 4박 5일 일정에 대한 회사 출장 경비로 4백만 원을 지급 받았는데, 마침 출장 중인 곳에 이민 간 동생이 살고 있었다. 동생의 권유로 4박 5일 동안 동생의 집에서 숙박을 하였고 출장을 마치고 돌아오니 숙박비가 절약되어 경비의 절반이 남았다. 당신이 V라면 어떻게 하겠는가?

① 선물을 구입하여 직장동료와 가족들에게 나누어 준다.
② 회사에 반납한다.
③ 회사 이름으로 기부한다.
④ 직속상사에게 절반을 주고 나머지는 본인이 쓴다.

29. M 회사의 L은 업무 중 본의 아닌 실수로 인해 회사에 작은 문제를 일으켰다. 이 때문에 직속상사인 Z에게 심한 꾸지람과 인격적인 모욕을 당했다. 당신이 L이라면 어떻게 하겠는가?

① 그냥 말없이 자리로 돌아가 일을 계속한다.
② 동료직원에게 섭섭함을 토로한다.
③ 모욕을 준 상사보다 직급이 높은 상사에게 말한다.
④ 그 자리에서 부당한 인격 모욕에 대해 항의한다.

30. 기획부 H 대리는 옆자리에 앉은 W 대리가 업무시간에 게임과 인터넷 쇼핑에 열중하는 모습을 자주 목격한다. 그러나 W 대리의 자리는 구석진 곳이어서 H 사원이 말하지 않으면 어느 누구도 W의 이런 모습을 볼 수 없다. 당신이 H라면 어떻게 하겠는가?

① 기획부 부장에게 W의 행동에 대해 이야기 한다.
② 모르는 것이 있다고 하면서 W에게 물어본다.
③ 시간을 따로 내어 W에게 업무에 집중하라고 충고한다.
④ 회의 시간에 모든 직원들에게 업무에 집중하자고 이야기한다.

31. 신입사원 L은 당직근무일을 바꿔달라는 회사 선배 N의 부탁을 몇 번 들어주었는데, N이 날짜를 수시로 바꾸는 바람에 개인적인 일정에 차질이 생기는 경우가 많아 불만이 쌓이고 있다. 그런데 오늘 N이 또 L을 찾아와 당직근무일을 바꿔달라고 부탁하였고, L은 그날 다른 일정이 없는 상태이다. 당신이 L이라면 어떻게 하겠는가?

① 우선 당직을 바꿔준 뒤, 주변 동료들에게 이러한 고충에 대해 이야기한다.
② N에게 알았다고 한 후, 앞으로는 당직근무일을 바꾸지 말 것을 정중하게 부탁한다.
③ 그날 일정이 있으니 다른 사람과 일정을 바꾸라고 말한다.
④ 소속된 팀의 팀장에게 털어놓고, 도움을 요청한다.

32. J 대리의 부서에 E 팀장이 새로 발령받아 오게 되었다. J는 며칠 전 사내 공고에서 E가 자신의 상사가 될 수 있다는 것을 알았고, E와 함께 일한 경험이 있는 동료들을 통해 그가 어떤 성향인지 파악할 수 있었다. 동료들에 따르면 E는 보고를 받거나 자신의 묻는 말에 부하 직원이 대답을 할 때 확신이 없는 표현을 하는 것을 싫어한다고 한다. 또 첫인상을 쉽게 바꾸지 않아 첫 대답에 의해 E와 함께 하는 동안의 회사 생활의 분위기가 결정된다고 한다. E가 온 후 첫 부서 회의에서 J는 조언대로 E가 물어보는 질문에 명쾌하게 대답하여 잘 넘어갔지만, P 과장은 우물쭈물하다가 다른 직원들 앞에서 E에게 크게 혼나게 되었다. 그 이후 E는 미팅이나 보고 때마다 P에게 유독 화를 내고 다른 팀원 앞에서 무안을 준다. 당신이 J라면 어떻게 할 것인가?

① 이미 E에게 P의 이미지가 고정되었으므로 P에게 이직이나 부서이동을 권유한다.

② P에게 E가 어떤 성격인지 말해 주어 다음 보고나 회의를 완벽히 준비할 수 있도록 조언한다.

③ 사석에서 E에게 P가 원래는 우유부단한 스타일이 아니고 일도 잘한다고 칭찬한다.

④ 괜히 E와 P 사이에서 간섭하다가 오히려 E에게 미움을 살 수도 있으므로 이 일에 대해 간섭하지 않는다.

ESAT 3회 상황판단검사

문항수 | 32문항
시험시간 | 45분

※ 상황판단검사는 정해진 답이 없는 문제유형으로, 정답과 해설을 별도로 제공하지 않습니다.

[01 ~ 32] 각 문제를 읽고 해당 문제 및 상황에 대한 원인과 대안을 생각하여 가장 바람직하다고 생각하는 것을 고르시오.

01. S의 기숙사 룸메이트인 D는 잠을 잘 때 고약하게 코를 고는 버릇이 있다. 그래서 S는 밤마다 잠을 설치고, 피로로 인해 업무에도 집중할 수가 없다. 당신이 S라면 어떻게 하겠는가?

① 기숙사 측에 사정을 이야기하고 방을 바꿔달라고 한다.
② D에게 사정을 이야기하고 방을 바꾼다.
③ D에게 병원에 가서 치료를 받아보지 않겠느냐고 진지하게 제안한다.
④ 회사 근처에 원룸을 얻어 기숙사를 나간다.

02. O는 A 구역의 장비에 이상이 생겨 한창 바쁘게 일에 몰두하고 있었는데, 갑자기 B 구역에서도 문제가 생겼다며 지금 당장 와 달라고 호출이 왔다. 당신이 O라면 어떻게 하겠는가?

① 상사에게 보고하고, 어느 곳에 남을지를 결정해 달라고 한다.
② B 구역 쪽에 사정을 이야기하고 A 구역의 일을 모두 마친 후 이동한다.
③ B 구역에 다른 동료를 대신 보내고 A 구역에서의 정비를 마무리한다.
④ A 구역의 일을 다른 동료에게 맡기고 B 구역으로 이동한다.

03. X의 선임인 Y는 평소 다른 사람들에게는 친절하고 예의 바르기로 소문나 있다. 그러나 유독 X와 일을 할 때는 차갑고 까칠한 사람으로 돌변하여, X가 작은 실수 하나라도 하게 되면 인격적인 모독도 서슴지 않는다. 당신이 X라면 어떻게 하겠는가?

① Y의 인격 모독적인 발언들을 몰래 녹음해뒀다가 상사에게 가져가 들려준다.

② 여러 사람이 함께 모였을 때 Y에게 공개적으로 항의한다.

③ Y와 개인적으로 만나 서로에게 바라는 점을 진솔하게 털어놓고 이야기해 본다.

④ 동료들에게 고민을 털어놓고 조언을 듣는다.

04. 직원 D는 상사인 X가 시키는 대로 일을 수행하여 가져갔다. 그런데 X는 누가 시킨 것이냐고 다그치면서 화를 낸다. 이때 당신이 D라면 어떻게 하겠는가?

① 어떻게 수정하냐고 물어본다.

② 잘못을 인정하고 새로 해오겠다고 한다.

③ 시킨 대로 한 것뿐이라고 말한다.

④ X의 상사에게 보고한다.

05. P와 Q는 같은 부서에 근무하는 동료이다. P는 스스로 Q보다 능력이 뛰어나다고 생각하던 중 승진심사에서 Q만 승진하고 P는 탈락하였다. 만약 당신이 P라면 어떻게 하겠는가?

① 승진심사의 심사기준을 다시 한번 체크한다.

② 상사에게 항의한다.

③ 인내하며 근무한다.

④ 공식적인 재심사를 요청한다.

인적성검사

06. 회사에서 공동으로 사용하는 냉장고에서 자꾸 간식이 없어진다. 그런데 어떤 사원이 다른 사람의 간식을 먹는 것을 보았다면 어떻게 할 것인가?

① 그 자리에서 그러지 말라고 이야기한다.
② 간식의 주인에게 말한 후 둘이 이야기하도록 한다.
③ 그 사람이 놀라지 않도록 장난스럽게 농담을 하며 넘어간다.
④ 일단 못 본 척하고 간식에 자기 것만 먹자는 메모를 붙여 놓는다.

07. V 회사에 근무하는 직원 J는 같은 사무실에서 일하는 상사가 자신에게 종종 건네는 외모에 관한 놀림 때문에 불만을 가지고 있다. 웃으며 가벼운 장난으로 하는 말이지만 시간이 갈수록 마음에 쌓이고 견디기가 힘들다. 당신이 J라면 어떻게 하겠는가?

① 다른 직원들에게 상사의 험담을 하는 것으로 스트레스를 푼다.
② 상사에게 개인적인 면담을 요청하고 솔직하게 서운함을 털어놓는다.
③ 사원에게 모욕적 발언을 일삼는 상사를 징계해 달라고 회사에 탄원서를 제출한다.
④ 농담을 건네는 상황에서 공개적으로 불쾌하다는 의사표시를 한다.

08. T의 상사인 O는 공적인 자리에서는 T에게 잘 대해 주지만, 사적인 자리에서는 인간적으로 무시한다. 당신이 T라면 어떻게 하겠는가?

① 공적인 자리에서 O에게 따진다.
② O보다 더 높은 상사에게 이야기한다.
③ O와 개인적으로 만나 불만을 이야기한다.
④ 공론화를 시켜 직장동료들과 O의 언행에 대해 토론하여 협의한다.

09. 신입사원 면접을 보러간 K는 면접관 S로부터 질문을 받았다. 어떤 의도인지 몰라서 바로 대답하지 못하고 머뭇거리고 있으니 면접관 S가 농담이었는데 몰랐냐며 되묻는다. 이때 당신이 K라면 어떻게 반응하겠는가?

① 일단 큰 소리로 웃는다.
② 농담인지 몰랐다고 솔직하게 말한다.
③ 알아들은 척하면서 자연스럽게 넘어간다.
④ 잘 모르겠으니 자세히 설명해 달라고 말한다.

10. S 기업의 공장은 지방에 있다. 이 지방 공장에 근무하는 생산직 사원인 B는 몇 가지 생산라인의 문제점을 보완하면 생산성 향상과 원가절감을 가져오리라고 생각하고 있다. 그러나 B가 이 문제점에 대하여 주위의 동료들에게 말을 했지만 아무도 관심을 가져주지 않는다. 또한 이 회사에는 절차상 제안제도 같은 것도 없다. 이때 당신이 B라면 어떻게 하겠는가?

① 공장장에게 직접 찾아가 건의한다.
② 본사의 경영진에게 서신을 보내 건의한다.
③ 동료직원들과 함께 이를 어필할 수 있는 방법을 연구한다.
④ 동료와 상사에게 꾸준히 자신의 의견을 관철하며 주장한다.

11. A는 퇴근 후 학원을 다니는데 오늘은 학원에서 중요한 교육이 있는 날이다. 그런데 갑자기 내일까지 납품을 해야 하니 모두들 남아 야근을 하라고 한다. 만약 당신이 A라면 어떻게 하겠는가?

① 학원에 가는 것을 포기하고 일을 한다.
② 학원에 다녀와서 처리하지 못한 일을 끝낸다.
③ 동료들에게 양해를 구하고 학원에 간다.
④ 일하는 척하다가 적당히 눈치를 봐서 학원에 간다.

12. S의 선배인 A는 덤벙거리는 성격 탓에 물건을 자주 잃어버린다. 그리고는 필요한 물건이 있을 때마다 S의 사물함에서 아무렇지 않게 꺼내 쓰며, 심지어 돌려주지 않을 때도 많다. 당신이 S라면 어떻게 하겠는가?

① 선배이기 때문에 참는다.

② 물건을 숨겨 둔다.

③ 따로 자리를 마련해 A에게 이야기한다.

④ 빌려갈 때마다 언제 돌려줄 것인지 묻는다.

13. E가 다니는 회사의 정식 퇴근 시간은 오후 6시이다. 그런데 상사를 비롯한 직원들은 항상 정시 퇴근을 하지 않고 늦게까지 일을 한다. 당신이 E라면 어떻게 하겠는가?

① 모두들 퇴근할 때까지 기다렸다가 함께 퇴근한다.

② 눈치를 보며 적당한 시간에 퇴근한다.

③ 오늘의 업무량은 마쳤으므로 당당하게 정시에 퇴근한다.

④ 업무일지를 쓰고 정시에 퇴근한다.

14. B 회사에 근무하는 M은 업무 중 본의 아닌 실수로 인해 회사에 작은 문제를 일으켰다. 그로 인해 상사에게 불려가 자신의 실수에 비하여 상당히 심한 꾸지람을 들었고, 게다가 인격적 모욕까지 들었다. 이때 당신이 M이라면 어떻게 하겠는가?

① 그냥 아무 말 없이 자리로 돌아가 일을 계속 한다.

② 부당한 인격적인 모욕에 항의한다.

③ 동료 직원들에게 섭섭함을 토로한다.

④ 모욕을 준 상사보다 직급이 더 높은 상사를 찾아가 이야기한다.

15. 어느 날 B 회사의 상사 Y가 작은 상자를 하나 가져와서는 건의함이라고 하면서 신입사원인 Q를 비롯한 다른 직원들에게 자신에게 말하고 싶은 것이 있으면 기탄없이 적어서 넣으라고 한다. 당신이 신입사원 Q라면 어떻게 하겠는가?

① 다른 직원들과 상의한 후, 함께 결정한 내용만 적어낸다.

② 내 능력을 보여줄 수 있는 기획안을 만들어서 넣는다.

③ 익명성이 보장될 수 없으므로 건의함을 이용하지 않는다.

④ 건의함을 설치한 상사의 의도를 파악할 때까지 가만히 있는다.

16. D는 어렵게 담배를 끊은 지 한 달이 되었다. 그런데 회식 자리에서 상사인 R이 자꾸만 담배를 권한다. 금연 중임을 알렸지만 R은 막무가내다. 당신이 D라면 어떻게 하겠는가?

① 흡연을 하는 다른 사원을 소개시켜 준다.

② 받아서 피우는 척하다가 몰래 버린다.

③ 금연의 장점을 이야기하고, R에게도 금연을 권유한다.

④ 거절하는데도 자꾸만 담배를 권하는 R에게 화를 낸다.

17. J 회사에 근무하는 K는 점심시간 직후 유난히 낮잠이 쏟아져 업무에 집중을 할 수가 없었다. 곤혹을 견디다 못해 엎드려 잠깐 낮잠을 자고 있는데, 상사가 들어와 잠을 깨우면서 게으름을 피운다는 핀잔을 주었다. 이때 당신이 K라면 어떻게 하겠는가?

① 일단 잘못을 시인하고, 다음 기회에 억울함을 꼭 호소한다.

② 업무능력 향상을 위해 낮잠 시간이 필요하다며 정중하게 건의한다.

③ 낮잠을 자긴 했어도 게으름을 피운다는 말은 억울하다며 호소한다.

④ 잘못을 시인하고 더 열심히 업무에 정진하겠다고 말씀드린다.

18. H 회사에 이제 막 취직하여 첫 출근한 신입사원 B가 있다. B는 사무실의 분위기와 환경의 변화에 커다란 중압감을 느끼고 무척 힘들어했다. 그러나 B는 이 직장에 어렵게 입사하였고, 또한 중요한 일자리라는 생각에 더욱 부담이 되었다. 당신이 신입사원 B라면 어떻게 하겠는가?

① 그냥 조용히 자리에 앉아 있는다.
② 자신이 할 일이 무엇인지 찾아본다.
③ 상사에게 애로사항을 건의하고 조언을 구한다.
④ 동료들과 친분을 쌓으며 적응해본다.

19. 이제 막 입사한 K는 같은 조로 근무하는 선임 M이 자기 일을 자꾸만 K에게 미루는 탓에 다른 동기들에 비해 훨씬 많은 일을 처리하고 있다. 당신이 K라면 어떻게 하겠는가?

① M이 시킨 일을 허술하게 처리하여 상사에게 혼나게 만든다.
② 선배인 M이 시키는 것이므로 힘들어도 묵묵히 참는다.
③ M과 사적으로 만나 자신에게 자꾸 일을 미루는 이유가 뭐냐고 항의한다.
④ 윗선에 이야기해서 M이 없는 다른 조로 발령을 내달라고 한다.

20. 홍보팀에서 근무하는 신입사원 J는 최근 늘어난 업무량으로 인해 야근이 많았다. J는 이런 상황에서도 최선을 다해서 기획안을 완성하여 주어진 시간에 제출하였지만 상사에게 많은 지적을 당하여 의기소침해 있다. 당신이 J라면 어떻게 할 것인가?

① 능력을 부족하다는 것을 인정하고 스스로 반성하는 시간을 갖는다.
② 속상한 마음을 달래 줄 동료를 찾아 기분 전환을 한다.
③ 도움을 될 만한 선배를 찾아보고 조언을 구한다.
④ 상사에게 찾아가 시간이 부족했다는 것과 자신의 현재 상황을 말한다.

21. 입사 동기인 A와 B는 같은 부서에 발령받았다. A는 성격이 쾌활하고 붙임성이 좋아 부서에 쉽게 적응하였다. 반면 B는 약간 내성적인 면이 있어 A에 비해 눈에 띄지 않는 편이었다. 이러한 특성 때문에 부서의 상사들이 두 신입사원에게 업무를 분배할 때, A에게는 주요 업무를 맡기고 B에게는 A의 업무를 지원하도록 하였다. 하지만 실제로 보면 차분하고 꼼꼼한 B가 A보다 업무 능력이 뛰어나다. 그러나 매 실적 평가마다 B가 A에 가려져 업무 능력 평가에서 낮은 점수를 받고 있다. 당신이 B라면 어떻게 할 것인가?

① A에게 배울 만한 점이 있는지 관찰하고 장점을 닮을 수 있도록 노력한다.

② A의 지원 업무를 열심히 하여 그 점을 인정받아서 다음 기회에 주요 업무를 분배받도록 노력한다.

③ 업무를 분배하는 상사에게 본인도 주요 업무를 맡아 보고 싶다고 직접적으로 건의한다.

④ 지원 업무는 주요 업무에 비해 상대적으로 책임을 덜 지므로 열심히 하기보다는 적당히 일한다.

22. F 사원은 입사한 지 2년이 지난 상태이다. F의 회사 시스템은 한 부서에서 2년을 근무한 직원들을 다른 부서로 이동시켜 업무 이해의 다양성을 숙지하도록 하고 있다. 이 때문에 F가 속한 부서의 팀장 Y는 이번 인사발령 시즌에 F를 타 부서로 보내기 전에 F와 1:1 면담을 진행하였다. 면담 도중 Y는 F에게 지금 부서의 문제점에 대해 이야기해 보라고 하였다. 당신이 F라면 어떻게 할 것인가?

① 어차피 다른 부서로 이동하므로 평소 생각했던 부서 내의 문제점을 솔직히 털어놓는다.

② 어떻게 팀장님 앞에서 말할 수 있냐며 질문을 회피한다.

③ 앞으로의 관계를 고려하여 문제점을 말하지 않고 적당히 둘러댄다.

④ 팀 내 갈등이 생기지 않을 정도의 소소한 문제점만 말한다.

23. S 대리는 회사 직원들과 거래처 O사 직원들이 속해 있는 주말 등산모임에 들어갔다. 사내 직원들 그리고 거래처 직원들과 같이 등산을 하면서 친분을 쌓고 업무에 필요한 정보를 알 수 있을 것 같아서였다. 하지만 등산은 생각보다 많은 시간이 걸리고 평소 무릎이 불편한 S 대리에게는 무리였다. 당신이 S라면 어떻게 할 것인가?

① 시작한 지 얼마 안 돼서 그만두면 다른 회원들과의 신뢰를 쌓을 수 없으므로 참고 계속 등산을 한다.

② 등산이 자신에게 신체적으로 불리한 운동이라고 솔직히 고백하고 모임에서 나온다.

③ 등산모임의 참여 횟수를 줄인다.

④ 회사 내의 상사에게 등산모임을 계속해야 하는지 조언을 구한다.

24. Q 사원이 근무하는 부서의 팀장은 A이다. 연말이 되어 실무자 인사이동 발표가 났는데, A 대신 T가 새로운 팀장으로 발령을 받았다. T는 이전 팀장의 업무 방식과 회의 구성을 전면적으로 바꾸어 업무의 효율성을 높이고자 한다. Q의 입장에서는 다소 자유로운 의견 개진이 쉬운 T의 업무 방식이 좋다. 하지만 T가 업무 도중에 계획을 자주 바꾸는 탓에 효율 면에서는 A와 별다른 차이가 없어 보인다. 당신이 Q라면 어떻게 할 것인가?

① 팀장에게 이전의 팀장과 결과 면에서 별 차이가 없다고 솔직하게 보고하고 다른 효율적인 업무 방식 찾기를 건의한다.

② 팀장이 시키는 것이니 그대로 받아들이고 새로운 업무 방식에 적응한다.

③ 나만의 획기적인 업무 방식을 개발하여 팀장에게 추천한다.

④ A에게 요새 새로운 업무 방식에 맞춰서 일하기 힘들다고 어려움을 토로한다.

25. K 사원은 입사 4년차로 대리 승진을 눈앞에 두고 있다. 이번에 특별히 H 차장이 K에게 연구개발센터 시공식 준비를 지시하면서, 행사 당일 사회자 발표까지 완벽히 하면 고과에 참고하겠다고 귀띔을 하였다. K는 밤을 새워서 열심히 시공식 준비를 진행했고, 당일에 있을 사회 진행을 위해 대본을 작성하여 일에 차질이 없도록 준비하였다. 그러나 K는 행사 전날 식중독에 걸려 병원에 입원하게 되었다. 병원 진찰 결과 절대적으로 안정이 필요하므로 하루 정도 휴식을 취하라는 의사의 소견이 있었다. 당신이 K라면 어떻게 할 것인가?

① 대본은 이미 준비되었으므로 행사 진행을 보조하되 같은 부서의 다른 직원에게 사회자 발표만 부탁한다.

② 승진 기회를 놓칠 수 없으므로 약을 먹고 컨디션 조절을 하여 본인이 행사를 끝까지 진행한다.

③ 자신이 그대로 행사를 진행하되 같이 진행하는 다른 직원들에게 양해를 구하여 만약의 상황에 대비한다.

④ 행사를 실수 없이 진행하는 것이 가장 중요하므로 다른 직원에게 행사 담당을 넘긴다.

26. D 대리는 분기별 마감 회의에 보고할 '분기별 매출현황' 보고서를 밤을 새워 가며 준비하였다. 마감 회의 당일, 임원급 상사들 앞에서 보고서를 브리핑 하던 중 상사인 E 과장이 보고서 안의 매출 수치가 사실과 다르다면서 이의를 제기하고, 보고서의 내용이 허술하다면서 다른 상사들 앞에서 D를 질책하였다. 하지만 D가 보고서를 작성할 당시 매출 수치를 조사했을 때에는 그 내용은 틀린 것이 아니었다. 계속해서 E가 D의 보고서에 의문을 제기하고 있다고 할 때, 당신이 D라면 어떻게 할 것인가?

① 그 자리에서 E의 말이 옳다고 인정하고 그 내용으로 바꾸어 발표를 진행한다.

② 일단 E의 말에 잘못을 시인하고 보고를 마친 뒤 사석에서 E에게 이의를 제기한 점에 대해 논한다.

③ 자기의 보고서 내의 수치에 오류가 없음을 구체적인 근거를 들어 회의 시간 내에 알린다.

④ 누구의 말이 옳은지 프레젠테이션을 듣고 있는 다른 직원들에게 물어본다.

27. 신입사원 A는 팀의 아이디어 회의 때마다 새로운 아이디어를 다양하게 제시하면서 굉장히 열정적으로 참여한다. 하지만 아무래도 신입사원이 제시한 아이디어라는 점에서 다소 실현성이 떨어지기에 잘 받아들여지지 않고, 다른 선임 직원들의 아이디어나 의견을 중심으로 회의 내용이 진행된다. B 대리가 보기에는 회의에서 긍정적인 반응을 얻지 못하자 A가 점점 주눅이 들고 이전처럼 회의에 적극적으로 참여하지 않는 것 같다. 당신이 B라면 어떻게 할 것인가?

① 신입으로 당연한 경험이므로 주눅들지 말라고 위로한다.
② 따로 A를 불러 A의 의견에 구체적인 피드백을 주면서 격려한다.
③ 회의에서 자신의 의견을 제시한 후 A의 의견이나 생각을 물어본다.
④ 아직 신입사원이라 그렇지 앞으로 기회가 많을 것이라고 격려한다.

28. 새로운 부서로 이동한 A는 B 팀장으로부터 인수인계를 받던 중, B의 갑작스러운 해외 출장 계획으로 7일 이내에 인수인계를 완료하고 바로 업무를 처리하라는 지시를 받았다. 그러나 A는 해당 직무에 대한 전문지식이 부족하여 B가 설명해 준 내용이 잘 이해되지 않는 상황이다. 당신이 A라면 어떻게 행동할 것인가?

① 다른 팀원들에게 양해를 구하고 업무를 분담해 달라고 요청한다.
② 이전 팀의 상사에게 조언을 구하거나 도움을 요청하여 해결한다.
③ B 팀장에게 따로 시간을 내서 인수인계 내용을 같이 정리하자고 한다.
④ 계획에 없던 일정이므로 업무 시작을 B의 해외 출장 이후로 미룰 것을 건의한다.

29. A는 오랫동안 입사를 준비해 왔던 회사에 최종 합격하여 신입사원 연수를 받은 후 부서 배치를 받았다. 그런데 배치된 부서에 신입사원은 A 한 명뿐이고 부서 자체에서 담당하는 업무도 A에게 맞지 않았다. 당신이 A라면 어떻게 행동할 것인가?

① 자신이 겪는 상황에 대해 진지하게 생각해 보고 현 상황에서 타협점을 찾는다.
② 팀장과 면담을 통해 자신의 현 상황을 이야기 하고 업무 조정을 제안한다.
③ 신입사원 부서 발령을 담당하는 인사팀으로 가서 자신의 고민과 어려움을 털어놓는다.
④ 처음에는 누구나 그런 것이라고 스스로 위로하면서 적응이 될 때까지 열심히 해 본다.

30. Y는 회사 공용 냉장고에 둔 자신의 간식이 조금씩 없어지는 것을 느끼고 있었다. 어느 날, Y는 같은 팀 동료 L이 자신의 도시락을 꺼내 뚜껑을 열어 보고 있는 것을 보았다. 당신이 Y라면 어떻게 행동할 것인가?

① 자신의 음식에 손대지 말라는 메모를 적어 L의 책상 위에 둔다.
② 냉장고 앞에 다른 사람의 음식물을 건드리지 말자는 내용의 메모를 붙인다.
③ 혹시 이전에도 자신의 간식을 먹었는지 그 자리에서 물어본다.
④ 팀원들이 모두 모인 자리에서 자꾸 간식이 없어진다는 말을 넌지시 해 본다.

31. K는 얼마 전부터 입사 동기인 M이 동료들에게 자기의 험담을 하고 다닌다는 것을 알게 되었다. 매우 불쾌했지만 굳이 대응할 필요가 있을까 싶어 모르는 척하고 지냈는데, 갈수록 험담의 정도가 심해진다는 것을 알게 되었다. 그 내용 또한 너무 허무맹랑한 내용이었으나 가만히 두면 동료들로부터 오해를 살 수도 있겠다는 생각이 들었다. 당신이 K라면 어떻게 행동할 것인가?

① M을 따로 불러 왜 자신의 험담을 하는지 따져 묻는다.
② 동료들에게 그동안 M이 자신에 대해 한 이야기들은 모두 사실이 아니라고 말한다.
③ 자신이 바르게만 행동하면 오해 살 일은 없을 것이라고 생각하고 M의 행동에 신경 쓰지 않는다.
④ M을 잘 아는 다른 입사 동기에게 M이 이러한 행동을 하는 이유와 그 대처 방안을 함께 생각해 봐 줄 것을 부탁한다.

32. H 사원은 한 달 전 C 차장에게 현금 15만 원을 빌려주었다. C 차장이 아내 생일날 집에 지갑을 두고오는 바람에 선물을 사 갈 돈이 없다고 말하면서 돈을 빌려 달라고 부탁하기에 그날 수중에 있던 현금을 모두 빌려준 것이었다. 그런데 한 달이 지나도록 C 차장은 돈을 갚지 않고, 빌려간 돈에 대해 언급도 하지 않고 있다. 당신이 H라면 어떻게 행동할 것인가?

① C 차장에게 따로 뵙자고 말씀드린 후에 빌려간 돈을 갚아 달라고 당당하게 요구한다.
② C 차장이 자신에게 돈을 갚지 않는다고 부장님이나 인사팀에 살짝 이야기한다.
③ C 차장에게 급하게 현금이 필요하다고 말하면서 그가 빌려간 돈만큼 빌려 달라고 한다.
④ 동료나 다른 선배들에게 어떻게 대응할지를 상의한다.

파트 5 인재유형검사

01 인재유형검사의 이해

1 인재유형검사, 왜 필요한가?

이랜드 그룹의 인재유형 검사는 우리가 흔히 인성검사로 알고 있는 검사유형이다. 채용기업은 지원자가 '직무적합성'을 지닌 사람인지를 인성검사와 직무적성검사를 통해 판단한다. 인성검사에서 말하는 인성(人性)이란 그 사람의 성품, 즉 각 개인이 가지는 사고와 태도 및 행동 특성을 의미한다. 인성은 사람의 생김새처럼 사람마다 다르기 때문에 몇 가지 유형으로 분류하고 이에 맞추어 판단한다는 것 자체가 억지스럽고 어불성설일지 모른다. 그럼에도 불구하고 기업들의 입장에서는 입사를 희망하는 사람이 어떤 성품을 가졌는지 정보가 필요하다. 그래야 해당 기업의 인재상에 적합하고 담당할 업무에 적격한 인재를 채용할 수 있기 때문이다.

지원자의 성격이 외향적인지 아니면 내향적인지, 어떤 직무와 어울리는지, 조직에서 다른 사람과 원만하게 생활할 수 있는지, 업무 수행 중 문제가 생겼을 때 어떻게 대처하고 해결할 수 있는지에 대한 전반적인 개성은 자기소개서를 통해서나 면접을 통해서도 어느 정도 파악할 수 있다. 그러나 이것들만으로 인성을 충분히 파악할 수 없기 때문에 객관화되고 정형화된 인성검사로 지원자의 성격을 판단하고 있다.

채용기업은 필기시험을 높은 점수로 통과한 지원자라 하더라도 해당 기업과 거리가 있는 성품을 가졌다면 탈락시키게 된다. 일반적으로 필기시험 통과자 중 인성검사로 탈락하는 비율이 10% 내외가 된다고 알려져 있다. 물론 인성검사를 탈락하였다 하더라도 특별히 인성에 문제가 있는 사람이 아니라면 절망할 필요는 없다. 자신을 되돌아보고 다음 기회를 대비하면 되기 때문이다. 탈락한 기업이 원하는 인재상이 아니었다면 맞는 기업을 찾으면 되고, 경쟁자가 많았기 때문이라면 자신을 다듬어 경쟁력을 높이면 될 것이다.

2 인재유형검사의 특징

우리나라 대다수의 채용기업은 인재개발 및 인적자원을 연구하는 한국행동과학연구소(KIRBS), 에스에이치알(SHR), 한국사회적성개발원(KSAD), 한국인재개발진흥원(KPDI) 등 전문기관에 인재유형검사, 즉 인성검사를 의뢰하고 있다.

이 기관들의 인성검사 개발 목적은 비슷하지만 기관마다 검사 유형이나 평가 척도는 약간의 차이가 있다. 또 지원하는 기업이 어느 기관에서 개발한 검사지로 인성검사를 시행하는지는 사전에 알 수 없다. 그렇지만 공통으로 적용하는 척도와 기준에 따라 구성된 여러 형태의 인성검사지로 사전 테스트를 해 보고 자신의 인성이 어떻게 평가되는가를 미리 알아보는 것은 가능하다.

인성검사는 필기시험 당일 직무능력평가와 함께 실시하는 경우와 직무능력평가 합격자에 한하여 면접과 함께 실시하는 경우가 있다. 인성검사의 문항은 100문항 내외에서부터 최대 500문항까지 다양하다. 인성검사에 주어지는 시간은 문항 수에 비례하여 30 ~ 100분 정도가 된다.

문항 자체는 단순한 질문으로 어려울 것은 없지만 제시된 상황에서 본인의 행동을 정하는 것이 쉽지만은 않다. 문항 수가 많을 경우 이에 비례하여 시간도 길게 주어지지만 단순하고 유사하며 반복되는 질문에 방심하여 집중하지 못하고 실수하는 경우가 있으므로 컨디션 관리와 집중력 유지에 노력하여야 한다. 특히 같거나 유사한 물음에 다른 답을 하는 경우가 가장 위험하다.

3 인재유형검사 척도 및 구성

1 미네소타 다면적 인성검사(MMPI)

MMPI(Minnesota Multiphasic Personality Inventory)는 1943년 미국 미네소타 대학교수인 해서웨이와 매킨리가 개발한 대표적인 자기 보고형 성향 검사로서 오늘날 가장 대표적으로 사용되는 객관적 심리검사 중 하나이다. MMPI는 약 550여 개의 문항으로 구성되며 각 문항을 읽고 '예(YES)' 또는 '아니오(NO)'로 대답하게 되어 있다.

MMPI는 4개의 타당도 척도와 10개의 임상척도로 구분된다. 500개가 넘는 문항들 중 중복되는 문항들이 포함되어 있는데 내용이 똑같은 문항도 10문항 이상 포함되어 있다. 이 반복 문항들은 응시자가 얼마나 일관성 있게 검사에 임했는지를 판단하는 지표로 사용된다.

구분	척도명	약자	주요 내용
타당도 척도 (바른 태도로 임했는지, 신뢰할 수 있는 결론인지 등을 판단)	무응답 척도 (Can not say)	?	응답하지 않은 문항과 복수로 답한 문항들의 총합으로 빠진 문항을 최소한으로 줄이는 것이 중요하다.
	허구 척도 (Lie)	L	자신을 좋은 사람으로 보이게 하려고 고의적으로 정직하지 못한 답을 판단하는 척도이다. 허구 척도가 높으면 장점까지 인정받지 못하는 결과가 발생한다.
	신뢰 척도 (Frequency)	F	검사 문항에 빗나간 답을 한 경향을 평가하는 척도로 정상적인 집단의 10% 이하의 응답을 기준으로 일반적인 경향과 다른 정도를 측정한다.
	교정 척도 (Defensiveness)	K	정신적 장애가 있음에도 다른 척도에서 정상적인 면을 보이는 사람을 구별하는 척도로 허구 척도보다 높은 고차원으로 거짓 응답을 하는 경향이 나타난다.
임상척도 (정상적 행동과 그렇지 않은 행동의 종류를 구분하는 척도로, 척도마다 다른 기준으로 점수가 매겨짐)	건강염려증 (Hypochondriasis)	Hs	신체에 대한 지나친 집착이나 신경질적 혹은 병적 불안을 측정하는 척도로 이러한 건강염려증이 타인에게 어떤 영향을 미치는지도 측정한다.
	우울증 (Depression)	D	슬픔·비관 정도를 측정하는 척도로 타인과의 관계 또는 본인 상태에 대한 주관적 감정을 나타낸다.
	히스테리 (Hysteria)	Hy	갈등을 부정하는 정도를 측정하는 척도로 신체 증상을 호소하는 경우와 적대감을 부인하며 우회적인 방식으로 드러내는 경우 등이 있다.
	반사회성 (Psychopathic Deviate)	Pd	가정 및 사회에 대한 불신과 불만을 측정하는 척도로 비도덕적 혹은 반사회적 성향 등을 판단한다.
	남성–여성특성 (Masculinity–Feminity)	Mf	남녀가 보이는 흥미와 취향, 적극성과 수동성 등을 측정하는 척도로 성에 따른 유연한 사고와 융통성 등을 평가한다.

	편집증 (Paranoia)	Pa	과대망상, 피해망상, 의심 등 편집증에 대한 정도를 측정하는 척도로 열등감, 비사교적 행동, 타인에 대한 불만과 같은 내용을 질문한다.
	강박증 (Psychasthenia)	Pt	과대 근심, 강박관념, 죄책감, 공포, 불안감, 정리정돈 등을 측정하는 척도로 만성 불안 등을 나타낸다.
	정신분열증 (Schizophrenia)	Sc	정신적 혼란을 측정하는 척도로 자폐적 성향이나 타인과의 감정 교류, 충동 억제불능, 성적 관심, 사회적 고립 등을 평가한다.
	경조증 (Hypomania)	Ma	정신적 에너지를 측정하는 척도로 생각의 다양성 및 과장성, 행동의 불안정성, 흥분성 등을 나타낸다.
	사회적 내향성 (Social introversion)	Si	대인관계 기피, 사회적 접촉 회피, 비사회성 등의 요인을 측정하는 척도로 외향성 및 내향성을 구분한다.

2 캘리포니아 성격검사(CPI)

CPI(California Psychological Inventory)는 캘리포니아 대학의 연구팀이 개발한 성검사로 MMPI와 함께 세계에서 가장 널리 사용되고 있는 인성검사 툴이다. CPI는 다양한 인성 요인을 통해 지원자가 답변한 응답 왜곡 가능성, 조직 역량 등을 측정한다. MMPI가 주로 정서적 측면을 진단하는 특징을 보인다면, CPI는 정상적인 사람의 심리적 특성을 주로 진단한다.

CPI는 약 480개 문항으로 구성되어 있으며 다음과 같은 18개의 척도로 구분된다.

구분	척도명	주요 내용
제1군 척도 (대인관계 적절성 측정)	지배성(Do)	리더십, 통솔력, 대인관계에서의 주도권을 측정한다.
	지위능력성(Cs)	내부에 잠재되어 있는 내적 포부, 자기 확신 등을 측정한다.
	사교성(Sy)	참여 기질이 활달한 사람과 그렇지 않은 사람을 구분한다.
	사회적 자발성(Sp)	사회 안에서의 안정감, 자발성, 사교성 등을 측정한다.
	자기 수용성(Sa)	개인적 가치관, 자기 확신, 자기 수용력 등을 측정한다.
	행복감(Wb)	생활의 만족감, 행복감을 측정하며 긍정적인 사람으로 보이고자 거짓 응답하는 사람을 구분하는 용도로도 사용된다.
제2군 척도 (성격과 사회화, 책임감 측정)	책임감(Re)	법과 질서에 대한 양심, 책임감, 신뢰성 등을 측정한다.
	사회성(So)	가치 내면화 정도, 사회 이탈 행동 가능성 등을 측정한다.
	자기 통제성(Sc)	자기조절, 자기통제의 적절성, 충동 억제력 등을 측정한다.
	관용성(To)	사회적 신념, 편견과 고정관념 등에 대한 태도를 측정한다.
	호감성(Gi)	타인이 자신을 어떻게 보는지에 대한 민감도를 측정하며, 좋은 사람으로 보이고자 거짓 응답하는 사람을 구분한다.
	임의성(Cm)	사회에 보수적 태도를 보이고 생각 없이 적당히 응답한 사람을 판단하는 척도로 사용된다.

제3군 척도 (인지적, 학업적 특성 측정)	순응적 성취(Ac)	성취동기, 내면의 인식, 조직 내 성취 욕구 등을 측정한다.
	독립적 성취(Ai)	독립적 사고, 창의성, 자기실현을 위한 능력 등을 측정한다.
	지적 효율성(Le)	지적 능률, 지능과 연관이 있는 성격 특성 등을 측정한다.
제4군 척도 (제1~3군과 무관한 척도의 혼합)	심리적 예민성(Py)	타인의 감정 및 경험에 대해 공감하는 정도를 측정한다.
	융통성(Fx)	개인적 사고와 사회적 행동에 대한 유연성을 측정한다.
	여향성(Fe)	남녀 비교에 따른 흥미의 남향성 및 여향성을 측정한다.

3 SHL 직업성격검사(OPQ)

OPQ(Occupational Personality Questionnaire)는 세계적으로 많은 외국 기업에서 널리 사용하는 CEB 사의 SHL 직무능력검사에 포함된 직업성격검사이다. 4개의 질문이 한 세트로 되어 있고 총 68세트 정도 출제되고 있다. 4개의 질문 안에서 '자기에게 가장 잘 맞는 것'과 '자기에게 가장 맞지 않는 것'을 1개씩 골라 '예', '아니오'로 체크하는 방식이다. 단순하게 모든 척도가 높다고 좋은 것은 아니며, 척도가 낮은 편이 좋은 경우도 있다.

기업에 따라 척도의 평가 기준은 다르다. 희망하는 기업의 특성을 연구하고, 채용 기준을 예측하는 것이 중요하다.

척도	내용	질문 예
설득력	사람을 설득하는 것을 좋아하는 경향	- 새로운 것을 사람에게 권하는 것을 잘한다. - 교섭하는 것에 걱정이 없다. - 기획하고 판매하는 것에 자신이 있다.
지도력	사람을 지도하는 것을 좋아하는 경향	- 사람을 다루는 것을 잘한다. - 팀을 아우르는 것을 잘한다. - 사람에게 지시하는 것을 잘한다.
독자성	다른 사람의 영향을 받지 않고, 스스로 생각해서 행동하는 것을 좋아하는 경향	- 모든 것을 자신의 생각대로 하는 편이다. - 주변의 평가는 신경 쓰지 않는다. - 유혹에 강한 편이다.
외향성	외향적이고 사교적인 경향	- 다른 사람의 주목을 끄는 것을 좋아한다. - 사람들이 모인 곳에서 중심이 되는 편이다. - 담소를 나눌 때 주변을 즐겁게 해 준다.
우호성	친구가 많고, 대세의 사람이 되는 것을 좋아하는 경향	- 친구와 함께 있는 것을 좋아한다. - 무엇이라도 얘기할 수 있는 친구가 많다. - 친구와 함께 무언가를 하는 것이 많다.
사회성	세상 물정에 밝고 사람 앞에서도 낯을 가리지 않는 성격	- 자신감이 있고 유쾌하게 발표할 수 있다. - 공적인 곳에서 인사하는 것을 잘한다. - 사람들 앞에서 발표하는 것이 어렵지 않다.

겸손성	사람에 대해서 겸손하게 행동하고 누구라도 똑같이 사귀는 경향	– 자신의 성과를 그다지 내세우지 않는다. – 절제를 잘하는 편이다. – 사회적인 지위에 무관심하다.
협의성	사람들에게 의견을 물으면서 일을 진행하는 경향	– 사람들의 의견을 구하며 일하는 편이다. – 타인의 의견을 묻고 일을 진행시킨다. – 친구와 상담해서 계획을 세운다.
돌봄	측은해 하는 마음이 있고, 사람을 돌봐 주는 것을 좋아하는 경향	– 개인적인 상담에 친절하게 답해 준다. – 다른 사람의 상담을 진행하는 경우가 많다. – 후배의 어려움을 돌보는 것을 좋아한다.
구체적인 사물에 대한 관심	물건을 고치거나 만드는 것을 좋아하는 경향	– 고장 난 물건을 수리하는 것이 재미있다. – 상태가 안 좋은 기계도 잘 사용한다. – 말하기보다는 행동하기를 좋아한다.
데이터에 대한 관심	데이터를 정리해서 생각하는 것을 좋아하는 경향	– 통계 등의 데이터를 분석하는 것을 좋아한다. – 표를 만들거나 정리하는 것을 좋아한다. – 숫자를 다루는 것을 좋아한다.
미적가치에 대한 관심	미적인 것이나 예술적인 것을 좋아하는 경향	– 디자인에 관심이 있다. – 미술이나 음악을 좋아한다. – 미적인 감각에 자신이 있다.
인간에 대한 관심	사람의 행동에 동기나 배경을 분석하는 것을 좋아하는 경향	– 다른 사람을 분석하는 편이다. – 타인의 행동을 보면 동기를 알 수 있다. – 다른 사람의 행동을 잘 관찰한다.
정통성	이미 있는 가치관을 소중히 여기고, 익숙한 방법으로 사물을 대하는 것을 좋아하는 경향	– 실적이 보장되는 확실한 방법을 취한다. – 낡은 가치관을 존중하는 편이다. – 보수적인 편이다.
변화 지향	변화를 추구하고, 변화를 받아들이는 것을 좋아하는 경향	– 새로운 것을 하는 것을 좋아한다. – 해외여행을 좋아한다. – 경험이 없더라도 시도해 보는 것을 좋아한다.
개념성	지식에 대한 욕구가 있고, 논리적으로 생각하는 것을 좋아하는 경향	– 개념적인 사고가 가능하다. – 분석적인 사고를 좋아한다. – 순서를 만들고 단계에 따라 생각한다.
창조성	새로운 분야에 대한 공부를 하는 것을 좋아하는 경향	– 새로운 것을 추구한다. – 독창성이 있다. – 신선한 아이디어를 낸다.
계획성	앞을 생각해서 사물을 예상하고, 계획적으로 실행하는 것을 좋아하는 경향	– 과거를 돌이켜보며 계획을 세운다. – 앞날을 예상하며 행동한다. – 실수를 돌아보며 대책을 강구하는 편이다.

치밀함	정확한 순서를 세워 진행하는 것을 좋아하는 경향	– 사소한 실수는 거의 하지 않는다. – 정확하게 요구되는 것을 좋아한다. – 사소한 것에도 주의하는 편이다.
꼼꼼함	어떤 일이든 마지막까지 꼼꼼하게 마무리 짓는 경향	– 맡은 일을 마지막까지 해결한다. – 마감 시한은 반드시 지킨다. – 시작한 일은 중간에 그만두지 않는다.
여유	평소에 릴랙스하고, 스트레스에 잘 대처하는 경향	– 감정의 회복이 빠르다. – 분별없이 함부로 행동하지 않는다. – 스트레스에 잘 대처한다.
근심 · 걱정	어떤 일이 잘 진행되지 않으면 불안을 느끼고, 중요한 일을 앞두면 긴장하는 경향	– 예정대로 잘되지 않으면 근심 · 걱정이 많다. – 신경 쓰이는 일이 있으면 불안하다. – 중요한 만남 전에는 기분이 편하지 않다.
호방함	사람들이 자신을 어떻게 생각하는지를 신경 쓰지 않는 경향	– 사람들이 자신을 어떻게 생각하는지 그다지 신경 쓰지 않는다. – 상처받아도 동요하지 않고 아무렇지 않은 태도를 취한다. – 사람들의 비판에 크게 영향받지 않는다.
억제력	감정을 표현하지 않는 경향	– 쉽게 감정적으로 되지 않는다. – 분노를 억누른다. – 격분하지 않는다.
낙관적	사물을 낙관적으로 보는 경향	– 낙관적으로 생각하고 일을 진행시킨다. – 문제가 일어나도 낙관적으로 생각한다.
비판적	비판적으로 사물을 생각하고, 이론 · 문장 등의 오류에 신경 쓰는 경향	– 이론의 모순을 찾아낸다. – 계획이 갖춰지지 않은 것이 신경 쓰인다. – 누구도 신경 쓰지 않는 오류를 찾아낸다.
행동력	운동을 좋아하고, 민첩하게 행동하는 경향	– 동작이 날렵하다. – 여가를 활동적으로 보낸다. – 몸을 움직이는 것을 좋아한다.
경쟁성	지는 것을 싫어하는 경향	– 승부를 겨루게 되면 지는 것을 싫어한다. – 상대를 이기는 것을 좋아한다. – 싸워 보지 않고 포기하는 것을 싫어한다.
출세 지향	출세하는 것을 중요하게 생각하고, 야심적인 목표를 향해 노력하는 경향	– 출세 지향적인 성격이다. – 곤란한 목표도 달성할 수 있다. – 실력으로 평가받는 사회가 좋다.
결단력	빠르게 판단하는 경향	– 답을 빠르게 찾아낸다. – 문제에 대한 빠른 상황 파악이 가능하다. – 위험을 감수하고도 결단을 내리는 편이다.

4 인재유형검사 합격 전략

1 포장하지 않은 솔직한 답변

"다른 사람을 험담한 적이 한 번도 없다.", "물건을 훔치고 싶다고 생각해 본 적이 없다."

이 질문에 당신은 '그렇다', '아니다' 중 무엇을 선택할 것인가? 채용기업이 인성검사를 실시하는 가장 큰 이유는 '이 사람이 어떤 성향을 가진 사람인가'를 효율적으로 파악하기 위해서이다.

인성검사는 도덕적 가치가 빼어나게 높은 사람을 판별하려는 것도 아니고, 성인군자를 가려내기 위함도 아니다. 인간의 보편적 성향과 상식적 사고를 고려할 때, 도덕적 질문에 지나치게 겸손한 답변을 체크하면 오히려 솔직하지 못한 것으로 간주되거나 인성을 제대로 판단하지 못해 무효 처리가 되기도 한다. 자신의 성격을 포장하여 작위적인 답변을 하지 않도록 솔직하게 임하는 것이 예기치 않은 결과를 피하는 첫 번째 전략이 된다.

2 필터링 함정을 피하고 일관성 유지

앞서 강조한 솔직함은 일관성과 연결된다. 인성검사를 구성하는 많은 척도는 여러 형태의 문장 속에 동일한 요소를 적용해 반복되기도 한다. 예컨대 '나는 매우 활동적인 사람이다'와 '나는 운동을 매우 좋아한다'라는 질문에 '그렇다'고 체크한 사람이 '휴일에는 집에서 조용히 쉬며 독서하는 것이 좋다'에도 '그렇다'고 체크한다면 일관성이 없다고 평가될 수 있다.

그러나 일관성 있는 답변에만 매달리면 '이 사람이 같은 답변만 체크하기 위해 이 부분만 신경 썼구나'하는 필터링 함정에 빠질 수도 있다. 비슷하게 보이는 문장이 무조건 같은 내용이라고 판단하여 똑같이 답하는 것도 주의해야 한다. 일관성보다 중요한 것은 솔직함이다. 솔직함이 전제되지 않은 일관성은 허위 척도 필터링에서 드러나게 되어 있다. 유사한 질문의 응답이 터무니없이 다르거나 양극단에 치우치지 않는 정도라면 약간의 차이는 크게 문제되지 않는다. 중요한 것은 솔직함과 일관성이 하나의 연장선에 있다는 점을 명심하자.

3 지원한 직무와 연관성을 고려

다양한 분야의 많은 계열사와 큰 조직을 통솔하는 대기업은 여러 사람이 조직적으로 움직이는 만큼 각 직무에 걸맞은 능력을 갖춘 인재가 필요하다. 그래서 기업은 매년 신규채용으로 입사한 신입사원들의 젊은 패기와 참신한 능력을 성장 동력으로 활용한다.

기업은 사교성 있고 활달한 사람만을 원하지 않는다. 해당 직군과 직무에 따라 필요로 하는 사원의 능력과 개성이 다르기 때문에, 지원자가 희망하는 계열사나 부서의 직무가 무엇인지 제대로 파악하여 자신의 성향과 맞는지에 대한 고민은 반드시 필요하다. 같은 질문이라도 기업이 원하는 인재상이나 부서의 직무에 따라 판단 척도가 달라질 수 있다.

4 평상심 유지와 컨디션 관리

역시 솔직함과 연결된 내용이다. 한 질문에 오래 고민하고 신경 쓰면 불필요한 생각이 개입될 소지가 크다. 이는 직관을 떠나 이성적 판단에 따라 포장할 위험이 높아진다는 뜻이기도 하다. 긴 시간 생각하지 말고 자신의 평상시 생각과 감정대로 답하는 것이 중요하며, 가능한 건너뛰지 말고 모든 질문에 답하도록 한다. 300 ~ 400개 정도 문항을 출제하는 기업이 많기 때문에, 끝까지 집중하여 임하는 것이 중요하다.

특히 적성검사와 같은 날 실시하는 경우, 적성검사를 마친 후 연이어 보기 때문에 신체적 · 정신적으로 피로한 상태에서 자세가 흐트러질 수도 있다. 따라서 컨디션을 유지하면서 문항당 7 ~ 10초 이상 쓰지 않도록 하고, 문항 수가 많을 때는 답안지에 바로바로 표기하자.

인재유형검사 연습

언어추리

어휘력 빈칸어론 독해 수리

1회 2회 3회 4회

기출유형문제

기초인재검사

1회 2회 3회

상황판단검사

인재유형검사

면접가이드

1 문항군 개별 항목 체크

이랜드의 인재유형검사는 각 문항의 내용을 읽고 자신이 동의하는 정도에 따라 ① 전혀 그렇지 않다 ② 그렇지 않다 ③ 그렇지 않은 편이다 ④ 그런 편이다 ⑤ 그렇다 ⑥ 매우 그렇다 중 해당하는 것을 표시하는 유형으로 출제된다.

인재유형검사는 총 462문항을 응답하는 시간으로 OMR 마킹을 포함하여 총 60분이라는 촉박한 시간이 주어지므로, 문항을 읽고 떠오르는 대로 빠르게 답변하면서 동시에 문답에 일관성을 유지해야 모든 문항에 응답할 수 있다. 따라서 자신의 성향에 따라 솔직하게 응답하는 것이 빠른 문답과 일관성을 모두 가질 수 있는 좋은 방법이 된다.

2 모의 연습

※ 자신의 모습 그대로 솔직하게 응답하십시오. 솔직하고 성의 있게 응답하지 않을 경우 결과가 무효 처리됩니다.

[001~462] 다음 문항을 읽고 자신의 성격, 가치관, 태도 등에 비추어보았을 때 동의하는 정도에 따라 '전혀 그렇지 않다', '그렇지 않다', '그렇지 않은 편이다', '그런 편이다', '그렇다', '매우 그렇다' 중에 표시하여 주십시오.

번호	문항	응답					
		전혀 그렇지 않다	그렇지 않다	그렇지 않은 편이다	그런 편이다	그렇다	매우 그렇다
001	고객을 만족시키기 위해서 거짓말을 할 수 있다.	①	②	③	④	⑤	⑥
002	일을 통해 나의 지식과 기술로 후대에 기여하고 싶다.	①	②	③	④	⑤	⑥
003	내 의견을 이해하지 못하는 사람은 상대하지 않는다.	①	②	③	④	⑤	⑥
004	사회에서 인정받을 수 있는 사람이 되고 싶다.	①	②	③	④	⑤	⑥
005	착한 사람은 항상 손해를 보게 되어 있다.	①	②	③	④	⑤	⑥
006	내가 잘한 일은 남들이 꼭 알아줬으면 한다.	①	②	③	④	⑤	⑥
007	나와 다른 의견도 끝까지 듣는다.	①	②	③	④	⑤	⑥
008	어떤 말을 들을 때 다른 생각이 자꾸 떠오른다.	①	②	③	④	⑤	⑥
009	조직에서 될 수 있으면 비중 있는 일을 담당하려 노력한다.	①	②	③	④	⑤	⑥

010	싸운 후 다시 화해하는 데까지 시간이 많이 걸린다.	①	②	③	④	⑤	⑥
011	인정에 이끌려 내 생각을 변경한 적이 많다.	①	②	③	④	⑤	⑥
012	상처를 잘 받지 않고 실패나 실수를 두려워하지 않는다.	①	②	③	④	⑤	⑥
013	나만의 공간에 다른 사람이 침범하는 것을 싫어한다.	①	②	③	④	⑤	⑥
014	약속을 잊어버려 당황할 때가 종종 있다.	①	②	③	④	⑤	⑥
015	정해진 내용과 범위에 따라 일하는 것을 좋아한다.	①	②	③	④	⑤	⑥
016	지시를 받기 전에 먼저 일을 찾아서 하는 성향이다.	①	②	③	④	⑤	⑥
017	내 뜻에 맞지 않으면 조목조목 따진다.	①	②	③	④	⑤	⑥
018	하고 싶은 말이 있으면 꼭 해야만 마음이 편하다.	①	②	③	④	⑤	⑥
019	일 때문에 다른 것을 포기할 때가 많다.	①	②	③	④	⑤	⑥
020	상대방을 격려하고 고무시키는 일을 잘 못한다.	①	②	③	④	⑤	⑥
021	잘못을 저질렀을 때 요령 있게 상황을 잘 넘긴다.	①	②	③	④	⑤	⑥
022	문제를 많이 가지고 있는 사람일수록 덜 행복할 것이다.	①	②	③	④	⑤	⑥
023	현실에서 벗어나고 싶다는 생각이 들 때가 많다.	①	②	③	④	⑤	⑥
024	주변에는 감사할 일들이 별로 없다.	①	②	③	④	⑤	⑥
025	어떤 경우라도 남을 미워하지 않는다.	①	②	③	④	⑤	⑥
026	미래를 예측하거나 추상적인 개념 정립을 좋아한다.	①	②	③	④	⑤	⑥
027	회사의 일거리를 집에까지 가져가서 일하고 싶지는 않다.	①	②	③	④	⑤	⑥
028	웬만해서는 자신의 감정을 표현하지 않는다.	①	②	③	④	⑤	⑥
029	약속을 한 번도 어긴 적이 없다.	①	②	③	④	⑤	⑥
030	지루하거나 심심한 것은 잘 못 참는다.	①	②	③	④	⑤	⑥
031	자신의 논리와 법칙에 따라 행동한다.	①	②	③	④	⑤	⑥
032	옳다고 생각하면 다른 사람과 의견이 달라도 끝까지 의견을 고수한다.	①	②	③	④	⑤	⑥
033	확실하지 않은 것은 처음부터 시작하지 않는다.	①	②	③	④	⑤	⑥
034	공할 것이라고 생각되는 확실한 계획만 실행에 옮긴다.	①	②	③	④	⑤	⑥
035	지인이나 친구의 부탁을 쉽게 거절하지 못한다.	①	②	③	④	⑤	⑥
036	잘못한 상대와는 다시 상대하지 않는 편이다.	①	②	③	④	⑤	⑥
037	나는 무슨 일이든지 잘할 수 있다.	①	②	③	④	⑤	⑥
038	양보와 타협보다 내 이익이 우선이다.	①	②	③	④	⑤	⑥

039	속고 사는 것보다 차라리 남을 속이는 것이 좋다.	①	②	③	④	⑤	⑥
040	새로운 유행이 시작되면 먼저 시도해 본다.	①	②	③	④	⑤	⑥
041	내 의견과 다르더라도 집단의 의견과 결정에 순응한다.	①	②	③	④	⑤	⑥
042	사람이 많이 모인 곳에 나가기가 어렵다.	①	②	③	④	⑤	⑥
043	기분에 따라 행동하는 경우는 거의 없다.	①	②	③	④	⑤	⑥
044	문제를 해결할 때 제일 먼저 떠오른 생각에 따른다.	①	②	③	④	⑤	⑥
045	은 기쁨에도 지나치게 기뻐한다.	①	②	③	④	⑤	⑥
046	세상에는 감사할 일들이 너무 많다.	①	②	③	④	⑤	⑥
047	조심스럽게 운전하는 사람을 보면 짜증이 난다.	①	②	③	④	⑤	⑥
048	타고난 천성은 근본적으로 변화시킬 수 없다.	①	②	③	④	⑤	⑥
049	혼자보다 함께 일할 때 더 신이 난다.	①	②	③	④	⑤	⑥
050	식사 전에는 꼭 손을 씻는다.	①	②	③	④	⑤	⑥
051	문제가 생겼을 때 그 원인을 남에 비해 쉽게 파악한다.	①	②	③	④	⑤	⑥
052	세상은 부정부패로 가득 차 있다.	①	②	③	④	⑤	⑥
053	하고 싶은 일을 하지 않고는 못 배긴다.	①	②	③	④	⑤	⑥
054	에너지가 넘친다는 말을 자주 듣는다.	①	②	③	④	⑤	⑥
055	거래처를 방문할 때 조그마한 선물 준비는 기본 예의다.	①	②	③	④	⑤	⑥
056	타인이 나를 비판하는 것을 견디지 못한다.	①	②	③	④	⑤	⑥
057	다른 사람의 일에는 절대 참견하지 않는다.	①	②	③	④	⑤	⑥
058	경제적 이득이 없더라도 인맥 구축을 위해 모임에 참석한다.	①	②	③	④	⑤	⑥
059	많은 사람의 도움이 없었다면 지금의 나도 없었을 것이다.	①	②	③	④	⑤	⑥
060	기분파라는 말을 자주 듣는다.	①	②	③	④	⑤	⑥
061	상대방을 생각해서 하고 싶은 말을 다 못할 때가 많다.	①	②	③	④	⑤	⑥
062	수줍음이 많아 앞에 잘 나서질 못한다.	①	②	③	④	⑤	⑥
063	내키지 않는 약속이라도 철저히 지킨다.	①	②	③	④	⑤	⑥
064	모임에서 함께 어울려 놀기보다 조용히 구경하는 것을 더 좋아한다.	①	②	③	④	⑤	⑥
065	조그마한 소리에도 잘 놀란다.	①	②	③	④	⑤	⑥

066	살아있는 하루하루에 대해 감사함을 느낀다.	①	②	③	④	⑤	⑥
067	부자와 가난한 사람의 주된 차이는 운이다.	①	②	③	④	⑤	⑥
068	다양한 사람을 만나 소통하는 것을 좋아한다.	①	②	③	④	⑤	⑥
069	먼저 뛰어 들기보다 남들이 하는 것을 우선 관찰해본다.	①	②	③	④	⑤	⑥
070	다른 사람에 비해 열등감을 많이 느낀다.	①	②	③	④	⑤	⑥
071	국제적, 정치적 문제에 보수적인 태도를 취한다.	①	②	③	④	⑤	⑥
072	깊이 생각하는 문제보다 쉽게 다룰 수 있는 문제를 선호한다.	①	②	③	④	⑤	⑥
073	통제하는 것보다 통제받는 것을 더 선호한다.	①	②	③	④	⑤	⑥
074	우선순위가 상황에 따라 자주 바뀐다.	①	②	③	④	⑤	⑥
075	주위 환경이 나를 괴롭히거나 불행하게 만든다.	①	②	③	④	⑤	⑥
076	좋고 싫음에 대해 내색을 잘하지 못한다.	①	②	③	④	⑤	⑥
077	갈등이 생기면 간접적이고 우회적으로 접근한다.	①	②	③	④	⑤	⑥
078	필요하다면 어떤 상대도 내 편으로 만들 수 있다.	①	②	③	④	⑤	⑥
079	남이 시키는 일을 하는 것이 편하다.	①	②	③	④	⑤	⑥
080	미래의 비전보다는 구체적인 현안 해결을 중시한다.	①	②	③	④	⑤	⑥
081	순간적인 기분으로 행동할 때가 많다.	①	②	③	④	⑤	⑥
082	사소한 법이라도 어긴 적이 없다.	①	②	③	④	⑤	⑥
083	누군가 나를 감시(미행)하고 있다는 느낌이 들 때가 있다.	①	②	③	④	⑤	⑥
084	현재의 나는 그렇게 행복한 삶을 살고 있지 않다.	①	②	③	④	⑤	⑥
085	상대에게 상처가 되더라도 진실을 이야기한다.	①	②	③	④	⑤	⑥
086	내가 행복해지려면 주변의 많은 것들이 변해야 한다.	①	②	③	④	⑤	⑥
087	일이나 타인의 부탁에 대해 끊고 맺음이 분명하다.	①	②	③	④	⑤	⑥
088	성격이 급하다는 말을 자주 듣는다.	①	②	③	④	⑤	⑥
089	아무 이유 없이 눈물이 나기도 한다.	①	②	③	④	⑤	⑥
090	다른 사람의 사랑 없이 나는 행복해질 수 없다.	①	②	③	④	⑤	⑥
091	조직의 이익보다는 내 입장이 우선이다.	①	②	③	④	⑤	⑥
092	본인에게 중요하지 않은 대화는 안 하는 편이다.	①	②	③	④	⑤	⑥
093	상대방이 불편해 하면 비위를 맞추려고 노력한다.	①	②	③	④	⑤	⑥
094	관심 있는 세미나나 강연회가 있으면 열심히 찾아가서 듣는다.	①	②	③	④	⑤	⑥
095	살아갈수록 감사할 일들이 많아진다.	①	②	③	④	⑤	⑥

096	사고하는 문제보다 쉽게 풀 수 있는 문제를 좋아한다.	①	②	③	④	⑤	⑥
097	눈치가 빠르며 상황을 빨리 파악하는 편이다.	①	②	③	④	⑤	⑥
098	현재의 나에 대해 매우 만족한다.	①	②	③	④	⑤	⑥
099	자존심이 상하면 화를 잘 참지 못한다.	①	②	③	④	⑤	
100	부담을 주는 상대는 되도록 피한다.	①	②	③	④	⑤	
101	일의 성사를 위해 연고(지연, 학연, 혈연 등)관계를 적극 활용할 필요가 있다.	①	②	③	④	⑤	⑥
102	어떤 일에 집중하느라 약속을 잊어버릴 때가 가끔 있다.	①	②	③	④	⑤	⑥
103	자진해서 발언하는 일이 별로 없다.	①	②	③	④	⑤	⑥
104	쓸데없는 잔걱정이 끊이질 않는다.	①	②	③	④	⑤	⑥
105	공정과 정의보다 사랑과 용서가 더 중요하다.	①	②	③	④	⑤	⑥
106	의사결정을 할 때 주도적 역할을 한다.	①	②	③	④	⑤	⑥
107	다툼을 피하기 위해 상대에게 져주는 편이다.	①	②	③	④	⑤	⑥
108	갈등이나 마찰을 피하기 위해 대부분 양보하는 편이다.	①	②	③	④	⑤	⑥
109	무엇이든 직선적으로 대응하는 방식을 선호한다.	①	②	③	④	⑤	⑥
110	자료를 분석하고 예측하는 일을 잘한다.	①	②	③	④	⑤	⑥
111	행운이 없이는 능력 있는 지도자가 될 수 없다.	①	②	③	④	⑤	⑥
112	뜻을 정하면 좀처럼 흔들리지 않는다.	①	②	③	④	⑤	⑥
113	혁신적이고 급진적인 사고방식에 거부감이 있다.	①	②	③	④	⑤	⑥
114	완벽한 능력이 있고, 성공을 해야만 내 가치를 인정받을 수 있다.	①	②	③	④	⑤	⑥
115	세상일은 절대로 내 뜻대로 되지 않는다.	①	②	③	④	⑤	⑥
116	조금은 엉뚱하게 생각하곤 한다.	①	②	③	④	⑤	⑥
117	불편한 상황은 그대로 넘기지 않고 시시비비를 따지는 편이다.	①	②	③	④	⑤	⑥
118	아무 목적 없이 여행하고 방랑했던 기억이 몇 차례 있다.	①	②	③	④	⑤	⑥
119	남들이 생각하지 못한 독특한 의견을 개진하곤 한다.	①	②	③	④	⑤	⑥
120	사람들과 헤어질 때 불안을 느낀다.	①	②	③	④	⑤	⑥
121	과거의 영향에서 벗어난다는 것은 거의 불가능하다.	①	②	③	④	⑤	⑥
122	세상에서 행복해지려면 반드시 돈이 많아야 한다.	①	②	③	④	⑤	⑥

123	상대방의 의견에 잘 맞추어 행동한다.	①	②	③	④	⑤	⑥
124	이롭지 않은 약속은 무시할 때가 종종 있다.	①	②	③	④	⑤	⑥
125	새롭게 느껴지는 문제를 해결하는 것을 좋아한다.	①	②	③	④	⑤	⑥
126	궂은일이나 애로사항이 생기면 도맡아서 처리한다.	①	②	③	④	⑤	⑥
127	다른 사람이 한 말의 숨은 뜻을 쉽게 알아차릴 수 있다.	①	②	③	④	⑤	⑥
128	잘못된 규정이라도 일단 확정되면 규정에 따라야 한다.	①	②	③	④	⑤	⑥
129	새로운 것을 보면 그냥 지나치지 못한다.	①	②	③	④	⑤	⑥
130	다시 태어나도 현재와 같은 삶을 살고 싶다.	①	②	③	④	⑤	⑥
131	나와 맞지 않다고 생각되는 사람하고는 굳이 친해지려고 하지 않는다.	①	②	③	④	⑤	⑥
132	양심적으로 살면 불이익을 당하는 경우가 많다.	①	②	③	④	⑤	⑥
133	가까운 사람에게 선물을 주는 것을 좋아한다.	①	②	③	④	⑤	⑥
134	남들이 당연하게 여기는 것도 의문을 품는 경향이 있다.	①	②	③	④	⑤	⑥
135	어렵고 힘든 일을 자진해서 떠맡는 편이다.	①	②	③	④	⑤	⑥
136	주변 환경이나 사물에 별로 관심이 없다.	①	②	③	④	⑤	⑥
137	나는 모든 사람으로부터 사랑받고 인정받아야 한다.	①	②	③	④	⑤	⑥
138	마음이 안심될 때까지 확인한다.	①	②	③	④	⑤	⑥
139	정서적으로 예민하고 유행에 민감하다.	①	②	③	④	⑤	⑥
140	조직이 원한다면 많은 희생을 감수할 수 있다.	①	②	③	④	⑤	⑥
141	다른 사람에 비해 유행이나 변화에 민감하지 못한 편이다.	①	②	③	④	⑤	⑥
142	명절에 거래처에서 주는 상품권이나 선물은 금액이 많지 않다면 받아도 된다.	①	②	③	④	⑤	⑥
143	질문을 많이 하고 의문을 많이 가진다.	①	②	③	④	⑤	⑥
144	감수성이 풍부하고 감정의 기복이 심하다.	①	②	③	④	⑤	⑥
145	공정한 사람보다 인정 많은 사람으로 불리고 싶다.	①	②	③	④	⑤	⑥
146	목표 달성을 위해서라면 사소한 규칙은 무시해도 된다.	①	②	③	④	⑤	⑥
147	남이 부탁하면 거절하지 못하고 일단 맡아 놓고 본다.	①	②	③	④	⑤	⑥
148	나의 미래는 희망으로 가득 차 있다.	①	②	③	④	⑤	⑥
149	기존의 방법과 다른 방향으로 생각하려 노력한다.	①	②	③	④	⑤	⑥

150	아무리 바빠도 시간을 내서 독서를 한다.	①	②	③	④	⑤	⑥
151	내 생각과 달라도 어른이나 상사의 행동이나 지시를 잘 따르는 편이다.	①	②	③	④	⑤	⑥
152	나와 관련 없는 것은 관심을 갖지 않는다.	①	②	③	④	⑤	⑥
153	항상 스스로 실수를 인정한다.	①	②	③	④	⑤	⑥
154	발이 넓고 활동적이어서 늘 바쁘다.	①	②	③	④	⑤	⑥
155	시간이 지난 후에야 어떤 일이나 사람에 대해 감사함을 느끼게 된다.	①	②	③	④	⑤	⑥
156	다른 사람들보다 옳고 그름에 대해 엄격한 편이다.	①	②	③	④	⑤	⑥
157	세세한 것에 신경 쓰다 큰 그림을 놓치는 경향이 있다.	①	②	③	④	⑤	⑥
158	사정에 따라 우선순위를 자주 바꾸는 경향이 있다.	①	②	③	④	⑤	⑥
159	흥분을 잘하지만 또 금방 풀어진다.	①	②	③	④	⑤	⑥
160	세상은 그저 스쳐지나가는 것이라는 느낌이 자주 든다.	①	②	③	④	⑤	⑥
161	내 근심을 덜어 줄 사람은 아무도 없다.	①	②	③	④	⑤	⑥
162	하고 싶은 말을 잘 참지 못한다.	①	②	③	④	⑤	⑥
163	위험을 회피하고 확실한 길만 간다.	①	②	③	④	⑤	⑥
164	내 주장이 맞다고 생각하면 양보하지 않는다.	①	②	③	④	⑤	⑥
165	분노를 표현하는 데 주저하지 않는다.	①	②	③	④	⑤	⑥
166	나는 주는 것보다 받은 것이 너무 많다.	①	②	③	④	⑤	⑥
167	특별한 용건이 없는 한 사람들을 잘 만나지 않는다.	①	②	③	④	⑤	⑥
168	인생은 허무하고 공허할 뿐이다.	①	②	③	④	⑤	⑥
169	상대 잘못으로 갈등이 생겨도 먼저 가서 화해를 청한다.	①	②	③	④	⑤	⑥
170	나에 대한 가치는 다른 사람의 평가에 달려 있다.	①	②	③	④	⑤	⑥
171	다른 사람의 일까지 맡아서 하는 경우가 많다.	①	②	③	④	⑤	⑥
172	다른 사람들과 똑같은 생각이나 행동을 하기 싫다.	①	②	③	④	⑤	⑥
173	내키지 않는 하찮은 일을 하기가 어렵다.	①	②	③	④	⑤	⑥
174	지배당하는 것보다 지배하는 삶이 훨씬 가치 있다.	①	②	③	④	⑤	⑥
175	문제가 생기면 해결사 역할을 도맡아 한다.	①	②	③	④	⑤	⑥
176	꼼꼼히 하는 것보다 빨리하는 것을 좋아한다.	①	②	③	④	⑤	⑥
177	나는 언제나 잘될 것이라고 생각한다.	①	②	③	④	⑤	⑥
178	남을 의심해 본 적이 없다.	①	②	③	④	⑤	⑥

179	도전해 볼 만한 일이라면 실패 위험을 감수한다.	①	②	③	④	⑤	⑥
180	어찌 됐든 규정을 어겼다면 처벌을 받아야 한다.	①	②	③	④	⑤	⑥
181	다른 사람의 좋은 점을 말하고 칭찬하기를 좋아한다.	①	②	③	④	⑤	⑥
182	미래가 암담하게 느껴질 때가 많다.	①	②	③	④	⑤	⑥
183	다른 사람이 선뜻 나서지 않는 문제를 먼저 자원해서 해결한다.	①	②	③	④	⑤	⑥
184	세상의 모든 불공정한 일에 대해 생각할 때 괴롭다.	①	②	③	④	⑤	⑥
185	일과 사람(공과 사)의 구분이 명확하다.	①	②	③	④	⑤	⑥
186	조그마한 실수나 결점에 매우 민감하다.	①	②	③	④	⑤	⑥
187	복잡하고 어려운 문제에 도전하는 것이 재미있다.	①	②	③	④	⑤	⑥
188	종종 내 삶은 무의미한 것 같다.	①	②	③	④	⑤	⑥
189	서로 대립할 때 중재 역할을 잘 못한다.	①	②	③	④	⑤	⑥
190	협력하는 일보다 개인 중심 업무를 선호한다.	①	②	③	④	⑤	⑥
191	다른 사람이 참견하고 간섭하는 것을 싫어한다.	①	②	③	④	⑤	⑥
192	개인 활동보다 팀 활동을 선호한다.	①	②	③	④	⑤	⑥
193	건물에 들어가면 비상구를 항상 확인해 둔다.	①	②	③	④	⑤	⑥
194	어떤 경기든 홈그라운드의 이점은 있어야 한다.	①	②	③	④	⑤	⑥
195	상대가 공격해오면 곧바로 되받아친다.	①	②	③	④	⑤	⑥
196	상대방이 실수를 해도 싫은 말을 잘 못한다.	①	②	③	④	⑤	⑥
197	확인되고 증명된 것만을 믿는다.	①	②	③	④	⑤	⑥
198	나의 일상은 흥미진진한 일들로 가득 차 있다.	①	②	③	④	⑤	⑥
199	회사에 지장을 주지 않는 선에서 다른 일을 겸하는 것은 문제되지 않는다.	①	②	③	④	⑤	⑥
200	좋은 소식은 물론 나쁜 소식도 솔직하게 공유한다.	①	②	③	④	⑤	⑥
201	우울해지면 며칠 혹은 몇 주 동안 아무것도 못하고 보내 버린다.	①	②	③	④	⑤	⑥
202	사람을 접대하고 응대하는 일을 잘한다.	①	②	③	④	⑤	⑥
203	일이나 생활에서 정해진 시간에 맞춰 일하는 것을 잘 못한다.	①	②	③	④	⑤	⑥
204	무슨 일이든 빨리 해결하려는 경향이 있다.	①	②	③	④	⑤	⑥
205	정보나 감정을 나누는 데 서툰 편이다.	①	②	③	④	⑤	⑥
206	사소한 잘못은 지혜롭게 변명하고 넘어간다.	①	②	③	④	⑤	⑥
207	나에게는 좋지 못한 습관이 있다.	①	②	③	④	⑤	⑥
208	정직한 사람은 평생 가난하게 산다.	①	②	③	④	⑤	⑥

209	개인의 목표보다 조직의 목표가 우선이다.	①	②	③	④	⑤	⑥
210	어떤 현상에 대해 비판적 시각으로 접근한다.	①	②	③	④	⑤	⑥
211	내 생각과 견해가 다른 규칙(또는 규정)은 따르기가 어렵다.	①	②	③	④	⑤	⑥
212	남들과 다른 방식으로 생각하기를 좋아한다.	①	②	③	④	⑤	⑥
213	자신을 잘 드러내지 않고 사적인 이야기를 거의 하지 않는다.	①	②	③	④	⑤	⑥
214	정해진 틀(규정이나 절차) 안에서 움직이길 싫어한다.	①	②	③	④	⑤	⑥
215	주변의 조그만 변화도 빨리 알아챈다.	①	②	③	④	⑤	⑥
216	항상 나 자신이 만족스럽다.	①	②	③	④	⑤	⑥
217	관심이나 관련 없는 지루한 말도 끝까지 잘 들어준다.	①	②	③	④	⑤	⑥
218	격식의 틀을 싫어하고 구속받는 것을 싫어한다.	①	②	③	④	⑤	⑥
219	사람을 사귈 때 어느 정도 거리를 두고 사귄다.	①	②	③	④	⑤	⑥
220	앞에 나서기보다 뒤에서 도와주는 역할을 선호한다.	①	②	③	④	⑤	⑥
221	다소 원칙을 벗어나도 결과가 좋으면 다 해결된다.	①	②	③	④	⑤	⑥
222	남에게 일을 가르치거나 지도하기를 좋아한다.	①	②	③	④	⑤	⑥
223	상대가 불쾌한 자극을 주어도 잘 참는 편이다.	①	②	③	④	⑤	⑥
224	남과 어울려서 일하면 집중이 잘 안 된다.	①	②	③	④	⑤	⑥
225	한 자리에 오랫동안 앉아있지 못한다.	①	②	③	④	⑤	⑥
226	좋고 나쁨에 대한 감정을 확실히 표현하며 잘 흥분한다.	①	②	③	④	⑤	⑥
227	모든 것이 현실이 아닌 것처럼 느껴질 때가 종종 있다.	①	②	③	④	⑤	⑥
228	자신의 이익을 주장하지 못하는 것은 무능한 것이다.	①	②	③	④	⑤	⑥
229	느린 속도의 안정보다 빠른 속도의 변화를 선호한다.	①	②	③	④	⑤	⑥
230	다른 사람들이 나를 이해하지 못하는 것 같다.	①	②	③	④	⑤	⑥
231	급한 성격 탓에 작은 실수를 범하곤 한다.	①	②	③	④	⑤	⑥
232	의견이 서로 다를 때 대부분 양보하는 편이다.	①	②	③	④	⑤	⑥
233	남이 잘되는 것을 보고 시샘한 적이 없다.	①	②	③	④	⑤	⑥
234	타인의 느낌이나 관심에 민감하다.	①	②	③	④	⑤	⑥
235	나와 다른 의견을 가진 사람들을 설득하는 것을 잘한다.	①	②	③	④	⑤	⑥

236	약속을 겹치게 잡는 경우가 종종 있다.	①	②	③	④	⑤	⑥
237	다른 사람의 비판에 매우 민감한 편이다.	①	②	③	④	⑤	⑥
238	좋아하는 사람과 싫은 사람의 경계가 분명하다.	①	②	③	④	⑤	⑥
239	내 자신이 초라하게 느껴질 때가 종종 있다.	①	②	③	④	⑤	⑥
240	살아있는 것이 기적이라고 생각한다.	①	②	③	④	⑤	⑥
241	기분이 상황에 따라 자주 바뀐다.	①	②	③	④	⑤	⑥
242	회사 규정을 준수하는 것보다 고객 만족이 우선이다.	①	②	③	④	⑤	⑥
243	주변에 못마땅해 보이는 사람들이 많다.	①	②	③	④	⑤	⑥
244	나는 절대로 욕을 하지 않는다.	①	②	③	④	⑤	⑥
245	미래에 일어날 일들에 대해 많은 걱정을 한다.	①	②	③	④	⑤	⑥
246	인정을 받으려면 항상 일을 잘해야만 한다.	①	②	③	④	⑤	⑥
247	흥정이나 협상하는 일을 잘한다.	①	②	③	④	⑤	⑥
248	경기에서 편파 판정은 어느 정도 인정하고 가야 한다.	①	②	③	④	⑤	⑥
249	나는 항상 밝은 면을 보려고 노력한다.	①	②	③	④	⑤	⑥
250	다른 사람과 너무 다르거나 이상한 주장은 피하고 싶다.	①	②	③	④	⑤	⑥
251	타인의 비판에 적극적으로 대응한다.	①	②	③	④	⑤	⑥
252	덜렁거리고 신중하지 못한 경향이 있다.	①	②	③	④	⑤	⑥
253	나는 내 자신의 실수와 실패를 용납할 수 없다.	①	②	③	④	⑤	⑥
254	원하지 않는 일이라도 모든 일에 잘 적응한다.	①	②	③	④	⑤	⑥
255	불편함이 있으면 곧바로 자신의 감정을 표현한다.	①	②	③	④	⑤	⑥
256	상사 부모님의 부고를 협력사에 알리는 것은 기업 윤리에 위배된다.	①	②	③	④	⑤	⑥
257	애교가 별로 없고 표정 관리를 잘 못한다.	①	②	③	④	⑤	⑥
258	주변 사람들의 의논이나 상담 상대를 자주 해준다.	①	②	③	④	⑤	⑥
259	사람들이 도전하지 않는 새로운 분야에 뛰어들고 싶다.	①	②	③	④	⑤	⑥
260	대부분 새로운 일보다 익숙한 일에 집중한다.	①	②	③	④	⑤	⑥
261	즉흥적으로 결정을 내리는 일은 거의 없다.	①	②	③	④	⑤	⑥
262	다시 태어나도 나는 지금처럼 살아갈 것이다.	①	②	③	④	⑤	⑥
263	청렴하게 살면 오히려 손해를 보게 된다고 생각한다.	①	②	③	④	⑤	⑥
264	쉬운 일(분야)보다 어렵고 힘든 일(분야)에 더 매력을 느낀다.	①	②	③	④	⑤	⑥

265	충동구매를 잘하는 편이다.	①	②	③	④	⑤	⑥
266	나 자신에 대해 불평한 적이 없다.	①	②	③	④	⑤	⑥
267	현실적 환경보다는 미래의 삶에 대해 더 많이 고민한다.	①	②	③	④	⑤	⑥
268	호기심이 많고 관찰하고 분석하기를 좋아한다.	①	②	③	④	⑤	⑥
269	매사에 확인하고 또 확인해야만 마음이 놓인다.	①	②	③	④	⑤	⑥
270	상대가 원하면 마음에 안 들어도 따라주는 편이다.	①	②	③	④	⑤	⑥
271	한번 싫으면 영원히 싫다.	①	②	③	④	⑤	⑥
272	욱하는 감정 때문에 후회할 때가 종종 있다.	①	②	③	④	⑤	⑥
273	세상의 법과 제도에 대해 반발과 저항감을 느낄 때가 많다.	①	②	③	④	⑤	⑥
274	친한 사이라도 사적인 이야기는 거의 하지 않는다.	①	②	③	④	⑤	⑥
275	사소한 일이라도 항상 완벽을 기하려고 한다.	①	②	③	④	⑤	⑥
276	직급보다 성과를 많이 내는 직원이 보수를 많이 받는 것은 당연하다.	①	②	③	④	⑤	⑥
277	확실하지 않은 일은 가능하면 안 하는 편이다.	①	②	③	④	⑤	⑥
278	다양한 분야에 관심을 갖기보다 특정 분야에 집중하고 싶다.	①	②	③	④	⑤	⑥
279	나쁜 행동을 한 사람은 반드시 처벌을 받아야 한다.	①	②	③	④	⑤	⑥
280	보수는 각자가 기여한 정도에 따라 달리 받아야 한다.	①	②	③	④	⑤	⑥
281	특별한 대가나 혜택이 없다면 거래처로부터 접대나 향응을 받을 수 있다.	①	②	③	④	⑤	⑥
282	다른 사람의 필요에 대해 민감하다.	①	②	③	④	⑤	⑥
283	경험해보지 못한 다양한 문화와 언어를 익히길 좋아한다.	①	②	③	④	⑤	⑥
284	언제나 계획한 대로 실천한다.	①	②	③	④	⑤	⑥
285	머릿속에서 정리되지 않으면 결코 행동하지 않는다.	①	②	③	④	⑤	⑥
286	다른 사람들이 무심코 넘기는 것에도 관심을 갖는다.	①	②	③	④	⑤	⑥
287	권위나 관습에 따르는 것을 싫어한다.	①	②	③	④	⑤	⑥
288	다른 사람의 느낌이 어떤가에 별로 관심이 없다.	①	②	③	④	⑤	⑥
289	완벽한 해결책보다는 실용적인 해결책을 찾는 것이 더 낫다.	①	②	③	④	⑤	⑥
290	이리저리 옮겨 다니며 사는 것이 좋다.	①	②	③	④	⑤	⑥
291	새로운 일보다 내가 잘 아는 일을 하기를 좋아한다.	①	②	③	④	⑤	⑥

www.gosinet.co.kr gosinet

언어추리 | 독해 | 수리

기출유형문제 1회 | 2회 | 3회 | 4회

기초인재검사

상황판단검사 1회 | 2회 | 3회

인재유형검사

면접가이드

292	사람을 감동시키는 재주가 있다.	①	②	③	④	⑤	⑥
293	잘할 수 없는 일은 무조건 피하는 게 현명하다.	①	②	③	④	⑤	⑥
294	일주일에 몇 번씩 나에게 끔찍한 일이 일어날 것 같은 느낌이 든다.	①	②	③	④	⑤	⑥
295	도전적인 분야보다 비교적 검증되고 안정된 분야를 선호한다.	①	②	③	④	⑤	⑥
296	성급하게 결정을 내려 후회할 때가 많다.	①	②	③	④	⑤	⑥
297	타인의 표정을 통해 마음을 읽을 수 있다.	①	②	③	④	⑤	⑥
298	내 생활 여건은 아주 좋은 편이다.	①	②	③	④	⑤	⑥
299	부정적인 말을 들으면 정말 싫다.	①	②	③	④	⑤	⑥
300	오래된 진부한 자료나 물건이라도 쉽게 버리지 못한다.	①	②	③	④	⑤	⑥
301	세상에는 남을 속이려는 사람들이 더 많다.	①	②	③	④	⑤	⑥
302	주변 사람들을 위해 시간을 잘 낸다.	①	②	③	④	⑤	⑥
303	악착같다는 말을 자주 듣는다.	①	②	③	④	⑤	⑥
304	점이나 사주를 믿는 편이다.	①	②	③	④	⑤	⑥
305	화가 나면 언성이 높아진다.	①	②	③	④	⑤	⑥
306	진행하던 일을 홧김에 그만둔 적이 있다.	①	②	③	④	⑤	⑥
307	사람을 차별하지 않는다.	①	②	③	④	⑤	⑥
308	창이 있는 레스토랑에 가면 창가에 자리를 잡는다.	①	②	③	④	⑤	⑥
309	다양한 분야에 관심이 있다.	①	②	③	④	⑤	⑥
310	내 주위에서는 즐거운 일들이 자주 일어난다.	①	②	③	④	⑤	⑥
311	다른 사람의 행동을 내가 통제하고 싶다.	①	②	③	④	⑤	⑥
312	내 친구들은 은근히 뒤에서 나를 비웃는다.	①	②	③	④	⑤	⑥
313	나는 자신감이 부족하다.	①	②	③	④	⑤	⑥
314	먼저 말을 건넨다.	①	②	③	④	⑤	⑥
315	감동적인 영화를 보면 눈물을 잘 흘린다.	①	②	③	④	⑤	⑥
316	주어진 모든 일을 성실하게 한다.	①	②	③	④	⑤	⑥
317	자율적으로 일을 한다.	①	②	③	④	⑤	⑥
318	평소 잠을 잘 때는 모든 잡념을 잊고 금세 잠이 드는 편이다.	①	②	③	④	⑤	⑥
319	나와 다른 의견이라고 하더라도 따를 수 있다.	①	②	③	④	⑤	⑥
320	세상은 착한 사람들에게 불리하다.	①	②	③	④	⑤	⑥
321	여러 사람과 이야기하는 것이 즐겁다.	①	②	③	④	⑤	⑥

322	다른 사람의 감정을 내 것처럼 느낀다.	①	②	③	④	⑤	⑥
323	내게 모욕을 준 사람들을 절대 잊지 않는다.	①	②	③	④	⑤	⑥
324	우리가 사는 세상은 살만한 곳이라고 생각한다.	①	②	③	④	⑤	⑥
325	내 능력은 뛰어나다.	①	②	③	④	⑤	⑥
326	내 인생을 개선하거나 바꾸겠다는 생각은 잘 들지 않는다.	①	②	③	④	⑤	⑥
327	일은 내 삶에 중심에 있다.	①	②	③	④	⑤	⑥
328	서두르지 않고 순서대로 일을 마무리한다.	①	②	③	④	⑤	⑥
329	속이 거북할 정도로 많이 먹을 때가 있다.	①	②	③	④	⑤	⑥
330	긴장하면 심장이 너무 빨리 뛰어 숨쉬기가 곤란하다.	①	②	③	④	⑤	⑥
331	적응력이 뛰어나다.	①	②	③	④	⑤	⑥
332	누구와 다투더라도 잘 흥분하지 않는 편이다.	①	②	③	④	⑤	⑥
333	일에 대한 집착이 크다.	①	②	③	④	⑤	⑥
334	내 경력에 도움이 된다면 하기 싫은 일도 기꺼이 하겠다.	①	②	③	④	⑤	⑥
335	사람은 공기 없이 살 수 있다.	①	②	③	④	⑤	⑥
336	상대방의 감정에 적절하게 반응한다.	①	②	③	④	⑤	⑥
337	일은 내 삶의 중심에 있다.	①	②	③	④	⑤	⑥
338	마음속에 있는 것을 솔직하게 털어놓는 편이다.	①	②	③	④	⑤	⑥
339	맡은 일은 책임지고 끝낸다.	①	②	③	④	⑤	⑥
340	나는 눈치가 빠르다.	①	②	③	④	⑤	⑥
341	내가 한 행동이 가져올 결과를 잘 알고 있다.	①	②	③	④	⑤	⑥
342	다른 사람의 주장이나 의견이 어떤 맥락을 가지고 있는지 생각해 본다.	①	②	③	④	⑤	⑥
343	나는 어려운 문제를 보면 반드시 그것을 해결해야 직성이 풀린다.	①	②	③	④	⑤	⑥
344	시험시간이 끝나면 곧바로 정답을 확인해 보는 편이다.	①	②	③	④	⑤	⑥
345	물건을 구매할 때 가격 정보부터 찾는 편이다.	①	②	③	④	⑤	⑥
346	항상 일을 할 때 개선점을 찾으려고 한다.	①	②	③	④	⑤	⑥
347	사적인 스트레스로 일을 망치는 일은 없다.	①	②	③	④	⑤	⑥
348	일이 어떻게 진행되고 있는지 지속적으로 점검한다.	①	②	③	④	⑤	⑥
349	궁극적으로 내가 달성하고자 하는 것을 자주 생각한다.	①	②	③	④	⑤	⑥

350	막상 시험기간이 되면 계획대로 되지 않는다.	①	②	③	④	⑤	⑥
351	다른 사람에게 궁금한 것이 있어도 참는 편이다.	①	②	③	④	⑤	⑥
352	요리하는 TV프로그램을 즐겨 시청한다.	①	②	③	④	⑤	⑥
353	후회를 해 본 적이 없다.	①	②	③	④	⑤	⑥
354	스스로 계획한 일은 하나도 빠짐없이 실행한다.	①	②	③	④	⑤	⑥
355	낮보다 어두운 밤에 집중력이 좋다.	①	②	③	④	⑤	⑥
356	인내심을 가지고 일을 한다.	①	②	③	④	⑤	⑥
357	많은 생각을 필요로 하는 일에 더 적극적이다.	①	②	③	④	⑤	⑥
358	미래는 불확실하기 때문에 결과를 예측하는 것은 무의미하다.	①	②	③	④	⑤	⑥
359	매일 긍정적인 감정만 느낀다.	①	②	③	④	⑤	⑥
360	쉬는 날 가급적이면 집 밖으로 나가지 않는다.	①	②	③	④	⑤	⑥
361	나는 약속 시간을 잘 지킨다.	①	②	③	④	⑤	⑥
362	영화보다는 연극을 선호한다.	①	②	③	④	⑤	⑥
363	아무리 계획을 잘 세워도 결국 일정에 쫓기게 된다.	①	②	③	④	⑤	⑥
364	생소한 문제를 접하면 해결해 보고 싶다는 생각보다 귀찮다는 생각이 먼저 든다.	①	②	③	④	⑤	⑥
365	내가 한 일의 결과물을 구체적으로 상상해 본다.	①	②	③	④	⑤	⑥
366	새로운 것을 남들보다 빨리 받아들이는 편이다.	①	②	③	④	⑤	⑥
367	나는 친구들의 생일선물을 잘 챙겨 준다.	①	②	③	④	⑤	⑥
368	나를 알고 있는 모든 사람은 나에게 칭찬을 한다.	①	②	③	④	⑤	⑥
369	일을 할 때 필요한 나의 능력에 대해 정확하게 알고 있다.	①	②	③	④	⑤	⑥
370	나는 질문을 많이 하는 편이다.	①	②	③	④	⑤	⑥
371	가급적 여러 가지 대안을 고민하는 것이 좋다.	①	②	③	④	⑤	⑥
372	만일 일을 선택할 수 있다면 어려운 것보다 쉬운 것을 선택할 것이다.	①	②	③	④	⑤	⑥
373	나는 즉흥적으로 일을 한다.	①	②	③	④	⑤	⑥
374	배가 고픈 것을 잘 참지 못한다.	①	②	③	④	⑤	⑥
375	단순한 일보다는 생각을 많이 해야 하는 일을 선호한다.	①	②	③	④	⑤	⑥
376	갑작스럽게 힘든 일을 겪어도 스스로를 통제할 수 있다.	①	②	③	④	⑤	⑥

377	가능성이 낮다 하더라도 내가 믿는 것이 있으면 그것을 실현시키기 위해 노력할 것이다.	①	②	③	④	⑤	⑥
378	내가 잘하는 일과 못하는 일을 정확하게 알고 있다.	①	②	③	④	⑤	⑥
379	어떤 목표를 세울 것인가 보다 왜 그런 목표를 세웠는지가 더 중요하다.	①	②	③	④	⑤	⑥
380	나는 성인이 된 이후로 하루도 빠짐없이 똑같은 시간에 일어났다.	①	②	③	④	⑤	⑥
381	다른 사람들보다 새로운 것을 빠르게 습득하는 편이다.	①	②	③	④	⑤	⑥
382	나는 모르는 것이 있으면 수단과 방법을 가리지 않고 알아낸다.	①	②	③	④	⑤	⑥
383	내 삶을 향상시키기 위한 방법을 찾는다.	①	②	③	④	⑤	⑥
384	내 의견이 옳다는 생각이 들면 다른 사람과 잘 타협하지 못한다.	①	②	③	④	⑤	⑥
385	나는 집요한 사람이다.	①	②	③	④	⑤	⑥
386	가까운 사람과 사소한 일로 다투었을 때 먼저 화해를 청하는 편이다.	①	②	③	④	⑤	⑥
387	무엇인가를 반드시 성취해야 하는 것은 아니다.	①	②	③	④	⑤	⑥
388	일을 통해서 나의 지식과 기술을 후대에 기여하고 싶다.	①	②	③	④	⑤	⑥
389	내 의견을 이해하지 못하는 사람은 상대하지 않는다.	①	②	③	④	⑤	⑥
390	사회에서 인정받을 수 있는 사람이 되고 싶다.	①	②	③	④	⑤	⑥
391	착한 사람은 항상 손해를 보게 되어 있다.	①	②	③	④	⑤	⑥
392	내가 잘한 일은 남들이 꼭 알아줬으면 한다.	①	②	③	④	⑤	⑥
393	상황이 변해도 유연하게 대처한다.	①	②	③	④	⑤	⑥
394	나와 다른 의견도 끝까지 듣는다.	①	②	③	④	⑤	⑥
395	상황에 따라서는 거짓말도 필요하다.	①	②	③	④	⑤	⑥
396	평범한 사람이라고 생각한다.	①	②	③	④	⑤	⑥
397	남들이 실패한 일도 나는 해낼 수 있다.	①	②	③	④	⑤	⑥
398	남들보다 특별히 더 우월하다고 생각하지 않는다.	①	②	③	④	⑤	⑥
399	시비가 붙더라도 침착하게 대응한다.	①	②	③	④	⑤	⑥
400	화가 날수록 상대방에게 침착해지는 편이다.	①	②	③	④	⑤	⑥
401	세상은 착한 사람들에게 불리하다.	①	②	③	④	⑤	⑥
402	여러 사람과 이야기하는 것이 즐겁다.	①	②	③	④	⑤	⑥
403	다른 사람의 감정을 내 것처럼 느낀다.	①	②	③	④	⑤	⑥

404	내게 모욕을 준 사람들을 절대 잊지 않는다.	①	②	③	④	⑤	⑥
405	우리가 사는 세상은 살 만한 곳이라고 생각한다.	①	②	③	④	⑤	⑥
406	속이 거북할 정도로 많이 먹을 때가 있다.	①	②	③	④	⑤	⑥
407	마음속에 있는 것을 솔직하게 털어놓는 편이다.	①	②	③	④	⑤	⑥
408	일은 내 삶의 중심에 있다.	①	②	③	④	⑤	⑥
409	내가 열심히 노력한다고 해서 나의 주변 환경에 어떤 바람직한 변화가 일어나는 것은 아니다.	①	②	③	④	⑤	⑥
410	웬만한 일을 겪어도 마음의 평정을 유지하는 편이다.	①	②	③	④	⑤	⑥
411	사람들 앞에 서면 실수를 할까 걱정된다.	①	②	③	④	⑤	⑥
412	점이나 사주를 믿는 편이다.	①	②	③	④	⑤	⑥
413	화가 나면 언성이 높아진다.	①	②	③	④	⑤	⑥
414	차근차근 하나씩 일을 마무리한다.	①	②	③	④	⑤	⑥
415	어려운 목표라도 어떻게 해서든 실현 가능한 해결책을 만든다.	①	②	③	④	⑤	⑥
416	진행하던 일을 홧김에 그만둔 적이 있다.	①	②	③	④	⑤	⑥
417	사람을 차별하지 않는다.	①	②	③	④	⑤	⑥
418	창이 있는 레스토랑에 가면 창가에 자리를 잡는다.	①	②	③	④	⑤	⑥
419	다양한 분야에 관심이 있다.	①	②	③	④	⑤	⑥
420	무단횡단을 한 번도 해 본 적이 없다.	①	②	③	④	⑤	⑥
421	내 주위에서는 즐거운 일들이 자주 일어난다.	①	②	③	④	⑤	⑥
422	다른 사람의 행동을 내가 통제하고 싶다.	①	②	③	④	⑤	⑥
423	내 친구들은 은근히 뒤에서 나를 비웃는다.	①	②	③	④	⑤	⑥
424	아이디어를 적극적으로 제시한다.	①	②	③	④	⑤	⑥
425	규칙을 어기는 것도 필요할 때가 있다.	①	②	③	④	⑤	⑥
426	친구를 쉽게 사귄다.	①	②	③	④	⑤	⑥
427	내 분야에서 1등이 되어야 한다.	①	②	③	④	⑤	⑥
428	스트레스가 쌓이면 몸도 함께 아프다.	①	②	③	④	⑤	⑥
429	목표를 달성하기 위해서는 때로 편법이 필요할 때도 있다.	①	②	③	④	⑤	⑥
430	나는 보통사람들보다 더 존경받을 만하다고 생각한다.	①	②	③	④	⑤	⑥
431	내 주위에는 나보다 잘난 사람들만 있는 것 같다.	①	②	③	④	⑤	⑥
432	나는 따뜻하고 부드러운 마음을 가지고 있다.	①	②	③	④	⑤	⑥
433	어떤 일에 실패했어도 반드시 다시 도전한다.	①	②	③	④	⑤	⑥

434	회의에 적극 참여한다.	①	②	③	④	⑤	⑥
435	나는 적응력이 뛰어나다.	①	②	③	④	⑤	⑥
436	서두르지 않고 순서대로 일을 마무리한다.	①	②	③	④	⑤	⑥
437	나는 실수를 했을 때 곧바로 사과한다.	①	②	③	④	⑤	⑥
438	나는 맡은 일은 책임지고 끝낸다.	①	②	③	④	⑤	⑥
439	나는 눈치가 빠르다.	①	②	③	④	⑤	⑥
440	나는 본 검사에 성실하게 응답하였다.	①	②	③	④	⑤	⑥
441	이웃에서 나는 소리가 신경 쓰인다.	①	②	③	④	⑤	⑥
442	나도 모르게 끙끙 앓고 고민하는 편이다.	①	②	③	④	⑤	⑥
443	비교적 금방 마음이 바뀌는 편이다.	①	②	③	④	⑤	⑥
444	휴식시간 정도는 혼자 있고 싶다.	①	②	③	④	⑤	⑥
445	자신만만한 영업맨 타입이다.	①	②	③	④	⑤	⑥
446	남의 의견에 좌우되어서 쉽게 의견이 바뀐다.	①	②	③	④	⑤	⑥
447	개성적인 편이라고 생각한다.	①	②	③	④	⑤	⑥
448	나는 항상 활기차게 일하는 사람이다.	①	②	③	④	⑤	⑥
449	다양한 문화를 인정하는 것은 중요하다.	①	②	③	④	⑤	⑥
450	인상이 좋다는 말을 자주 듣는다.	①	②	③	④	⑤	⑥
451	나와 다른 관점이 있다는 것을 인정한다.	①	②	③	④	⑤	⑥
452	일에 우선순위를 잘 파악하여 행동하는 편이다.	①	②	③	④	⑤	⑥
453	사무실에서 조사하는 것보다 현장에서 파악하는 것을 선호한다.	①	②	③	④	⑤	⑥
454	약속 장소에 가기 위한 가장 빠른 교통수단을 미리 알아보고 출발한다.	①	②	③	④	⑤	⑥
455	친절하다는 말을 종종 듣는다.	①	②	③	④	⑤	⑥
456	팀으로 일하는 것이 좋다.	①	②	③	④	⑤	⑥
457	돈 관리를 잘하는 편이어서 적자가 나는 법이 없다.	①	②	③	④	⑤	⑥
458	내 감정이나 행동의 근본적인 이유를 찾기 위해서 노력한다.	①	②	③	④	⑤	⑥
459	호기심이 풍부한 편이다.	①	②	③	④	⑤	⑥
460	나는 좀 어려운 과제도 내가 할 수 있다는 긍정적인 생각을 많이 한다.	①	②	③	④	⑤	⑥
461	무책임한 사람을 보면 짜증이 난다.	①	②	③	④	⑤	⑥
462	안정적인 직장보다 창의적인 일을 하는 직장을 선호한다.	①	②	③	④	⑤	⑥

언어추리 / 독해 / 수리 / 영역별 빈출이론

1회 / 2회 / 3회 / 4회 / 기출유형문제

기초인재 검사

1회 / 2회 / 3회 / 상황판단검사

인재유형 검사

면접 가이드

파트 6 면접가이드

01 면접의 이해

※ 능력중심 채용에서는 타당도가 높은 구조화 면접을 적용한다.

1 면접이란?

일을 하는 데 필요한 능력(직무역량, 직무지식, 인재상 등)을 지원자가 보유하고 있는지를 다양한 면접기법을 활용하여 확인하는 절차이다. 자신의 환경, 성취, 관심사, 경험 등에 대해 이야기하여 본인이 적합하다는 것을 보여 줄 기회를 제공하고, 면접관은 평가에 필요한 정보를 수집하고 평가하는 것이다.

- 지원자의 태도, 적성, 능력에 대한 정보를 심층적으로 파악하기 위한 선발 방법
- 선발의 최종 의사결정에 주로 사용되는 선발 방법
- 전 세계적으로 선발에서 가장 많이 사용되는 핵심적이고 중요한 방법

2 면접의 특징

서류전형이나 인적성검사에서 드러나지 않는 것들을 볼 수 있는 기회를 제공한다.

- 직무수행과 관련된 다양한 지원자 행동에 대한 관찰이 가능하다.
- 면접관이 알고자 하는 정보를 심층적으로 파악할 수 있다.
- 서류상의 미비한 사항과 의심스러운 부분을 확인할 수 있다.
- 커뮤니케이션, 대인관계행동 등 행동·언어적 정보도 얻을 수 있다.

3 면접의 평가요소

1 인재적합도

해당 기관이나 기업별 인재상에 대한 인성 평가

2 조직적합도

조직에 대한 이해와 관련 상황에 대한 평가

3 직무적합도

직무에 대한 지식과 기술, 태도에 대한 평가

🔍 4 면접의 유형

구조화된 정도에 따른 분류

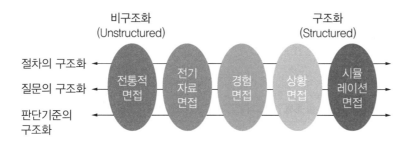

1 구조화 면접(Structured Interview)

사전에 계획을 세워 질문의 내용과 방법, 지원자의 답변 유형에 따른 추가 질문과 그에 대한 평가역량이 정해져 있는 면접 방식(표준화 면접)

- 표준화된 질문이나 평가요소가 면접 전 확정되며, 지원자는 편성된 조나 면접관에 영향을 받지 않고 동일한 질문과 시간을 부여받을 수 있음.
- 조직 또는 직무별로 주요하게 도출된 역량을 기반으로 평가요소가 구성되어, 조직 또는 직무에서 필요한 역량을 가진 지원자를 선발할 수 있음.
- 표준화된 형식을 사용하는 특성 때문에 비구조화 면접에 비해 신뢰성과 타당성, 객관성이 높음.

2 비구조화 면접(Unstructured Interview)

면접 계획을 세울 때 면접 목적만 명시하고 내용이나 방법은 면접관에게 전적으로 일임하는 방식(비표준화 면접)

- 표준화된 질문이나 평가요소 없이 면접이 신행되며, 편성된 조나 면접관에 따라 지원자에게 주어지는 질문이나 시간이 다름.
- 면접관의 주관적인 판단에 따라 평가가 이루어져 평가 오류가 빈번히 일어남.
- 상황 대처나 언변이 뛰어난 지원자에게 유리한 면접이 될 수 있음.

구조화 면접 기법

※ 능력중심 채용에서는 타당도가 높은 구조화 면접을 적용한다.

1 경험면접(Behavioral Event Interview)

면접 프로세스

| 안내 | 지원자는 입실 후, 면접관을 통해 인사말과 면접에 대한 간단한 안내를 받음. |

| 질문 | 지원자는 면접관에게 평가요소(직업기초능력, 직무수행능력 등)와 관련된 주요 질문을 받게 되며, 질문에서 의도하는 평가요소를 고려하여 응답할 수 있도록 함. |

| 세부질문 | • 지원자가 응답한 내용을 토대로 해당 평가기준들을 충족시키는지 파악하기 위한 세부질문이 이루어짐.
• 구체적인 행동·생각 등에 대해 응답할수록 높은 점수를 얻을 수 있음. |

• 방식

해당 역량의 발휘가 요구되는 일반적인 상황을 제시하고, 그러한 상황에서 어떻게 행동했었는지(과거경험)를 이야기하도록 함.

• 판단기준

해당 역량의 수준, 경험 자체의 구체성, 진실성 등

• 특징

추상적인 생각이나 의견 제시가 아닌 과거 경험 및 행동 중심의 질의가 이루어지므로 지원자는 사전에 본인의 과거 경험 및 사례를 정리하여 면접에 대비할 수 있음.

• 예시

지원분야		지원자		면접관	(인)
경영자원관리 조직이 보유한 인적자원을 효율적으로 활용하여, 조직 내 유·무형 자산 및 재무자원을 효율적으로 관리한다.					
주질문					
A. 어떤 과제를 처리할 때 기존에 팀이 사용했던 방식의 문제점을 찾아내 이를 보완하여 과제를 더욱 효율적으로 처리했던 경험에 대해 이야기해 주시기 바랍니다.					
세부질문					
[상황 및 과제] 사례와 관련해 당시 상황에 대해 이야기해 주시기 바랍니다. [역할] 당시 지원자께서 맡았던 역할은 무엇이었습니까? [행동] 사례와 관련해 구성원들의 설득을 이끌어 내기 위해 어떤 노력을 하였습니까? [결과] 결과는 어땠습니까?					

기대행동	평점
업무진행에 있어 한정된 자원을 효율적으로 활용한다.	① - ② - ③ - ④ - ⑤
구성원들의 능력과 성향을 파악해 효율적으로 업무를 배분한다.	① - ② - ③ - ④ - ⑤
효과적 인적/물적 자원관리를 통해 맡은 일을 무리 없이 잘 마무리한다.	① - ② - ③ - ④ - ⑤

척도해설

1 : 행동증거가 거의 드러나지 않음	2 : 행동증거가 미약하게 드러남	3 : 행동증거가 어느 정도 드러남	4 : 행동증거가 명확하게 드러남	5 : 뛰어난 수준의 행동증거가 드러남
관찰기록 :				
총평 :				

※ 실제 적용되는 평가지는 기업/기관마다 다름.

2 상황면접(Situational Interview)

면접 프로세스

안내 ⟩ 지원자는 입실 후, 면접관을 통해 인사말과 면접에 대한 간단한 안내를 받음.

∨

질문 ⟩
- 지원자는 상황질문지를 검토하거나 면접관을 통해 상황 및 질문을 제공받음.
- 면접관의 질문이나 질문지의 의도를 파악하여 응답할 수 있도록 함.

∨

세부질문 ⟩
- 지원자가 응답한 내용을 토대로 해당 평가기준들을 충족시키는지 파악하기 위한 세부질문이 이루어짐.
- 구체적인 행동·생각 등에 대해 응답할수록 높은 점수를 얻을 수 있음.

- **방식**
  직무 수행 시 접할 수 있는 상황들을 제시하고, 그러한 상황에서 어떻게 행동할 것인지(행동의도)를 이야기하도록 함.
- **판단기준**
  해당 상황에 맞는 해당 역량의 구체적 행동지표
- **특징**
  지원자의 가치관, 태도, 사고방식 등의 요소를 평가하는 데 용이함.

언어추리 | 독해 | 수리 | 영역별 빈출유형 | 1회 | 2회 | 3회 | 4회 | 기초유형문제 | 기초인재검사 | 1회 | 2회 | 3회 | 상황판단검사 | 인재유형검사 | 면접가이드

• 예시

지원분야		지원자		면접관	(인)

유관부서협업

타 부서의 업무협조요청 등에 적극적으로 협력하고 갈등 상황이 발생하지 않도록 이해관계를 조율하며 관련 부서의 협업을 효과적으로 이끌어 낸다.

주질문
당신은 생산관리팀의 팀원으로, 2개월 뒤에 제품 A를 출시하기 위해 생산팀의 생산 계획을 수립한 상황입니다. 그러나 원가가 곧 실적으로 이어지는 구매팀에서는 최대한 원가를 줄여 전반적 단가를 낮추려고 원가절감을 위한 제안을 하였으나, 연구개발팀에서는 구매팀이 제안한 방식으로 제품을 생산할 경우 대부분이 구매팀의 실적으로 산정될 것이므로 제대로 확인도 해보지 않은 채 적합하지 않은 방식이라고 판단하고 있습니다. 당신은 어떻게 하겠습니까?

세부질문
[상황 및 과제] 이 상황의 핵심적인 이슈는 무엇이라고 생각합니까?
[역할] 당신의 역할을 더 잘 수행하기 위해서는 어떤 점을 고려해야 하겠습니까? 왜 그렇게 생각합니까?
[행동] 당면한 과제를 해결하기 위해서 구체적으로 어떤 조치를 취하겠습니까? 그 이유는 무엇입니까?
[결과] 그 결과는 어떻게 될 것이라고 생각합니까? 그 이유는 무엇입니까?

척도해설

1 : 행동증거가 거의 드러나지 않음	2 : 행동증거가 미약하게 드러남	3 : 행동증거가 어느 정도 드러남	4 : 행동증거가 명확하게 드러남	5 : 뛰어난 수준의 행동증거가 드러남
관찰기록 :				
총평 :				

※ 실제 적용되는 평가지는 기업/기관마다 다름.

3 발표면접(Presentation)

면접 프로세스

안내
• 입실 후 지원자는 면접관으로부터 인사말과 발표면접에 대해 간략히 안내받음.
• 면접 전 지원자는 과제 검토 및 발표 준비시간을 가짐.

▼

발표
• 지원자들이 과제 주제와 관련하여 정해진 시간 동안 발표를 실시함.
• 면접관은 발표내용 중 평가요소와 관련해 나타난 가점 및 감점요소들을 평가하게 됨.

▼

질문응답
• 발표 종료 후 면접관은 정해진 시간 동안 지원자의 발표내용과 관련해 구체적인 내용을 확인하기 위한 질문을 함.
• 지원자는 면접관의 질문의도를 정확히 파악하여 적절히 응답할 수 있도록 함.
• 응답 시 명확하고 자신있게 전달할 수 있도록 함.

- 방식

  지원자가 특정 주제와 관련된 자료(신문기사, 그래프 등)를 검토하고, 그에 대한 자신의 생각을 면접관 앞에서 발표하며, 추가 질의응답이 이루어짐.

- 판단기준

  지원자의 사고력, 논리력, 문제해결능력 등

- 특징

  과제를 부여한 후, 지원자들이 과제를 수행하는 과정과 결과를 관찰·평가함. 과제수행의 결과뿐 아니라 과제수행 과정에서의 행동을 모두 평가함.

4 토론면접(Group Discussion)

면접 프로세스

안내
- 입실 후, 지원자들은 면접관으로부터 토론 면접의 전반적인 과정에 대해 안내받음.
- 지원자는 정해진 자리에 착석함.

토론
- 지원자들이 과제 주제와 관련하여 정해진 시간 동안 토론을 실시함(시간은 기관별 상이).
- 지원자들은 면접 전 과제 검토 및 토론 준비시간을 가짐.
- 토론이 진행되는 동안, 지원자들은 다른 토론자들의 발언을 경청하여 적절히 본인의 의사를 전달할 수 있도록 함. 더불어 적극적인 태도로 토론면접에 임하는 것도 중요함.

**마무리
(5분 이내)**
- 면접 종료 전, 지원자들은 토론을 통해 도출한 결론에 대해 첨언하고 적절히 마무리 지음.
- 본인의 의견을 전달하는 것과 동시에 다른 토론자를 배려하는 모습도 중요함.

- 방식

  상호갈등적 요소를 가진 과제 또는 공통의 과제를 해결하는 내용이 토론 과제(신문기사, 그래프 등)를 제시하고, 그 과정에서의 개인 간의 상호작용 행동을 관찰함.

- 판단기준

  팀워크, 갈등 조정, 의사소통능력 등

- 특징

  면접에서 최종안을 도출하는 것도 중요하나 주장의 옳고 그름이 아닌 결론을 도출하는 과정과 말하는 자세 등도 중요함.

5 역할연기면접(Role Play Interview)

- 방식

  기업 내 발생 가능한 상황에서 부딪히게 되는 문제와 역할을 가상적으로 설정하여 특정 역할을 맡은 사람과 상호작용하고 문제를 해결해 나가도록 함.

- 판단기준

  대처능력, 대인관계능력, 의사소통능력 등

- 특징

  실제 상황과 유사한 가상 상황에서 지원자의 성격이나 대처 행동 등을 관찰할 수 있음.

6 조별활동(GA : Group Activity)

- 방식

  지원자들이 팀(집단)으로 협력하여 정해진 시간 안에 활동 또는 게임을 하며 면접관들은 지원자들의 행동을 관찰함.

- 판단기준

  대인관계능력, 팀워크, 창의성 등

- 특징

  기존 면접보다 오랜 시간 관찰을 하여 지원자들의 평소 습관이나 행동들을 관찰하려는 데 목적이 있음.

03 면접 최신 기출 주제

언어추리
독해
요약발표문제
수리
1회
2회
기출유형문제
3회
4회
기초인재
검사
1회
2회
상황판단검사
3회
인재유형
검사
면접
가이드

🔍 1 이랜드그룹 면접전형 개요

1 1차 실무면접

　이랜드그룹의 면접전형은 1차 실무면접과 2차 임원면접 총 두 단계에 걸쳐 진행된다. 1차 실무면접에서는 5 ~ 6인 1조로 실무진 5명으로 구성된 면접관과 약 40 ~ 50분 동안 진행된다. 계열사에 따라 실무면접 진행 직전에 사전 설문지를 작성하여 제출하고, 사전 설문지와 자기소개서의 내용을 중심으로 하는 면접이 진행된다.

2 사전 질문지 기출 주제

1. 본인의 학교, 학과, 희망 연봉을 작성하시오.
2. 자신을 표현하는 단어 다섯 가지는?
3. 본인의 가치관을 만들어준 책 혹은 인물은 무엇이며, 그 이유는?
4. 본인이 겪은 실패와 이로 얻은 교훈은?
5. 살면서 고생한 경험과 극복한 점이 있는가?
6. 장기적으로 훈련을 받은 경험이 있는가?
7. 앞으로 5년 후 본인은 어디에서, 무엇을 하고 있을 것 같은가?
8. 최근에 읽은 기사와 그에 대한 자신의 견해는 무엇인가?
9. 이랜드에 지원한 채용공고가 있는가?
10. 이랜드 이외에 현재 진행 중이거나 최근 탈락한 채용공고가 있는가?

3 2차 임원면접

　임원면접 역시 5 ~ 6인 1조로 실무진과 임원진으로 구성된 5 ~ 6인의 면접관과 약 60분 동안 진행된다. 면접 내용은 1차와 동일하게 서류전형에서 제출한 자기소개서를 기반으로 개별 질문 형식으로 진행된다.
　임원면접에서는 실무면접에 비해 지원자 본인의 인성을 중심으로 평가하며, 이 경우 기업의 경영이념, 기업 가치 등을 기준으로 지원자의 적합성을 판단하므로 사전에 이를 숙지하고 이에 맞는 답변을 준비해 가는 것이 좋다.

2 2023 하반기 면접 실제 기출 주제

1. 1분 자기소개

2. 입사 후 자신의 포부를 말해 보시오.

3. 인턴 경험이 있는데 당시 업무를 하면서 아쉬웠던 점이 있는가?

4. 왜 이랜드그룹사에 지원했는지 말해 보시오.

5. 업무를 하면서 받았던 피드백 중에 가장 도움이 되었던 피드백에 대해 말해 보시오.

6. 지원한 모든 기업에 합격한다면 이랜드그룹은 몇 번째 순서로 고려하고 있는가?

7. 최근 입사 후 3년 내로 퇴사하는 직원들이 많아졌는데 이에 대한 원인은 무엇이라고 생각하는가?

8. 자기소개서에 기재된 성공사례에서 본인의 어떠한 강점을 활용해 성공사례로 이끌었는지 말해 보시오.

9. 목적을 달성하기 위해 포기하지 않고 실행해서 성공한 사례가 있다면 말해 보시오.

10. 오늘 면접 복장을 선택한 이유가 있는가?

11. 이랜드에 입사한 5년 후 자신의 모습이 어떨지 말해 보시오.

12. 당사의 매장에 가본 경험이 있는가, 있다면 개선해야 할 점을 말해 보시오.

13. 지원한 직무를 수행할 때 가장 중요하다고 생각하는 가치를 말해 보시오.

14. 배치된 부서에서 팀워크를 해치는 부원이 있다면 어떻게 반응할 것인가?

15. 패션 계열은 지원했는데 혹시 평상시에 관심 있게 보는 패션 유튜버가 있는가?

16. 자기소개서에 기재된 참여 프로젝트에 대해 구체적인 자신의 기여도를 말해 보시오.

17. 사전질문지에 작성한 장점과 단점 이외에도 사람들이 본인에게 말해 준 장점과 단점이 있는가?

18. 다른 회사에 짧게 근무한 경험이 있는데 이랜드로 이직하려는 이유가 있는가?

19. 당사에 입사하여 이루고 싶은 목표가 있다면 말해 보시오.

20. 팀으로 수행해야 하는 업무에서 자신이 가진 장점과 단점을 어떻게 활용할 수 있는지 말해 보시오.

21. 이랜드 타계열사에 지원한 이력이 있는데 탈락한 이유가 무엇이라고 생각하는가? 그리고 개선하기 위해 어떠한 노력을 했는가?

22. 이랜드가 중요하게 생각하는 4가지 가치 중 가장 공감하는 가치는 무엇인가, 그리고 해당 가치를 실천한 사례가 있는가?

23. 협상을 해본 경험이 있는가, 있다면 말해 보시오.

24. 자신의 전공이 지원 분야에 어떠한 방식으로 도움이 될지 말해 보시오.

3 2023 상반기 면접 실제 기출 주제

1. 1분 자기소개

2. 공기업이나 공공기관을 지원하지 않고 기업을 지원한 이유가 있는가?

3. 남들에게 가장 많이 들었던 본인의 단점은 무엇인가?

4. 자신만의 최종목표가 있다면 무엇인가?

5. 본인이 생각하는 좋은 직장을 3개의 단어로 간단하게 말해 보시오.

6. 다른 회사에 지원한 적이 있는가, 있다면 탈락한 이유가 무엇이라고 생각하는가?

7. 패션계열을 지원했는데 가고 싶은 브랜드가 있는가, 있다면 그 이유를 말해 보시오.

8. 살면서 가장 고생한 경험과 그 과정을 통해 배운 점을 말해 보시오.

9. 실패한 경험과 그 경험을 어떻게 극복했는지 말해 보시오.

10. 최근에 읽은 기사가 있는가, 있다면 그에 대한 자신의 견해를 말해 보시오.

11. 앞으로 5년 후에는 본인이 무엇을 하고 있을 것 같은가?

12. 지원하는 브랜드의 매장을 방문해 본 경험이 있는가, 있다면 어땠는가?

13. 최근 매장에서 진행하는 시즌(푸드, 패션 등)에 대해서 알고 있는가, 있다면 어땠는가?

14. 자기소개서에 해외 인턴 경험이 기재되어 있는데 해당 회사가 아니라 자사에 지원한 이유를 말해 보시오.

15. 자기소개서에 기재된 프로젝트에 대해 아쉬운 점을 말하고 해당 프로젝트를 다시 진행하게 된다면 어떤 점을 개선할지 제시하시오.

16. 이랜드에 지원할 때 어떤 마음가짐으로 지원했는지 말해 보시오.

17. 인턴 경험이 있는데 해당 경험에서 갈등을 겪은 적이 있는가, 있다면 갈등내용과 극복과정을 말해 보시오.

18. 개발해보고 싶은 신제품이 있는가?

19. 본인의 강점은 무엇이고 해당 강점이 직무에서 어떤 식으로 발휘될 수 있는가?

20. 일할 때 스트레스를 받을 수도 있는데 자신만의 스트레스 해소 방법이 있는가?

21. 전공과 지원분야가 다른데 어떤 과정에서 다른 분야에 관심이 생겼는지 말해 보시오.

22. 인턴 경험이 있는데 이때 본인의 성과가 있다면 말해 보시오.

23. 이랜드 패션 브랜드의 서포터즈 활동을 한 경험이 있는데 이때 느낀 해당 브랜드의 장·단점을 말해 보시오.

24. 같은 팀원 중에 숙련도가 떨어지는 직원이 있다면 어떤 조치를 취할 것인가?

25. 당면한 업무에 대해 주어진 시간이 얼마 없을 때 이를 해결하는 자신만의 노하우가 있다면 말해 보시오.

🔍 4 면접 실제 기출 주제

1. 자기소개를 하시오.
2. 본인의 가장 성공한 경험은 무엇인가?
3. 당사의 매장을 방문한 경험이 있는가? 거기서 느낀 매장의 개선점은?
4. 이랜드 계열사의 단점은 무엇이라고 생각하는가?
5. 기억에 남는 마케팅 사례를 한 가지 말해보시오.
6. 일본 브랜드 중 관심 있는 브랜드와 최근 구매한 일본 브랜드는?
7. 자신이 고집을 부려서 성과를 이뤄낸 경험이 있는가?
8. SSM(Super Supermarket)에 대한 개인의 견해를 제시하시오.
9. 당사에 들이고 싶은 브랜드가 있다면 무엇인가?
10. 오늘의 면접 복장을 선택한 이유는?
11. 회사에서 어떻게, 어떤 인재로 성장하고 싶은가?
12. 본인이 겪은 가장 어려웠던 경험은?
13. 본인이 어떤 일에 분석력을 발휘했던 경험에 대해 이야기하시오.
14. 이랜드가 본인의 성격에 가장 잘 맞는다고 생각하는 점은 무엇인가?
15. 본인이 이랜드에 입사했다가 퇴사를 한다면 어떤 이유일 것 같은가?
16. 본인이 좋아하는 일과 잘하는 일 중 어떤 것을 하고 싶은가?
17. 본인이 가장 좋아하는 브랜드는?
18. 페르미 추정으로 전국의 (브랜드명) 매장의 개수를 추정하면 몇 개겠는가?
19. 당사 외에 본인이 입사하고 싶은 다른 회사 한 곳을 말해보시오.
20. 본인의 취미는 무엇인가?
21. 본인은 해당 계열사의 어느 제품 분야에서 일하고 싶은가?
22. 본인은 평소에 어떤 패션을 선호하는가?
23. 세상에서 가장 나쁜 차별은 무엇이라고 생각하는가?
24. 이랜드가 가진 브랜드의 어떤 상품을 주력 상품으로 밀고 싶은가?
25. 10년 후의 본인은 어떤 사람이 되고 싶은가?
26. 본인의 인턴 경험이나 프로젝트 경험 중 가장 아쉬웠던 경험은?
27. 본인의 열정을 10점 만점으로 점수를 매기면?
28. 혹시 영어로 의사소통이 가능한가?
29. 현재 이랜드의 브랜드 10가지 이상을 말해 보시오.

이랜드그룹 인적성검사

1회 기출유형/상황판단

감독관 확인란

성명표기란

수험번호

(주민등록 앞자리 생년제외) 월일

인적성검사

오 띠 오 염 (유 오 추 리)

문번	답란
1	① ② ③ ④ ⑤
2	① ② ③ ④ ⑤
3	① ② ③ ④ ⑤
4	① ② ③ ④ ⑤
5	① ② ③ ④ ⑤
6	① ② ③ ④ ⑤
7	① ② ③ ④ ⑤
8	① ② ③ ④ ⑤
9	① ② ③ ④ ⑤
10	① ② ③ ④ ⑤
11	① ② ③ ④ ⑤
12	① ② ③ ④ ⑤
13	① ② ③ ④ ⑤
14	① ② ③ ④ ⑤
15	① ② ③ ④ ⑤
16	① ② ③ ④ ⑤
17	① ② ③ ④ ⑤
18	① ② ③ ④ ⑤
19	① ② ③ ④ ⑤
20	① ② ③ ④ ⑤

오 띠 오 염 (부 왼)

문번	답란
1	① ② ③ ④ ⑤
2	① ② ③ ④ ⑤
3	① ② ③ ④ ⑤
4	① ② ③ ④ ⑤
5	① ② ③ ④ ⑤
6	① ② ③ ④ ⑤
7	① ② ③ ④ ⑤
8	① ② ③ ④ ⑤
9	① ② ③ ④ ⑤
10	① ② ③ ④ ⑤
11	① ② ③ ④ ⑤
12	① ② ③ ④ ⑤
13	① ② ③ ④ ⑤
14	① ② ③ ④ ⑤
15	① ② ③ ④ ⑤
16	① ② ③ ④ ⑤
17	① ② ③ ④ ⑤
18	① ② ③ ④ ⑤
19	① ② ③ ④ ⑤
20	① ② ③ ④ ⑤

오 띠 오 염 (부 왼)

문번	답란
21	① ② ③ ④ ⑤
22	① ② ③ ④ ⑤
23	① ② ③ ④ ⑤
24	① ② ③ ④ ⑤
25	① ② ③ ④ ⑤

문번	답란
21	① ② ③ ④
22	① ② ③ ④
23	① ② ③ ④
24	① ② ③ ④
25	① ② ③ ④
26	① ② ③ ④
27	① ② ③ ④
28	① ② ③ ④
29	① ② ③ ④
30	① ② ③ ④
31	① ② ③ ④
32	① ② ③ ④

상황판단

문번	답란
1	① ② ③ ④
2	① ② ③ ④
3	① ② ③ ④
4	① ② ③ ④
5	① ② ③ ④
6	① ② ③ ④
7	① ② ③ ④
8	① ② ③ ④
9	① ② ③ ④
10	① ② ③ ④
11	① ② ③ ④
12	① ② ③ ④
13	① ② ③ ④
14	① ② ③ ④
15	① ② ③ ④
16	① ② ③ ④
17	① ② ③ ④
18	① ② ③ ④
19	① ② ③ ④
20	① ② ③ ④

상황판단

문번	답란
21	① ② ③ ④ ⑤
22	① ② ③ ④ ⑤
23	① ② ③ ④ ⑤
24	① ② ③ ④ ⑤
25	① ② ③ ④ ⑤

수리비평

문번	답란
1	① ② ③ ④ ⑤
2	① ② ③ ④ ⑤
3	① ② ③ ④ ⑤
4	① ② ③ ④ ⑤
5	① ② ③ ④ ⑤
6	① ② ③ ④ ⑤
7	① ② ③ ④ ⑤
8	① ② ③ ④ ⑤
9	① ② ③ ④ ⑤
10	① ② ③ ④ ⑤
11	① ② ③ ④ ⑤
12	① ② ③ ④ ⑤
13	① ② ③ ④ ⑤
14	① ② ③ ④ ⑤
15	① ② ③ ④ ⑤
16	① ② ③ ④ ⑤
17	① ② ③ ④ ⑤
18	① ② ③ ④ ⑤
19	① ② ③ ④ ⑤
20	① ② ③ ④ ⑤

수리비평

문번	답란
	오 픽 트 잡 (오 ○ 리)
1	① ② ③ ④ ⑤
2	① ② ③ ④ ⑤
3	① ② ③ ④ ⑤
4	① ② ③ ④ ⑤
5	① ② ③ ④ ⑤
6	① ② ③ ④ ⑤
7	① ② ③ ④ ⑤
8	① ② ③ ④ ⑤
9	① ② ③ ④ ⑤
10	① ② ③ ④ ⑤
11	① ② ③ ④ ⑤
12	① ② ③ ④ ⑤
13	① ② ③ ④ ⑤
14	① ② ③ ④ ⑤
15	① ② ③ ④ ⑤
16	① ② ③ ④ ⑤
17	① ② ③ ④ ⑤
18	① ② ③ ④ ⑤
19	① ② ③ ④ ⑤
20	① ② ③ ④ ⑤

문번	답란
	오 픽 트 잡 (왼쪽)
1	① ② ③ ④ ⑤
2	① ② ③ ④ ⑤
3	① ② ③ ④ ⑤
4	① ② ③ ④ ⑤
5	① ② ③ ④ ⑤
6	① ② ③ ④ ⑤
7	① ② ③ ④ ⑤
8	① ② ③ ④ ⑤
9	① ② ③ ④ ⑤
10	① ② ③ ④ ⑤
11	① ② ③ ④ ⑤
12	① ② ③ ④ ⑤
13	① ② ③ ④ ⑤
14	① ② ③ ④ ⑤
15	① ② ③ ④ ⑤
16	① ② ③ ④ ⑤
17	① ② ③ ④ ⑤
18	① ② ③ ④ ⑤
19	① ② ③ ④ ⑤
20	① ② ③ ④ ⑤

문번	답란
	오 픽 트 잡 (왼쪽)
21	① ② ③ ④ ⑤
22	① ② ③ ④ ⑤
23	① ② ③ ④ ⑤
24	① ② ③ ④ ⑤
25	① ② ③ ④ ⑤

gosinet (주)고시넷

문번		답란
수리비평	1	① ② ③ ④ ⑤
	2	① ② ③ ④ ⑤
	3	① ② ③ ④ ⑤
	4	① ② ③ ④ ⑤
	5	① ② ③ ④ ⑤
	6	① ② ③ ④ ⑤
	7	① ② ③ ④ ⑤
	8	① ② ③ ④ ⑤
	9	① ② ③ ④ ⑤
	10	① ② ③ ④ ⑤
	11	① ② ③ ④ ⑤
	12	① ② ③ ④ ⑤
	13	① ② ③ ④ ⑤
	14	① ② ③ ④ ⑤
	15	① ② ③ ④ ⑤
	16	① ② ③ ④ ⑤
	17	① ② ③ ④ ⑤
	18	① ② ③ ④ ⑤
	19	① ② ③ ④ ⑤
	20	① ② ③ ④ ⑤

문번		답란
수리비평	21	① ② ③ ④ ⑤
	22	① ② ③ ④ ⑤
	23	① ② ③ ④ ⑤
	24	① ② ③ ④ ⑤
	25	① ② ③ ④ ⑤

문번		답란
상황판단	1	① ② ③ ④
	2	① ② ③ ④
	3	① ② ③ ④
	4	① ② ③ ④
	5	① ② ③ ④
	6	① ② ③ ④
	7	① ② ③ ④
	8	① ② ③ ④
	9	① ② ③ ④
	10	① ② ③ ④
	11	① ② ③ ④
	12	① ② ③ ④
	13	① ② ③ ④
	14	① ② ③ ④
	15	① ② ③ ④
	16	① ② ③ ④
	17	① ② ③ ④
	18	① ② ③ ④
	19	① ② ③ ④
	20	① ② ③ ④

문번		답란
상황판단	21	① ② ③ ④
	22	① ② ③ ④
	23	① ② ③ ④
	24	① ② ③ ④
	25	① ② ③ ④
	26	① ② ③ ④
	27	① ② ③ ④
	28	① ② ③ ④
	29	① ② ③ ④
	30	① ② ③ ④
	31	① ② ③ ④
	32	① ② ③ ④

이랜드그룹 인적성검사

3회 기출유형/상황판단

성명표기란

수험번호

(주민등록 앞자리 생년제외) 월일

인적성검사

오 픈 마 인 드 (옳고 그름)

문번	①	②	③	④	⑤
1	①	②	③	④	⑤
2	①	②	③	④	⑤
3	①	②	③	④	⑤
4	①	②	③	④	⑤
5	①	②	③	④	⑤
6	①	②	③	④	⑤
7	①	②	③	④	⑤
8	①	②	③	④	⑤
9	①	②	③	④	⑤
10	①	②	③	④	⑤
11	①	②	③	④	⑤
12	①	②	③	④	⑤
13	①	②	③	④	⑤
14	①	②	③	④	⑤
15	①	②	③	④	⑤
16	①	②	③	④	⑤
17	①	②	③	④	⑤
18	①	②	③	④	⑤
19	①	②	③	④	⑤
20	①	②	③	④	⑤

오 픈 마 인 드 (옳고 그름)

문번	①	②	③	④	⑤
1	①	②	③	④	⑤
2	①	②	③	④	⑤
3	①	②	③	④	⑤
4	①	②	③	④	⑤
5	①	②	③	④	⑤
6	①	②	③	④	⑤
7	①	②	③	④	⑤
8	①	②	③	④	⑤
9	①	②	③	④	⑤
10	①	②	③	④	⑤
11	①	②	③	④	⑤
12	①	②	③	④	⑤
13	①	②	③	④	⑤
14	①	②	③	④	⑤
15	①	②	③	④	⑤
16	①	②	③	④	⑤
17	①	②	③	④	⑤
18	①	②	③	④	⑤
19	①	②	③	④	⑤
20	①	②	③	④	⑤

오 픈 마 인 드 (옳고 그름)

문번	①	②	③	④	⑤
21	①	②	③	④	⑤
22	①	②	③	④	⑤
23	①	②	③	④	⑤
24	①	②	③	④	⑤
25	①	②	③	④	⑤

영역판단

문번	답란			
21	①	②	③	④
22	①	②	③	④
23	①	②	③	④
24	①	②	③	④
25	①	②	③	④
26	①	②	③	④
27	①	②	③	④
28	①	②	③	④
29	①	②	③	④
30	①	②	③	④
31	①	②	③	④
32	①	②	③	④

영역판단

문번	답란			
1	①	②	③	④
2	①	②	③	④
3	①	②	③	④
4	①	②	③	④
5	①	②	③	④
6	①	②	③	④
7	①	②	③	④
8	①	②	③	④
9	①	②	③	④
10	①	②	③	④
11	①	②	③	④
12	①	②	③	④
13	①	②	③	④
14	①	②	③	④
15	①	②	③	④
16	①	②	③	④
17	①	②	③	④
18	①	②	③	④
19	①	②	③	④
20	①	②	③	④

수리비평

문번	답란				
21	①	②	③	④	⑤
22	①	②	③	④	⑤
23	①	②	③	④	⑤
24	①	②	③	④	⑤
25	①	②	③	④	⑤

수리비평

문번	답란				
1	①	②	③	④	⑤
2	①	②	③	④	⑤
3	①	②	③	④	⑤
4	①	②	③	④	⑤
5	①	②	③	④	⑤
6	①	②	③	④	⑤
7	①	②	③	④	⑤
8	①	②	③	④	⑤
9	①	②	③	④	⑤
10	①	②	③	④	⑤
11	①	②	③	④	⑤
12	①	②	③	④	⑤
13	①	②	③	④	⑤
14	①	②	③	④	⑤
15	①	②	③	④	⑤
16	①	②	③	④	⑤
17	①	②	③	④	⑤
18	①	②	③	④	⑤
19	①	②	③	④	⑤
20	①	②	③	④	⑤

4회 기출유형문제

감독관 확인란

성명표기란

수험번호

| ⓪ | ① | ② | ③ | ④ | ⑤ | ⑥ | ⑦ | ⑧ | ⑨ |

(주민등록 앞자리 생년제외) 월일

수험생 유의사항

※ 답안은 반드시 컴퓨터용 사인펜으로 보기와 같이 바르게 표기해야 합니다.
〈보기〉 ① ② ③ ❹ ⑤

※ 성명표기란 위 칸에는 성명을 한글로 쓰고 아래 칸에는 성명을 정확하게 표기하십시오. (맨 왼쪽 칸부터 성과 이름은 붙여 씁니다)

※ 수험번호/월일 위 칸에는 아라비아 숫자로 쓰고 아래 칸에는 숫자와 일치하게 표기하십시오.

※ 월일은 반드시 본인 주민등록번호의 생년을 제외한 월 두 자리, 일 두 자리를 표기하십시오.
(예) 1994년 1월 12일 → 0112

인적성검사

인적성검사 (추리/오답)

문번	답란				
1	①	②	③	④	⑤
2	①	②	③	④	⑤
3	①	②	③	④	⑤
4	①	②	③	④	⑤
5	①	②	③	④	⑤
6	①	②	③	④	⑤
7	①	②	③	④	⑤
8	①	②	③	④	⑤
9	①	②	③	④	⑤
10	①	②	③	④	⑤
11	①	②	③	④	⑤
12	①	②	③	④	⑤
13	①	②	③	④	⑤
14	①	②	③	④	⑤
15	①	②	③	④	⑤
16	①	②	③	④	⑤
17	①	②	③	④	⑤
18	①	②	③	④	⑤
19	①	②	③	④	⑤
20	①	②	③	④	⑤

인적성검사 (독해)

문번	답란				
1	①	②	③	④	⑤
2	①	②	③	④	⑤
3	①	②	③	④	⑤
4	①	②	③	④	⑤
5	①	②	③	④	⑤
6	①	②	③	④	⑤
7	①	②	③	④	⑤
8	①	②	③	④	⑤
9	①	②	③	④	⑤
10	①	②	③	④	⑤
11	①	②	③	④	⑤
12	①	②	③	④	⑤
13	①	②	③	④	⑤
14	①	②	③	④	⑤
15	①	②	③	④	⑤
16	①	②	③	④	⑤
17	①	②	③	④	⑤
18	①	②	③	④	⑤
19	①	②	③	④	⑤
20	①	②	③	④	⑤

인적성검사 (독해)

문번	답란				
21	①	②	③	④	⑤
22	①	②	③	④	⑤
23	①	②	③	④	⑤
24	①	②	③	④	⑤
25	①	②	③	④	⑤

문번	답란				
21	①	②	③	④	⑤
22	①	②	③	④	⑤
23	①	②	③	④	⑤
24	①	②	③	④	⑤
25	①	②	③	④	⑤

수리비평

문번	답란				
1	①	②	③	④	⑤
2	①	②	③	④	⑤
3	①	②	③	④	⑤
4	①	②	③	④	⑤
5	①	②	③	④	⑤
6	①	②	③	④	⑤
7	①	②	③	④	⑤
8	①	②	③	④	⑤
9	①	②	③	④	⑤
10	①	②	③	④	⑤
11	①	②	③	④	⑤
12	①	②	③	④	⑤
13	①	②	③	④	⑤
14	①	②	③	④	⑤
15	①	②	③	④	⑤
16	①	②	③	④	⑤
17	①	②	③	④	⑤
18	①	②	③	④	⑤
19	①	②	③	④	⑤
20	①	②	③	④	⑤

수리비평

대기업·금융

저마다의 일생에는,

특히 그 일생이 동터 오르는 여명기에는

모든 것을 결정짓는 한 순간이 있다.

그 순간을 다시 찾아내는 것은 어렵다.

그것은 다른 수많은 순간들의 퇴적 속에

깊이 묻혀있다.

- 장 그르니에, 섬 LES ILES

인·적성검사

2025
고시넷
대기업

이랜드그룹
인적성검사

E-land
Strength &
Aptitude
Test

최신 기출유형 모의고사

정답과 해설

gosinet
(주)고시넷

최신 대기업 인적성검사

20대기업
온·오프라인 인적성검사
통합기본서

핵심정리_핸드북 제공

최신기출유형+실전문제

파트 1 언어능력

파트 2 수리능력

파트 3 추리능력

파트 4 공간지각능력

파트 5 사무지각능력

파트 6 인성검사

• 핵심정리[핸드북]

2025
고시넷
대기업

고시넷 WWW.GOSINET.CO.KR

이랜드그룹
인적성검사

E-land
Strength &
Aptitude
Test

최신 기출유형 모의고사

정답과 해설

gosi net
(주)고시넷

정답과 해설

파트2 기출유형모의고사

1회 언어비평 _ 언어추리

▶문제 50쪽

01	③	02	②	03	④	04	③	05	③
06	⑤	07	③	08	①	09	③	10	③
11	⑤	12	④	13	④	14	③	15	④
16	③	17	④	18	②	19	②	20	④

01

|정답| ③

|해설| 제시된 글의 논증을 정리하면 다음과 같다.

· 전제 1 : 김○○ 씨는 비건 단계의 채식주의자이다.
· 숨은 전제 : 비건 단계의 채식주의자는 어떠한 음식이든 동물을 재료로 한 음식을 먹지 않는다.
· 결론 : 김○○ 씨는 어떠한 음식이든 동물을 재료로 한 음식을 먹지 않는다.

따라서 제시된 글은 논리적 오류가 없다.

|오답풀이|
① 제시된 글을 통해 거짓임을 알 수 있다.
②, ④, ⑤ 제시된 글의 논증을 통해서는 알 수 없다.

02

|정답| ②

|해설| 제시된 글은 인터넷 마케팅이 판매자들에게 다양한 이점을 제공한다고 주장한다. 스마트폰의 사용이 증가해 인터넷 접속률이 상승할 경우 더 많은 사람들에게 인터넷 마케팅을 할 수 있어 판매자들에게 이득이 되므로 ②가 주장을 강화시킬 수 있는 문장으로 적절하다.

03

|정답| ④

|해설| 첫 번째 조건을 통해 한국에 사는 개 중 푸들이 있는 것을 알 수 있으므로 ④가 참이다.

|오답풀이|
① 두 번째 조건과 세 번째 조건을 통해 모든 백구가 진돗개인 것을 알 수 있다.
② 두 번째 조건의 역이므로 참, 거짓을 알 수 없다.
③ 제시된 조건을 통해서는 알 수 없다.
⑤ 두 번째 조건의 이이므로 참, 거짓을 알 수 없다.

04

|정답| ③

|해설| 각 명제를 'A : 법학을 공부한다', 'B : 행정학 수업을 듣는다', 'C : 경제학 수업을 듣는다', 'D : 역사를 공부한다', 'E : 철학을 공부한다'라고 할 때 〈조건〉을 정리하면 다음과 같다.

· A → C
· A → E
· C → ~D
· ~C → ~B

'C → ~D'가 참이므로 이 명제의 대우인 'D → ~C'도 참이다. 또한 'A → B'가 참이므로 이 명제의 대우인 '~B → ~A'도 참이다. 이 명제들과 '~C → ~B'와의 삼단논법에 의해 'D → ~C → ~B → ~A'도 참임을 알 수 있다. 따라서 '역사를 공부하는 사람은 법학을 공부하지 않는다'는 옳다.

|오답풀이|
②, ③, ④, ⑤ 주어진 명제들로는 이 명제의 참, 거짓을 판별할 수 없다.

05

|정답| ③

|해설| 명제의 삼단논법 관계를 이용한다.

- 첫 번째 명제 : 나이가 많다. → 뇌의 활동이 둔화된다. → 기억력이 감퇴한다.
- 네 번째 명제 : 기억력이 감퇴한다. → 치매에 걸릴 가능성이 크다.

따라서 '나이가 많으면 치매에 걸릴 가능성이 크다'가 성립하므로 ③이 참이다.

| 오답풀이 |

①, ④, ⑤ 주어진 명제만으로는 알 수 없다.

② 첫 번째 명제의 역에 해당하므로 반드시 참이라고 할 수는 없다.

06

| 정답 | ⑤

| 해설 | 명제가 참이면 대우도 참이라는 것과 명제의 삼단논법 관계를 이용한다.

- 두 번째 명제의 대우 : 건강이 나빠진다. → 수면시간이 짧아진다.
- 다섯 번째 명제의 대우 : 제품 출시일이 당겨진다. → 건강이 나빠진다.

따라서 '제품 출시일이 당겨지면 수면시간이 짧아진다'가 성립하므로 ⑤가 참이다.

| 오답풀이 |

①, ④ 주어진 명제만으로는 참·거짓 여부를 알 수 없다.

② 두 번째 명제의 이에 해당하므로 반드시 참이라고 할 수는 없다.

③ 다섯 번째 명제의 역에 해당하므로 반드시 참이라고 할 수는 없다.

07

| 정답 | ③

| 해설 | 근무일이 많은 C를 기준으로 정리하면 다음 두 가지 경우로 나눌 수 있다.

1. C가 월요일에 근무하는 경우

월	화	수	목	금	토	일
C	B	C	휴무	B	C	A

C는 근무 후 휴무일을 제외하고 하루 쉬어야 하므로 금요일에 근무할 수 없다.

2. C가 화요일에 근무하는 경우

월	화	수	목	금	토	일
A	C	B	휴무	C	B	C

따라서 B는 화요일, 금요일 또는 수요일, 토요일에 근무할 수 있으므로 선택지 중 B가 근무하는 요일은 ③이다.

08

| 정답 | ①

| 해설 | A : 각각의 맛을 좋아하는 사원의 수가 1명 이상이므로 딸기맛을 좋아하는 사원이 5명이면 바닐라맛을 좋아하는 사원은 최소 1명이고, 초코맛을 좋아하는 사원의 수는 최대 9명이다.

| 오답풀이 |

B : 바닐라맛을 좋아하는 사원이 4명이면 나머지 11명 중 초코맛을 좋아하는 사원이 6명이고, 딸기맛을 좋아하는 사원은 5명이다.

C : 초코맛을 좋아하는 사원이 9명이면 나머지 6명 중 바닐라맛을 좋아하는 사원이 최대 2명이고, 딸기맛을 좋아하는 사원은 최소 4명이다.

09

| 정답 | ③

| 해설 |
- 사원 A : 정보 1이 참이라고 하더라도, 어느 지역에 생산기지를 건설하는지는 알 수 없다.
- 사원 B : 정보 2가 참이라고 하더라도, 두 지역에만 생산기지를 건설할 수도 있으므로 옳지 않다.
- 사원 C : 정보 3이 참이라면, 최소 네 국가에서 생산기지를 건설한 것이 되므로 정보 1도 참이 된다.

따라서 사원 C만 타당한 의견을 제시하였다.

10

|정답| ③

|해설| 마지막 현상에서 따라 중국의 독신 가구 수가 더 증가할 것이라고 추측할 수 있으므로 중국의 독신 가구가 앞으로 더 줄어들 것이라는 추론은 가장 적절하지 않다.

11

|정답| ⑤

|해설| 탄소 배출량이 적은 발전 설비를 활용하면 인센티브를 주는 등 탄소 배출량을 줄여나가야 하기 때문에 탄소 배출량이 많을수록 재생에너지산업의 경쟁력이 강화된다고 볼 수 없다.

12

|정답| ④

|해설| 1967년에 '맥핵'은 프로선수에게 패하였고, 1996년 '딥블루' 또한 패하였다.

13

|정답| ④

|해설| e는 세 번째 입주자이고 b가 바로 그다음인 네 번째로 입주하며, c가 b보다 먼저 입주하므로 c는 첫 번째 또는 두 번째 입주자임을 알 수 있다. a와 d 사이에는 두 명의 입주자가 있으므로 a나 d가 두 번째 또는 다섯 번째 입주자가 되어 'a-e-b-d' 또는 'd-e-b-a' 순서로 입주하게 되는데, d와 e가 연달아 입주하지 않으므로 'c-a-e-b-d' 순서대로 입주하게 된다. 따라서 a는 두 번째 입주자이다.

14

|정답| ③

|해설| ① 많은 사람의 선호나 인기를 이용하여 자신의 주장을 정당화하는 '대중에 호소하는 오류'에 해당한다.

② 주장하는 논리와는 상관없이 상대방의 인품, 과거의 행적 등을 트집 잡아 인격을 손상하면서 주장이 틀렸다고 비판하는 '인신공격의 오류'에 해당한다.

④ 부적합한 사례나 제한된 정보를 근거로 주장을 일반화하는 '성급한 일반화의 오류'에 해당한다.

⑤ 주장하는 사람이 처한 개인적인 정황 등을 근거로 하여 자신의 주장에 타당성을 부여하는 '정황에 호소하는 오류'에 해당한다.

15

|정답| ④

|해설| ① 소설가는 문학 작가의 하나라는 점에서 보면 단어의 범주를 잘못 인식하고 있으므로 '범주의 오류'에 해당한다.

② 두 사건이 동시에 발생하여 우연히 일치하는 것인데, 한 사건이 다른 사건의 원인이라고 생각하는 '원인 오판의 오류(잘못된 인과관계의 오류)'에 해당한다.

③ 자신의 주장에 반론의 가능성이 있는 요소를 나쁜 것으로 단정함으로써 상대방의 반론을 원천적으로 봉쇄하는 '원천 봉쇄의 오류(우물에 독 뿌리기)'에 해당한다.

⑤ 제한된 정보, 부적합한 증거, 대표성을 결여한 사례를 근거로 일반화하는 '성급한 일반화의 오류'에 해당한다.

16

|정답| ③

|해설| 제시된 글과 ③은 동정, 연민, 공포, 증오 등의 감정에 호소하는 '감정(위협)에 호소하는 오류'를 범하고 있다.

|오답풀이|

① 증명할 수 없거나 반대되는 증거가 없음을 근거로 자신의 주장이 옳다고 정당화하는 '무지에 호소하는 오류'를 범하고 있다.

② 주장하는 논리와는 관계없이 상대방의 인품, 과거의 행적 등을 트집 잡아 인격을 손상하면서 주장이 틀렸다고 비판하는 '인신공격의 오류'를 범하고 있다.

④ 많은 사람의 선호나 인기를 이용하여 자신의 주장을 정당화하려는 '대중에 호소하는 오류'를 범하고 있다.

⑤ 논지와 직접적인 관련이 없는 권위를 근거로 내세워 자기 주장에 정당성을 부여하는 '부적합한 권위에 호소하는 오류'를 범하고 있다.

17

|정답| ④

|해설| 모임은 모든 사원이 도착해야 시작되는데 민아와 천호가 사원의 전부인지는 언급되지 않았으므로 천호가 도착하면 모임이 시작되는지 알 수 없다.

|오답풀이|

① 모임에 참가하는 사람은 민아, 천호를 포함하여 최소 2명이다.

② 민아는 벌금을 냈으므로 19시까지 약속장소에 도착하지 못했다.

③ 천호는 벌금을 낸 민아보다 늦게 도착하므로 벌금을 내야 한다.

⑤ 민아나 천호는 3시간이 소요되는 모임에 19시 이후에 도착하였으므로 22시가 넘어서야 끝날 것이다.

18

|정답| ②

|해설| A는 발전소를 증설하여 경제성장을 촉진해야 한다고 주장하고 있다. 따라서 A의 주장을 반박하기 위해서는 경제성장과 전력소비 증가 사이에 유의미한 관계가 없음을 드러내는 진술이 필요하다.

19

|정답| ②

|해설| A가 거짓을 말했다고 가정하면 E는 진실을 말하였다. E의 말에 의하면 B와 D는 거짓을 말했는데, 이 경우 거짓을 말한 사람이 세 명 이상이 되므로 불가능하다. 따라서 A의 말은 진실이고 E의 말은 거짓이다. 이를 통해 E의 말이 진실이라고 한 C가 거짓을 말하는 것을 알 수 있으므로 5명 중 거짓을 말하는 사람은 C와 E뿐이다. 5명의 말을 종합하면 다음과 같이 정리할 수 있다.

	A	B	C	D	E
자가용	○	×	×	○	×
택시	×	○	○	×	<u>×</u>
버스	○	<u>×</u>	○	×	○
지하철	×	○	×	<u>○</u>	○

밑줄 친 표시는 〈조건 2〉를 바탕으로 한 것이고 그 외는 밑줄 친 표시를 이용하여 구한 것이다. 따라서 사원과 그 사원이 이용하는 교통수단이 바르게 짝지어진 것은 ②이다.

20

|정답| ④

|해설| 각각의 조건이 참일 경우를 나누어 추론하면 다음과 같다.

ⅰ) ㉠이 참일 경우
ㄴ에 따라 갑은 고양이를 키워야 하는데, ㉢에 따라 병도 고양이를 키워야 하므로 상충한다.

ⅱ) ㉡이 참일 경우
㉠에 따라 갑은 강아지를, ㉢에 따라 병은 고양이를 키우고 을은 토끼를 키우고 있음을 추론할 수 있다.

ⅲ) ㉢이 참일 경우
㉠에 따라 갑은 강아지를 키워야 하는데, ㉡을 보면 갑은 고양이를 키워야 하므로 상충한다.

ⅳ) ㉣이 참일 경우
㉠에 따라 갑은 강아지를 키워야 하는데, ㉡을 보면 갑은 고양이를 키워야 하므로 상충한다.

따라서 ㉡만 참이고 옳은 것은 ④이다.

1회 언어비평 _ 독해

▶ 문제 60쪽

01	①	02	③	03	④	04	④	05	③
06	③	07	②	08	①	09	②	10	④
11	②	12	④	13	①	14	⑤	15	②
16	②	17	⑤	18	③	19	④	20	①
21	④	22	⑤	23	③	24	③	25	④

01

| 정답 | ①

| 해설 | 제시된 글은 언론사들이 정치적 지향을 강하게 드러낼수록 자신의 정치적 성향과 동일하다고 생각하는 구독자들이 더 많은 후원금을 내고, 이를 통해 수입을 얻어 언론사를 이끌어갈 수 있다고 하면서, 대안언론이 정치성을 드러내는 이유에 대해 설명하고 있다. 따라서 ①이 적절하다.

02

| 정답 | ③

| 해설 | 제시된 글은 경제 위기가 여성 노동에 미치는 영향에 관한 세 가지 가설을 통해, 각각의 가설을 경험적으로 검토하면서 세 가지 가설로는 설명될 수 없는 두 가지 반례를 들어 가설의 설명력이 차별적이라 결론을 내리고 있다. 그중 1970 ~ 1980년대 경기 침체기의 상황에서 불황의 초기 국면에서는 여성 고용이 감소하였다고 하였으므로, 경기 변동과 관계없이 여성의 경제 활동 참여가 지속적으로 증가하고 있다고 유추하기는 어렵다.

| 오답풀이 |

① 분절 가설에서 여성 고용이 경기 변화의 영향을 남성 노동과 무관하게 받는다고 했지만, 실제로는 경제 위기보다 산업별·규모별·직업별 구조적 변동이 여성 노동에 더 큰 영향을 미친다고 하였다. 이러한 변동은 여성 노동에 더 큰 영향을 미치므로 성별 직무 분리까지 포함하는 개념으로 생각해 상호 작용함을 추론할 수 있다.

03

| 정답 | ④

| 해설 | 빈칸 앞부분에서 '집을 사랑한다는 것은 또 우리의 정체성이 스스로 결정되는 것이 아님을 인정하는 것이다'라고 했고, 뒷부분에서는 '마음을 받쳐줄 피난처'인 심리적 의미의 집에 대해 설명하고 있다. 따라서 빈칸에 들어갈 말로 ④가 가장 적절하다.

| 오답풀이 |

① 첫 번째 문단에서 벽지, 벤치, 그림 등이 언급되나 자아 실종 방지에 대한 기대감으로 이러한 물품들을 배치한다는 내용이지 배치 행위가 자아 실종을 막아준다는 합당한 근거가 제시되지는 않았다.

③ 제시된 글은 전반적으로 타인과의 관계를 중점적으로 다루고 있지 않다.

04

| 정답 | ④

| 해설 | 제시된 글에서 경제와 환경은 상호 영향을 주고받는 불가분의 관계에 있으며 양자 간에 순환하는 구조를 갖고 있음을 설명하고 있다. 그러므로 경제활동에 공급되는 자연자원은 가급적 효율적으로 사용되어야 하며, 배출되는 잔여물의 재활용 기능을 강화한 자원순환형 경제 구조를 요구해야 한다고 하였다. 따라서 글의 제목으로 적절한 것은 '자원순환형 경제의 필요성'이다.

05

| 정답 | ③

| 해설 | 모든 문화는 키치적 속성과 좋은 예술의 속성을 동시에 가지고 있으나, 어떤 것이 키치이고 어떤 것이 좋은 것인지는 대중적 선택에 의해 결정될 수 있다고 하였다. 이때 대중의 선택이란 사회 흐름에 따라 변화할 수 있으므로 ③이 적절하다.

| 오답풀이 |

①, ② 대중문화는 키치와 고급 예술을 모두 아우르는 개념으로 볼 수 있다.

④, ⑤ 키치에 대한 설명에 가깝다.

06

|정답| ③

|해설| 먼저 (라)에서 '습관'의 사전적 의미에 대해 설명하며 제시된 글의 중심 소재를 소개하고 있다. 이어 개인의 습관이 하는 역할에 대해 부연 설명하는 (가)가 이어진다. 다음으로는 (마)가 이어져 사례를 들어 습관의 형식이 다양함을 설명하고 있다. 이어서 (나)는 (마)에서 설명한 형식들 중 최상위 형식인 사고방식을 설명하고, 마지막으로 (다)는 이러한 습관을 좋게 기르는 것의 중요성에 대해 언급하며 글을 마무리하고 있다. 따라서 글의 순서는 (라) - (가) - (마) - (나) - (다)가 가장 적절하다.

07

|정답| ②

|해설| 임상시험의 불확실성을 불안과 두려움이 아닌 기회로 평가하게 되면, 그에 따른 적절한 의료진의 간호와 함께 환자의 적응력은 더 나아질 수 있다는 것이 필자의 주장이다. 따라서 불확실성 자체보다 불확실성을 받아들이는 환자의 수용 방식에 따라 적응력이 달라진다는 판단은 적절하다고 할 수 있다.

|오답풀이|

① 무작위배정 및 눈가림이 환자에게 불확실성을 유발시켜 불안 심리를 자극한다고 설명되어 있으나, 이를 배제하는 것이 불안 심리를 없애 준다고 확신할 수는 없다.

③ 임상시험에 대한 대처 능력의 관건은 어느 단계의 임상시험에 응하는지를 아는 것이 아니라, 불확실성을 기회로 평가하고 받아들일 수 있는지 여부이다.

④ 항암제 자체의 효과보다 환자의 심리 상태를 항암제 약효 자체의 판단 기준으로 보는 것은 적절하지 않다.

⑤ 3상 임상시험을 거치지 않은 항암제는 기존 치료제와의 비교자료 없이 치료에 활용될 것이다. 환자에게 사용가능한 최대용량에 대해서는 1상 임상시험을 통해 알 수 있다.

08

|정답| ①

|해설| CCTV 비관론자는 범죄전이효과가 나타난다고 보아 감소한 범죄만큼 타 지역 범죄가 늘었다고 생각할 것이다.

|오답풀이|

② 이익확산이론은 잠재적 범죄자들이 다른 지역도 똑같이 CCTV가 설치되어 있을 것으로 오인하여 범행을 단념한다고 본다.

③ 경찰은 CCTV 설치 장소로 범죄 다발 지역을 선호하는 경향이 있다.

④ 방송사 카메라가 방송용 몰래카메라 콘텐츠를 찍지 않아도 CCTV로서 지위를 가진다.

⑤ 범죄전이효과에 따르면 범죄자들은 CCTV가 없는 곳으로 이동한다.

09

|정답| ②

|해설| 쌀과 감자 등을 제외한 대부분은 수입에 의존하고 있다는 내용과 정부가 쌀 외에 다른 작물 중심으로 자급률을 높이는 방향을 추진할 방침이라는 내용을 통해 쌀 이외 작물의 자급률을 높여야 함을 알 수 있다.

10

|정답| ④

|해설| 전기 공급자가 많아지면 전기시장은 지금보다 더욱 경쟁적인 시장이 될 것이라고 판단할 수는 있으나, 그러한 상황에서 전기시장이 휘발유시장보다 더 경쟁적인 시장이 될 것이라고 판단할 근거는 제시되어 있지 않다.

|오답풀이|

① 시장에 참여하는 기계와 기업의 수가 많다면 이 시장은 경쟁적인 시장이 될 수 있으나, 그 수가 적은 경우 시장은 경쟁적일 수 없다.

② 시장으로의 진입장벽이 낮을수록 시장은 경쟁적이며, 진입장벽이 높을수록 기존 기업은 소비자들에 대해 어느 정도의 영향력을 갖게 된다.

③ 기존 기업들이 담합하여 단체행동을 하는 경우에는 그렇지 않은 경우에 비해 시장 지배력이 커져 경쟁시장의 특성에서 멀어진다.

⑤ 전기시장이 휘발유시장보다 시장가격에 영향을 미칠 수 있는 더 큰 시장 지배력을 갖고 있기 때문에 전기시장은 휘발유시장보다 경쟁적이지 못하다.

11

|정답| ②

|해설| 두 번째 문단의 마지막 부분에서 국회의원의 모든 권한은 국민으로부터 나오므로 ⓒ은 헌법 제1조 제2항에 모순되지 않는다고 서술되어 있다.

|오답풀이|

①, ④ ⊙은 입법 활동 시에 대표자가 국민의 뜻에 따라야 한다는 것이고, ⓒ은 대표자의 소신에 따라도 된다는 것이다. 즉, ⊙과 ⓒ은 입법 활동을 할 때 누구의 의사가 우선시되어야 하는가에 따라 구분된다.

③ 대표자가 그의 권한을 국민의 뜻에 따라 행사해야 한다는 말은 국민이 국회의원의 입법 활동을 직접적으로 통제한다는 말과 상통한다.

⑤ ⓒ에서 국민은 대표자 선출권을 통해 간접적으로 대표자를 통제한다고 하였으므로 국민의 의견이 간과되지 않음을 알 수 있다.

12

|정답| ④

|해설| 퍼퓸은 향이 12시간 정도 지속된다고 하였으므로 향이 아침부터 밤까지 지속되기를 원한다면 퍼퓸을 구입해야 한다.

|오답풀이|

① 향수 원액의 농도와 가격의 관계에 대해서는 언급되어 있지 않다.

② 라스트 노트가 6시간 지속되는 향수가 가장 좋은 향수라고 언급되어 있다.

③ '귀 뒤나 손목, 팔꿈치 안쪽 등 맥박이 뛰는 부분'이라고 언급했으나 목에 대한 언급은 없다.

⑤ 라스트 노트에서는 향수 본래의 향취가 나므로 알코올이 향취를 다 날아가게 한다는 설명은 옳지 않다.

13

|정답| ①

|해설| (라)에서는 농촌의 고령화라는 화두를 던지며 나머지 문장이 언급할 논점의 방향을 제시한다. 고령화의 현상을 (가)에서 언급하며, 고령화가 지속되는 중요한 원인을 (나)에서 설명하고 있다. 고령화의 현상을 먼저 언급하고 이어서 그러한 원인을 언급하는 것이 보다 자연스러운 문맥의 흐름이라고 할 수 있다. (다)에서는 앞의 내용에 반전을 이루며 전체 글에서 강조하고자 하는 농촌 청년들에 대한 고무적인 현상을 부각시키고 있다.

따라서 (라)-(가)-(나)-(다) 순이 적절하다.

14

|정답| ⑤

|해설| (가)는 저소득층 가정에 보급한 정보 통신기기가 아이들의 성적 향상에 별다른 영향을 미치지 못한다는 것을, (나)는 정보 통신기기의 활용에 대한 부모들의 관리와 통제가 학업성적에 영향을 준다는 것을 설명하고 있다. 따라서 아이들의 학업성적에는 정보 통신기기의 보급보다 기기 활용에 대한 관리와 통제가 더 중요하다는 것을 결론으로 도출할 수 있다.

15

|정답| ②

|해설| 빈칸 ⊙은 문단의 시작이므로 내용 전체를 이끌 수 있는 문장이 들어가야 한다. 빈칸 뒤의 문장을 살펴보면 중세시대에는 견고한 중세 지배체제로 인해 농민들의 저항이 이루어지지 못하였고, 산업사회에서는 시민이나 노동자들이 자신들의 안락한 생활을 위협받을 때에만 저항이 나타났다고 하였다. 따라서 살고 있는 시대와 처해진 상황에 따라 저항이 이루어질 수도, 그렇지 못할 수도 있고, 저항의 이유 또한 달라질 수 있다는 내용이 ⊙에 들어갈 올 수 있다.

16

|정답| ②

|해설| 첫 번째 문단, 두 번째 문단은 기술의 양면성에 관해 언급하고 있고, 세 번째 문단은 사회 구조를 바람직하게 하려면 기술에 대해 비판적이고 균형 있는 철학과 사상이

필요하다고 주장하고 있다. 따라서 이와 반대되는 내용인 기술의 양면성을 철학과 사상이 아닌 또 다른 새로운 기술로 보완해야 한다는 ②가 글의 주장을 반박하는 내용으로 적절하다.

| 오답풀이 |

① 첫 번째 문단의 마지막 문장을 반박할 수 있지만 이는 글쓴이가 궁극적으로 말하고자 하는 바가 아니므로 적절하지 않다.

③ 글쓴이는 통제할 수 없는 기술이 존재한다고 보았다. 이는 인간이 강제적으로 기술의 순기능만을 발전시킬 수 없다는 사실을 암묵적으로 전제하고 있는 것이다. 따라서 글쓴이의 입장과 반대되는 내용은 맞지만, ①과 마찬가지로 글쓴이의 주장에 대한 반박이 아니다.

④ 새로운 기술로 힘을 잃게 된 그룹에 대한 언급이 있지만 이는 글의 논지가 아니다.

⑤ 글쓴이의 주장과 유사한 내용이다.

17

| 정답 | ⑤

| 해설 | 한국의 가족주의는 단순한 이익추구가 문제되는 것이 아니라 배타적 권리를 주장하고 사적 이익만을 추구하는 것이 사회적 공동체의 원리와 대립하게 되는 것의 문제이다.

| 오답풀이 |

① 두 번째 문단의 '한국 특유의 배타적 가족주의와 ~'에서 알 수 있다.

② 세 번째 문단의 '가족은 더 이상 전체 사회에 유익한 일차 집단이 될 수 없다'에서 알 수 있다.

③ 세 번째 문단의 '그럼에도 불구하고 가족에 대한 비판을 금기시하고 신성화하는 이데올로기를 고집한다면 ~'에서 알 수 있다.

④ 제시된 글에서 '불균등한 분배 → 계층 간 격차 확대 → 다음 세대로 전승'으로 불평등 구조가 재생산되고 있다고 말하고 있으며 이 재생산 구조가 배타적 가족주의와 만나 다른 가족의 경제적 빈곤을 악화시키는 현상을 확대한다고 설명한다.

18

| 정답 | ③

| 해설 | 제시된 글은 지속가능한 노동시장의 경쟁력과 고용가능성을 갖추는 것은 개인뿐 아니라 국가 차원에서도 중요한 문제로 대두되고 있다고 설명하면서, 이를 위해 국가 차원에서 체계적인 정책 수립이 필요하다고 언급하고 있다. 또한 전 생애에 걸쳐 지속가능한 경력개발과 고용가능성 함양을 위해 정책적 지원이 요구되고 있다고 주장하고 있으므로 '생애경력개발을 위한 정책 지원의 필요성'이 글의 제목으로 적절하다.

| 오답풀이 |

① 거시적 관점에서 노동시장 변화에 대해 언급한 내용이 없으므로 제목으로 적절하지 않다.

② 지속가능 성장을 위해 국가 차원에서 체계적으로 정책을 수립해야 한다고 하였으므로 적절하지 않다.

④ 청소년의 경우 4차 산업혁명에 따른 변화에 대비할 수 있는 방안을 마련해야 한다는 내용이 제시되어 있지만, 4차 산업혁명으로 인한 고용시장의 변화와 전망이 글 전체의 핵심 내용은 아니므로 적절하지 않다.

⑤ 생산가능인구 감소 시대의 경제성장과 노동시장에 대한 내용은 언급되지 않았으므로 적절하지 않다.

19

| 정답 | ④

| 해설 | 스마트폰의 기본적이고 혁신적인 특징을 설명하는 (다)가 맨 처음에 와야 한다. 다음으로 그러한 스마트폰의 혁신에 있어 스티브 잡스가 기여한 바가 크다는 논점을 (가)에서 제시했으며 (라)를 통해 스티브 잡스가 융합을 강조했다는 점을 더욱 강조하고 있다. 마지막으로 (나)에서는 스마트폰과 스티브 잡스의 예를 통해 우리 사회의 융합의 필요성을 강조하였다. 문맥의 흐름으로 볼 때 (다)-(가)-(라)-(나)로 연결되는 것이 내용상 자연스럽다.

20

| 정답 | ①

| 해설 | 세 번째 문단에서 소비자가 기업이 제공하는 정보에 의존하던 과거와 달리 오늘날에는 간접적인 경험을 통해

구매를 결정하는 방향으로 변화했기 때문에 기업은 진정성을 보여 주는 것이 중요한 과제가 되었다고 설명하고 있다.

|오답풀이|

② 마지막 문단에서 광고로는 진정성을 효과적으로 전달할 수 없음을 알 수 있다.

③ 세 번째 문단의 '오늘날의 소비는 기업이 지닌 철학과 기업의 이미지를 고려하여 비록 가격이 조금 더 비싸더라도 사회적으로 긍정적인 효과를 주는 제품을 구매하기도 한다'라는 문장을 통해 진정성을 보여 주는 것이 단순한 이미지 개선뿐만 아니라 실질적인 매출 증대에도 영향을 준다는 것을 알 수 있다.

④ 마지막 문단의 '기업은 제품 자체에 대해 진정성을 나타낼 수 있고 때로는 고객에 대해, 때로는 사회적 가치에 대해 진정성을 나타낼 수도 있다'라는 문장을 통해 저소득층에게 옷을 기부하는 것은 사회적 가치에 대해 진정성을 나타내는 방법임을 추론할 수 있다.

21

|정답| ④

|해설| 빈칸 앞의 '그러나'를 통해, 청소년들은 굶는 다이어트의 부정적 영향에 대해 거의 인지하지 못했으나 실제로는 매우 큰 부정적 영향을 미친다는 내용이 전개될 것임을 짐작할 수 있다. 또한 두 번째 문단에서 음식 섭취 행위를 유발하는 회로에 대해 설명하고 있으며 세 번째 단락에서 식욕을 극단적으로 억제하는 굶는 다이어트로 인한 이상 발생으로 과식, 폭식, 금단 증상과 같은 음식 중독 현상이 발생될 수 있음을 설명하고 있다. 따라서 빈칸에는 굶는 다이어트가 음식 중독으로 연결될 수 있다는 내용이 들어가야 한다.

22

|정답| ⑤

|해설| 지원금 액수가 증가하였음에도 불구하고 출산율이 오르지 않았다는 것을 강조하는 내용이므로 단순한 지원금 증액보다 출산을 유도하기 위한 근본적인 대책이 필요하다는 문제제기가 글의 주된 내용이다. 따라서 ⑤는 적절하지 않다.

23

|정답| ③

|해설| 두 번째 문단에서 이순신 장군을 표상하거나 지시한다고 해서 반드시 이순신 장군의 모습과 유사하다고 할 수는 없다고 하였다. 즉, 나타내려는 대상의 모습과 유사하지 않더라도 그 대상을 표상할 수 있다는 것인데 ③은 유사성이 없다면 표상이 될 수 없다고 하였으므로 글의 내용과 상반되어 적절하지 않은 추론이다.

24

|정답| ③

|해설| 〈보기〉의 내용은 신축 아파트 주변의 개발과 교통량이 원인이 되어 새 아파트의 내부 대기가 오래된 아파트보다 좋지 않다는 내용인데, 이는 오래된 아파트가 새 아파트와 같은 지역에 있을 때에는 적절한 근거가 될 수 없어 논리적으로 타당하지 못하다.

따라서 새로 지은 아파트의 내부 대기에는 오래된 아파트보다 유해물질이 더 많이 포함되어 있다는 주장을 하기 위해 공통으로 작용하는 주변의 환경적 요인이 아닌 신축 아파트 자체에 따른 오염 원인을 추가해야 한다. 그러므로 새 아파트에 들어가는 내부 벽지나 건축자재 등에서 발생하는 발암·오염물질을 근거로 삼은 ③을 추가하는 것이 적절하다.

25

|정답| ④

|해설| 빈칸 ⊙의 앞 문장과 뒤 문장을 살펴보면 앞 문장에서는 ○○제작사의 변호사 A가 디자인 등록에 대한 부정적 의견을 말하고 있으며 뒤 문장에서는 △○제작사의 변호사 B가 이에 반하는 목소리를 내고 있다. 각 변호사의 주장이 서로 상반되기 때문에 빈칸 ⊙에는 '반면'이 들어가야 한다.

1회		수리비평							

▶ 문제 82쪽

01	④	02	③	03	①	04	④	05	④
06	③	07	③	08	④	09	②	10	②
11	②	12	③	13	②	14	③	15	③
16	⑤	17	④	18	④	19	②	20	④
21	③	22	③	23	②	24	③	25	④

01

|정답| ④

|해설| 오퍼나지와 동감의 스크린당 관객 수는 다음과 같다.

- 오퍼나지 : $\dfrac{491,532}{1,081} \fallingdotseq 454.70$(명)

- 동감 : $\dfrac{464,015}{837} \fallingdotseq 554.38$(명)

따라서 스크린당 관객 수는 동감이 오퍼나지보다 많다.

|오답풀이|

① C사가 배급한 영화는 신세계, 비커밍제인, 오퍼나지 3개로 가장 많다.

② 5월 6일에 만 12세와 만 13세가 함께 볼 수 있는 영화는 위대한 쇼맨, 패왕별희, 비커밍제인, 언더워터로 4편이다.

③ 신세계의 관객 수는 4,808,821로 언더워터의 관객 수보다 $\dfrac{4,808,821}{393,524} \fallingdotseq 12$(배) 더 많다.

⑤ 4월 개봉작의 관객 수는 총 9,776,931명, 5월 개봉작의 관객 수는 총 5,354,595명으로 4월 개봉작의 총합 관객 수가 더 많다.

02

|정답| ③

|해설| ㉢ $\dfrac{21,790}{42,870} \times 100 \fallingdotseq 50.83$(%)이므로 전체 임시근로자 중 육상 운송업 종사자 비율은 50%가 넘는다.

㉣ 운송 관련 서비스업에 종사하는 남자 임시근로자 수는 14,407명이고, 항공 운송업에 종사하는 여자 상용근로자 수는 11,150명이므로 올바른 설명이다.

|오답풀이|

㉠ 육상 운송업 종사자가 가장 많다.

㉡ $\dfrac{74,983}{531,511} \times 100 \fallingdotseq 14.1$(%)이므로 여자 상용근로자는 전체의 10%가 넘는다.

03

|정답| ①

|해설| 평일 하루 평균 매출을 x라고 하면 주말 하루 평균 매출은 $2.25x$이며, 지난주 전체 매출은 $5x + 2 \times 2.25x = 9.5x$이다. 15 ~ 21시 구간에서 지난주 매출은 $9.5x \times 0.31 \fallingdotseq 2.9x$이고, 주말 이틀간의 매출은 $2 \times 2.25x \times (0.17 + 0.16) \fallingdotseq 1.5x$이다. 따라서 해당 구간에서 평일 전체 매출은 $2.9x - 1.5x = 1.4x$이고 이는 평일 전체 시간대 매출 대비 $\dfrac{1.4x}{5x} \times 100 = 28$(%)를 차지한다.

04

|정답| ④

|해설| E 병원의 의사 1인당 의료이익은 $\dfrac{399}{830} \fallingdotseq 0.48$(억 원)으로 A 병원의 의사 1인당 의료이익인 $\dfrac{825}{1,625} \fallingdotseq 0.51$(억 원)보다 적다.

|오답풀이|

③ 5대 대형병원 의료수익의 평균은 9,858억 원이므로 이에 미치지 못하는 대형병원은 D, E 병원이다.

⑤ B와 C 병원의 의료수익의 합은 $10,612 + 10,244 = 20,856$(억 원)으로 A와 E 병원의 의료수익의 합인 $13,423 + 6,296 = 19,719$(억 원)보다 크다.

05

| 정답 | ④

| 해설 | ⓒ 20X2년의 총수출금액은 354,671÷0.585≒
606,275(백만 달러), 20X3년의 총수출금액은
304,240÷0.561≒542,317(백만 달러)로 20X2년 대비
20X3년에 총수출금액은 감소하였다.

ⓔ 20X2년 대비 20X3년에 수출금액이 상승한 품목은 자
동차 1개 품목으로, 증가율은 $\frac{43,036-40,887}{40,887} \times 100$
≒5.3(%)이다.

| 오답풀이 |

ⓐ 자동차부품과 디스플레이의 경우 20X1년 대비 20X2년
에 순위가 상승하였으나 수출금액은 감소하였다.

ⓒ 20X2년 대비 20X3년에 수출금액 감소율이 가장 큰 품
목은 반도체로 그 값은 $\frac{93,930-127,706}{127,706} \times 100$≒
−26.4(%)이다. 디스플레이의 감소율은 $\frac{20,657-24,856}{24,856}$
$\times 100$≒−16.9(%)이다.

06

| 정답 | ③

| 해설 | 2017년 1인 가구의 구성비는 28.5%고, 부부와 자녀
로 이루어진 가구의 구성비는 31.4%이다. 따라서 부부와
자녀로 이루어진 가구 수가 1인 가구 수보다 많다.

07

| 정답 | ③

| 해설 | 2012년에 한 달에 1회 이상 음주한 여성의 수는
$1,160 \times \frac{45}{100} = 522$(만 명)이다.

| 오답풀이 |

① 2018 ~ 2020년 남성의 월간음주율은 지속적으로 증가
하였다.

② 2021년 남성의 월간음주율은 지난해에 비해 1.3%p 감
소하였다.

④ 2014년 만 19세 이상 남성인구 중
$1,390 \times \frac{100-77.8}{100}$ ≒ 309(만 명)은 한 번도 음주하지
않은 달이 있는 남성이다. 그러나 매달 한 번도 음주하지
않은 남성의 수는 알 수 없다.

⑤ 모든 해에서 남성의 월간음주율은 여성의 월간음주율의
1.4배를 초과한다. 2021년 여성의 월간음주율의 1.4배
는 50.5×1.4=70.7이다.

08

| 정답 | ④

| 해설 | 2024년 영국의 지적재산권 사용료 지급의 전년 대
비 증감률은 $\frac{11,740-12,940}{12,940} \times 100$ ≒ −9.3(%)로, 9.3%
감소하였다.

| 오답풀이 |

① 2022년 독일의 지적재산권 사용료 수입은 15,507백만
달러로, 한국의 지적재산권 사용료 수입인 5,167백만
달러의 $\frac{15,507}{5,167}$ ≒ 3.001, 즉, 3배 이상이다.

⑤ 2024년 프랑스의 지적재산권 사용료 지급은 13,319백
만 달러로 전년 13,982백만 달러 대비 66,300만 달러
감소하였다.

09

| 정답 | ②

| 해설 | 20X5년의 평균 시급은 20X1년의 $\frac{9,100}{6,210}$ ≒ 1.47
(배)이다.

| 오답풀이 |

① 20X3년, 20X5년에는 월 평균 소득이 감소하였다.

③ 20X3년 주간 평균 근로시간은 22시간이므로 월 평균
근로시간은 22×4=88(시간) 정도이다.

④ 20X3년에서 20X4년 사이에 월 평균 소득은 증가하지
만 평균 시급은 감소한다.

⑤ 평균 시급은 꾸준히 증가하지 않았다. 20X3에는
7,100원이지만 20X4년에는 6,900원으로 감소하였다.

10

| 정답 | ②

| 해설 | 연구 인력과 지원 인력의 평균 연령 차이를 살펴보면 20X5년 1.7세, 20X6년 2세, 20X7년 4.9세, 20X8년 4.9세, 20X9년 5.7세이므로 20X7년과 20X8년의 차이가 같아 전년 대비 계속 커진다고 볼 수 없다.

| 오답풀이 |

① 20X8년의 지원 인력 정원은 20명이고 현원은 21명이므로 충원율은 $\frac{21}{20} \times 100 = 105(\%)$로 100을 넘는다.

③ 매년 지원 인력은 늘어나지만 박사학위 소지자 수는 동일하므로 그 비율은 줄어든다.

④ 20X6년 이후 지원 인력의 평균 연봉 지급액은 20X9년까지 계속 연구 인력보다 적었다.

⑤ $\frac{120-95}{95} \times 100 = 26.3(\%)$로 정원 증가율은 26%를 초과한다.

11

| 정답 | ②

| 해설 | 20X6년 이후 쿠웨이트로부터 수입한 석유의 양은 매년 증가하나, 국제 유가를 고려한 석유 수입 가격은 20X7년에 오히려 감소하였다.

- 20X6년 : 136.5 × 93.17 = 12,717.705(백만 달러)
- 20X7년 : 141.9 × 48.66 = 6,904.854(백만 달러)
- 20X8년 : 159.3 × 43.29 = 6,896.097(백만 달러)
- 20X9년 : 160.4 × 50.8 = 8,148.32(백만 달러)

12

| 정답 | ③

| 해설 | 20X1년의 전체 유선방송에서 중계유선방송이 차지하는 비율은 $\frac{216,573}{15,229,800} \times 100 = 1.42(\%)$이다.

| 오답풀이 |

① 20X3년의 전년 대비 IPTV 가입자 수 증가율은 $\frac{2,578,122-2,373,911}{2,373,911} \times 100 = 8.6(\%)$이다.

② 20X2년의 아날로그방송 무료시청 가입자 수는 20X1년에 비해 86,119단자/IP가 증가하였으므로 적절하지 않다.

④ 20X1 ~ 20X3년간 유료방송 전체 가입자 수의 평균은 $\frac{19,419,782+22,062,740+22,294,159}{3}$ $= 21,258,893.7(명)$

유료방송서비스의 전체 가입자 수는 중복 가입자가 포함된 수이기 때문에 이보다 더 적다.

⑤ 디지털방송의 유료시청 가입자 수뿐만 아니라 디지털방송의 무료시청 가입자 수도 증가하고 있다. 따라서 아날로그방송의 유료시청 가입자 수가 감소하는 이유가 디지털방송의 유료시청 가입자 수의 증가 때문이라고 단정지을 수 없다.

13

| 정답 | ②

| 해설 | 조건에 따라 사원들의 평가 결과를 정리하면 다음과 같다.

구분	사원명	팀	인센티브	통과 여부	연수
1	김성현	국내팀	20%	통과	국내연수
2	신지민	국외팀	5%	통과	국내연수
3	강소진	국외팀	–	미달	국내연수
4	이희진	본사팀	10%	통과	국내연수
5	이동선	국내팀	–	미달	국내연수
6	김민기	국외팀	20%	미달	국내연수
7	구연정	국외팀	5%	통과	해외연수
8	조정연	국내팀	–	통과	국내연수
9	오원석	본사팀	10%	통과	해외연수
10	양동욱	본사팀	–	통과	국내연수

강소진 사원과 김민기 사원은 영어회화 능력 점수가 60점 미만이므로 미달이며, 이동선 사원은 세 항목에서 모두 60점 이상을 받았지만 평균이 70점 미만이므로 역시 미달이 된다. 따라서 미달인 사원은 총 3명이다.

14

| 정답 | ③

| 해설 | 〈자료 2〉의 시간별 이용률에서 청소년의 스마트폰 이용 시간은 3시간 이상대가 가장 높은 비중을 차지하고 있으며, 이는 일평균 이용 시간인 2.7시간(2022년), 2.6시간(2023년)보다 높다.

| 오답풀이 |

① 〈자료1〉에서 청소년의 일평균 스마트폰 이용 현황을 보면, 문자메시지 이용률이 가장 높다.

② 〈자료2〉에서 청소년의 스마트폰 일평균 이용 시간은 2023년과 2022년에 각각 2.6시간, 2.7시간으로 비슷한 수준을 보이고 있다.

④ 〈자료1〉에서 청소년의 스마트폰 이용률은 2022년에는 40.0%, 2023년에는 80.7%로 40.7%p 증가하였다.

⑤ 2022년과 2023년 각각의 응답자 수를 제시해 주지 않았으므로 알 수 없다.

15

| 정답 | ③

| 해설 | 20X5 ~ 20X8년의 순이동자 수가 음수이므로 전출 인구가 전입 인구보다 더 많음을 알 수 있다.

| 오답풀이 |

⑤ 20X9년 국내 이동자 수는 전년 대비 약 $\frac{7,154-7,378}{7,378}$ $\times 100 ≒ -3(\%)$로, 3% 감소하였다.

16

| 정답 | ⑤

| 해설 | 20X9년 11월 일본어선과 중국어선의 한국 EEZ 내 어획량 합은 2,176+9,445=11,621(톤)으로, 같은 기간 중국 EEZ와 일본 EEZ 내 한국어선 어획량 합인 64+500=564(톤)의 약 20.6배이다.

| 오답풀이 |

① 20X9년 12월 중국 EEZ 내 한국어선 조업일수는 1,122일로, 전월인 20X9년 11월 중국 EEZ 내 한국어선 조업일수인 789일에 비해 증가하였다.

② 20X9년 11월 한국어선의 일본 EEZ 입어척수는 242척이지만, 전년 동월인 20X8년 11월 한국어선의 일본 EEZ 입어척수는 자료에 없으므로 비교할 수 없다.

③ 20X9년 12월 일본 EEZ 내 한국어선의 조업일수는 3,236일이며, 같은 기간 중국 EEZ 내 한국어선의 조업일수는 1,122일로 약 2.9배이다.

④ 20X9년 12월 일본어선의 한국 EEZ 내 입어척수당 조업일수는 277÷57≒4.9(일)로 전년 동월인 20X8년 12월 일본어선의 한국 EEZ 내 입어척수당 조업일수인 166÷30≒5.5(일)에 비해 감소하였다.

17

| 정답 | ④

| 해설 | 중학교 졸업자 수는 1,830×0.28=512.4(만 명)이고, 중학교 입학자 수는 1,730×0.25=432.5(만 명)이다. 따라서 중학교 졸업자 수가 입학자 수보다 많다.

| 오답풀이 |

① 초등학교 학생 수는 6,600×0.4=2,640(만 명)이고, 학급 수는 250×0.4=100(만 개)이다. 따라서 학급당 학생 수는 2,640÷100=26.4로 약 26명이다.

② 교원 1명당 학생 수는 중학교가 가장 많다.
- 유치원 : (6,600×0.1)÷(460×0.1)≒14.3
- 초등학교 : (6,600×0.4)÷(460×0.4)≒14.3
- 중학교 : (6,600×0.24)÷(460×0.2)≒17.2
- 고등학교 : (6,600×0.26)÷(460×0.3)≒12.4

③ 입학자 수와 졸업자 수의 경우 고등학교의 비율이 가장 높다.

⑤ 전체 고등학교 학생 수는 6,600×0.26=1,716(만 명)이고, 고등학교 졸업자 수는 1,830×0.32=585.6(만 명)이다. 따라서 전체 고등학교 학생 중 졸업자의 비율은 $\frac{585.6}{1,716} \times 100 ≒ 34.1(\%)$이다.

18

| 정답 | ④

| 해설 | 20X5년에는 20X4년과 비교했을 때 내수만 증가하고 생산·수출·수입은 감소하였다.

| 오답풀이 |

① 20X2 ~ 20X9년 모두 수출이 수입보다 많으므로 무역 적자를 달성한 연도는 없다.

② 20X7년에 4,657천 대로 가장 높은 자동차 생산 수치를 기록하고 있다.

③ 20X6년부터 20X9년까지 수출이 544.0억 불→684.0억 불→718.0억 불→747.0억 불로 꾸준히 증가하였다.

⑤ 전년 대비 생산이 감소한 해를 살펴보면 20X4년, 20X5년, 20X8년, 20X9년으로, 20X4년에는 25만 9천 대, 20X5년에는 31만 4천 대, 20X8년에는 9만 5천 대, 20X9년에는 4만 대가 감소하였다. 따라서 생산이 가장 크게 감소한 해는 20X5년이며, 20X5년의 무역흑자는 371.0−58.7≒312(억 불)이다.

19

| 정답 | ②

| 해설 | 매출액의 경우 비교적 꾸준한 증가 추세를 보이고 있으나, 수출액을 보면 2022년에서 2023년 사이 출판 산업(357,881→283,439)에서, 2021년에서 2022년 사이 영화 산업(14,122→13,583)과 광고 산업(93,152→75,554)에서 감소 추세를 보였다.

| 오답풀이 |

① 2022년 문화콘텐츠 산업의 총매출액 전년 대비 증가율은 $\frac{73.32-67.08}{67.08} \times 100 \fallingdotseq 9.3(\%)$이다.

③ 고용현황을 보면 애니메이션 산업이 2021년 4,170명, 2022년 4,349명, 2023년 4,646명으로 가장 낮은 통계 수치를 보였다.

④ 2021 ~ 2023년의 수출액에서 가장 큰 비중을 차지한 분야는 게임 산업이며, 다음으로 지식정보 산업이 뒤를 잇고 있다.

⑤ 2021년 캐릭터 산업의 매출액 비중은 $\frac{5.36}{67.08} \times 100 \fallingdotseq$ 7.99(%)이고, 2022년 캐릭터 산업의 매출액 비중은 $\frac{5.90}{73.32} \times 100 \fallingdotseq 8.05(\%)$이다.

20

| 정답 | ④

| 해설 | 제품 Y의 1분기 재고량이 174만 개이므로 판매량은 1,079−174=905(만 개)이고, 제품 Y를 판매하여 얻은 수입은 905×3,000=2,715,000(만 원)이다. 이때 제품 Y의 1분기 생산 비용이 181억 2천만 원이므로 순이익은 90억 3천만 원이다.

| 오답풀이 |

① '수요=직전분기 재고+해당분기 생산량−해당분기 재고'로 구할 수 있다.

(단위 : 만 개)

구분	제품 X	제품 Y
1분기	0+329−101 =228	0+1,079−174 =905
2분기	101+519−29 =591	174+2,485−308 =2,351
3분기	29+449−135 =343	308+1,967−632 =1,643
4분기	135+364−277 =222	632+1,338−958 =1,012

따라서 두 제품의 수요는 2분기에 가장 많았다.

② 제품 Y의 재고는 2분기에 $\frac{308-174}{174} \times 100 \fallingdotseq 77.0(\%)$, 3분기에 $\frac{632-308}{308} \times 100 \fallingdotseq 105.2(\%)$, 4분기에 $\frac{958-632}{632} \times 100 \fallingdotseq 51.6(\%)$ 증가하였다.

③ 제품 X의 개당 평균 생산 비용은 1분기에 $\frac{756,000}{329} \fallingdotseq$ 2,298(원), 2분기에 $\frac{1,965,000}{519} \fallingdotseq 3,786(원)$, 3분기에 $\frac{1,173,000}{449} \fallingdotseq 2,612(원)$, 4분기에 $\frac{776,000}{364} \fallingdotseq 2,132$ (원)으로, 2분기에 가장 높고 4분기에 가장 낮다.

⑤ 제품 X의 생산량이 가장 적은 1분기의 생산 비용 756천만 원은 제품 X의 생산량이 가장 많은 2분기의 생산 비용 1,965천만 원의 $\frac{756}{1,965} \times 100 \fallingdotseq 38.5(\%)$로 50% 미만이다.

21

|정답| ③

|해설| 2023년 이후 밤 시간대 소음도가 소음환경기준 55dB 이하를 기록한 도시는 대전뿐이다.

|오답풀이|

① 낮 시간대 소음환경기준을 만족한 도시는 광주와 대전이다.

② 대전의 밤 시간대 소음도는 2022년에서 2023년 사이 2dB이 감소하였다.

④ 밤 시간대 평균 소음도가 가장 높았던 해는 61dB인 2021년이다.

⑤ 서울의 낮 시간대 소음도의 평균은 68.2dB로 대전의 낮 시간대 평균인 60.2dB보다 8dB 높다.

22

|정답| ③

|해설| 기타에 해당하는 국적은 16개로 1개 국적당 평균 결혼이민자 수는 87.5명이다. 결혼이민자 수는 자연수이므로 87명 이하인 국적과 88명 이상인 국적이 하나 이상 존재해야 한다.

|오답풀이|

① 20X2년 대비 20X7년 결혼이민자 수는 $\frac{14,000-9,544}{9,544}$ $\times 100 ≒ 47(\%)$ 증가하였다.

② 20X0년 대비 20X1년의 결혼이민자 수 증가율은 $\frac{8,399-5,600}{5,600} \times 100 ≒ 50(\%)$이다.

④ 20X7년 필리핀 국적의 결혼이민자 수는 해당 연도 전체 결혼이민자의 $\frac{1,260}{14,000} \times 100 = 9(\%)$이다.

⑤ 20X7년 중국(한국계)과 중국 국적의 결혼이민자 수의 합은 6,160명으로 전년도 전체 결혼이민자 수 대비 $\frac{6,160}{13,400} \times 100 ≒ 46(\%)$를 차지한다.

23

|정답| ②

|해설| 이메일 스팸 수신량이 전년 동기 대비 가장 크게 감소한 시기는 전년 동기 대비 0.4통 감소한 2021년 상반기로, $\frac{0.52-0.92}{0.92} \times 100 ≒ -43(\%)$ 감소하였다.

|오답풀이|

① 휴대전화 스팸 수신량이 전년 동기 대비 가장 크게 감소한 시기는 전년 동기 대비 0.08통 감소한 2023년 상반기로, $\frac{0.09-0.17}{0.17} \times 100 ≒ -47(\%)$ 감소하였다.

③ 2020년 하반기 휴대전화 스팸 수신량은 0.18통으로 2023년 상반기 휴대전화 스팸 수신량인 0.09통의 두 배이다.

④ 2022년 상반기에 0.51통의 스팸 이메일을 받았으므로 6개월을 180일로 가정하면 6개월간 $180 \times 0.51 = 91.8$(통)을 받았을 것으로 추정할 수 있다.

⑤ 이메일 스팸 수신량이 2023년 상반기에 0.41통, 2022년 하반기에 0.47통이므로 $\frac{0.41-0.47}{0.47} ≒ -12.7(\%)$ 감소하였다.

24

|정답| ③

|해설| 20X1년 공공부문과 민간부문의 수주액 비는 407,306 : 667,361≒38 : 62이다.

|오답풀이|

② 공공부문은 474,106 → 472,037 → 423,447억 원, 민간부문은 1,174,651 → 1,133,246 → 1,121,832억 원으로 20X3년부터 2년 연속 전년 대비 수주액이 감소했다.

④ 공공부문 수주액이 전년 대비 증가한 20X1년, 20X2년, 20X3년, 20X6년의 증가율을 계산하면 다음과 같다.

• 20X1년 : $\frac{407,306-361,702}{361,702} \times 100 ≒ 12.6(\%)$

• 20X2년 : $\frac{447,329-407,306}{407,306} \times 100 ≒ 9.8(\%)$

• 20X3년 : $\frac{474,106-447,329}{447,329} \times 100 ≒ 6.0(\%)$

• 20X6년 : $\dfrac{480,692-423,447}{423,447}\times100 ≒ 13.5(\%)$

따라서 공공부문 수주액의 전년 대비 증가율이 가장 큰 해는 20X6년이다.

⑤ 20X7년 1 ~ 3월의 월평균 수주액이 연말까지 동일하다면, 20X7년 수주액은 363,324×4=1,453,296(억 원)이므로 20X6년보다 적다.

25

|정답| ④

|해설| ㉮의 설명에 의해 대구는 ㉠과 ㉡ 중 한 곳이며, 대전은 ㉢과 ㉣ 중 한 곳임을 알 수 있다.

㉯의 설명에 의해 관광산업 사업체 수는 '부산>광주+대전>대구'이므로 부산이 대구보다 관광산업 사업체 수가 많음을 알 수 있다. 결국 ㉠이 부산, ㉡이 대구가 되며 ㉢과 ㉣은 광주와 대전 중 각각 한 곳이 된다.

㉰에서 $\dfrac{12,050+대전의\ 예술산업\ 사업체\ 수}{48,562}\times100≒$ 38.6(%)라고 했으므로 계산해 보면 ㉣은 대전인 것을 알 수 있다.

따라서 빈칸의 지역명으로 알맞은 순서는 '부산-대구-광주-대전'이다.

2회 언어비평 _ 언어추리

▶ 문제 106쪽

01	②	02	③	03	③	04	④	05	④
06	①	07	②	08	③	09	④	10	③
11	③	12	⑤	13	②	14	①	15	③
16	②	17	①	18	④	19	④	20	③

01

|정답| ②

|해설| 제시된 글의 논증을 정리하면 다음과 같다.

• 전제 1 : 민지는 비가 오는 날이면 행복하지 않다.

• 숨은 전제 : 오늘은 비가 오는 날이다.

• 결론 : 오늘 민지는 행복하지 않다.

따라서 '오늘은 비가 오는 날이다'는 전제가 생략되어 있는 것을 알 수 있다.

|오답풀이|

① '민지는 비가 오는 날이면 행복하지 않다'의 역과 같으므로 민지가 행복하지 않을 때마다 비가 내린다고 확언할 수 없다. 이와 더불어 비가 오지 않는 날에도 민지가 행복하지 않을 수 있다.

③, ④ 제시된 글의 논증을 통해서는 알 수 없는 설명이다.

⑤ '민지는 비가 오는 날이면 행복하지 않다'의 이와 같으므로 민지가 비가 오지 않으면 항상 행복하다고 확언할 수 없다.

02

|정답| ③

|해설| 명제가 참이면 대우도 참이라는 것과 명제의 삼단논법 관계를 이용한다.

• 두 번째 명제 : 헤드폰을 쓴다. → 소리가 잘 들린다.

• 세 번째 명제의 대우 : 소리가 잘 들린다. → 안경을 쓰지 않는다.

따라서 '헤드폰을 쓰면 안경을 쓰지 않는다'가 성립하므로 ③은 항상 참인 문장이다.

| 오답풀이 |

① 세 번째 명제와 두 번째 명제의 대우를 통해 '안경을 쓰면 헤드폰을 쓰지 않는다'가 성립하므로 거짓인 문장이다.

② 두 번째 명제의 역에 해당하므로 반드시 참이라고 할 수는 없다.

④ 첫 번째 명제의 역에 해당하므로 반드시 참이라고 할 수는 없다.

⑤ 주어진 문장이 성립하려면 첫 번째 명제와 더불어 '소리가 잘 들리지 않으면 안경을 쓴다'가 성립되어야 하는데, 이는 세 번째 명제의 역에 해당하므로 반드시 참인 문장이 아니다.

03

| 정답 | ③

| 해설 | 두 번째 조건과 세 번째 조건에 따라 선우와 수지가 윤리학을 같이 수강했고, 수지를 제외한 모든 토론 동아리 학생이 논리학을 수강했다고 했으므로 선우는 논리학과 윤리학을 모두 수강했음을 알 수 있다.

| 오답풀이 |

① 제시된 조건을 통해서는 알 수 없다.

⑤ 첫 번째 조건에 따라 거짓이다.

04

| 정답 | ④

| 해설 | 제시된 글의 논증을 정리하면 다음과 같다.

• 전제 1 : 대중들이 우유가 완전식품이라고 믿은 사실은 환상에 불과하다.

• 숨은 전제 : 우유를 섭취했을 때 부작용이 나타나기도 한다.
  - 우유를 많이 마시게 되면 혈중 콜레스테롤 수치가 증가하여 심장 질환이 발생할 수 있다.
  - 우유를 마시는 상당수의 사람들이 우유에 포함되어 있는 단백질로 인해 복부팽만감이나 설사 등의 증상을 겪는다.
  - 가공된 우유에 들어있는 설탕이 난소암의 발병률을 높인다는 연구결과가 있다.

• 결론 : 성장기 청소년들이 우유를 섭취하는 행위가 반드시 긍정적인 효과만 불러오지는 않는다.

제시된 글은 전제와 결론이 일치하지 않는다. 즉, 제시된 전제들로 해당 결론을 도출하는 것이 타당하지 않으므로 논리적 오류가 존재한다.

| 오답풀이 |

① 제시된 글의 논증의 결론은 성장기 청소년들이 우유를 섭취하는 행위가 반드시 긍정적인 효과만을 불러오지 않는다는 것이다.

② 전제에 해당하는 내용이다.

③ 제시된 글을 통해서는 알 수 없다.

⑤ 우유 섭취로 심장 질환이 발생할 수 있다고만 하였을 뿐, 심장 질환이 있는 사람은 우유를 마시면 안 된다는 결론을 제시하고 있지 않다.

05

| 정답 | ④

| 해설 | 명제가 참이면 대우도 참이라는 것과 명제의 삼단논법 관계를 이용한다.

• 첫 번째 명제 : 미세먼지가 증가하게 된다. → 마스크 판매량이 증가한다.

• 두 번째 명제 : 미세먼지에 민감한 사람이다. → 마스크를 낀다.

• 세 번째 명제 : 미세먼지에 민감하지 않은 사람이다. → 건강에 둔감하다.

세 번째 명제가 참이므로 대우 명제인 '건강에 둔감하지 않은 사람이면 미세먼지에 민감하다' 역시 참이 된다. 두 번째 명제가 참이므로 삼단논법에 의해 '건강에 둔감하지 않은 사람은 마스크를 낀다'라는 명제 역시 반드시 참이 된다.

| 오답풀이 |

①, ③ 제시된 명제들로는 참과 거짓을 판별할 수 없다.

② 첫 번째 명제가 참이므로 '마스크를 끼는 사람이 줄어들고 있다'라는 명제는 반드시 참은 아니다.

⑤ 두 번째 명제가 참이라면 이 명제의 대우인 '마스크를 끼지 않는 사람은 미세먼지에 민감하지 않다'라는 명제 역시 참이다. 세 번째 명제가 참이므로 삼단논법에 의해 '마스크를 끼지 않는 사람은 건강에 둔감하다'라는 문장 또한 참이 된다. 따라서 '마스크를 끼지 않는 사람은 건강에 둔감하지 않다'는 명제는 거짓이다.

06

|정답| ①

|해설| 2개 이상의 동호회 활동을 할 수 없으므로 마라톤부원과 산악회원, 축구부원 수의 총합은 13명이다. 또한 제시된 정보로부터 각 동호회의 활동 인원수는 축구부 > 마라톤부 > 산악회 순으로 많으며, 활동 인원수가 각각 모두 다름을 알 수 있다. 이 조건을 만족하는 동호회별 인원수를 '(축구부, 마라톤부, 산악회)'와 같이 정리하면 다음의 경우가 가능하다.

(10, 2, 1), (9, 3, 1), (8, 4, 1), (8, 3, 2), (7, 5, 1), (7, 4, 2), (6, 5, 2), (6, 4, 3)

A. 마라톤부원이 4명이라면 축구부원은 8명일 수도, 7명일 수도, 6명일 수도 있다.

|오답풀이|

B. 산악회원이 3명이라면 축구부원은 반드시 6명이다.

C. 축구부원이 9명이라면 산악회원은 반드시 1명이다.

07

|정답| ②

|해설| 다섯 개의 명제들 중 첫 번째, 두 번째, 세 번째 명제는 단순 삼단논법으로 연결되어 '1호선→2호선→5호선→~3호선'의 관계가 성립됨을 알 수 있다. 따라서 그 대우 명제인 3호선→~1호선, 즉 '3호선을 타 본 사람은 1호선을 타 보지 않았다'도 참인 명제가 된다.

|오답풀이|

① 두 번째 명제의 대우와 첫 번째 명제의 대우에 의해 '5호선 → ~1호선', 즉 ' 5호선을 타 보지 않은 사람은 1호선을 타 보지 않았다'가 참이 된다.

③, ④ 제시된 명제로는 알 수 없다.

⑤ 세 번째 명제의 이에 해당하므로 항상 참이라고 할 수 없다.

08

|정답| ③

|해설| B, C, F는 딸기맛, 포도맛, 사과맛 사탕 중 하나씩을 뽑았다. 이때 A와 D는 같은 맛을 뽑아야 하는데 두 개를 뽑을 수 있는 맛은 딸기맛뿐이므로 이 둘은 딸기맛을 뽑게 된다. 이에 따라 E는 남은 포도맛을 하나 뽑게 된다.

㉠ E는 포도맛을 뽑아 5점을 얻으므로 10점을 얻지 못했다.

㉢ E와 F가 같은 맛의 사탕을 뽑았다면 B와 C는 딸기맛과 사과맛을 뽑은 것이므로 두 사람 점수의 합은 11점이다.

㉣ E는 포도맛을 뽑았으므로 1점을 얻을 수 없다.

|오답풀이|

㉡ A와 D는 모두 딸기맛을 뽑았으므로 점수의 합은 2점이다.

㉤ C가 뽑은 사탕이 딸기맛이면 F가 뽑은 사탕은 사과맛 또는 포도맛이다.

09

|정답| ④

|해설| 제시된 내용과 ④는 어떤 사물이나 집단 전체의 특성으로 그 부분이나 구성요소도 그러한 특성을 갖고 있다고 판단하는 '분할의 오류'를 범하고 있다.

|오답풀이|

① 부분이 참인 것을 전체에 대해서도 참이라고 단정하는 '합성의 오류'를 범하고 있다.

② 어떤 대상의 기원이 갖는 특성을 그 대상도 그대로 지니고 있다고 추리할 때 발생하는 '발생학적 오류'를 범하고 있다.

③ 많은 사람의 선호나 인기를 이용하여 자신의 주장을 정당화하려는 '대중에 호소하는 오류'를 범하고 있다.

⑤ 모든 문제를 양극단으로만 구분하여 추론할 때 생기는 '흑백논리의 오류'를 범하고 있다.

10

|정답| ③

|해설| '화초' 그리고 '물'과 관련된 전제는 ㉣인데, 화초에 물을 주기 위해서는 화초가 죽지 않았다는 내용의 전제가 바탕이 되어야 하므로 ㉢ 또한 필요하다. 따라서 제시된 명제가 참이 되기 위해서는 ㉢, ㉣이 전제로 필요하다.

11

|정답| ③

|해설| 'p : 회의 장소를 정한다, q : 회의록을 작성한다, r : 발표한다, s : 신입사원이다'라고 정의하면, 제시된 명제와 그 대우를 다음과 같이 나타낼 수 있다.

• $p \rightarrow \sim q$ (대우 : $q \rightarrow \sim p$)

• $r \rightarrow \sim p$ (대우 : $p \rightarrow \sim r$)

• $p \rightarrow s$ (대우 : $\sim s \rightarrow \sim p$)

• $q \rightarrow \sim s$ (대우 : $s \rightarrow \sim q$)

• A는 $\sim s$, B는 s이다.

참인 명제의 대우는 항상 참이므로 '$\sim s \rightarrow \sim p$', '$s \rightarrow \sim q$'의 두 명제 역시 항상 참이 된다. 따라서 ③은 항상 참이다.

12

|정답| ⑤

|해설| 조사 결과를 정리하면 다음과 같다.

㉠ B=C   ㉡ A=D+F

㉢ E=A+C+D   ㉣ B=A+D

㉤ D=3F

ⅰ) ㉡과 ㉤에 의해 A=4F임을 알 수 있다.

ⅱ) ⅰ과 ㉣, ㉤에 의해 B=7F임을 알 수 있다.

ⅲ) ⅰ, ⅱ와 ㉠, ㉢, ㉣에 의해 E=7F+4F+3F=14F임을 알 수 있다.

따라서 A=4F, B=C=7F, D=3F, E=14F이므로 난방비가 적은 순서대로 정리하면 G<F<D<A<B=C<E이다.

13

|정답| ②

|해설| 두 번째 조건에 따라 A 시에는 가 지점장이 근무하고 다섯 번째 조건에 따라 F 시에는 마 지점장이 근무한다. 여섯 번째 조건에 따라 마 지점장과 가장 가까운 곳에서 근무하는 라 지점장은 E 시에서 근무하고, 세 번째 조건에 따라 마 지점장이 근무하는 F 시와 마주 보는 C 시에는 나 지점장이 근무한다. 네 번째 조건에 따라 B 시에는 다 지점장이 근무하며, 남은 D 시에는 바 지점장이 근무한다.

따라서 A 시를 기준으로 시계 방향으로 발령된 지점장의 순서를 나열하면 가-다-나-바-라-마이다.

14

|정답| ①

|해설| 제시된 조건을 표로 정리하면 다음과 같다.

기간＼사원	A	B	C	D	E
1			4지점		
2			1지점		4지점
3(현재)	3지점	4지점	2지점	1지점	5지점
4	4 또는 5지점		3지점		
5	5 또는 4지점	A의 첫 번째 근무지			

A는 4·5기간에 4 또는 5지점에서 근무하므로 1·2기간에는 1 또는 2지점에서 근무했음을 알 수 있다. 그러나 C가 2기간에 1지점에서 근무를 하였기 때문에 A는 이 기간에 1지점에서 근무할 수 없다. 그러므로 A는 1기간에 1지점, 2기간에 2지점에서 근무하였고, B는 5기간에 A의 첫 번째 근무지인 1지점에서 근무하게 된다. 마지막 조건에 의해 C는 이미 4지점에서 근무했으므로 남은 5기간에는 5지점에서 근무하게 된다.

기간＼사원	A	B	C	D	E
1	1지점		4지점		
2	2지점		1지점		4지점
3(현재)	3지점	4지점	2지점	1지점	5지점
4	4 또는 5지점		3지점		
5	5 또는 4지점	1지점	5지점		

따라서 B와 C가 마지막으로 근무하는 지점은 각각 1지점, 5지점이다.

15

|정답| ③

|해설| ⓐ ~ ⓓ를 표로 나타내면 다음과 같다.

구분	국내 주식	원자재	부동산	손실 위험
ⓐ	○	○	○	높다
ⓑ	×	○	○	높다
ⓒ	×	×	○	낮다
ⓓ	○	○	×	높다

ⓑ, ⓓ만을 고려해 보면 둘 다 손실 위험이 높다는 결과가 나왔으며, 원자재 투자가 공통적으로 포함되어 있음을 알 수 있다. 따라서 원자재 투자가 펀드 손실의 주원인이라고 판단할 수 있다.

|오답풀이|

① 부동산에만 투자한 ⓒ는 손실의 위험성이 낮은데, 부동산에는 투자하지 않고 국내 주식과 원자재에 투자한 ⓓ는 손실의 위험성이 높다. 따라서 손실 위험성을 높이는 원인은 국내 주식 투자와 원자재 투자 중 하나이다.

② ⓑ, ⓒ는 원자재 투자 여부만 서로 다른데, 손실 위험성도 서로 다르므로 펀드 손실의 주원인은 원자재 투자이다.

④ ⓐ, ⓑ 모두 투자 손실 위험성이 높고, 국내 주식 투자 여부 하나만 다르기 때문에 투자 손실의 주원인이 무엇인지 파악할 수 없다.

⑤ ⓐ, ⓒ는 부동산 투자는 동일하게 한 상태에서 국내 주식과 원자재 투자 여부만 다른데, 손실 위험성이 서로 다르므로 국내 주식 투자나 원자재 투자 중 하나가 주원인이다.

16

|정답| ②

|해설| • A : 두 번째 전제의 대우는 '직원들의 불만이 많지 않은 회사는 연봉이 높다'이므로 첫 번째 전제와 삼단논법으로 '복지가 좋은 회사 → 직원들의 불만이 많지 않음 → 연봉이 높은 회사'가 성립한다. 따라서 복지가 좋은 회사는 연봉이 높은 회사이므로 A는 옳지 않다.

• B : 세 번째 전제의 대우는 '직원들의 여가생활을 존중하지 않는 회사는 복지가 좋지 않다'이므로 B는 옳다.

따라서 B만 옳다.

17

|정답| ①

|해설| C의 진술에 따라 C는 독일어, 일본어, 중국어를 구사할 수 있으며, A와 D의 진술에 따라 A, D는 스페인어를 구사할 수 있다. 다음으로 B의 진술에 따라 B는 일본어, 중국어를 구사할 수 있다. 마지막으로 E의 진술에 따라 E는 B와 비교했을 때 C만 구사할 수 있는 언어를 구사할 수 있다고 하였으므로, 독일어만 구사할 수 있음을 알 수 있다. 이를 정리하면 다음과 같다.

구분	A	B	C	D	E
구사 가능한 언어	스페인어	일본어, 중국어	독일어, 일본어, 중국어	스페인어	독일어

18

|정답| ④

|해설| 두 번째 조건에 따라 수요일에는 A, C가 당직을 서고, 세 번째 조건에 따라 D는 수요일 이후로 당직을 서지 않으므로 월요일과 화요일에 당직을 선다. 네 번째 조건에 따라 A와 E는 D와 한 번씩 당직을 서므로 각각 월요일 또는 화요일에 당직을 한 번씩 선다. 나머지 조건에 따라서도 당직 근무자를 배정하면 다음과 같다.

요일	월	화	수	목	금
당직 근무자	D	D	A	B	B
	A 또는 E	A 또는 E	C	C	E

따라서 반드시 참인 것은 ④이다.

19

|정답| ④

|해설| 네 번째 조건에 따라 B, C는 1, 3, 5등이 가능하고 D는 2, 4등이 가능하다. 세 번째 조건에 따라 E와 C의 등수는 연속해야 하므로 E는 2, 4등이 가능하고, 두 번째 조건에 따라 A와 D의 등수는 연속해야 하므로 A는 1, 3, 5등이 가능함을 알 수 있다. 정리하면 A, B, C 중 1, 3, 5등이 있고 D, E 중 2, 4등이 있다.

그런데 첫 번째 조건에 따라 D는 E보다 등수가 높아야 하므로 D가 2등, E가 4등이 되며, B는 E보다 등수가 높으므로 5등이 될 수 없다. 또한 D가 2등이므로 두 번째 조건에 따라 A도 5등이 될 수 없다. 따라서 C가 5등이 된다.

따라서 가능한 달리기 등수는 A−D−B−E−C 혹은 B−D−A−E−C로, E는 어떠한 경우에도 4등이 된다.

20

|정답| ③

|해설| 제시된 내용과 ③은 p → q에서 q → p를 도출하는 '후건긍정의 오류'를 범하고 있다.

제시된 내용을 정리하면 'p : 우울증에 걸림', 'q : 우울증 테스트에서 우울증에 걸렸다고 99% 확률로 진단됨'으로 볼 수 있다. 따라서 '우울증에 걸린 1,000명을 대상으로 테스트했더니 이 중 990명이 우울증에 걸렸다고 올바르게 진단했다(p → q)'에서 '우울증 테스트에서 우울증에 걸렸다고 진단되면 우울증에 걸렸을 확률은 99%이다(q → p)'를 도출하고 있으므로 옳지 않다.

③을 보면, 'p : 우리 회사에 재직 중인 사원', 'q : 협력을 잘하고 유쾌한 성격'으로 둘 수 있다. 따라서 '우리 회사에 재직 중인 사원의 95%는 다른 사람과 협력을 잘하고 유쾌한 성격이다(p → q)'에서 '다른 사람과 협력을 잘하고 유쾌한 성격을 가진 수아는 우리 회사에 입사할 가능성이 높다(q → p)'를 도출하고 있으므로 옳지 않다.

|오답풀이|

① 삼단논법에서 두 전제 속에 나타나는 대전제와 소전제 양쪽에 공통된 개념이 모호하기 때문에 생기는 '사개명사의 오류'이다.

② 전제가 참인 것을 부분에 대해서도 참이라고 단정하는 '합성의 오류'를 범하고 있다.

④ 서로 다른 사물의 우연적이며 비본질적인 속성을 비교하여 결론을 이끌어 내는 '잘못된 유추의 오류'를 범하고 있다.

⑤ 부적합한 사례나 제한된 정보를 근거로 주장을 일반화하는 '성급한 일반화의 오류'를 범하고 있다.

2회 언어비평 _ 독해

▶ 문제 117쪽

01	③	02	①	03	①	04	③	05	①
06	③	07	②	08	④	09	④	10	②
11	⑤	12	⑤	13	③	14	①	15	②
16	④	17	②	18	④	19	②	20	②
21	③	22	①	23	①	24	④	25	②

01

|정답| ③

|해설| ○○발전은 '지진 발생 후 건축물 긴급 안정성평가 소프트웨어'를 자체 기술이 아닌, 사외전문가와의 협업을 통해 국내 최초로 개발했다.

02

|정답| ①

|해설| 세 번째 문장에서 소비자는 같은 제품이라도 겉모습이 화려한 것을 구입하려고 한다고 제시되어 있다.

|오답풀이|

② 마지막 문장에서 자본주의 사회에서는 인간까지 상품미를 추구하는 대상으로 보고 있다는 내용이 나오지만, 그것이 비난받을 일이라는 언급은 나와 있지 않다.

③ 지문에 제시되어 있지 않다.

④ 두 번째 문장에서 상품미는 이윤을 얻기 위한 것임을 알 수 있으므로, 이익과 관련이 없다는 설명은 잘못되었다.

⑤ 네 번째 문장에서 우리가 주위에서 보는 거의 모든 상품은 상품미를 추구하고 있다고 하였으므로, 보기 어렵다는 설명은 잘못되었다.

03

|정답| ①

|해설| 우리나라와 미국의 예시에서 우리나라가 일정액의

수수료를 부담하고 달러를 공급받는다고 설명하는 내용을 통해 추론할 수 있다.

|오답풀이|

②, ⑤ 변제할 때에도 변동금리가 아닌 계약 당시의 환시세를 적용한다.

③ 다국적 기업이 통화 스와프를 적극 활용한다고 해서 필수적으로 활용한다고 볼 수는 없다.

④ 자국의 통화를 맡기면서 일정액의 수수료를 부담하고 상대국의 외환을 공급받으며 변제 시에는 예치 당시의 환시세를 적용한다고 하였으므로, 추가적으로 드는 수수료에 의해 변제 당시보다는 예치 당시의 금액이 더 많이 소요된다.

04

|정답| ③

|해설| 제시된 글의 핵심 주장은 올바른 칭찬을 위해서는 결과보다는 과정을 칭찬해야 한다는 것이다. 따라서 그에 대한 반박으로는 과정을 칭찬하는 데에만 집중하면 되레 결과를 소홀히 할 수 있다는 것이 가장 적절하다.

05

|정답| ①

|해설| 제시된 글은 상대방에게 말할 때 '까'를 활용한 열린 질문으로 말하면 저항이 적어져 마음이 열리게 되고, 질문에 대해 스스로 생각하여 내린 결론을 거부감 없이 받아들인다고 설명하고 있다. 따라서 주제로 적절한 것은 ①이다.

06

|정답| ③

|해설| ㉠의 뒤에서 옷차림새나 말투 등으로 느낌이 형성될 수 있음을 이야기하고 있으므로, ㉠에는 겉모습의 중요성에 대해 언급한 ③이 가장 적절하다.

07

|정답| ②

|해설| 제시된 글에서는 인간의 피부색은 출생지의 태양빛 세기와 일치하도록 되어 있는데, 민족 대이동의 결과로 이 균형이 깨져 피부 질병에 시달리는 사람이 늘어났음을 이야기하고 있다. 그러나 피부 질병이 생기는 원인과 성별 간의 관계에 대해서는 언급되어 있지 않으므로 ②는 적절하지 않다.

08

|정답| ④

|해설| 제시된 글은 본인만이 느끼는 감각을 하나의 용어로 칭할 수 없음에 대해 이야기하고 있다. 그러므로 혼자만의 감각을 통해 생성된 용어는 무의미하다는 ④가 결론으로 적절하다.

09

|정답| ④

|해설| 필자는 시장형 성격의 사람과 비생산적인 성격의 사람은 사랑에 대해 오해하고 있다고 본다. 그러면서 교환하는 사랑과 고통을 감수하는 희생의 사랑을 사랑으로 보지 않는다.

10

|정답| ②

|해설| 제시된 글은 이분법적 사고와 부분만을 보고 전체를 판단하는 것의 위험성을 예를 들며 설명하고 있다. 그리고 세 번째 문단에서 '으스댔다', '우겼다', '푸념했다', '넋두리했다', '뇌까렸다', '잡아뗐다', '말해서 빈축을 사고 있다' 등의 서술어를 열거해 주관적 서술로 감정적 심리 반응을 유발하는 것이 극단적인 이분법적 사고로 이어질 수 있음을 강조하고 있다.

11

|정답| ⑤

|해설| 제시된 글의 중심 내용은 언어결정론자들은 우리의

생각과 판단이 언어에 의해 결정된다고 주장하지만, 인간의 사고는 언어보다 경험에 의해 영향을 받는다는 것이다. 따라서 ⑤가 가장 적절하다.

12

|정답| ⑤

|해설| 마지막 문단에서 관련 내용을 찾을 수 있으며 두 번째 문단과 네 번째 문단에서도 확인할 수 있다.

|오답풀이|

① 구실 만들기 전략은 자기반성은 하지 않고 남의 탓으로 돌리는 행위이며 마지막 문단에서 찾을 수 있다.

② 이기적 편향을 나타내는 적절한 말로 두 번째 문단에서 찾을 수 있다.

③ 타인이 아닌 자신의 자존심을 위한 행위임을 글 전체에서 말하고 있다.

④ 긍정적인 행동의 이유에 대해서는 내부적 요소로 부정적 행동의 이유에 대해서는 외부적 요소로 돌리는 행위이며 두 번째 문단에서 볼 수 있다.

13

|정답| ③

|해설| 제시된 글의 마지막 문장을 통해 사료 고증에만 의존하는 것에 대한 드로이젠의 부정적 견해를 알 수 있다.

|오답풀이|

① 랑케와 드로이젠의 상반된 주장에 대해 소개하고 있으므로 필자의 개인적인 주관 또는 어떤 의견에 대한 절대적인 입장에 대해서는 알 수 없다.

14

|정답| ①

|해설| 제시된 글에서는 괴테를 예시로 들며 언어에 대한 작가의 책임이 막중하다고 말하고 있는데, 이러한 주장에는 작가가 산출하는 문학 작품이 언어에 지대한 영향을 미친다는 사실이 전제되어 있어야 한다.

15

|정답| ②

|해설| 첫 번째 문단으로 창조 도시의 개념을 소개하고 있는 (가)가 오고, 그 다음으로 창조 도시의 주된 동력을 창조 산업으로 보는 (라)와 창조 계층의 관점으로 바라보는 (나)가 이어진다. 마지막은 창조 산업과 창조 계층의 두 가지 관점보다 창조 환경이 먼저 마련되어야 한다는 주장의 (다)로 마무리된다. 따라서 글의 순서는 (가)-(라)-(나)-(다)이다.

16

|정답| ④

|해설| 제시된 글에 의하면 경험론자들은 정신에 타고난 관념 또는 선험적 지식이 있다는 것을 부정하고 모든 지식은 감각적 경험과 학습을 통해 형성된다고 보았으므로 생물학적 진화보다는 학습을 중요시하였음을 알 수 있다.

|오답풀이|

① 학습과 생물학적 진화 간의 우월성을 비교하는 내용은 나타나 있지 않다.

② 진화된 대부분의 동물들에게 학습 능력이 존재한다고 하였다.

③ 인간 사회의 변화는 생물학적 진화보다는 문화적 진화에 의한 것이라고 하였다.

⑤ 인간과 동물 모두 생물학적 진화와 학습이라는 두 가지 주요한 방식으로 환경에 적응한다고 하였다.

17

|정답| ②

|해설| 제시된 글은 다도해가 개방성과 고립성의 양가적 특성을 가졌음에도 불구하고 다도해의 문화적 특징을 말할 때는 흔히들 고립성 측면에만 주목하는 경향이 있음을 말하며 이런 일방적인 관점에서 접근해서는 안 된다는 것을 주장하고 있다. 따라서 ②가 주제로 가장 적절하다.

18

| 정답 | ④

| 해설 | 향신료가 음식에 향미를 더해 주거나 생선만 먹을 때의 단조로움을 없애주는 등의 역할을 하였음을 알 수 있으나 음식 자체를 대신하였다는 언급은 없다.

19

| 정답 | ②

| 해설 | 제시된 글은 언어 현실과 어문 규범과의 괴리를 줄이기 위한 방법으로 어문 규범을 없애고 언중의 자율에 맡기자는 주장과 어문 규범의 큰 틀만 유지하고 세부적인 것은 사전에 맡기자는 주장이 사회에 등장하고 있음을 설명하고 있다. 이를 통해 언어 현실과 어문 규범의 괴리를 해소하기 위한 방법을 모색하는 노력이 나타나고 있다는 글의 주제를 도출해 낼 수 있다.

20

| 정답 | ②

| 해설 | 영토 분할을 위임받은 로마 교회는 조세 수입이나 영토 면적보다는 '세속어'를 경계의 기준으로 삼는 것이 더 공정하다는 결론을 내렸다.

| 오답풀이 |

① 첫 번째 문단에 따르면 동맹군이었던 루이와 샤를의 승리로 전쟁이 끝났다고 했다.

③ 두 번째 문단에 따르면 루이와 샤를은 서로의 동맹을 다지는 서약 분서를 상대방이 분할 받은 영토의 세속어로 작성하여 교환하였다고 했다. 샤를이 분할 받은 영토의 세속어는 로망어였으므로 루이는 로망어로 서약 문서를 작성했음을 알 수 있다.

④ 두 번째 문단에 따르면 루이와 샤를은 각자 자신의 군사들로부터 분할 받은 영토의 세속어로 된 충성 맹세를 받았다고 했으므로 샤를은 로망어로 된 충성 맹세를 받았음을 추론할 수 있다.

⑤ 두 번째 문단에 따르면 그들의 군대는 필요에 따라 여기저기서 수시로 징집된 다양한 언어권의 병사들로 구성되어 있었다.

21

| 정답 | ③

| 해설 | (가)에 나오는 '보이지 않는 손과 시장의 균형, 완전한 합리성 등 신고전 경제학(주류 경제학)'에 대한 내용을 (나)에서 구체적인 예를 통해 부연설명하고 있다.

22

| 정답 | ①

| 해설 | 제시된 글은 정보의 비대칭성(Asymmetric Information)을 설명하기 위해 중고차 거래 시 구매자와 판매자의 관계, 생명보험회사와 가입자 관계라는 구체적인 예시를 들고 있다.

23

| 정답 | ①

| 해설 | 제시된 글에서 타 회사의 건강식품의 예는 제시되지 않았다.

24

| 정답 | ④

| 해설 | 음성인식이나 걸음걸이 인식 등은 신체적 외모를 뛰어넘어 인간 행위의 특징까지도 생체인식 기술에 활용될 수 있음을 보여 주고 있다.

| 오답풀이 |

② 중국 공안의 스마트 선글라스 사례를 통해 얼굴인식은 특수 장비가 필요하다고 판단할 수 있다.

⑤ 광고를 통하여 시청자들의 반응 분석, 잃어버린 어린이 찾기 등의 용도로 얼굴인식 기술이 활용될 수 있을 것으로 판단할 수 있다.

25

| 정답 | ②

| 해설 | 제시된 글은 지적장애인 시설에 대한 응급상황 발생

시의 체계화된 기준이 마련되어야 한다고 주장하고 있다. 따라서 ②가 주제로 적절하다.

| 오답풀이 |

③ 응급상황 발생 시의 체계화된 기준이 마련되어 있지 않은 상황에서 장애인 시설 담당자 나름의 판단에 의한 행동이 미흡했다고 단정하기는 어렵다.

2회 수리비평

▶문제 138쪽

01	②	02	④	03	①	04	②	05	③
06	⑤	07	④	08	⑤	09	⑤	10	④
11	④	12	②	13	③	14	⑤	15	③
16	③	17	③	18	①	19	⑤	20	④
21	②	22	②	23	⑤	24	②	25	③

01

| 정답 | ②
| 해설 | 20X7년 설비투자 집행률을 구하면 다음과 같다.

(단위 : 조 원, %)

구분		계획(A)	실적(B)	집행률 $\left(\dfrac{B}{A} \times 100\right)$
전체	합계	181.8	189.8	104.4
	대기업	133.5	150.5	112.7
	중견기업	23.6	18.0	76.3
	중소기업	24.7	21.3	86.2
제조업	합계	89.9	106.0	117.9
	대기업	67.2	86.4	128.6
	중견기업	13.1	10.8	82.4
	중소기업	9.6	8.8	91.7
비제조업	합계	91.9	83.8	91.2
	대기업	66.3	64.1	96.7
	중견기업	10.5	7.2	68.6
	중소기업	15.1	12.5	82.8

제조업, 비제조업의 대기업, 중견기업, 중소기업의 집행률은 대부분 70% 이상이지만 비제조업 중 중견기업의 집행률은 68.6%로 70%에 미치지 못한다.

02

| 정답 | ④

| 해설 | A, B 기업의 202X년 2 ~ 3분기 매출액을 구하면 다음과 같다.

구분	202X년 2분기	202X년 3분기
A 기업	200×1.15 $= 230$(억 원)	230×0.85 $= 195.5$(억 원)
B 기업	150×1.25 $= 187.5$(억 원)	187.5×1.1 $= 206.25$(억 원)

A 기업의 202X년 매출액이 800억 원을 초과하려면 4분기 매출액이 $800 - 200 - 230 - 195.5 = 174.5$(억 원)을 초과해야 한다. 따라서 3분기 대비 매출액이 감소해도 된다.

| 오답풀이 |

③ 두 기업의 3분기 매출액 합계는 $195.5 + 206.25 = 401.75$(억 원)으로 2분기 매출액 합계인 $230 + 187.5 = 417.5$(억 원)보다 작다.

⑤ 202X년 1 ~ 3분기 총 매출액은 A 기업이 625.5(억 원)으로 543.75(억 원)인 B 기업보다 크다.

03

| 정답 | ①

| 해설 | 20X9년 전체 인적재난 중 교통사고의 발생 비율과 인명피해 비율을 계산하면 다음과 같다.

• 발생 비율 : $\dfrac{221,711}{286,851} \times 100 = 77.3$(%)

• 인명피해 비율 : $\dfrac{346,620}{365,947} \times 100 = 94.7$(%)

04

| 정답 | ②

| 해설 | (가) ~ (사)에 들어갈 수를 구하면 다음과 같다.

(가) : 27, (나) : 65, (다) : 93, (라) : 85, (마) : 136, (바)
: 169, (사) : 555

ⓒ, ⑩ 출발지를 기준으로 할 때 중국으로 표류한 횟수의
합이 많은 곳부터 나열해 보면 C>A>B>E>D>G>
F로, 그 횟수가 가장 적은 출발지는 F이고 가장 많은
출발지는 C이다.

| 오답풀이 |

㉠ 목적지를 기준으로 할 때 중국으로 표류한 횟수의 합이
많은 곳부터 나열해 보면 B>C>D>A>E>F>G이므
로, 세 번째로 많은 곳은 D이다.

ⓒ 출발지와 목적지가 같은 선박이 중국으로 표류한 횟수
를 모두 합하면 183회이고 출발지가 C인 선박이 중국으
로 표류한 횟수는 169회이므로 옳다.

05

| 정답 | ③

| 해설 | 기존시청점유율이 20X2년 대비 20X3년에 상승한
방송사는 D, G, H, I, J 방송사로, 증가율을 구하면 다음
과 같다.

• D 방송사 : $\dfrac{10-8.4}{8.4} \times 100 ≒ 19.0(\%)$

• G 방송사 : $\dfrac{6-5.8}{5.8} \times 100 ≒ 3.4(\%)$

• H 방송사 : $\dfrac{5.2-5}{5} \times 100 = 4(\%)$

• I 방송사 : $\dfrac{2.5-2.4}{2.4} \times 100 ≒ 4.2(\%)$

• J 방송사 : $\dfrac{2.4-2.3}{2.3} \times 100 ≒ 4.3(\%)$

따라서 20X3년 기존시청점유율이 전년 대비 5% 이상 증가
한 방송사는 D 방송사뿐이다.

| 오답풀이 |

① 20X3년 통합시청점유율 상위 3개 방송사는 A, B, C
방송사로 전체의 22.5+14.6+11.7=48.8(%)를 차지
한다.

② 20X2년 기존시청점유율 순위는 A-B-C-E-F-D
-G-H-I-J-K이고, 20X3년 기존시청점유율 순위
는 A-B-C-D-E, F-G-H-I-J-K이다. 따라서

순위가 20X2년 대비 20X3년에 상승한 방송사는 D 방
송사뿐이다.

④ 20X3년에 기존시청점유율보다 통합시청점유율이 더
높은 방송사는 B, C, E, F, G 방송사로 총 5개이다.

⑤ K 방송사는 20X3년 기존시청점유율이 전년 대비 감소
하였지만, 통합시청점유율이 기존시청점유율보다 낮다.

06

| 정답 | ⑤

| 해설 | ⓒ 조사대상이 600명, 남녀 비율이 2 : 3이라면 조
사대상 중 여성은 $600 \times \dfrac{3}{5} = 360$(명)이므로, 여성 중
전공과 직업이 일치한다고 응답한 사람은 360×0.337
≒121(명)이다.

ⓒ 조사대상이 1,000명이고 그중 서비스직에 종사하는 사
람이 35%라면 서비스직에 종사하는 사람은 1,000×
0.35=350(명)이므로, 서비스직에 종사하는 사람 중
전공과 직업이 일치하지 않는다고 응답한 사람은
350×0.525≒184(명)이다.

07

| 정답 | ④

| 해설 | '탑승률(%)= $\dfrac{국내여객}{공급석} \times 100$'이므로 20X1년 11월
A사의 국내여객은 $\dfrac{250 \times 70}{100} = 175$(천 명)이다.

'국내여객 전년 동월 대비 증감량=20X2년 11월 국내여객
−20X1년 11월 국내여객'이므로 20X2년 11월 국내여객 수
는 175+105=280(천 명)이다. 다른 풀이로 A~E사의
20X2년 11월 국내여객의 합이 1,480천 명이므로 이를 이
용하여 A사의 국내여객 수를 구할 수도 있다.

〈자료 2〉에서 20X2년 11월 A사 탑승률의 전년 동월 대비
증가율이 25%이므로 A사 탑승률이 70×1.25=87.5(%),
20X2년 11월 A사의 공급석은 $\dfrac{280 \times 100}{87.5} = 320$(천 석),
즉 320,000석이다.

08

|정답| ⑤

|해설| Y 기업의 제품 중 20X0년 대비 20X6년 판매액 증가율이 가장 높은 제품은 G 제품으로, 14배 이상 증가하였다.

|오답풀이|

① Y 기업의 제품 중 판매액이 매년 지속적으로 증가한 제품은 G 제품 한 종류이다.

② 20X0년 대비 20X4년에 판매액이 감소한 제품은 E 제품 한 종류이다.

③ X 기업의 경우 판매액 총합이 매년 100억 원 미만이었던 반면, Y 기업의 판매액 총합은 매년 100억 원 이상이었다.

④ D 제품의 판매액이 전년 대비 감소한 해는 20X3년으로, E 제품의 판매액도 감소하였다.

09

|정답| ⑤

|해설| '내수=생산−수출+수입'이므로 부품소재 산업동향의 빈칸에 들어갈 수치는 다음과 같다.

• 20X5년 내수 : 658−280+176=554(조 원)
• 20X6년 내수 : 660−294+179=545(조 원)
• 20X7년 내수 : 658−301+179=536(조 원)

(단위 : 조 원)

구분	20X3년	20X4년	20X5년	20X6년	20X7년	20X8년	20X9년
생산	584	642	658	660	650	638	658
내수	491	545	(554)	(545)	538	532	(536)

'무역수지=수출−수입'이므로 20X3 ~ 20X9년의 무역수지를 구하면 다음과 같다.

• 20X3년 무역수지 : 273−180=93(조 원)
• 20X4년 무역수지 : 270−173=97(조 원)
• 20X5년 무역수지 : 280−176=104(조 원)
• 20X6년 무역수지 : 294−179=115(조 원)
• 20X7년 무역수지 : 282−170=112(조 원)
• 20X8년 무역수지 : 269−163=106(조 원)
• 20X9년 무역수지 : 301−179=122(조 원)

조사기간 중 부품소재 무역수지는 지속적으로 증가하다가 20X7, 20X8년에는 감소하였다.

|오답풀이|

① 조사기간 중 전년 대비 부품소재 생산 규모 변화율은 다음과 같다.

• 20X4년 : $\dfrac{642-584}{584} \times 100 ≒ 9.9(\%)$

• 20X5년 : $\dfrac{658-642}{642} \times 100 ≒ 2.5(\%)$

• 20X6년 : $\dfrac{660-658}{658} \times 100 ≒ 0.3(\%)$

• 20X7년 : $\dfrac{650-660}{660} \times 100 ≒ -1.5(\%)$

• 20X8년 : $\dfrac{638-650}{650} \times 100 ≒ -1.8(\%)$

• 20X9년 : $\dfrac{658-638}{638} \times 100 ≒ 3.1(\%)$

20X4년이 9.9%로 전년 대비 부품소재 생산 규모 증가율이 가장 높다.

② 20X7년 부품소재 생산 규모는 660 → 650(조 원), 수출규모는 294 → 282(조 원), 수입 규모는 179 → 170(조 원)으로 모두 전년 대비 하락하였다.

③ 조사기간 중 부품소재 생산 규모는 20X3년 584조 원으로 600조 원대 이하였지만, 20X4년부터 20X9년까지는 600조 원 이상인 것을 볼 수 있다.

④ 조사기간 중 부품소재 무역수지 규모가 가장 큰 해는 무역수지가 122조 원인 20X9년이다.

10

|정답| ④

|해설| 비취업자는 개인유지(10:35)＞교제 및 여가활동(7:15)＞학습(5:17)＞가정관리(3:11) 순으로 많은 시간을 차지한다.

|오답풀이|

① 취업자는 개인유지보다 일이 더 많은 시간을 차지한다.

② 취업자 전체는 일이 11시간으로 가장 집중된 것은 옳으나, 비취업자들은 교제 및 여가에 7:15, 학습에 5:17로 약 2시간 차이가 나므로 비슷하다고 하기 어렵다.

③ 가정관리 시간은 취업자의 경우 남성 124분, 여성 143분

으로 약 1.15배, 비취업자의 경우 남성 88분, 여성 223분으로 약 2.5배 차이가 난다.

⑤ 취업자 전체의 참여 및 봉사활동 시간인 2:03보다 교제 및 여가 활동이 2:58로 더 많은 시간을 차지한다.

11

| 정답 | ④

| 해설 | (전입률)−(전출률)=(인구의 전년 대비 증가율)이므로 2023년과 1988년의 F 시 (전입률)−(전출률) 값을 비교하면 2023년의 값이 크다. 이는 산포도의 직선상에서 볼 때, 1988년은 직선(균등선)에 거의 근접해 있고 2023년에는 오른쪽 하단에 멀리 떨어져 있다는 것으로 확인할 수 있다. 따라서 인구의 전년 대비 증가율도 2023년이 크다.

| 오답풀이 |

① 1988년 인구의 전년 대비 증가율이 음수(−)인 시는 C, E, 인구의 대비 전년 증가율이 0%인 시는 D, 인구의 전년 대비 증가율이 양수(+)인 시는 A, B, F, G이다. 하지만 각 해의 전년도 인구 또는 그 비율에 대한 정보가 주어져 있지 않으므로 총인구가 전년보다 증가했는지의 여부는 판단할 수 없다.

② 1988년 각 시의 인구 또는 그 비율에 대한 정보가 주어져 있지 않으므로 전출률을 바탕으로 전출자 수의 대소는 판단할 수 없다.

③, ⑤ 1988년, 2023년 모두 전년도의 인구 또는 그 비율에 대한 정보가 주어져 있지 않으므로 1988년과 2023년의 인구와 전입자 수를 비교하는 것은 불가능하다.

12

| 정답 | ②

| 해설 | 2월 9일과 2월 11일 사이에 완치자는 3명에서 4명으로 1명 늘어났는데 치료 중인 환자 수는 동일하므로 1명의 추가 확진자가 발생했음을 알 수 있다.

| 오답풀이 |

① 2월 12일에 치료 중인 환자 수는 21명, 누적 완치자 수는 7명이므로 2월 12일까지 총 28명의 환자가 발생했음을 알 수 있다.

⑤ 2월 11일에 치료 중인 환자 수는 24명, 누적 완치자 수는 4명으로 누적 확진자 수는 24+4=28(명)이다.

다음날인 2월 12일에는 완치자가 3명 증가하고 치료 중인 환자 수는 3명 감소했으므로 추가로 확진자가 발생하지 않았다.

13

| 정답 | ③

| 해설 | 2021년 고등교육기관을 졸업한 취업자 349,584명 중 프리랜서의 수는 20,280명이므로 프리랜서의 비율은 $\frac{20,280}{349,584} \times 100 = 5.8(\%)$이다.

| 오답풀이 |

① 남자와 여자의 취업률 차이는 2016년 6.2%p, 2017년 4.9%p, 2018년 5%p, 2019년 3.8%p, 2020년 2.9%p, 2021년 2.6%p로, 2018년에는 2017년에 비해 취업률 차이가 커졌다.

② 제시된 자료에는 취업률만 나와 있으므로 2016 ∼ 2020년의 취업자 수는 비교할 수 없다.

④ 2021년 남자의 진학률은 $\frac{19,415}{285,443} \times 100 = 6.8(\%)$, 여자의 진학률은 $\frac{17,423}{295,252} \times 100 = 5.9(\%)$로 남자의 진학률이 더 높다.

⑤ 2021년 고등교육기관 졸업자의 취업률은 $\frac{349,584}{516,620} \times 100 = 67.7(\%)$이다.

14

| 정답 | ⑤

| 해설 | 20X9년 일반 신문을 본다고 응답한 남자의 비율은 79.5% 중 61.9%, 여자의 비율은 65.8% 중 50.0%이다. 20X9년 조사 대상 남녀의 수가 같으므로 비율이 높은 쪽이 인원수도 많으며, 따라서 일반 신문을 본다고 응답한 사람은 남자가 여자보다 많다.

| 오답풀이 |

① 일반 신문을 보는 사람의 비율이 인터넷 신문을 보는 사람의 비율보다 더 낮으므로 최대 67.8%이다.

②, ④ 제시된 정보만으로는 알 수 없다.

③ $79.5 \times \frac{80.6}{100} = 64.08(\%)$이다.

15

|정답| ③

|해설| 수도권이 지방보다 더 많은 재건축 인가 호수를 보인 해는 20X5년과 20X8년이며, 수도권이 지방보다 더 많은 재건축 준공 호수를 보인 해는 20X8년뿐이다.

|오답풀이|

① 수도권의 5년 평균 재건축 인가 호수는

$$\frac{9.7+2.0+2.9+8.7+10.9}{5}=6.84(천 호)로,$$

$$\frac{1.1+3.4+0.7+10.2+5.9}{5}=4.26(천 호)인 준공 호$$

수보다 많다.

② 20X9년 지방의 재건축 인가 호수가 전년 대비 가장 큰 변동 폭을 나타내고 있다.

④ 20X9년 지방의 재건축 준공 호수는 전년 대비

$$\frac{10.3-6.5}{6.5}\times100 ≒ 58.5(\%) 증가하였다.$$

⑤ 지방의 재건축 준공 호수의 증감 추이는 증가, 감소, 증가, 증가로 이와 동일한 항목은 없다.

16

|정답| ③

|해설| 단위 총량당 수입금액은 다음과 같다.

• 20X6년 : $\frac{212,579}{30,669} ≒ 6.9(천 불/톤)$

• 20X7년 : $\frac{211,438}{31,067} ≒ 6.8(천 불/톤)$

따라서 20X7년의 단위 총량당 수입금액은 20X6년에 비해 감소하였다.

|오답풀이|

① 무역수지는 수출금액에서 수입금액을 뺀 값이다.

② 수출입 주요 6개국의 수출금액 평균은

$$\frac{518+6,049+275+61+0+0}{6}=1,150.5(천 불)이다.$$

④ 20X6년에는 20X5년에 비해 수출총량이 감소하였지만 수출금액은 증가하였다.

⑤ 20X9년 우리나라의 수출총량에서 중국으로의 수출총량은 $\frac{900}{2,500}\times100=36(\%)$를 차지한다.

17

|정답| ③

|해설| 2005년 온실가스 총배출량 중 에너지 부문을 제외한 나머지 부문이 차지하는 비율은 $\frac{49.9+21.6+18.8}{500.9}$ $\times100≒18(\%)$이다.

|오답풀이|

① 온실가스 총배출량에서 에너지, 산업공장, 농업, 폐기물의 배출량을 보면 에너지의 배출량이 현저히 크다는 것을 알 수 있다.

② 2023년 1인당 온실가스 배출량은 13.5톤 CO_2eq/명으로, 1990년의 6.8톤 CO_2eq/명에 비해 $\frac{13.5}{6.8} ≒ 1.99(배)$ 증가하였다.

④ 온실가스 총배출량은 계속해서 증가한 것을 확인할 수 있고, 2023년 온실가스 총배출량은 690.2로 1995년의 292.9에 비해 $\frac{690.2}{292.9} ≒ 2.4(배)$ 증가하여 2배 이상 증가하였다.

⑤ GDP 대비 온실가스 배출량을 보면 계속 감소한 것을 볼 수 있는데, 이는 온실가스 배출량(분자에 해당)의 증가 속도보다 GDP(분모에 해당)의 증가 속도가 상대적으로 더 빠르기 때문이다.

18

|정답| ①

|해설| 각 기업별 조사 회답자 수를 100%로 하고 각각의 회답 비율을 집계하면 다음과 같다.

(단위 : 명)

구분	불만	어느 쪽도 아니다	만족	계
A사	29 (25.9%)	36 (32.1%)	47 (42.0%)	112 (100.0%)
B사	73 (51.4%)	11 (7.7%)	58 (40.8%)	142 (100.0%)
C사	71 (52.2%)	41 (30.1%)	24 (17.6%)	136 (100.0%)
계	173 (44.4%)	88 (22.6%)	129 (33.1%)	390 (100.0%)

ⓒ '불만'이라고 응답한 사원의 수(173명)는 총 인원수 (390명)의 44.4%로 과반수가 되지 않는다.

ⓛ '불만'이라고 응답한 사람의 비율은 B사는 142명 중 73명으로 51.4%이고 C사는 136명 중 71명으로 52.2%이다.

| 오답풀이 |

ⓒ '어느 쪽도 아니다'라고 답한 사람이 가장 적다는 것은 근무조건의 좋고 나쁨과는 관계가 없다.

ⓔ '만족'을 나타낸 사람의 수가 높다는 것만으로 근무조건이 좋다고 단정할 수 없다.

19

| 정답 | ⑤

| 해설 | 부서별로 인원수가 다르므로 전체 평균 계산 시 가중치를 고려해야 한다.

- 전 부서원의 정신적 스트레스 지수 평균 점수 :

$$\frac{100 \times 1.83 + 200 \times 1.79 + 100 \times 1.79}{400} = 1.80(점)$$

- 전 부서원의 신체적 스트레스 지수 평균 점수 :

$$\frac{100 \times 1.95 + 200 \times 1.89 + 100 \times 2.05}{400} = 1.945(점)$$

따라서 두 평균점수의 차이는 0.145점으로 0.2점 미만이다.

20

| 정답 | ④

| 해설 | 20X5년 대비 20X6년 전체 지원자 수의 감소율을 구하면 $\frac{2,652 - 3,231}{3,231} \times 100 = -17.9(\%)$이므로 25%가 아닌 약 17.9% 감소하였다.

| 오답풀이 |

① 〈자료 2〉에서 해외 지원자 비율을 보면 전반적으로 감소하는 추세임을 알 수 있다.

② 〈자료 1〉에서 20X9년 전체 지원자 수 대비 국내 지원자의 비율을 계산해 보면 $\frac{1,462}{2,475} \times 100 = 59.1(\%)$이다.

③ 〈자료 1〉의 수치를 통해 20X3년 대비 20X9년 전체 지원자 수는 3,899 - 2,475 = 1,424(명) 감소했음을 알 수 있다.

⑤ 〈자료 1〉을 통해 (A)와 (B)를 구하면 다음과 같다.

$$(A) = \frac{1,462}{2,475} \times 100 = 59.1(\%)$$

$$(B) = \frac{1,013}{2,475} \times 100 = 40.9(\%)$$

따라서 (A) - (B)는 18.2%p이다.

21

| 정답 | ②

| 해설 | ⓒ 20X7년 A사와 C사의 매출액 합계는 3,969 + 2,603 = 6,572(백만 달러)이고, 4대 이동통신업자 전체 매출액은 13,582백만 달러이므로 $\frac{6,572}{13,582} \times 100 = 48.4$ (%)로 전체 매출액의 50%를 넘지 않는다.

ⓔ 20X8년의 전체 인구를 x명이라 하고 주어진 보급률 공식에 따라 식을 세우면 다음과 같다.

$$125.3(\%) = \frac{76,900,000}{x} \times 100$$

$$x = 61,372,705.50\cdots$$

따라서 20X8년의 전체 인구는 대략 6천 1백만여 명임을 알 수 있다.

| 오답풀이 |

ⓛ 4대 이동통신사업자의 매출액 순위는 20X6년과 20X7년에 A사>B사>D사>C사 순이었고, 20X8년은 B사>A사>D사>C사 순이었다. 따라서 20X8년 A사와 B사의 매출액 순위가 서로 바뀐 것 외에 나머지 순위는 변하지 않았음을 알 수 있다.

ⓒ A사의 20X9년 10 ~ 12월 월평균 매출액이 1 ~ 9월의 월평균 매출액과 동일하다고 가정할 경우, 1 ~ 9월의 월평균 매출액은 2,709 ÷ 9 = 301(백만 달러)이므로, 10 ~ 12월 매출액은 301 × 3 = 903(백만 달러)가 된다. 따라서 A사의 20X9년 한 해의 전체 매출액은 2,709 + 903 = 3,612(백만 달러)이다.

22

| 정답 | ②

| 해설 | 20X5년 한국 섬유산업 수출액은 전년 대비 15,802 - 15,696 = 106(백만 달러) 감소하였다.

| 오답풀이 |

③ 20X8년 한국 섬유산업 수입액은 20X5년 대비 14,305
  −11,730=2,575(백만 달러) 증가했다.

④ 20X9년 이탈리아의 섬유 수출액은 33,400백만 달러로
  한국 섬유 수출액인 13,607백만 달러의 약 2.45배이다.
  따라서 한국의 섬유 수출액보다 약 145% 더 많다.

⑤ 20X6년 한국의 섬유 수출액은 16,072백만 달러로 20X9
  년 프랑스의 섬유 수출액 15,000백만 달러보다 더 많다.

23

| 정답 | ⑤

| 해설 | 20X0년의 스마트폰 사용 실태조사 응답자 수가 제
시되어 있지 않기 때문에 알 수 없다.

| 오답풀이 |

① 20X1년 국내 이동통신 가입자 수는 약 5천만 명이고,
  국내 스마트폰 가입자 수는 약 4천만 명이므로 5명 중
  4명이 스마트폰을 사용한다고 볼 수 있다.

② • 20X0년 하루 평균 스마트폰 사용시간 : 2시간 13분=
    133분

  • 20X1년 하루 평균 스마트폰 사용시간 : 2시간 51분=
    171분

  따라서 20X1년 하루 평균 스마트폰 사용시간은 전년 대비
  $\frac{171-133}{133} \times 100 ≒ 28(\%)$ 증가하였다.

③ 스마트폰 하루 사용시간이 2시간 이상이라고 대답한 응
  답자의 비율은 20X0년에는 29.8+27=56.8(%), 20X1
  년에는 26.3+45.7=72(%)이므로, 72−56.8=15.2(%p)
  증가했다.

④ • 20X1년 주 사용 서비스 1위 응답자 수 :
    $12,561,236 \times \frac{79.4}{100} = 9,973,621.384(명)$

  • 20X1년 주 사용 서비스 4, 5위 응답자 수 :
    $12,561,236 \times \frac{40+29.6}{100} = 8,742,620.256(명)$

  따라서 그 차이는 9,973,621−8,742,620=1,231,001
  (명)으로, 약 120만 명이 된다.

24

| 정답 | ②

| 해설 | 부품 발주일과 납기일, 작업 소요일을 감안하여 각
팀별로 작업이 완료되는 날을 정리하면 다음과 같다.

구분	발주일	납기일	작업 소요일	작업 완료일
CS 1팀	7월 2일	+6일	+3일	7월 11일
CS 2팀	7월 5일	+7일	+1일	7월 13일
CS 3팀	7월 3일	+4일	+5일	7월 12일
CS 4팀	7월 7일	+3일	+7일	7월 17일

따라서 CS 1팀−3팀−2팀−4팀의 순으로 작업이 완료
된다.

25

| 정답 | ③

| 해설 | A/S 요청된 휠체어 바퀴를 수리하고 난 다음 남은
바퀴는 앞바퀴가 19개, 뒷바퀴가 18개이다. 따라서 A/S 요
청 처리 후 남은 바퀴의 수는 19+18=37(개)이다.

3회 언어비평 _ 언어추리

▶문제 162쪽

01	④	02	①	03	③	04	②	05	⑤
06	④	07	②	08	④	09	①	10	④
11	④	12	②	13	②	14	①	15	③
16	③	17	④	18	④	19	①	20	④

01

| 정답 | ④

| 해설 | 제시된 글의 논증을 정리하면 다음과 같다.

• 전제 1 : 개들은 나무에 올라가지 않는다.

• 전제 2 : 흰둥이는 나무에 올라간다.

• 결론 : 흰둥이는 개가 아니다.

제시된 글은 전건을 부정하여 후건을 부정하는 전건 부정의 오류를 보인다.

| 오답풀이 |

① 흰둥이가 개가 아니라고 결론을 내리고 있다.

② 개들은 나무에 올라가지 않는다고 전제하고 있다.

③, ⑤ 제시된 글의 논증을 통해서는 알 수 없다.

02

| 정답 | ①

| 해설 | 제시된 글은 희수에게 오늘 소요산 등산 중에 산불을 조심해야 한다고 말하고 있다. 담배를 피우고 버린 꽁초는 산불의 원인이 되는 경우가 많으므로 희수가 심각한 골초인 사실은 필자의 주장을 강화시킬 수 있는 근거가 된다.

| 오답풀이 |

② 희수가 지리산에서 목격한 산불은 소요산과 거리가 멀며 소요산의 화재위험도와는 직접 관련이 없다.

03

| 정답 | ③

| 해설 | 제시된 글은 자본주의가 사회를 계층화한다고 주장

한다. 상위 1%의 물질적인 부를 가진 사람들은 자본주의의 계층적 사회에서 성공한 사람으로 인식되어 사회적 존경과 보답을 받게 되므로 빈부 격차는 곧 신분 차이를 초래할 수 있다.

| 오답풀이 |

④ 자본주의 사회에서도 사회복지가 잘 되어있을 수 있으므로 제시된 글의 근거로 사용되기 어렵다.

04

| 정답 | ②

| 해설 | 네 번째 조건과 여섯 번째 조건에 따라 사랑이가 갈색이므로 코코는 흰색의 푸들임을 알 수 있다. 마지막 조건에 따라 코코와 색이 같은 망치 또한 푸들임을 알 수 있다. 따라서 다섯 번째 조건을 통해 구름이가 갈색임을 알 수 있다.

| 오답풀이 |

⑤ 네 번째 조건을 통해 사랑이가 갈색인 것은 알 수 있지만 비글인지는 알 수 없다.

05

| 정답 | ⑤

| 해설 | 첫 번째 명제와 세 번째 명제의 대우를 통해 참인 것을 알 수 있다.

| 오답풀이 |

① 세 번째 명제의 역에 해당하므로 반드시 참이라고 할 수는 없다.

② 두 번째 명제와 네 번째 명제를 통해 '머리가 길면 머리를 적게 쓴다'가 성립한다. 여기서 '머리가 길면 잠이 오지 않는다'가 성립하려면 '머리를 적게 쓰면 잠이 오지 않는다'가 참이 되어야 하는데 이것은 첫 번째 명제의 이로, 반드시 참이라고 할 수는 없다.

③ 네 번째 명제를 통해 '머리를 많이 쓰면 잠을 오래 자지 않는다'는 대우가 성립하므로 참이 아니다.

④ 네 번째 명제의 대우와 두 번째 명제의 대우를 통해 '머리를 많이 쓰면 머리가 짧다'가 성립하므로 참이 아니다.

06

|정답| ④

|해설| 두 번째 조건의 대우와 첫 번째 조건 그리고 세 번째 조건의 대우를 통해 ④가 참인 것을 알 수 있다.

|오답풀이|

① 첫 번째 조건의 역으로 반드시 참이라고 할 수 없다.

② 제시된 조건을 통해 알 수 없다.

③ 두 번째 조건의 이로 반드시 참이라고 할 수 없다.

⑤ 세 번째 조건의 역으로 반드시 참이라고 할 수 없다.

07

|정답| ②

|해설| 제시된 명제를 p~r로 정리하면 다음과 같다.

p : 김 대리가 빨리 온다.

q : 박 차장이 빨리 온다.

r : 황 주임이 빨리 온다.

(가) p → ~q or ~r(q and r → ~p)

(나) ~q → p(~p → q)

(다) ~r → ~q(q → r)

q → r은 성립하나, 그 역인 r → q가 반드시 성립한다고는 할 수 없다.

|오답풀이|

① ~p → q이므로 참이다.

③ q → r에서 q와 r이 동시에 성립함을 알 수 있고, q and r → p이므로 참이다.

④ ~r → ~q → p이므로 참이다.

⑤ ~p → q → r이므로 참이다.

08

|정답| ④

|해설| C는 5층(ⓒ), E는 2층(ⓔ)을 사용한다. D는 A보다 높은 층을 사용하고(ⓑ) A와 E가 사용하는 층 사이에 B가 사용하는 층이 있으며(ⓐ) A의 아래층 또는 위층은 누구도 사용하지 않으므로(ⓒ) A, B, D는 1층을 사용할 수 없다. 따라서 1층을 사용할 수 있는 사람은 F뿐이다.

8층	
7층	
6층	
5층	C
4층	
3층	
2층	E
1층	F

A와 E가 사용하는 층 사이에 B가 사용하는 층이 있어야 하고(ⓐ) 3층과 4층 중 하나는 사용하지 않으므로(ⓜ) A는 3, 4층을 사용할 수 없다. 따라서 A는 6층이나 7층을 사용할 수 있다.

ⅰ) A가 6층인 경우 : ⓒ에 따라 7층은 사용하지 않고 D는 8층을, B는 3층 또는 4층을 사용하게 된다.

ⅱ) A가 7층인 경우 : ⓒ에 따라 6층은 사용하지 않고 D는 8층을, B는 3층 또는 4층을 사용하게 된다.

8층	D
7층	A 또는 비어 있음.
6층	A 또는 비어 있음.
5층	C
4층	B 또는 비어 있음.
3층	B 또는 비어 있음.
2층	E
1층	F

따라서 항상 옳은 것은 ④이다.

|오답풀이|

① A는 6층 또는 7층을 사용한다.

② B는 3층 또는 4층을 사용한다.

③ F는 1층, E는 2층을 사용하므로 E가 더 높다.

⑤ 3층과 4층 중 비어있는 층은 알 수 없다.

09

|정답| ①

|해설| 영화를 좋아하면 꼼꼼한 성격이고 꼼꼼한 성격이면 편집을 잘한다. 따라서 '영화를 좋아하면 편집을 잘한다'가

성립한다. 이 명제가 참이라면 대우인 '편집을 잘하지 못하면 영화를 좋아하지 않는다'도 반드시 참이 된다.

10

|정답| ④

|해설| 제시된 명제와 각각의 대우를 정리하면 다음과 같다.

장갑 ○ → 운동화 ×		운동화 ○ → 장갑 ×
양말 ○ → 운동화 ○	대우	운동화 × → 양말 ×
운동화 ○ → 모자 ○	⇔	모자 × → 운동화 ×
장갑 × → 목도리 ×		목도리 ○ → 장갑 ○

(가) 첫 번째 명제에서 장갑을 낀 사람은 운동화를 신지 않고, 두 번째 명제의 대우에서 운동화를 신지 않은 사람은 양말을 신지 않는다고 하였으므로 '장갑을 낀 사람은 양말을 신지 않는다'는 참이 된다.

(다) 두 번째 명제에서 양말을 신은 사람은 운동화를 신었고, 첫 번째 명제의 대우에서 운동화를 신은 사람은 장갑을 끼지 않았으며, 네 번째 명제에서 장갑을 끼지 않은 사람은 목도리를 하지 않았다고 하였으므로, '양말을 신은 사람은 목도리를 하지 않는다'는 참이 된다.

따라서 (가), (다) 모두 항상 옳다.

|오답풀이|

(나) 마지막 명제에서 수민이는 목도리를 하고 있고, 네 번째 명제의 대우에서 목도리를 한 사람은 장갑을 꼈으며, 첫 번째 명제에서 장갑을 낀 사람은 운동화를 신지 않는다고 하였으므로 '수민이는 운동화를 신고 있다'는 거짓이 된다.

11

|정답| ④

|해설| 외식 대신 배달음식으로 끼니를 해결하는 경우가 급증하였지만 배달음식 시장 규모가 외식시장의 규모를 넘어섰는지는 알 수 없다.

|오답풀이|

⑤ 배달음식으로 끼니를 해결하는 경우가 급증하고, 온라인으로 공기청정기와 의류관리기를 구매하는 액수가

증가했으므로 미세먼지로 인해 매출이 증가한 기업들이 있다고 볼 수 있다.

12

|정답| ②

|해설| 지난해 전 세계의 넷플릭스 가입자가 급증했음은 사실이지만 이로 인해 내년의 가입자 수가 더욱 급증할 것이라고 추론하기에는 근거가 부족하다.

|오답풀이|

④ 영화나 드라마 등에서 케이블 TV를 위협할 정도로 성장하고 있다는 것을 통해서 케이블 TV 시청자가 줄어들고 있음을 추론할 수 있다.

⑤ 1분 동안 시청하는 동영상 시간이 증가했다는 현상을 통해 미디어 동영상 산업이 성장할 것임을 예측할 수 있다.

13

|정답| ②

|해설| ① 후건을 긍정하면서 전건을 긍정하는 '후건 긍정의 오류'에 해당한다.

③ 주장하는 논리와는 관계없이 상대방의 인품이나 과거의 행적을 트집 잡아 인격을 공격하여 비난하는 '인신공격의 오류'에 해당한다.

④ 의도하지 않은 결과에 대해 그러한 의도가 있다고 잘못 판단하는 '의도 확대의 오류'에 해당한다.

⑤ 어떤 집합의 원소가 단 두 개 밖에 없다고 여기고 추론하는 '흑백 논리의 오류'에 해당한다.

14

|정답| ①

|해설| ②, ⑤ 증명할 수 없음을 증거로 들어 자신의 주장이 옳다고 정당화하는 '무지에 호소하는 오류'에 해당한다.

③ 염화나트륨의 구성 원자인 염소와 나트륨이 강한 독성을 가지고 있으므로 그 결합물인 염화나트륨도 독성이

강하다고 결론짓고 있다. 즉, 부분이 참인 것을 전체에 대해서도 참이라고 결론짓는 '합성의 오류'에 해당한다.

④ 우연히 물을 마셨는데 그것이 원인이 되어 피부가 촉촉해졌다고 판단한 것으로, 한 사건이 다른 사건보다 먼저 발생했다고 해서 전자가 후자의 원인이라고 잘못된 추론을 하는 '원인 오판의 오류(잘못된 인과관계의 오류)'에 해당한다.

15

|정답| ③

|해설| 제시된 문장에는 논리적 오류가 나타나 있지 않다.

|오답풀이|

① 의도하지 않은 결과에 대해 의도가 있다고 판단하는 '의도 확대의 오류'를 범하고 있다.

② 전건을 부정하여 후건을 부정하는 것으로 결론을 도출하는 '전건 부정의 오류'를 범하고 있다.

④ 어떤 대상의 기원이 갖는 특성을 그 대상도 그대로 지니고 있다고 여기는 '발생학적 오류'를 범하고 있다.

⑤ 공포나 위협 등으로 자신의 주장을 받아들이게 하는 '공포(협박)에 호소하는 오류'를 범하고 있다.

16

|정답| ③

|해설| 제시된 문장에서 나타난 오류는 개별적인 부분에 관하여는 참인 명제지만, 해당 부분들의 결합인 전체에 대해서는 거짓일 수 있는 것을 참이라고 주장하는 '합성의 오류'이다. 이와 같은 오류를 저지르고 있는 것은 ③이다.

|오답풀이|

①, ⑤ 분할의 오류를 나타내고 있다.

② 허수아비 공격의 오류를 나타내고 있다.

④ 무지에 호소하는 오류를 나타내고 있다.

17

|정답| ④

|해설| 한 팀에 같은 장르를 하는 사람이 들어갈 수 없으므로

각각 장르별로 인원수만큼 팀이 나누어진다. 댄스스포츠를 하는 2명은 2개의 팀에, 한국무용 4명은 4개의 팀에 속하게 되는데 전체 팀은 5개이므로 한국무용 인원이 없는 다른 1팀에 댄스스포츠 인원이 있을 수 있다. 따라서 댄스스포츠가 속한 팀에 한국무용이 속하지 않는 경우가 있다.

18

|정답| ④

|해설| 제시된 조건을 표로 정리하면 다음과 같은 5가지 경우가 나올 수 있다.

구분		보트 1	보트 2	보트 3	보트 4
경우 1	어른	D	C	A	
	아이	G	H	F	E
경우 2	어른	D		C	A
	아이	G	F	H	E
경우 3	어른		C	D	A
	아이	G	H	F	E
경우 4	어른	D	C		A
	아이	G	H	F	E
경우 5	어른		D	C	A
	아이	G	F	H	E

B는 아이 중 E, F, G 중 한명과 탑승할 수 있는데, B가 F나 G와 탑승하게 되는 경우에는 보트를 타는 순서가 각각 2가지가 되어 차례가 명확해지지 않는다. 따라서 B는 E와 보트를 탑승해야 한다는 조건이 있어야 보트를 탄 순서가 명확해진다.

19

|정답| ①

|해설| 제시된 명제와 그 대우를 정리하면 다음과 같다.

레몬 → 자유		~자유→ 레몬
자유 → ~기차	대우	기차 → ~자유
레몬→ ~기차	⇔	기차 → ~레몬

(가)는 세 번째 명제의 대우이므로 항상 옳지만 (나)는 두 번째 명제의 역이므로 항상 옳지는 않다. 따라서 ①이 답이 된다.

20

| 정답 | ④

| 해설 | ⓒ에 따라 충전소를 101동에 설치하는 경우와 103동에 설치하는 경우로 나누어 확인한다.

ⅰ) 101동에 설치하는 경우

ⓒ에 따라 103동에는 설치되지 않고 ⑩에 따라 104동에도 설치되지 않는다. ㉠의 대우에 따라 104동에 설치되지 않기에 102동에도 설치되지 않는다. ⓛ의 대우에 따라 103동에 설치되지 않기에 105동에 설치된다.

ⅱ) 103동에 설치하는 경우

⑩에 따라 104동에도 설치된다. ⓒ에 따라 101동에는 설치되지 않기에 ㉣에 의해 102동에는 설치된다. 이 때, 105동은 설치되거나 설치되지 않는 경우가 모두 가능하다.

104동에 설치하지 않는다면 ⅱ의 경우는 제외되고 ⅰ의 경우에서 103동, 102동에도 설치하지 못하여 101동과 105동에만 설치할 수 있다.

| 오답풀이 |

① ⅰ의 경우에 따라 101동과 105동이 함께 선정될 수 있다.

② ⅰ, ⅱ 모두 불가능하다.

③ ⅰ, ⅱ 모두 불가능하다.

⑤ ⅱ 중 105동이 설치되지 않는 경우와 ⅰ의 경우에는 가능하다.

3회 언어비평 _ 독해

▶ 문제 172쪽

01	⑤	02	②	03	③	04	⑤	05	③
06	②	07	③	08	②	09	①	10	⑤
11	④	12	②	13	④	14	④	15	③
16	②	17	⑤	18	⑤	19	⑤	20	②
21	①	22	③	23	②	24	②	25	②

01

| 정답 | ⑤

| 해설 | 모든 선택지가 (라)로 시작하고 있으므로 (라)의 내용을 먼저 살펴보면 19세기 일부 인류학자들의 주장에 대한 설명임을 알 수 있다. (마)에서는 '그들'이라는 단어로 19세기 일부 인류학자들을 포괄하며 (라)의 주장에 대해 구체적으로 설명하고 있다. 따라서 (라)-(마)로 이어짐을 알 수 있다. (다)에서는 역접의 접속어 '그러나'를 사용하여 (라), (마)에서 언급한 일부 인류학자의 주장이 비판을 받게 되었다고 내용을 전환하고 있으며, (가)에서는 비판을 받은 이유를, (나)에서는 비판을 받은 이후 20세기 인류학자들의 변화에 대해 설명하고 있으므로 (다)-(가)-(나)로 이어지게 된다. 따라서 (라)-(마)-(다)-(가)-(나) 순이 적절하다.

02

| 정답 | ②

| 해설 | 제시된 글은 이웃이 전보다 인접해 있으나 가까이 사귀지 못하는 도시의 생활 모습에 대하여 설명하고 있다. 따라서 글의 중심내용이 되는 ㉠에는 이로 인한 도시 생활의 문제점인 '가구의 고립화'가 들어가는 것이 적절하다.

| 오답풀이 |

⑤ 도시가 전통적 이웃 형태에 비해 더 가깝고, 더 많은 이웃을 갖게 되었다고 언급하였을 뿐 전반적인 내용은 가구의 고립화에 초점이 맞추어져 있으므로 적절하지 않다.

03

|정답| ③

|해설| '함께 추구한다'라는 경쟁의 어원처럼 본래의 경쟁은 사회의 여러 부문에서 상생·상보적인 요소로 작용하였으나, 오늘날의 경쟁은 지배 이데올로기로 자리잡아 어원과는 다른 의미로 사용되고 있음을 소개하고 있다. 따라서 '경쟁의 변모'가 주제로 가장 적절하다.

04

|정답| ⑤

|해설| 진화 초기 단계에서는 산소가 많은 육지로 올라오기 전이므로 산소 농도가 낮아 물갈퀴가 존재했을 것이라고 추론하는 것이 적절하다.

05

|정답| ③

|해설| 두 번째 문단에서 식수가 분변으로 오염되어 있다면 분변에 있는 병원체 수와 비례하여 존재하는 비병원성 세균을 지표생물로 이용한다고 하면서, 이에 대표적인 것은 대장균이라고 하였다. 따라서 채취된 시료 속의 총대장균군의 세균 수와 병원체 수는 비례하여 존재한다는 것을 알 수 있다.

|오답풀이|

① 세 번째 문단에서 총대장균군에 포함된 세균이 모두 온혈동물의 분변에서 기원한 것은 아니라고 하고 있다.

② 세 번째 문단에서 총대장균군은 염소 소독과 같은 수질 정화과정에서도 병원체와 유사한 저항성을 가진다고 하고 있다.

④ 첫 번째 문단에서 병원성 세균, 바이러스, 원생동물, 기생체 소낭 등과 같은 병원체를 직접 검출하는 것은 비싸고 시간이 많이 걸릴 뿐 아니라 숙달된 기술을 요구하지만 지표생물을 이용하면 이러한 문제를 많이 해결할 수 있다고 하고 있다.

⑤ 세 번째 문단에서 분변성 연쇄상구균군은 잔류성이 높고 장 밖에서는 증식하지 않기 때문에 시료에서도 그 수가 일정하게 유지되어 좋은 상수소독 처리지표로 활용된다고 하고 있다.

06

|정답| ②

|해설| 철학자들이 내세운 다양한 신 존재 증명이론 중 목적론적 신 존재 증명의 개념에 대해 서술하고 있다. 따라서 글의 주제로 '목적론적 신 존재 증명이론의 개념'이 가장 적절하다.

07

|정답| ③

|해설| 첫 번째 문단을 보면 관객은 영화가 현실의 복잡성을 똑같이 모방하기를 원하지 않고, 영화 역시 그러기 위해 애쓰지 않는다고 하였다. 즉, 사실적이라는 평가를 받는 영화란 영화적 관습에 의해 관객들이 영화 속 내용을 현실처럼 보는 데에 동의했기 때문이지 현실을 그대로 모방해서가 아님을 알 수 있다.

08

|정답| ②

|해설| 정부는 이미 국내 출생률을 높이기 위해 다양한 지원 정책을 마련해 적극적으로 추진하고 있다.

09

|정답| ①

|해설| 제시된 글에서는 말의 진정한 설명은 그것 자체 안에 있으므로 진정한 말이 되기 위해서는 체험과는 다른 경험 즉, 사물과 자기 자신 사이에 생기는 장애의식과 저항의 역사가 필수적이라고 주장하고 있다. 따라서 중심 내용으로 ①이 가장 적절하다.

|오답풀이|

② 자기희생이 아니라 자신의 주관에 사로잡히는 주관주의를 배제하고 자기 포기를 하는 것이 필수 불가결하다고 말하고 있다.

③ 체험주의는 안일한 주관주의에 빠지기 십상이긴 하지만 과장된 말밖에 생겨나지 않는다고 언급하지는 않았다.

④ 대부분의 말이 사물과의 안일한 타협을 통해 생겨나는 관념의 유희라는 언급은 나와 있지 않다.

⑤ 경험이 아닌 체험주의는 안일한 주관주의에 빠지기 쉽고, 그것에 그치고 만다는 점에서 경험과는 구분되며, 말에는 체험과는 다른 경험이 필수적이라고 주장한다.

10

|정답| ⑤

|해설| 상상력은 막연한 느낌 이상의 것으로 어떤 것을 주목하고 의식하는 행위이며 느낌과 사고를 초월하는 것이 아니라 그 두 개념 사이에 위치하는 것이다.

11

|정답| ④

|해설| 우선 문단의 첫 문장에서 상상력은 '느낌'과 '사고'와는 다르다고 제시했으므로, 그 뒤로 '상상력은 느낌과 사고 사이에 위치한다'는 ㉢이 이어져야 한다. 다음으로는 느낌과 사고가 형성하고 있는 관계에 대해 설명하는 ㉠과 ㉣이 와야 하는데, ㉣이 주된 설명을 제시하고 ㉠은 이를 부연하여 설명하고 있으므로 ㉢-㉣-㉠ 순이 적절하다. 이어서는 ㉡, ㉤이 배치되어야 하는데, ㉤에서 상상력이 유발되는 계기 혹은 동기에 대한 의문을 제기하고 있으므로 '상상력의 작용'이라는 전제를 제시하고 있는 ㉡이 ㉤ 앞에 와야 한다. 따라서 ㉢-㉣-㉠-㉡-㉤ 순이 적절하다.

12

|정답| ②

|해설| 다양성이 사라진 자연 생태계와 양계장의 예를 통해 우리 사회집단에도 다양성 확보가 필요하다는 점을 서술하고 있다. 따라서 예시를 통해 논리를 전개하는 방식임을 알 수 있다.

13

|정답| ④

|해설| 제시된 글의 중심 소재는 '공포증'으로, 우선 (나)에서 공포증의 개념과 그 유발 대상에 대해 설명하고 있는데, 첫 문장의 '위의 경우에서 보듯이 ~'를 통해 어떤 상황이 앞에서 제시되었음을 알 수 있다. (마)가 공포증에 대한 사례를 제시하고 있으므로 (나)의 '위의 경우'가 (마)의 내용을 가리킴을 알 수 있다. 또한 (가)의 '이러한 공포증'이 (나)를 가리키고 있으므로 (나)의 뒤로 이어지면 된다. 다음으로 (다)는 부정적 상황을 겪었음에도 공포증으로 이어지지 않은 사람들의 상황 해석 방식을, (라)는 '반면에'로 시작하면서 그 반대인 공포증을 겪는 사람들의 상황 해석 방식을 기술하고 있으므로, (가) 다음에 순서대로 오는 것이 자연스럽다. 따라서 (마)-(나)-(가)-(다)-(라) 순이 적절하다.

14

|정답| ④

|해설| 〈보기〉는 마찰 항력과 압력 항력의 개념에 대해 간략하게 설명하고 있다. 두 항력에 대한 설명은 둘을 아우르는 개념인 '항력'에 대한 내용이 언급된 후 제시되고, 그 뒤에는 두 항력에 대한 구체적 설명이 나오는 것이 자연스럽다. 따라서 〈보기〉의 문단이 들어가기에 적합한 곳은 전체 항력의 개념에 대한 설명이 언급된 세 번째 문단과 마찰ㆍ압력 항력의 구체적 개념 설명이 제시된 네 번째 문단의 사이인 ㉣이다.

15

|정답| ③

|해설| 제시된 글은 음료를 통해 카페인을 섭취하고자 할 때 커피보다 녹차가 더 나은 선택임을 설명하는 글이다. 녹차에 들어 있는 성분들에 대해 설명하면서 녹차에 함유된 카페인이 커피에 함유된 카페인보다 신체에 유익한 이유를 여러 근거를 들어 입증하고 있다. 따라서 주제로는 ③이 적절하다.

16

|정답| ②

|해설| 첫 번째 문단에서 녹차는 커피에 비해 낮은 온도의 물에서 우려내므로 카페인 성분이 60 ~ 70%만 용출된다고 설명하고 있다.

|오답풀이|

①, ④, ⑤ 첫 번째 문단에 제시되어 있다.

③ 두 번째 문단에 제시되어 있다.

17

|정답| ⑤

|해설| 첫 번째와 두 번째 문단에서는 『박씨전』과 『시장과 전장』을 예로 들며 실재했던 전쟁을 배경으로 한 소설들의 허구화에 관해 이야기하고 있다. 『박씨전』에서는 병자호란 당시의 슬픔을 위로하기 위해, 『시장과 전장』에서는 한국 전쟁에 좌절하지 않기 위해 각각 허구적 인물과 이야기를 다루었다고 설명하고 있다. 세 번째 문단에서는 이러한 소설 작품에 나타난 전쟁을 새롭게 조명함으로써 폭력성ㆍ비극성과 같은 전쟁의 성격을 탐색하는 등 전쟁에 대한 새로운 인식을 제공한다는 내용이 제시되어 있다. 따라서 '허구화'와 '문학 속 전쟁의 의미'가 들어간 ⑤가 적절하다.

18

|정답| ⑤

|해설| 제시된 글에서는 간접 광고의 도입 과정과 그에 따라 제기된 비판, 간접 광고의 영향력에 대응하기 위한 방안을 차례로 소개하고 있다. 특히 마지막 문단에서는 간접 광고를 주체적으로 해석할 수 있도록 미디어 교육을 실행해야 한다고 주장하고 있으므로 ⑤가 적절하다.

19

|정답| ⑤

|해설| (라)는 근로시간 단축으로 인하여 근로의 강도가 강화되고 노동생산성 향상이 나타나는 현상을 설명하고 있으며, (마)는 노동 강도가 높아짐에도 근로자들의 체감 만족

도는 향상된다는 것을 보여 주고 있다. 따라서 보기의 문장은 (마)의 첫 번째 문장으로 삽입되는 것이 적절하다.

20

|정답| ②

|해설| 근로시간의 단축에 따른 효과는 국가별 경제상황에 따라 다양하나, 기업 측면에서는 일관되게 나타났다. 즉, 국가 측면의 경우 일정한 경향성을 알 수 없다.

|오답풀이|

① 근로시간이 단축되면 노동 강도는 강화된다.

③, ⑤ (마)를 통해 알 수 있다.

④ (나)의 연구에서 수면 등 개인관리시간이 증가한다는 점, (다)의 연구에서 음주 가능성이 증가한다는 점을 찾을 수 있다.

21

|정답| ①

|해설| 청년일자리에서 드러나는 문제들에 비추어 우리나라의 인력양성, 기업성장에 관련된 제도들의 개선 방향이 무엇인지를 검토하여야 할 시점이라고 주장하는 것은 청년실업 문제와 인력양성, 기업성장 관련 제도들이 밀접한 관련이 있기 때문이다.

|오답풀이|

② 청년일자리 고용의 질이 20년 전과 비교해 임금과 안정성 측면에서 크게 개선되었다고 주장하고 있다.

③ 미스매치 이론은 청년들이 어떻게 대응하여야 하는지를 알려 주는 가이드라인이 될 수는 있지만 청년실업 문제의 해결을 위해서 정부가 무엇을 해야 하는지를 말하는 정책방향에 대한 시사점을 제시하기에는 부족하다고 주장하고 있다.

④, ⑤ 청년들이 생산직을 기피하는 이유가 의중임금이 충족되지 않기 때문이라면 충분한 조정을 거친 후에는 생산직에 취업을 해야 하는데 그렇게 되고 있지 않다고 언급하고 있으므로, 결국 의중임금이 근본 문제가 아니라는 점을 시사하고 있다.

22

| 정답 | ③

| 해설 | 문맥으로 보아 ㉠에는 미스매치 이론에 대한 설명에 해당하는 내용이 들어가야 적절하다. 따라서 미스매치의 전형적인 모습인 '대졸자가 적정 수준보다 많고 이에 비하여 대졸 일자리 공급은 부족하며'가 적절하다.

23

| 정답 | ②

| 해설 | 문맥으로 보아 생산직을 기피하던 청년들이 의중임금이 조정된 후에는 다시 생산직으로 돌아오는 것을 가정하는 내용이므로 의중임금을 '특정 근로자로 하여금 노동을 공급하게 하기 위해 지불해야 할 최소한의 임금'으로 정의하는 것이 적절하다.

24

| 정답 | ②

| 해설 | 먼저 간략하게 영화 줄거리를 소개하고 있는 (다)가 첫 부분에 와야 한다. 그 다음으로 (가)가 이어져 영화가 등장한 배경과 감독의 연출 의도를 설명한다. 다음으로 비바리움이라는 개념이 가지는 의미와 영화에 대한 해석이 나타난 (나)가 오고 마지막으로 영화의 시각적 의미를 설명한 (라)가 와야 한다. 따라서 (다)−(가)−(나)−(라) 순이 적절하다.

25

| 정답 | ②

| 해설 | ㉠의 앞부분을 보면 '두 사람은 매일 똑같이 반복되는 일상의 공포를 경험하며 탈출구는 없다', '집은 스스로 판 무덤처럼 변한다'라는 내용이 제시되어 있다. 이를 통해 이 영화에서의 주인공 두 사람은 탈출구 없는 집에서 반복되는 일상의 공포 속에 아무런 희망과 기쁨 없이 살아갈 수밖에 없음을 알 수 있다. 따라서 빈칸에 들어갈 말은 태어나서부터 죽을 때까지를 의미하는 '요람에서 무덤까지'이다.

3회 수리비평

▶ 문제 192쪽

01	②	02	③	03	④	04	①	05	②
06	⑤	07	②	08	③	09	③	10	④
11	④	12	②	13	④	14	③	15	②
16	③	17	④	18	⑤	19	③	20	③
21	③	22	④	23	②	24	⑤	25	④

01

| 정답 | ②

| 해설 | ㉠ ~ ㉣에 들어갈 수치를 계산하면 다음과 같다.

㉠ $\frac{23,442+48,724}{220,573} \times 100 ≒ 33(\%)$

㉡ $\frac{12,875,191+12,114,897}{189,019,253} \times 100 ≒ 13(\%)$

㉢ $\frac{17,220+37,972}{144,587} \times 100 ≒ 38(\%)$

㉣ $\frac{7,409,831+6,001,760}{95,435,474} \times 100 ≒ 14(\%)$

따라서 빈칸에 들어갈 수치로 옳은 것은 ㉡이다.

02

| 정답 | ③

| 해설 | ○○시의 세입 중 가장 큰 비중을 차지하는 것은 지방세로, 20X0년에 31%, 20X1년에 28%, 20X2년에 25%를 차지하였다.

| 오답풀이 |

① 세외수입의 액수는 20X1년에 감소하였다가 20X2년에 증가하였다.

② 전년 대비 세입 증가액은
20X1년이 $466,597-381,989=84,608$(억 원),
20X2년이 $540,435-466,597=73,838$(억 원)으로
20X1년이 20X2년보다 많다.

④ 전체 세입에서 지방세가 차지하는 비중은 20X0년부터 순서대로 31%, 28%, 25%로 계속 감소하였다.

⑤ 20X1년 지방교부세의 전년 대비 증가액은 70,000−52,000=18,000(억 원)으로 20X1년 국고보조금의 전년 대비 증가액인 109,430−93,514=15,916(억 원)보다 많다.

03

| 정답 | ④

| 해설 | 해당 표의 국가별 순위는 20XX년 1 ~ 3분기 수출액의 총합을 기준으로 했기 때문에, 1분기에 벨기에가 11위임을 의미하는 것이 아니다. 바로 아래 칸의 캐나다의 경우만 고려해도 벨기에보다 수출액이 많음을 알 수 있다. 따라서 1분기의 수치만을 비교하면 벨기에보다 수출액이 많은 국가는 11개국이다.

| 오답풀이 |

② 독일, 일본, 네덜란드, 한국, 홍콩, 벨기에, 싱가포르, 러시아, 대만, 태국으로 총 10개국이다.

③ 단위가 억 $이므로 1조 $를 초과하는 국가는 중국, 미국, 독일 3개국이다.

04

| 정답 | ①

| 해설 | 연도별 전체 농가 수에서 가구원 수 3인 이하 농가 수를 뺀 수치가 가구원 수 4인 이상 농가 수가 되므로 이를 정리하면 다음과 같다.

(단위 : 개)

구분	20X1년	20X2년	증가율
A 지역	260−220=40	360−300=60	50%
B 지역	20−10=10	110−70=40	300%
C 지역	240−210=30	300−250=50	67%
D 지역	490−410=80	660−580=80	0%
E 지역	450−380=70	570−480=90	29%
F 지역	250−200=50	390−320=70	40%

따라서 증가율이 100% 이상인 지역은 B 지역 1개인 것을 알 수 있다.

05

| 정답 | ②

| 해설 | 고속도로별 평균 차량 통행속도는 오전, 낮, 오후 시간의 속도의 평균으로 구할 수 있다.

• 도시고속도로 : $\dfrac{(54.9+59.2+40.2)}{3}≒51.4(\text{km/h})$

• 주간선도로 : $\dfrac{(27.9+24.5+20.8)}{3}=24.4(\text{km/h})$

• 보조간선도로 : $\dfrac{(25.2+22.4+19.6)}{3}=22.4(\text{km/h})$

• 기타도로 : $\dfrac{(23.1+20.5+18.6)}{3}≒20.7(\text{km/h})$

따라서 도시고속도로−주간선도로−보조간선도로−기타도로의 순으로 평균 속도가 빠른 것을 알 수 있다.

06

| 정답 | ⑤

| 해설 | 대구의 밤 평균 소음측정치는
$\dfrac{62+63+64+64+63+62+63}{7}=63(\text{dB})$이고,

대전의 낮 평균 소음측정치는
$\dfrac{62+62+63+62+62+61+61}{7}≒61.86(\text{dB})$이므로, 대구의 밤 평균 소음측정치는 대전의 낮 평균 소음측정치보다 높다.

| 오답풀이 |

① 각 도시의 밤 시간대 소음측정치는 서울 65(dB), 부산 63(dB), 대구 63(dB), 광주 59(dB), 대전 56(dB) 내외로 조사 기간 동안 밤 시간대 소음측정치가 가장 높은 도시는 서울이다.

② 대전은 낮 소음환경기준인 65dB를 조사 기간 동안 지키고 있다.

③ 부산의 낮 평균 소음측정치는 $\dfrac{(68×3)+(67×4)}{7}≒$ 67.43(dB)이다.

④ 광주에서 낮과 밤 소음측정치의 차이가 가장 큰 해는 66−60=6(dB)를 기록한 20X4년이다.

07

|정답| ②

|해설| (영업이익)=(매출 총이익)-(판매비 및 관리비)=(매출액)-(매출원가)-(판매비 및 관리비)이므로, (매출원가)+(판매비 및 관리비)=(매출액)-(영업이익)이 성립한다. 따라서 20X4년의 (매출원가)+(판매비 및 관리비)=589-33=556(천억 원)이므로 판매비 및 관리비를 제외한 매출원가는 55조 6천억 원 이하일 것으로 추론 가능하다.

|오답풀이|

① (B) : $\frac{576-551}{551} \times 100 ≒ 5(\%)$

(C) : $\frac{589-576}{576} \times 100 ≒ 2(\%)$

따라서 (B)의 값은 (C)의 값보다 크다.

③ (A) : $\frac{551-580}{580} \times 100 ≒ -5(\%)$

(D) : $\frac{33-30}{30} \times 100 = 10(\%)$

(E) : $\frac{18-10}{10} \times 100 = 80(\%)$

따라서 (A), (D), (E) 중에서 가장 큰 값은 (E)이다.

④ 매출액과 영업이익 간의 패턴에서 공통점이 발견되지 않는다.

⑤ (경상이익)=(영업이익)+(영업 외 수익)-(영업 외 비용)이므로, 20X2년의 경우 10=30+(영업 외 수익)-(영업 외 비용)이 되어, 영업 외 비용-영업 외 수익=20(천억 원)이다.

따라서 영업 외 비용이 영업 외 수익보다 2조 원 더 많았다.

08

|정답| ③

|해설| 연령대별 20X1년 2/4분기 대비 3/4분기 증가율을 계산하면 다음과 같다.

구분	증감률
20대 이하	$\frac{37,549-38,597}{38,597} \times 100 ≒ -2.7(\%)$
30대	$\frac{49,613-51,589}{51,589} \times 100 ≒ -3.8(\%)$
40대	$\frac{47,005-47,181}{47,181} \times 100 ≒ -0.4(\%)$
50대	$\frac{49,770-48,787}{48,787} \times 100 ≒ 2.0(\%)$
60대 이상	$\frac{35,423-32,513}{32,513} \times 100 ≒ 9.0(\%)$

따라서 60대 이상 고령자의 구직급여 신청 증가 비율은 다른 연령대에 비해 가장 높다.

|오답풀이|

① 20X1년 3/4분기의 구직급여 신청자 수는 219,360명으로 전 분기의 구직급여 신청자 수인 218,667명에 비해 증가하였다.

② 제시된 자료를 통해서는 구직급여 신청 사유에 대해 알 수 없다.

④ 20대나 30대는 전 분기에 비하여 신청자 수가 조금씩 줄어들었다.

⑤ 20X1년 3/4분기에 전 분기 대비 신청자 수가 증가한 연령대는 50대와 60대 이상이다.

09

|정답| ③

|해설| 2010년 대비 2020년의 총인구는 $\frac{51,974}{49,554} \times 100 ≒ 104.88(\%)$로, 약 4.9% 증가하였다.

|오답풀이|

① 1980년부터 청소년 인구 구성비가 지속적으로 감소하고 있으며, 향후에도 계속 감소할 것으로 전망되고 있다.

② 1980년 청소년 인구 대비 1990년 청소년 인구는 $\frac{13,553}{14,015} \times 100 ≒ 96.7(\%)$로, 약 3.3% 감소하였다.

④ 2000년의 10년 전 대비 청소년 인구는 $\frac{11,501}{13,553} \times 100 ≒ 84.86(\%)$로 약 15.14% 감소했고, 2010년의 10년 전 대비 청소년 인구는 $\frac{10,370}{11,501} \times 100 ≒ 90.17(\%)$로 약 9.83% 감소하였다. 따라서 2000년의 10년 전 대비 감소율이 더 크다.

⑤ 청소년 인구수는 1982년이 14,209천 명으로 가장 많다.

10

|정답| ④

|해설| D 지점은 20X6년 대비 20X9년에 판매 실적이

$\dfrac{5,766-2,244}{2,244} \times 100 ≒ 157(\%)$ 증가했다.

|오답풀이|

① 20X8년 B 지점의 판매 실적 비중은 $\dfrac{10,622}{64,603} \times 100 ≒ 16$ (%)이다.

② A 지점의 20X9년 판매 실적은 20X3년 대비 39,060 −32,427=6,633(천 원) 감소하였다.

11

|정답| ④

|해설| K 백화점은 J 백화점보다 인건비는 적게 들면서 매출액은 더 많다.

|오답풀이|

① K 백화점의 매출액은 343,410백만 원이고 매출원가는 181,656백만 원이다. J 백화점의 매출액은 312,650백만 원, 매출원가는 153,740백만 원이므로 둘 다 K 백화점이 높다.

② '매출 총이익=매출액−매출원가'이므로 백화점별 매출 총이익은 다음과 같다.

• K 백화점 : 343,410−181,656=161,754(백만 원)

• J 백화점 : 312,650−153,740=158,910(백만 원)

③ '직원 1인당 평균 인건비=$\dfrac{인건비}{종사자 수}$'이므로 백화점별 직원 1인당 평균 인건비는 다음과 같다.

• K 백화점 : 26,705÷245=109(백만 원)

• J 백화점 : 28,160÷256=110(백만 원)

⑤ J 백화점이 직원을 30명 줄이고 인건비를 3,000백만 원 낮추었을 때, 1인당 평균 인건비는 $\dfrac{25,160}{226} ≒ 111$(백만 원)으로 K 백화점보다 2백만 원 더 많아진다.

12

|정답| ②

|해설| 26~30세 응답자 중 4회 이상 방문한 응답자는 총 7명으로 비율은 $\dfrac{7}{51} \times 100 ≒ 13.7(\%)$이다.

|오답풀이|

① 전체 응답자 113명 중 20~25세 응답자는 총 53명으로, 20~25세 응답자가 차지하는 비율은 $\dfrac{53}{113} \times 100 ≒ 46.9(\%)$이다.

③ 31~35세 응답자의 1인당 평균 방문횟수는 $\dfrac{(1 \times 3)+(2.5 \times 4)+(4.5 \times 2)}{9} ≒ 2.4$(회)이다.

④ 전체 응답자 113명 중 직업이 학생 또는 공무원인 응답자는 총 51명으로 $\dfrac{51}{113} \times 100 ≒ 45(\%)$를 차지한다.

⑤ 제시된 표를 통해서는 20~25세의 전문직 응답자를 알 수 없다.

13

|정답| ④

|해설| 20X6년은 40,406명, 20X7년은 42,630명, 20X8년은 44,121명, 20X9년은 48,042명으로 20X6년부터 20X9년까지 소방인력은 매년 4만 명 이상임을 알 수 있다.

|오답풀이|

① 전년 대비 소방인력 수의 증가율은

$\dfrac{현 시점의 소방인력 수 − 전년 소방인력 수}{전년 소방인력 수} \times 100$으로

계산할 수 있는데, 증가율이 가장 큰 해는 20X9년 $\left(\dfrac{48,042-44,121}{44,121} \times 100 ≒ 8.9(\%)\right)$이다.

② 20X1년에는 전체 공무원 대비 소방인력 비율이 3.8%로 4%를 초과하지 않는다.

③ 20X9년의 소방인력 수는 48,042명이고 8년 전인 20X1년에는 33,992명이므로, 20X9년 소방인력 수는 20X1년에 비해 14,050명 늘어났음을 알 수 있다.

⑤ 20X1년 전체 공무원 수는 $\dfrac{33,992}{0.038} ≒ 894,526$(명)으로 100만 명 미만이다.

14

|정답| ③

|해설| 연령계층별로 인원수를 알 수 없기 때문에 20 ~ 39세 전체 청년의 자가 거주 비중은 알 수 없다.

|오답풀이|

① 20 ~ 24세 청년 중 62.7%가 보증부월세, 15.4%가 순수월세로, 약 78.1%가 월세 형태로 거주하고 있으며 자가 비율은 5.1%이다.

② 20 ~ 24세 청년을 제외한 연령계층은 모두 무상 거주 비율이 순수월세 비율보다 높지만 20 ~ 24세 청년은 순수월세 비율이 15.4%로 무상 거주 비율인 4.9%보다 높다.

④ 연령계층이 높아질수록 자가 거주 비율은 5.1 → 13.6 → 31.9 → 45.0으로 높아지고 있으나 월세 비중은 78.1 → 54.2 → 31.6 → 25.2로 작아지고 있다.

⑤ 25 ~ 29세 청년의 자가 거주 비중은 13.6%로 5.1%인 20 ~ 24세 보다 높다. 25 ~ 29세 청년 중 임차 형태로 거주하는 비중은 24.7+47.7+6.5=78.9(%)이며, 월세로 거주하는 비중은 47.7+6.5=54.2(%)이다.

15

|정답| ②

|해설| A 시와 B 시의 물가 변동률의 차이가 가장 큰 시기인 20X6년의 변동률 차이는 $\frac{10.19}{6.07}$ ≒ 1.68(배)로 2배 이하이다.

|오답풀이|

① 20X1년 B 시의 물가 변동률은 전년 대비 하락하였다.

③ A 시 물가 변동률의 전년 대비 증가율이 가장 높은 해는 3배 이상 증가한 20X1년이다.

④ B 시의 물가 변동률이 A 시의 물가 변동률보다 높은 연도는 20X0년, 20X1년, 20X3년으로 3개이다.

⑤ 전년 대비 물가 변동률의 차이가 가장 큰 연도는 A 시는 10.19−7.19=3(%p) 변화한 20X6년, B 시는 6.62−4.95=1.67(%p) 변화한 20X5년이다.

16

|정답| ③

|해설| 5개 도시의 통합미세먼지 지수를 구하면 다음과 같다.

• 서울 : $(86-70+63)+(3\times10+60)=169$
• 부산 : $(77-70+63)+(2\times22)=114$
• 광주 : $(0.9\times43)+(2\times27)=92.7$
• 인천 : $(0.9\times63)+(2\times23)=102.7$
• 대전 : $(0.9\times52)+(3\times8+60)=130.8$

따라서 통합미세먼지 지수가 '보통' 단계인 도시는 부산, 광주, 인천으로 총 3곳이다.

17

|정답| ④

|해설| 20X6년 주 2회 이상 규칙적인 체육활동을 하는 70세 이상 인구의 비율은 20X1년 대비 $\frac{48.8-37.1}{37.1}\times100$ ≒ 31.5(%) 증가하였다.

|오답풀이|

① 20X4년 주 1회 생활체육참여율의 전년 대비 증가율은 $\frac{56.0-54.8}{54.8}\times100$ ≒ 2.2(%)이다.

② 20X1년에는 60대의 생활체육참여율이 39.8%로 두 번째로 높았고, 20X3년에는 20대의 생활체육참여율이 47.2%로 두 번째로 높았다.

③ 20X3년 이후 주 1회 생활체육참여율이 매해 50% 이상이므로, 10세 이상 인구의 절반 이상이 체육활동에 참여하였다.

⑤ 전년 대비 생활체육참여율이 감소한 해는 제외하고 계산한다.

• 20X3년 : 31.4 $\xrightarrow{+10.1}$ 41.5
• 20X4년 : 41.5 $\xrightarrow{+3.8}$ 45.3
• 20X5년 : 45.3 $\xrightarrow{+4}$ 49.3

따라서 20X3년의 전년 대비 참여율 증가폭이 가장 크다.

18

|정답| ⑤

|해설| 〈조건〉에서 알 수 있는 A~F에 해당하는 6개 지역은 경북, 대전, 전북, 서울, 강원, 충남이다. 첫 번째 조건에 따르면 B, C, D, F 중 경북, 대전, 전북, 서울이 있으므로 A, E는 각각 강원, 충남 중 하나이다. 마지막 조건에서 A, D가 강원 또는 전북이므로 A는 강원, E는 충남, D가 전북이며 B, C, F 중에 경북, 대전, 서울이 있음을 알 수 있다.

A	B	C	D	E	F
강원			전북	충남	

두 번째 조건에 따르면 A, B, E, F 중에 강원, 경북, 충남, 서울이 있으므로 B, F 중에 경북, 서울이 있고 이에 따라 C가 대전이 된다.

세 번째 조건에 따르면 A, D, E, F 중에 강원, 전북, 충남, 서울이 있으므로 F가 서울이고, 이에 따라 B가 경북이 된다.

A	B	C	D	E	F
강원	경북	대전	전북	충남	서울

따라서 A는 강원, C는 대전이다.

19

|정답| ③

|해설| 현재 전체 전기차 등록 수 중 제주의 전기차 등록 수의 비율은 $\frac{7,244}{13,680} \times 100 \fallingdotseq 53(\%)$이다.

|오답풀이|

① 경기와 대구의 전기차 등록 수의 합은 1,162+1,125= 2,287(대)로 서울의 전기차 등록 수인 2,327대보다 적다.

② 대구의 전기차 등록 수는 1,125대로 부산의 전기차 등록 수인 478대의 $\frac{1,125}{478} \fallingdotseq 2.4$(배)이다.

④ 현재 전체 전기차 등록 수 중 대구, 경남, 부산의 전기차 등록 수의 비율은 $\frac{1,125+743+478}{13,680} \times 100 \fallingdotseq 17$ (%)이다.

⑤ 전기차 등록 수가 1,000대가 안 되는 지역은 경남, 전남, 부산으로 이 지역의 전기차 평균 등록 수는 $\frac{743+601+478}{3} \fallingdotseq 607$(대)이다.

20

|정답| ③

|해설| 20X1년의 전년 대비 자산 보유액 증감률은 50대가 1.9%, 30세 미만이 11.1%로, 50대가 더 작다.

|오답풀이|

① ㉠에 들어갈 수치는 $\frac{32,638-31,503}{31,503} \times 100 \fallingdotseq 3.6$ (%)이다.

② ㉡에 들어갈 수치는 $\frac{48,532-46,695}{46,695} \times 100 \fallingdotseq 3.9$ (%)이다.

21

|정답| ③

|해설| 20X8년 관광 목적의 해외여행자 수는 전년 대비 4.2% 감소하여 주어진 기간 중 가장 크게 감소하였다.

|오답풀이|

① • 20X6년 : 8,426,867×0.147≒1,238,749(명)
 • 20X7년 : 8,426,867×1.147×0.128≒1,237,199(명)

② 업무 목적의 해외여행자 수의 증가율은 항상 양수이므로 꾸준히 증가하였다.

④ • 20X6년 : 1,120,230×1.093≒1,224,411(명)
 • 20X8년 : 1,224,411×1.226×1.007≒1,511,636(명)
 따라서 20X6년 대비 20X8년 업무 목적의 해외여행자 증가 수는 30만 명 이하이다.

⑤ 20X8년 관광 목적의 해외여행자 수는 전년 대비 감소하였다.

22

| 정답 | ④

| 해설 | 표는 20X0년의 생산량을 100으로 했을 때 각 연도의 상대적인 크기를 나타내고 있다. 지수를 통해 전년 대비 증가율을 도출해 낼 수 있으나, 같은 연도의 품목 간 대소 비교는 할 수 없다. 다만 같은 제품만의 비교라면 지수는 비를 나타내므로 실수가 어떤 값을 취하고 있든 그 비율은 달라지지 않는다. 따라서 대소 비교를 할 수 있다.

A 제품의 20X0년 생산량을 100개라 하면, 20X1 ~ 20X5년의 전년 대비 생산량 감소량은 다음과 같다.

• 20X1년 : 100.0 − 97.0 = 3.0(개)
• 20X2년 : 97.0 − 94.4 = 2.6(개)
• 20X3년 : 94.4 − 92.5 = 1.9(개)
• 20X4년 : 92.5 − 90.1 = 2.4(개)
• 20X5년 : 90.1 − 89.0 = 1.1(개)

따라서 20X1 ~ 20X5년 중 A 제품 생산량의 전년 대비 감소량이 가장 큰 해는 20X1년이다.

23

| 정답 | ②

| 해설 | ㄷ. 20X9년 프랑스의 인구가 6,500만 명이라면 사망자는 $65,000,000 \times \frac{9}{1,000} = 585,000$(명)이다.

| 오답풀이 |

ㄱ. 유럽 5개 국가에 대한 자료만 제시되어 있으므로 유럽에서 기대수명이 가장 낮은 국가가 그리스인지는 알 수 없다.

ㄴ. 독일은 영국보다 인구 만 명당 의사 수가 많지만 다른 나라보다 조사망률이 더 높다.

24

| 정답 | ⑤

| 해설 | 노인부양비율을 계산하면 다음과 같다.

구분	생산가능인구	고령인구	노인부양비율
1990년	29,701	2,195	약 7%
2000년	33,702	3,395	약 10%
2010년	35,973	5,452	약 15%
2014년	36,809	6,386	약 17%
2017년	37,068	7,019	약 19%
2020년	36,563	8,084	약 22%
2026년	34,506	10,840	약 31%
2030년	32,893	12,691	약 39%
2040년	28,873	16,501	약 57%
2050년	25,347	17,991	약 71%

따라서 2050년 노인부양비율은 약 71%이다.

| 오답풀이 |

① 2010년 노인부양비율은 약 15%로 1990년 노인부양비율 약 7%의 $\frac{15}{7} ≒ 2.14$(배)이다.

④ 2040년 노인부양비율은 약 57%로 2030년의 약 39%보다 18%p 증가할 전망이다.

25

| 정답 | ④

| 해설 | 제시된 식에 따라 20X1년의 직원 1인당 생산성을 구하면 A사는 약 2,575십만 원, B사는 약 4,734십만 원, C사는 약 2,343십만 원이다.

20X1년 기준 전년 대비 직원 1인당 생산성이 증가한 업체는 C사로 매출액은 약 2% 감소하였다.

| 오답풀이 |

① B사와 A사의 매출액 차이는 증가하였다.

② 20X1년 3사의 매출액 평균은 약 18,523억 원으로 전년도 평균인 18,750억 원보다 200억 원 이상 감소하였다.

③ 매출액이 전년 대비 가장 많이 감소한 업체는 A로 직원 수 또한 5,050명에서 5,010명으로 감소하였다.

⑤ B사의 직원 수를 150명 더 늘리면 1인당 생산성은 $\frac{32,900}{7,100} ≒ 4.63$(억 원)이 될 것이다.

4회 언어비평 _ 언어추리

▶ 문제 212쪽

01	②	02	④	03	①	04	①	05	①
06	③	07	④	08	⑤	09	④	10	⑤
11	③	12	②	13	②	14	③	15	⑤
16	④	17	①	18	⑤	19	④	20	①

01

|정답| ②

|해설| 제시된 글의 논증을 정리하면 다음과 같다.
- 전제 1 : 현수는 지난 학기에 모든 과목에서 A+를 받았다.
- 숨은 전제 : 모든 과목에서 A+를 받은 사람은 똑똑한 학생이다.
- 결론 : 현수는 똑똑한 학생이다.

따라서 '현수는 지난 학기에 모든 과목에서 A+를 받았다'는 전제이다.

|오답풀이|

① 현수가 똑똑한 학생이라고 결론을 내리고 있다.

③ 똑똑한 학생 모두가 A+를 많이 받는지는 제시된 글의 논증을 통해서는 알 수 없다.

④, ⑤ 제시된 글의 논증에서 생략된 전제는 '모든 과목에서 A+를 받은 학생은 똑똑한 학생이다'이다.

02

|정답| ④

|해설| 제시된 글은 정 의원의 의견대로 의정활동비가 적은 것은 사실이라고 주장한다. 따라서 ○○시 의원들의 대부분이 주어진 의정활동비를 모두 소비한다는 근거가 추가되어야 기존 의정활동비가 적다는 정 의원의 주장이 강화될 수 있다.

03

|정답| ①

|해설| 제시된 글에서는 담배의 위험성이 지금까지 알려진 것보다 더 심각하다고 주장한다. 따라서 담배의 원료 중에 치명적인 발암물질이 포함되어 있다는 사실이 얼마 전에 밝혀졌다는 문장이 근거로 사용되어야 글의 주장을 강화시킬 수 있다.

|오답풀이|

③, ④ 담배와 관련하여 이전에 알려진 내용이므로 제시된 주장의 근거로 사용되기 어렵다.

04

|정답| ①

|해설| '지금 출전하는 선수는 공격수이다'라는 명제와 '공격수는 골을 많이 넣는다'라는 명제의 삼단논법에 의해 '지금 출전하는 선수는 골을 많이 넣는다'라는 명제도 반드시 참이 된다.

|오답풀이|

② 세 번째 명제의 이이므로 반드시 참인 것은 아니다.

③ 두 번째 명제의 역이므로 반드시 참인 것은 아니다.

④ 제시된 명제들로 알 수 없는 내용이다.

⑤ 첫 번째 명제와 세 번째 명제의 삼단논법에 따른 '지금 출전하는 선수는 골을 많이 넣는다'라는 명제의 이이므로 반드시 참인 것은 아니다.

05

|정답| ①

|해설| '키가 작을수록 행복하다'와 '행복한 사람은 감정 기복이 심하지 않다'가 참이므로 '키가 작을수록 감정 기복이 심하지 않다'도 참임을 알 수 있다. 재혁이는 가영이보다 키가 작으므로 가영이보다 행복하며 감정 기복이 심하지 않다. 현주가 재혁이보다 감정 기복이 심하므로 현주는 재혁이보다 키가 크다는 것을 알 수 있다. 따라서 재혁이는 셋 중 가장 키가 작은 사람이다.

|오답풀이|

②, ③ 주어진 명제들로는 가영이와 현주의 키를 비교할 수 없다.

④ 재혁이는 가영이보다 키가 작으므로 가영이보다 감정 기복이 심하지 않다.

⑤ 주어진 명제들로는 참과 거짓을 판별할 수 없다.

06

| 정답 | ③

| 해설 | A 사원은 첫 번째 조건과 세 번째 조건에 따라 짝수 달(6월, 12월)에 출장을 가는데, C 사원보다 먼저 출장을 가므로 6월에 출장을 간다. 이에 따라 C 사원은 3, 6월에 출장이 불가능하다. B 사원은 두 번째 조건에 따라 9월에 출장을 가지 않으므로 3월이나 12월 중 출장을 가야 하는데, 네 번째 조건에 따라 C 사원보다 먼저 출장을 가야 하므로 3월에 출장을 간다. 이를 표로 정리하면 다음과 같다.

	3월	6월	9월	12월
A 사원	×	○	×	×
B 사원	○	×	×	×
C 사원	×	×		
D 사원	×	×		

따라서 B 사원은 3월에 출장을 간다.

07

| 정답 | ④

| 해설 | A와 D의 조건에 따라 A는 피자, D는 도넛을 좋아한다는 것을 알 수 있다. 그리고 B와 C의 조건에 따라 B는 치킨, C는 떡볶이를 좋아한다는 것을 알 수 있다. 이를 표로 정리하면 다음과 같다.

A	B	C	D
피자	치킨	떡볶이	도넛

따라서 ④는 옳지 않은 설명이다.

08

| 정답 | ⑤

| 해설 | 4년제 대학의 평균 취업률은 62.8%이며, 세 번째 현상에 따라 이는 처우가 열악하거나 고용의 안정성이 떨어지는 프리랜서, 1인 사업자도 포함된 수치이다. 따라서 4년제 대학을 나온 모든 학생이 안정적인 직장에 취업했다고 볼 수 없다.

09

| 정답 | ④

| 해설 | 2015년 한국의 1인당 연간 포장용 플라스틱 사용량의 61.9kg은 미국의 48.7kg와 중국의 24.0kg을 합친 72.7kg보다 적다.

10

| 정답 | ⑤

| 해설 | 사기업 직장인이 근무 환경에 비해 공무원보다 적은 보수를 받는지는 제시된 내용으로 알 수 없다.

11

| 정답 | ③

| 해설 | 제시된 글은 어떤 명제가 참인 것을 입증하기 위해서 권위를 제시하는데, 이때 그 주제에 관해서 전문적인 권위가 없는 다른 분야 전문가의 의견을 주장의 근거로 삼는 오류인 '부적합한 권위에 호소하는 오류'를 범하고 있다. '권위에 호소하는 오류'에는 해당 주제의 전문가 사이에서도 의견이 일치하지 않는 경우를 감안하지 않아서 발생하는 오류도 있기 때문에 제시된 글과 같은 논리적 오류를 범하고 있는 것은 ③이다.

| 오답풀이 |

① 타인의 말에 대하여 반박할 때, 그 말에 대하여 반박하는 것이 아니라 상대방의 신상에 관한 일을 들어 비난하는 '인신공격의 오류'에 해당한다.

② 논점과 관련 없이 상대로 하여금 불쌍한 마음이 들게 하여 주장을 펼치는 '동정에 호소하는 오류'에 해당한다.

④ 어떤 사건의 원인이 아닌 것을 참된 원인으로 판단하는 '거짓 원인의 오류'에 해당한다.

⑤ 주장하는 사람이 처한 개인적인 상황을 근거로 다른 사람의 주장을 비판하는 '정황에 호소하는 오류'에 해당한다.

12

|정답| ②

|해설| 〈대화〉의 내용은 '허수아비 공격'의 오류에 해당한다. 이는 상대방의 주장을 비논리적으로 부풀리거나 상대방이 하지 않은 주장으로 내용을 곡해하여 자신의 주장을 그럴듯하게 만드는 오류이다.

②에서 B는 우리나라 축구 리그에 대해 말하고 있는 A의 주장을 왜곡하여 논점에서 벗어난 말을 하고 있다. 이렇게 특정 입장을 왜곡하여 공격하는 것은 실제 쟁점을 전혀 다루고 있지 않기 때문에 '허수아비 공격'의 오류에 해당한다.

|오답풀이|

① 논지와 직접적인 관련이 없는 권위자의 견해를 근거로 자기주장에 정당성을 부여하는 '부적합한 권위에 호소하는 오류'에 해당한다.

③ 주장하는 논리와 관계없이 상대방의 인품 등을 트집 잡아 인격을 손상하면서 주장을 비판하는 '인신공격의 오류'에 해당한다.

④ 부적합한 사례나 제한된 정보를 근거로 주장을 일반화할 때 생기는 '성급한 일반화의 오류'에 해당한다.

⑤ 부분이 참인 것을 전체에 대해서도 참이라고 단정하여 발생하는 '합성의 오류'에 해당한다.

13

|정답| ②

|해설| 2월 10일 청소는 A, 정리는 B와 C이므로 2월 11일 청소는 D 또는 E이다. 이에 따라 생기는 경우를 정리하면 다음과 같다.

구분	2월 11일 청소	2월 11일 정리	2월 12일 청소	2월 12일 정리	2월 13일 청소	2월 13일 정리	2월 14일 청소	2월 14일 정리	2월 15일 청소	2월 15일 정리
경우 1	D	A, E	B	C, D	E	A, B	C	D, E	A	B, C
경우 2	D	A, E	C	B, D	E	A, C	B	D, E	A	B, C
경우 3	E	A, D	B	C, E	D	A, B	C	D, E	A	B, C
경우 4	E	A, D	C	B, E	D	A, C	B	D, E	A	B, C

경우 1, 2, 3의 경우 B와 E가 연속으로 청소 담당을 할 수

없다는 조건에 어긋나므로 경우 4와 같이 A−E−C−D−B 순으로 차례가 돌아가는 것을 알 수 있다.

2월은 28일까지 있고, 3월은 31일, 4월은 30일, 5월은 10일까지이므로 2월 10일부터 5월 10일까지는 총 90일이다. 이는 5×18＝90이므로 마지막 순서인 B가 5월 10일 청소 담당이다.

14

|정답| ③

|해설| 사원 C는 심사위원 갑과 병으로부터 각각 1등급, 3등급을 받았다. 또 사원 A는 심사위원 갑으로부터 1등급을 받았고, 을 또는 병으로부터 2등급을 받았다.

여기서 사원 C가 얻을 수 있는 최대의 종합점수는 을로부터 1등급을 받았을 때의 7점이다. 만약 사원 A가 을과 병으로부터 1등급과 2등급을 받거나 2등급을 2번 받으면 종합점수는 8점 또는 7점이 되어 사원 C보다 크거나 같게 된다. 이 경우 사원 C가 가장 높은 점수를 받았다는 조건에 어긋난다.

따라서 사원 A는 을과 병으로부터 2등급과 3등급을 받고, 종합점수는 6점이다. 사원 C는 사원 A보다 점수가 높아야 하므로 을로부터 1등급을 받아야 하며, 종합점수는 7점이다.

사원 B는 1명의 심사위원에게서만 1등급을 받았으므로 을과 병으로부터 2등급 혹은 3등급을 받는데, 사원 C보다는 점수가 낮아야 하므로 3등급을 2번 받거나 2등급과 3등급을 받아야 한다. 따라서 B의 종합점수는 5점 또는 6점이다. 이를 바탕으로 등급을 정리하면 다음과 같다.

(단위 : 등급)

구분	갑	을	병	종합점수
A	1	(2 또는 3)	(2 또는 3)	(6)
B	1	(2 또는 3)	(2 또는 3)	(5 또는 6)
C	1	(1)	3	(7)

따라서 〈보기〉 중 항상 옳은 것은 ㉠과 ㉢이다.

15

|정답| ⑤

|해설| 이직한 세 사람 중 최 과장은 A, B, 김 사원은 C,

박 대리는 B에게만 불만이 있다고 하였다. 따라서 A, C에 대한 불만이 이직에 중요하게 작용한다고 볼 수 없다.

| 오답풀이 |

① 재직 중인 이 대리와 김 부장은 C에게 불만이 없다.

② 대리 이상의 직급인 최 과장, 이 대리, 김 부장, 박 대리는 모두 B에게 불만이 있다.

③ 과장 이상의 직급인 최 과장, 김 부장은 모두 A에게 불만이 있다.

④ 이 대리와 김 부장은 B에게 불만이 있으나 이직하지 않았으므로 B에 대한 불만이 이직에 큰 영향을 미치지 않는다고 볼 수 있다.

16

| 정답 | ④

| 해설 | 제시된 명제를 $p \sim u$로 정리하면 다음과 같다.

p : 대전으로 출장 간다.　q : 부산으로 출장 간다.

r : 광주로 출장 간다.　s : 원주로 출장 간다.

t : 대구로 출장 간다.　u : 제주로 출장 간다.

(가) $p \to q$ (대우 : $\sim q \to \sim p$)

(나) $\sim p \to \sim r$ (대우 : $r \to p$)

(다) $\sim s \to \sim t$ (대우 : $t \to s$)

(라) $\sim s \to \sim p$ (대우 : $p \to s$)

(마) $\sim u \to \sim q$ (대우 : $q \to u$)

따라서 (가)의 대우와 (나), (마)가 참이므로 '제주로 출장 가지 않는 사람은 광주에도 가지 않는다'는 '$\sim u \to \sim q \to \sim p \to \sim r$'이 성립되어 참이다.

| 오답풀이 |

① 제주로 출장을 간다는 전제의 명제가 없으므로 알 수 없다.

② '$\sim q \to \sim p \to \sim r$'인 것은 알 수 있으나 대구에도 가지 않는지는 알 수 없다.

③ '$r \to p \to q \to u$'이거나 '$r \to p \to s$'이지만 대구에도 가는지는 알 수 없다.

⑤ $q \to u$임은 알 수 있으나 원주에도 가는지는 알 수 없다.

17

| 정답 | ①

| 해설 | ㄱ. 제시된 조건의 대우이므로 참이다.

| 오답풀이 |

ㄴ. 명제의 앞, 뒤를 부정한 명제의 이이다. 이는 반드시 참이 되지는 않는다.

ㄷ. '규칙을 잘 지키고 협동 정신이 강하다'는 조건문의 가정인 '규칙을 잘 지키거나 협동정신이 강하다'에 포함된다. 그러므로 '동정심이 강하고 성실하다'가 적절한 추론이다.

18

| 정답 | ⑤

| 해설 | A와 D의 증언이 상충하므로 둘 중 한 명이 거짓말을 하고 있음을 알 수 있다. 따라서 A의 증언이 거짓말일 경우와 D의 증언이 거짓말일 경우로 나누어 생각해 본다.

• A의 증언이 거짓인 경우 : B, C, D의 증언이 참이 된다. 그러나 B의 증언 '원료 분류 작업에서 불량이 나온다'와 D의 증언 '포장 작업에서 불량이 나온다'에 의해 불량의 원인이 되는 작업을 담당한 직원이 2명이 되어 조건에 맞지 않는다. 따라서 A의 증언은 참이다.

• D의 증언이 거짓인 경우 : A, B, C의 증언이 참이 되며 이들의 증언은 서로 상충하지 않는다. 따라서 B의 증언에 따라 불량의 원인이 되는 작업을 담당한 직원은 원료 분류를 담당한 D이며, 거짓 증언을 한 사람도 D이다.

19

| 정답 | ④

| 해설 | A, B, E는 서로 상반된 진술을 하고 있으므로 셋 중 두 명은 거짓을 말하고 있다. 따라서 C와 D는 반드시 참을 말하고 있으므로, D와 같은 내용을 말하는 A의 말도 참이 된다. 따라서 거짓을 말하는 사람은 B와 E이다.

20

|정답| ①

|해설| 〈대화〉에서 한 명이 거짓을 말하고 있다. B와 C는 둘 다 ㉡ 부분에서 오류가 나지 않았다고 말하고 있으므로 둘은 진실을 말하고 있는 것이 되며 A와 D 둘 중 한 명이 거짓말을 하고 있음을 알 수 있다.

• A의 말이 거짓일 경우
  B, C, D의 증언이 진실이 되며 이들의 증언은 서로 상충하지 않는다. A의 증언이 거짓이므로 ㉢ 부분에서는 오류가 발생한 것이 아니게 되고 B, C, D의 증언에 따라 ㉡과 ㉣에도 오류가 발생하지 않았으므로, 오류가 있는 실험은 ㉠이다.

• D의 말이 거짓일 경우
  A, B, C의 증언이 진실이 된다. D의 증언이 거짓임에 따라 ㉣ 부분에 오류가 발생한 것이 되는데, 이 경우 ㉢에서 오류가 있었다는 A의 진술에 의해 오류가 있는 실험이 2개가 되므로 조건에 맞지 않는다. 따라서 D는 거짓말을 하지 않았다.

즉, 거짓을 말한 사람은 A이고 오류가 있는 실험은 ㉠이다.

4회 언어비평 _ 독해

· 문제 222쪽

01	④	02	⑤	03	⑤	04	⑤	05	④
06	②	07	④	08	⑤	09	③	10	④
11	④	12	①	13	③	14	②	15	①
16	④	17	②	18	⑤	19	②	20	④
21	④	22	③	23	①	24	⑤	25	④

01

|정답| ④

|해설| MBTI는 융의 심리유형론을 근거로 캐서린 쿡 브릭스와 이사벨 브릭스 마이어스가 고안한 자기보고서 성격유형 자료이다.

02

|정답| ⑤

|해설| 각 문장의 첫 어절을 먼저 살펴본다. ㉤은 '먼저'라는 부사로 시작하므로 가장 첫 문장으로 배치한다. 또한, ㉢은 '마지막으로'라고 시작하여 내용을 종결한다는 뜻을 드러내므로 마지막 문장으로 배치되어야 적절하다. 나머지 ㉠, ㉡, ㉣은 모두 다큐멘터리 등 교양 프로그램에 대한 내용을 담고 있는데, 이 중 상위 범주의 내용을 전달하는 ㉡을 먼저 배치하는 것이 적절하다. 이어서 ㉠과 ㉣은 세부적인 정보를 제시하고 있으므로 '예컨대'라는 표지로 시작한 다음 '또한'으로 이어지는 것이 자연스럽다. 따라서 ㉤-㉡-㉠-㉣-㉢ 순이 적절하다.

03

|정답| ⑤

|해설| 제시된 글은 개인정보 유출이 자살 사건까지 불러오는 심각한 사회적 문제로 비화되었다고 설명한다. 따라서 이 글에서 필자가 강조하고자 하는 바는 '개인정보 유출 피해의 심각성'이라고 볼 수 있다.

04

|정답| ⑤

|해설| 세 번째 문단에 따르면 이부프로펜은 6 ~ 8시간, 덱시부프로펜은 4 ~ 6시간 간격으로 복용하는 것이 일반적이다.

05

|정답| ④

|해설| 존재 양식의 삶에는 상실의 위험에서 오는 걱정과 불안은 없으나 존재 양식의 삶을 살 때 유일한 위험은 내 자신 속에 있다고 하였다.

|오답풀이|

① 더 많이 소유하려는 욕망 때문에 방어적이게 되고 경직되며 의심이 많아지고 외로워진다고 하였다.

② 소유하고 있는 것은 잃어버릴 수 있기 때문에 필연적으로 가지고 있는 것을 잃어버릴까 봐 항상 걱정하게 된다

고 하였다. 즉, 소유 양식의 삶에는 상실의 위험이 늘 있다고 볼 수 있다.

③ 존재 양식의 삶에서 '나'는 '존재하는 나'이며, 나의 중심은 나 자신 안에 있으며, 나의 존재 능력과 나의 기본적 힘의 발현 능력은 내 성격 구조의 일부로서 나에 근거하고 있다고 하였다. 이를 통하여 볼 때 존재 양식의 삶은 소유 양식의 삶보다 주체성이 있다고 볼 수 있다.

⑤ 존재 양식의 삶에서 쓰는 것은 잃어버리는 것이 아니고 반대로 보관하는 것은 잃어버리는 것이라고 본다.

06

| 정답 | ②

| 해설 | 두 번째 문단에서 '혁명적인 정보통신 발전 → 낮은 가격으로 일반화 → 서비스 일자리 증가'를 위한 규제완화와 경쟁촉진의 필요성에 대해 언급하고 있다.

| 오답풀이 |

① 대부분의 선진국에서는 저숙련 서비스 일자리가 이미 1990년대부터 증가하였지만 이후 증가에 대해서는 알 수 없다.

③ 임금 상승은 최저임금 상승을 수반하였지만 최저임금이 임금 상승의 주요인이라고 볼 수 없다.

④ 최저임금은 서비스 중심 일자리 창출 시대에 근로조건 보호를 위하여 필요한 제도적 장치로 기능한다.

⑤ 청년실업률 상승은 대졸의 실업률 상승에 기인하며 구체적으로 전문·준 전문직 일자리 감소에서 기인한다.

07

| 정답 | ④

| 해설 | (가)의 핵심 내용은 온실가스 감축 수단인 온실가스 배출권 확보이다. (나)는 근로자의 근로 환경 개선을 통한 산업재해를 최소화하고자 하는 회사의 활동을 언급하고 있으므로 재난안전경영의 일환으로 볼 수 있다. (다)는 투자 계획을 구체적으로 언급하고 있으므로 '기술개발 투자'가 소제목으로 적절하다. (라)는 기후변화협약에 대응하기 위한 조직의 정비를 주된 내용으로 하고 있으며 이것은 기후변화에 대응하는 내부의 역량을 강화하는 방안이다.
따라서 소제목의 순서에 따라 재배열하면 (라)-(가)-(다)-(나) 순이 적절하다.

08

| 정답 | ⑤

| 해설 | 제시된 글은 궁극적으로 쾌적하고 매력적인 도시가 되기 위해서 필요한 것들에 대해 설명하고자 한다. 따라서 글의 중심 내용으로 ⑤가 적절하다.

09

| 정답 | ③

| 해설 | (다)는 지역 및 계절별 강수량의 차이를 이야기하는 것이 아니라, 겨울과 여름 계절풍으로 인해 기후적인 특징이 발생한다는 점을 설명하고 있다.

| 오답풀이 |

① 아시아가 세계 최대의 계절풍 지역이라고 설명하면서 아시아 계절풍의 특징에 대해 이야기하고 있다.

② 우리나라의 계절에 따른 풍향이 다르고 방향이 어떻게 바뀌는지 이야기하며 기압배치에 대해 설명하고 있다.

④ 계절풍에 따른 기후현상으로서 우계와 건계의 구분을 설명하고 있다.

⑤ 겨울 계절풍에 대한 설명과 겨울이 되면 차가운 시베리아 기단이 우리나라에 영향을 미친다고 이야기하며 겨울의 대기에 대해 설명하고 있다.

10

| 정답 | ④

| 해설 | 마지막 문단에서 화이트박스 암호도 변조 행위나 역공학에 의한 공격을 받는다면 노출될 가능성이 있다고 명시하고 있다.

11

| 정답 | ④

| 해설 | (가)는 붕당과 당파에 대한 문제를 제기하고 있고, (나)와 (다)는 병렬적 관계로서 각각 굶주림으로 인한 다툼과 길에서 어깨를 부딪쳐 일어나는 싸움을 (가)의 예시로 들고 있다. 마지막으로 (라)는 싸움의 원인을 제거해야 함을 말하며 (나)와 (다)의 문제에 대한 해결방법을 제시하고 있다.

12

|정답| ①

|해설| 제시된 글의 전체적인 내용은 그린잡이 환경보호에도 도움을 주며 일자리 시장이나 경제 산업에도 도움을 주는 직업이라는 것이다. 따라서 ①이 제목과 부제목으로 적절하다.

|오답풀이|

② 제시된 글은 그린잡의 탄생 배경뿐만 아니라 그린잡의 특성에 대한 전반적인 설명을 하고 있다.

③ 그린잡은 환경보호뿐만 아니라 일자리 시장, 경제산업에서의 긍정적인 효과 또한 기대할 수 있는 직업이므로 환경보호를 우선시한다고 보기 어렵다.

④ 제시된 글의 주요 소재인 '그린잡'이 포함되어 있지 않으므로 적절한 제목이라고 볼 수 없다.

⑤ 환경에 대한 새로운 인식은 글의 중심 내용과 관련이 없으므로 적절한 제목이라 볼 수 없다.

13

|정답| ③

|해설| ㉠에서 말하고 있는 자본주의 사회의 놀이가 대개 구경이나 소비의 형태로 이루어지는 이유는 생산자가 놀이 상품을 만들어 놓았기 때문이라고 하였으므로, 이에 해당하는 사례는 생산자인 여행사에서 마련해 놓은 상품을 구입하여 여행한 민지가 된다.

14

|정답| ②

|해설| 첫 번째 문단에서 제3자 효과 이론의 등장 배경을 설명하고, 두 번째 문단에서 제3자 효과 이론의 개념을 정의하고 있다. 따라서 제시된 글의 주제로는 ②가 가장 적절하다.

|오답풀이|

①, ④ 이 글에 서술되어 있지 않다.

③ 제3자 효과 이론은 대중 매체 전반에 관련된 이론이며 유해한 대중 매체에 국한된 이론이 아니다.

15

|정답| ①

|해설| 제시된 글의 내용만으로는 아이디어 보험상품이 국내나 해외에서 판매되는지의 여부를 알 수 없다.

|오답풀이|

② 통계자료가 존재하지 않을 가능성이 크고 손해의 유형 설정에 따라서는 통계학적 관리가 어려울 것이므로 손해의 규모 역시 예측하기 곤란하다.

③ 아이디어 보험상품은 기존 권리보호제도에 의해 보호를 받지 못하는 단계의 아이디어를 보험의 목적으로 한다.

④ 기존 권리보호제도에 의한 보호를 받지 못하는 단계의 아이디어를 보험의 목적으로 하기 때문에 구체적인 합의가 아직 이루어지지 않았다.

⑤ 손해보험은 대수의 법칙과 수지상등의 원칙에 의하여 설계된다.

16

|정답| ④

|해설| 제시된 글의 첫 번째 문단에서 '언제부턴가 우리에게 '집'은 쉼터가 아닌 '자랑거리'가 되어 버렸다고 설명한다. '부동산이 최고의 가치가 되어 버린 지금 시대에 …'라고 언급하고 있을 뿐, 도시의 고택이 역사를 잃어버렸다는 내용은 없다.

17

|정답| ②

|해설| 마지막 문단에서 진정한 연민이란 감성적 연민만을 외치는 사람들에 의해 형성된 벽을 무너뜨리고 연대를 추구하는 것이라고 설명한다.

18

|정답| ⑤

|해설| 제시된 글에서 인체에 유해하다고 한 공정은 금속으로 플라스틱을 도금하는 것이 아니라, 플라스틱으로 금속을 도금하는 것이다.

| 오답풀이 |

① 첫 번째 문단에 전기 도금은 내구성이 뛰어나다는 언급이 있다.

② 두 번째 문단에 도금할 물체를 음극에 연결한다는 내용이 있다. 물론 두 번째 문단은 구리 도금에 대한 설명을 하고 있지만, 구리 도금은 전기 도금의 한 종류에 불과하다. 따라서 다른 전기 도금의 진행 과정도 이와 유사할 것임을 추론할 수 있다.

③ 구리 도금은 금속 도금에 속하므로, 구리가 금속에 해당함을 알 수 있다. 또한 두 번째 문단에 구리가 산화되어 이온이 발생한다는 내용이 있으므로, 이를 통합하면 금속이 산화되어 이온이 발생함을 추론할 수 있다.

④ 세 번째 문단에 다양한 색상에 대한 언급이 있다.

19

| 정답 | ②

| 해설 | 제시된 글의 내용은 사회라는 실체가 인간과 떨어져 존재하는 것처럼 생각되는 경우가 있지만, 인간 이외에 사회의 실체를 구성할 수 있는 것은 없다는 점을 잊어서는 안 된다는 것이다. ㉠은 역접을 의미하는 '하지만'의 다음으로 이어지는 문장이므로 앞 문단의 내용과 상반되는 내용이 들어가야 한다. 따라서 앞 문단의 '사회는 인간과는 별개의 존재다'와 상반되는 내용인 ②가 들어가는 것이 적절하다.

| 오답풀이 |

① ㉠ 뒤에 '사회가 실체로서 존재한다고 했을 때, 사회의 실체라고 믿어지는 조직이나 제도 등도 인간이 만든 것'이라고 말하고 있으므로, 사회가 인간의 생활에 영향을 끼치고 있다는 내용은 글의 주장과 반대된다.

④ 이 글은 변화의 속도에 대해서 이야기하고 있지 않으므로 사회의 실체를 설명하기 위해 속도를 언급하는 것은 적절하지 않다.

20

| 정답 | ④

| 해설 | 인간이 생각하고 말을 할 수 있는 복잡한 생물임에도 가지고 있는 의미 있는 유전자 수는 단순한 동물들의 유전자 수와 크게 다르지 않으며, 심지어 식물이 가진 유전자

보다 그 수가 적다는 것이 확인되었으므로 복잡한 생물일수록 보유 유전자 수가 많다는 내용은 적절하지 않다.

| 오답풀이 |

① 생명공학 기술의 발달로 기존에 15년으로 예상되었던 인간 게놈 프로젝트가 13년 만에 완료되었다.

② 염기서열의 수가 워낙 방대하여 세계 각국의 유전자 센터와 대학 등에서 나누어 실시되었다.

③ 침팬지와 사람의 유전자가 99% 일치함에 따라 침팬지 기원설에도 확신을 얻게 되었다.

⑤ 염기서열이 모두 밝혀지는 것의 단점으로 태아의 염기서열에서 유전병 요인이 발견될 경우 아이를 포기하는 일이 생길 수 있다는 문장에서 추론할 수 있다.

21

| 정답 | ④

| 해설 | 제시된 글에서는 4차 산업혁명으로 인해 나타날 수 있는 다양한 시대의 모습 중에서 가장 핵심적인 모습인 초연결성에 대해 언급하고 있다. 이러한 초연결성이 활성화되는 사회를 초연결사회로 제시하고 있으며, 초연결사회가 되면서 변화하는 직업 세계를 설명하고 있다. 따라서 이 글의 핵심 내용은 '새로운 문화와 가치를 형성하는 초연결사회'라고 할 수 있다.

22

| 정답 | ③

| 해설 | 우선 (나)에서 Z세대의 특징으로 화두를 던지며 글의 중심소재인 '하이퍼텍스트'를 언급한다. 이어 (가)에서는 '하이퍼텍스트'에 대해 정의하며 구체적으로 설명하고 있다. 다음으로 (라)가 이어져 하이퍼텍스트와 일반적인 문서의 차이를 제시하고 있으며, 마지막으로 (다)에서는 하이퍼텍스트가 등장함에 따라 생길 변화에 대해 설명하고 있다. 따라서 (나)-(가)-(라)-(다) 순이 적절하다.

인적성검사

23

|정답| ①

|해설| 제시된 글에서는 사회적 상호작용과 질병 진행 속도 사이의 관계에 대하여 설명하고 있다.

|오답풀이|

② 프랑스 국립과학연구원(CNRS)의 연구 중 하나를 예시로 들었지만 이 연구소의 최신 연구 동향에 대해서는 알 수 없다.

③, ⑤ 사회적 상호작용이 암의 진행 속도에 미치는 영향에 대하여 제시하고 있다. 그러나 암의 발생에 미치는 영향에 대해서는 알 수 없다. 또한 초파리의 사회적 상호작용에서 나타나는 특이점을 주제라고 보기는 어렵다.

④ 초파리의 그룹 선택에 영향을 주는 인자들에 대한 설명들이 언급되어 있으나, 제시된 글의 주제라고 보기는 어렵다.

24

|정답| ⑤

|해설| 갑과 정의 의견을 종합했을 때, 논점은 '신뢰할 만한 사람 A가 신뢰하기 어려운 말 B를 말한 경우'에 있다. 또한 이 경우에 그의 말을 신뢰할 것인지 여부를 판단하는 기준으로 제시한 것은, A가 거짓은 '이따금'씩 말하게 되지만, B는 '지금까지 한 번도 일어나지 않은' 사건이라는 점이다. 결국, '이따금' 발생하는 A의 거짓 확률이 '아직 한 번도 일어나지 않은' B의 발생 확률보다 크기 때문에 더 높은 확률을 신뢰하여 A가 거짓을 말하는 것으로 판단해야 한다는 것이다. 따라서 갑과 정의 의견을 토대로 신뢰할 만한 사람이 기적이 일어났다고 하는 증언을 신뢰할 수 없다.

|오답풀이|

① 갑은 신뢰할 만한 사람의 증언 내용이 거짓일 확률이 그리 낮지는 않다는 주장을 하는 것이며, 거짓일 확률이 더 높다고 말한 것은 아니다. 병 역시 증언을 신뢰할 수 있는 조건을 언급한 것일 뿐, 신뢰할 만한 사람의 증언 내용이 거짓일 확률이 더 높다고 말한 것은 아니다.

② 을의 주장은 전체 논점과 동떨어진 것이며, 신뢰할 만한 사람은 항상 참을 말하는 사람이라는 정의를 주장할 뿐이다.

③ 병은 신뢰할 만한 사람이 거짓을 말할 확률보다 신뢰할 만한 사람의 증언 내용이 거짓일 확률이 더 높을 때 증언을 신뢰할 수 있다고 주장한다. 그러나 정은 사람과 관계없이 증언 내용이 거짓일 확률이 매우 클 때 증언을 신뢰할 수 없다고 주장한다. 따라서 둘의 의견은 대립되는 것을 알 수 있다.

④ 병은 신뢰할 만한 사람이 기적이 일어났다고 하는 증언을 신뢰할 수 있다고 단정하는 것은 아니다.

25

|정답| ④

|해설| (라)는 무조건적으로 비트코인 거래소를 폐쇄하는 등 불확실한 시장을 미리 방어하는 대응에 대한 회의적인 태도를 제시하고 있다. 따라서 (라)의 중심 내용은 '불확실한 시장에 대한 방어 대책의 불확실성'이 적절하다.

| 4회 | 수리비평 | | | |

▶ 문제 246쪽

01	③	02	⑤	03	①	04	③	05	②
06	⑤	07	⑤	08	⑤	09	④	10	③
11	②	12	②	13	②	14	②	15	④
16	④	17	④	18	③	19	④	20	①
21	①	22	④	23	②	24	⑤	25	④

01

|정답| ③

|해설| 마약밀수 단속 금액은 2018년에 620억 원, 2022년에 2,140억 원으로 $\frac{2,140-620}{620} \times 100 ≒ 245.2(\%)$ 증가하여 300% 이상 증가하지 않았다.

56 파트 2 이랜드그룹 (ESAT) 정답과 해설

02

| 정답 | ⑤

| 해설 | 20X1년 상반기 애니메이션 산업 매출액은 전년 동기 대비 $\frac{324,644-311,088}{311,088}\times100≒4.4(\%)$ 증가했다.

| 오답풀이 |

① 20X0년 게임 산업의 매출액은 $7,072,792+6,860,742$ $=13,933,534$(백만 원)으로 13.9조 원 이상이다.

③ 20X0년 콘텐츠 산업 총매출액은 상반기가 $56,370,929$백만 원, 하반기가 $62,739,373$백만 원으로 하반기에 더 높았다.

④ 20X1년 상반기 음악 산업 매출액은 전반기 대비 $\frac{3,586,648-3,065,949}{3,586,648}\times100≒14.5(\%)$ 감소했다.

03

| 정답 | ①

| 해설 | 2018년 화재로 인한 사망자 수는 전년 대비 20% 감소했으므로 $305\times0.8=244$(명), 2019년 화재로 인한 부상자 수는 2018년 대비 20% 증가했으므로 2018년 화재로 인한 부상자 수는 $1,956÷1.2=1,630$(명)이다. 따라서 2018년 인명피해 인원은 $244+1,630=1,874$(명)이다.

04

| 정답 | ③

| 해설 | 노르웨이와 한국을 비교해 보면 한국이 노르웨이보다 아빠전속 육아휴직 기간이 5배 이상 길지만 노르웨이의 소득대체율이 더 높은 것을 알 수 있다. 따라서 육아휴직 기간이 길수록 소득대체율이 높은 것은 아니다.

| 오답풀이 |

① 육아휴직 사용자 중 남성의 비중이 가장 큰 국가는 아이슬란드로 45.6%이고, 가장 작은 국가는 일본으로 2.3%이다. 두 국가의 차이는 $45.6-2.3=43.3(\%p)$이다.

② 아이슬란드 남성의 육아휴직 사용 비중은 45.6%로 가장 높지만 아빠전속 육아휴직 기간은 13주로 일본, 포르투갈, 한국 등에 비해 짧다.

④ 일본의 아빠전속 육아휴직 기간은 52주로 포르투갈의 17.3주보다 3배 이상 길다.

⑤ 아빠전속 육아휴직 기간이 가장 긴 국가는 52주인 일본과 한국이고 가장 짧은 국가는 6주인 핀란드이며, 그 차이는 46주이다.

05

| 정답 | ②

| 해설 | 2021년 4분기 자동차 수입액 2,475억 원의 5배는 $2,475\times5=12,375$(억 원)으로 4분기 수출액 13,310억 원보다 적다. 따라서 2021년 4분기 자동차 수출액은 수입액의 5배 이상이다.

| 오답풀이 |

① 2022년 하반기 자동차 수출액은 $11,467.5+11,247.5$ $=22,715$(억 원)이므로 2조 2천억 원 이상이다.

③ 분기별 수출액과 수입액의 차이가 가장 작은 때는 2022년 4분기로 그 차이는 $11,247.5-3,327.5=7,920$(억 원)이며, 8천억 원 미만을 기록하였다.

④ 자동차의 수입 대수와 수출 대수의 차이가 가장 큰 때는 2021년 1분기이며 수입 대수인 1,586대의 3배는 4,758대로 2021년 1분기의 자동차 수출 대수인 4,657대보다 많다. 따라서 2021년 1분기 자동차 수출 대수는 수입 대수의 3배 미만이다.

⑤ 자동차 수출액이 가장 많았던 분기는 2021년 4분기이고, 자동차 수출 대수가 가장 많았던 분기는 2021년 1분기이다.

06

| 정답 | ⑤

| 해설 | ㉢ 전체 직원 중에서 구강건강이 매우 건강한 직원은 $19,597\times0.0687≒1,346$(명)으로 1,300명 이상이다.

㉣ 구강건강이 매우 건강한 남성 직원은 $10,154\times0.0699$ $≒710$(명), 여성 직원은 $9,443\times0.0674≒636$(명)으로 남성 직원이 더 많다.

| 오답풀이 |

㉠ 구강건강이 보통인 직원의 비율은 20대가 34.69%, 30대가 40.88%, 40대가 46.01%, 50대 이상이 47.93%로, 연령대가 낮을수록 낮다.

ⓛ 근무지별 구강건강이 매우 건강하지 않은 직원의 수는 다음과 같다.
- A 지사 : 8,487×0.0158≒134(명)
- B 지사 : 8,555×0.0103≒88(명)

따라서 B 지사에서 근무하는 직원이 A 지사에서 근무하는 직원보다 더 적다.

07

| 정답 | ⑤

| 해설 | (다) 8월 미국의 총수출 중 한국의 비중은 2.89%, 9월은 2.94%로 증가하였으나, 같은 시기 국별 순위는 7위에서 8위로 떨어졌다.

(라) 한국은 월별 수출액 비중과 국별 순위 모두 미국보다 중국에서 더 높은 수치를 보이고 있다. 따라서 한국에 대한 수출의존도는 미국보다 중국이 더 높다고 볼 수 있다.

| 오답풀이 |

(가) 1, 2, 8, 9, 10월에 3%보다 적은 비중을 보이고 있다.

(나) 2월과 3월 중국의 총수출 중 한국의 비중은 각각 약 5.5%와 약 5.1%를 기록하였다.

08

| 정답 | ⑤

| 해설 | 건당 피해면적은 $\frac{\text{피해면적}}{\text{피해건수}}$ 로 구할 수 있다. 〈자료 1〉을 바탕으로 〈자료 2〉의 빈칸에 들어갈 수치를 구하면 다음과 같다.

- 20X2년 건당 피해면적 : $\frac{297}{282}$ ≒ 1.1
- 20X6년 건당 피해면적 : $\frac{137}{492}$ ≒ 0.3

(단위 : ha, 백만 원)

구분	20X2년	20X3년	20X4년	20X5년
건당 피해면적	(1.1)	3.9	0.4	1.9
피해액	4,451	29,063	2,542	25,020

구분	20X6년	20X7년	20X8년	20X9년
건당 피해면적	(0.3)	0.7	1.0	2.1
피해액	9,285	20,480	15,721	80,150

따라서 건당 피해가 가장 적은 해는 20X6년이다.

| 오답풀이 |

① 20X2 ~ 20X9년을 피해건수가 많은 순서대로 나열하면 20X9년−20X7년−20X6년−20X8년−20X5년−20X2년−20X3년−20X4년 순이고, 피해액이 많은 순서대로 나열하면 20X9년−20X3년−20X5년−20X7년−20X8년−20X6년−20X2년−20X4년 순이다. 따라서 피해건수가 적을수록 피해액이 적은 것은 아니다.

② 20X8년의 피해건수는 391건, 20X9년의 피해건수는 692건이므로 20X9년의 피해건수는 전년 대비 $\frac{692-391}{391}×100$ ≒ 77.0(%) 증가했다.

③ 20X6년의 피해면적은 137ha, 20X4년의 피해면적은 72ha로, 20X6년의 피해면적은 20X4년 피해면적의 $\frac{137}{72}$ ≒ 1.9(배)이다.

④ 20X9년이 피해건수 692건, 피해면적 1,477ha로 조사 기간 중 피해건수가 가장 많고, 피해면적이 가장 크다.

09

| 정답 | ④

| 해설 | 2023년 국가유공자의 1인당 보상금액은 27,570(억 원)÷246(천 명)≒112.07(십만 원)이고 2022년에는 26,967(억 원)÷237(천 명)≒113.78(십만 원)이므로 약 17만 1천 원 감소하였다.

| 오답풀이 |

① 독립유공자, 고엽제후유의증환자 인원수는 변화가 없고 국가유공자는 10천 명이 증가하였지만 참전유공자 인원이 30천 명 감소하여 전체 대상자 인원이 감소하였다고 볼 수 있다.

② 2020년 참전유공자의 1인당 보상금액은 4,550(억 원)÷252(천 명)≒18.06(십만 원)이다. 2020년 고엽제후유의증환자의 1인당 보상금액은 2,209(억 원)÷37(천 명)≒59.70(십만 원)이므로 3배 이상이다.

③ 2022년 보훈 대상자는 전년 대비 527−524=3(천 명) 증가하였고 보상금액은 35,610−34,370=1,240(억 원) 증가하였다.

⑤ 2024년 고엽제후유의증환자의 보상금액은 전년 대비 2,590−2,512=78(억 원) 증가하였다.

10

| 정답 | ③

| 해설 | 8월의 유입인원은 6,720−3,103=3,617(천 명)로 361만 7천 명이다. 9월의 유입인원은 348만 명으로 8월에 비해 13만 7천 명이 줄어들었다.

| 오답풀이 |

① 1분기부터 각 분기별 수송인원은 1,767만 3천 명, 1,913만 1천 명, 1,948만 4천 명, 2,050만 2천 명으로 점차 증가한다.

② 2분기의 유입인원은 987만 명이다.

④ 12월의 수송인원은 3,010+3,900=6,910(천 명)으로 691만 명이다. 유입인원과 수송인원이 가장 많은 달은 모두 12월이다.

⑤ 2월의 승차인원은 5,520−2,817=2,703(천 명)으로 가장 적다. 승차인원이 가장 많은 달은 7월로 316만 4천 명이다. 두 인원의 차는 46만 1천 명이다.

11

| 정답 | ②

| 해설 | 각 가입자가 지급받는 탄소포인트를 정리하면 다음과 같다.

- 가입자 A : 0+2,500+5,000=7,500(포인트)
- 가입자 B : (5,000+0+5,000)×1.1=11,000(포인트)
- 가입자 C : (5,000+1,250+2,500)×1.1=9,625(포인트)
- 가입자 D : (5,000+1,250+0)×1.1=6,875(포인트)

따라서 가장 많이 지급받는 가입자는 B, 가장 적게 지급받는 가입자는 D이다.

12

| 정답 | ②

| 해설 | ㉠ 20X5년 우리나라의 수출액은 604,127.29백만 달러, 수입액은 518,292.67백만 달러이므로, 흑자규모는 604,127.29−518,292.67=85,834.62(백만 달러)이다.

㉣ 20X5년에 기타를 제외한 7개 지역 중 우리나라가 상품수지 적자를 보이고 있는 지역은 수출액보다 수입액이 더 많은 중동, 일본 2개 지역이다.

| 오답풀이 |

㉡ 상품수지 흑자액을 계산하면 다음과 같다.

(단위 : 백만 달러)

구분		20X0년	20X5년
중국	수출	131,577.1÷1.1404 ≒115,378.0	131,577.1
	수입	88,973.7÷0.9367 ≒94,986.3	88,973.7
	흑자액	115,378.0−94,986.3 =20,391.7	131,577.1−88,973.7 =42,603.4
미국	수출	95,485.0÷1.0496 ≒90,972.8	95,485.0
	수입	48,511.9÷0.7726 ≒62,790.4	48,511.9
	흑자액	90,972.8−62,790.4 =28,182.4	95,485.0−48,511.9 =46,973.1

따라서 20X0년에 비해 20X5년 우리나라 상품수지 흑자액은 중국(42,603.4−20,391.7=22,211.7)보다 미국(46,973.1−28,182.4=18,790.7)이 더 적게 증가했다.

㉢ 20X6년에 20X5년의 수출 상위 3개 지역만 수출액이 20%씩 증가한다면 수출 총액은 (143,868.1+131,577.1+95,485.0)×1.2+65,306.5+35,593.0+34,758.3+33,747.3+63,791.99=678,313.33(백만 달러)가 된다.

13

| 정답 | ②

| 해설 | A : 〈자료 1〉을 보면 2023년 조사에서 남자 중 앞으로 결혼할 의향이 없는 1인 가구의 비율은 50대가 20대에 비해 $\dfrac{20.8-15.1}{15.1} \times 100 ≒ 38(\%)$ 많다.

| 오답풀이 |

B : 〈자료1〉을 보면 2022년 조사에서 여자 중 결혼할 의향이 없는 1인 가구의 비율은 연령대가 높아질수록 4.2%→45.1%로 점점 비율이 높아지고 있음을 알 수 있다.

C : 〈자료2〉를 보면 2023년 조사에서 2년 이내에 1인 생활 종료가 예상된다고 응답한 사람의 비율은 16.0%로 전년 대비 17.3−16.0=1.3(%p) 줄어들었다.

D : 〈자료2〉를 보면 10년 이상 1인 생활을 지속할 것이라고 예상하는 사람의 비율은 34.5%→38.0%→44.7%로 갈수록 늘어나고 있다.

14

| 정답 | ②

| 해설 | ⓒ 20X0년 혼인 건수가 15,300건이므로 20X2년 혼인 건수는 15,300×(1−0.025)×(1−0.033)≒14,425(건)이다. 이 중 재혼 건수의 비율이 17.3%이므로, 남성과 여성이 모두 초혼인 건수는 14,425×(1−0.173)≒11,929(건)이다.

ⓒ 20X3년의 재혼 건수가 2,330건이면 혼인 건수는 $\frac{2,330}{16.5}$×100 ≒ 14,121(건)이다.

| 오답풀이 |

㉠ 20X0년 혼인 건수가 15,300건이므로 20X4년 혼인 건수는 15,300×(1−0.025)×(1−0.033)×(1−0.022)×(1−0.047)≒13,445(건)이다.

㉣ 20X0년 혼인 건수가 15,300건이므로 20X1년 혼인 건수는 15,300×(1−0.025)≒14,918(건)이다. 이 중 재혼 건수는 14,918×0.15≒2,238(건)이고, 재혼 건수 중 남성의 재혼 비율이 63%이므로 남성의 재혼 건수는 2,238×0.63≒1,410(건)이다.

15

| 정답 | ④

| 해설 | 연도별 전체 임직원 중 사원이 차지하는 비율을 구해보면,

• 20X7년 전체 임직원 중 사원 비율 :
$\frac{12,365}{15,247}$×100 ≒ 81.10(%)

• 20X8년 전체 임직원 중 사원 비율 :
$\frac{14,800}{17,998}$×100 ≒ 82.23(%)

• 20X9년 전체 임직원 중 사원 비율 :
$\frac{15,504}{18,857}$×100 ≒ 82.22(%)

따라서 전체 임직원 중 사원이 차지하는 비율이 매년 증가하지 않았다.

| 오답풀이 |

① 20X9년 임직원의 수가 전년 대비 증가한 국적은 한국을 제외한 중국, 일본, 대만, 기타로, 각 국적별로 중국 국적은 1,105명, 일본 국적은 396명, 대만 국적은 447명, 기타 국적은 38명이 증가하였다. 따라서 중국 국적의 임직원이 가장 많이 증가하였으며, 이는 다른 국적의 임직원 수가 증가한 합인 396+447+38=881(명)보다 더 크다.

② 20X8년 비정규직 임직원이 차지하는 비율은 전체 직원의 $\frac{1,991}{17,998}$×100 ≒ 11.06%였고, 20X9년 비정규직 임직원이 차지하는 비율은 $\frac{1,516}{18,857}$×≒8.04%로 약 3%p 감소하였다.

③ 20X7년 대비 20X9년 연령별 임직원 수의 증가율을 구하면,

• 30대 이하 : $\frac{10,947−8,914}{8,914}$×100 ≒ 22.81(%)

• 40대 : $\frac{6,210−5,181}{5,181}$×100 ≒ 19.86(%)

• 50대 이상 : $\frac{1,700−1,152}{1,152}$×100 ≒ 47.57(%)

따라서 20X7년 대비 20X9년 연령별 임직원 수 증가율이 가장 높은 연령대는 50대 이상이다.

⑤ • 20X8년 40대 이상 임직원 비율 :
$\frac{7,113+1,952}{17,998}$×100 ≒ 50.37(%)

• 20X9년 40대 이상 임직원 비율 :
$\frac{6,210+1,700}{18,857}$×100 ≒ 41.95(%)

따라서 20X8년과 20X9년의 40대 이상 임직원 비율은 약 8.42%p 차이가 난다.

16

|정답| ④

|해설| ⓒ 2025년의 수입금액을 x억 달러라 하면, $\dfrac{x-4,257}{4,257} \times 100 = 14.6(\%)$, x는 약 4,878억 달러가 된다.

ⓜ 2024년 전체 무역금액인 $4,674+4,257=8,931$(억 달러)에서 수출금액의 비율을 구하면 $\dfrac{4,674}{8,931} \times 100 ≒ 52.4(\%)$를 차지한다.

|오답풀이|

ⓐ • 2022 ~ 2024년의 평균 수출액 :

$\dfrac{4,220+3,635+4,674}{3} ≒ 4,176$(억 달러)

• 2022 ~ 2024년의 평균 수입액 :

$\dfrac{4,353+3,231+4,257}{3} = 3,947$(억 달러)

따라서 평균 무역금액은 $\dfrac{4,176+3,947}{2} = 4,061.5$, 약 4,062억 달러이다.

ⓑ 수출과 수입의 격차를 보려면 무역수지(수출－수입)를 보면 된다. 무역수지가 417로 가장 높은 2024년이 수출과 수입의 차이가 가장 크다.

ⓔ 무역수지가 적자였던 해는 2022년도이다.

17

|정답| ④

|해설| 2024년 전체 수출액은 4,674억 달러로, 그중 자동차가 39.3%를 차지한다고 하면 $4,674 \times \dfrac{39.3}{100} = 1,836.882$, 즉, 자동차의 수출금액은 약 1,836억 달러이다.

18

|정답| ③

|해설| 경상도, 경기도, 전라도, 충청도, 서울, 강원도, 제주도 순으로 전체 학교 개수와 대학교 개수가 많다.

|오답풀이|

① 각 지역별로 고등학교 졸업생 수가 모두 다르므로, 주어진 자료만으로는 전국 고등학교 졸업생의 대학진학률

평균을 알 수 없다.

② 대학교 개수가 가장 많은 지역은 경상도, 경기도, 전라도의 순서인데, 대학진학률이 가장 높은 지역의 순서는 해마다 다르므로 이 둘이 서로 밀접한 관련이 있다고 볼 수 없다.

④ 20X6년 대비 20X9년의 대학진학률 감소폭은 다음과 같다.

• 서울 : $65.6-62.8=2.8(\%p)$

• 경기도 : $81.1-74.7=6.4(\%p)$

• 강원도 : $92.9-84.2=8.7(\%p)$

• 충청도 : $88.2-80.1=8.1(\%p)$

• 전라도 : $91.3-81.9=9.4(\%p)$

• 경상도 : $91.8-83.8=8(\%p)$

• 제주도 : $92.6-87.6=5(\%p)$

따라서 가장 작은 감소폭을 보인 지역은 서울이다.

⑤ 전라도의 20X8년 대학진학률은 86.9%, 20X7년 대학진학률은 88.1%이다.

따라서 $88.1-86.9=1.2\%p$ 감소했다.

19

|정답| ④

|해설| • 2024년 발효유 소비량의 증가율 :

$\dfrac{551,595-516,687}{516,687} \times 100 ≒ 6.76(\%)$

• 2024년 발효유 생산량의 증가율 :

$\dfrac{557,639-522,005}{522,005} \times 100 ≒ 6.83(\%)$

따라서 2024년 발효유 소비량의 증가율은 생산량의 증가율보다 낮다.

|오답풀이|

① 2024년의 연유 생산량은 전년 대비 $4,214-2,620=1,594$(톤) 증가하였고, 연유 소비량은 전년 대비 $1,728-1,611=117$(톤) 증가하였다. 따라서 연유 생산량이 더 많이 증가하였다.

② 2년간 치즈의 소비량은 $99,520+99,243=198,763$(톤)이고 생산량은 $24,708+22,522=47,230$(톤)으로, 소비량이 생산량보다 약 $\dfrac{198,763}{47,230} ≒ 4.2$(배) 많았다.

③ 2024년 유제품별 생산량은 높은 순서대로 발효유-치즈-연유-버터이고, 2023년 유제품별 생산량도 발효유-치즈-연유-버터로 순서가 같다.

⑤ 2023년 생산량 대비 소비량을 구하면 다음과 같다.

• 연유 : $\frac{1,611}{2,620} ≒ 0.61(배)$

• 버터 : $\frac{9,800}{1,152} ≒ 8.51(배)$

• 치즈 : $\frac{99,520}{24,708} ≒ 4.03(배)$

• 발효유 : $\frac{516,687}{522,005} ≒ 0.99(배)$

따라서 2023년에 소비량이 생산량에 비해 가장 많은 유제품은 버터이다.

20

| 정답 | ①

| 해설 | 국내 임금 근로자 대비 비정규직 근로자가 차지하는 비중은 '$\frac{비정규직\ 근로자}{임금\ 근로자} \times 100$'으로 계산한다.

• 20X3년 : $\frac{4,092}{18,240} \times 100 ≒ 22.4(\%)$

• 20X4년 : $\frac{4,065}{18,776} \times 100 ≒ 21.6(\%)$

• 20X5년 : $\frac{4,302}{19,312} \times 100 ≒ 22.3(\%)$

• 20X6년 : $\frac{4,293}{19,627} \times 100 ≒ 21.9(\%)$

• 20X7년 : $\frac{4,106}{19,883} \times 100 ≒ 20.7(\%)$

따라서 20X3년이 국내 임금 근로자 대비 비정규직 근로자가 차지하는 비중이 가장 높다.

21

| 정답 | ①

| 해설 | 1985년 대비 2020년 기대수명의 변화율을 구하면 다음과 같다.

• 한국 : $\frac{82.06 - 66.15}{66.15} \times 100 ≒ 24.1(\%)$

• 중국 : $\frac{75.7 - 65.5}{65.5} \times 100 ≒ 15.6(\%)$

• 미국 : $\frac{78.9 - 73.3}{73.3} \times 100 ≒ 7.6(\%)$

• 영국 : $\frac{81.0 - 73.0}{73.0} \times 100 ≒ 11.0(\%)$

• 독일 : $\frac{80.4 - 72.3}{72.3} \times 100 ≒ 11.2(\%)$

• 프랑스 : $\frac{81.9 - 73.5}{73.5} \times 100 ≒ 11.4(\%)$

• 호주 : $\frac{82.3 - 73.6}{73.6} \times 100 ≒ 11.8(\%)$

• 스페인 : $\frac{82.5 - 74.4}{74.4} \times 100 ≒ 10.9(\%)$

• 스위스 : $\frac{82.7 - 75.2}{75.2} \times 100 ≒ 10.0(\%)$

• 이탈리아 : $\frac{82.3 - 73.5}{73.5} \times 100 ≒ 12.0(\%)$

• 일본 : $\frac{83.3 - 75.4}{75.4} \times 100 ≒ 10.5(\%)$

따라서 1985년 대비 2020년 기대수명의 변화가 가장 큰 국가는 한국, 가장 작은 국가는 미국이다.

22

| 정답 | ④

| 해설 | 대출 A의 금리는 4%대, 가계대출의 금리는 7%대를 계속 유지하면서 매년 2%p 이상의 차이를 계속 유지한다.

| 오답풀이 |

① 대출 A의 상반기 공급액은 2021년에 처음으로 연간 목표액의 50%를 초과했으나, 제시된 자료만으로는 2021년 하반기를 포함한 대출 A의 연간 공급액을 알 수는 없다.

② 2015년 대출 A의 연간 목표액은 20,000천만 원을 초과하고, 2023년 대출 A의 상반기 공급액은 20,000천만 원 미만을 기록하였다.

③ 2018년 대출 A의 연 목표액은 약 30,000천만 원이며, 2018년 대출 A의 금리가 5% 미만이므로 2018년 대출 A의 연 목표 대출이자수익은 $30,000 \times 0.05 = 1,500$(천만 원) 미만이었다.

⑤ 70천만 원을 대출했을 때 채무자가 부담해야 하는 이자지출이 2.8천만 원이 되기 위해서는 금리가 4%이어야 한다. 2019년 대출 A의 금리는 4%대, 가계대출의 금리는 7%대이므로 두 상품의 금리 차이는 4%p 미만이다. 따라서 대출 A 대신 가계대출을 선택했을 때 채무자가 부담해야 했던 이자지출의 차이는 2.8천만 원 미만이다.

23

| 정답 | ②

| 해설 | ㉠ 15세 미만 총인구는 6,682,752명으로 55세 이상 총인구보다 적다.

㉢ 55 ~ 59세의 연령에서는 여성의 비율이 높다.

| 오답풀이 |

㉡ 20대의 성비는 $\dfrac{3,688,338}{3,237,109} \times 100 \fallingdotseq 114.0$으로 가장 높다.

㉢ 100세 이상 연령의 성비는 $\dfrac{565}{3,378} \times 100 \fallingdotseq 16.7$로 가장 낮다.

㉣ 남성과 여성의 40대 인구수는 각각 4,356,370명, 4,213,635명으로 다른 연령대보다 많다.

24

| 정답 | ⑤

| 해설 | 가구원 수가 증가할수록 1인당 에너지 사용량은 대체적으로 감소하므로 1인 가구의 증가는 전체 에너지 사용량 증가로 이어질 것이다.

| 오답풀이 |

① 5인 이상 가구의 가스 사용량은 1인 가구의 가스 사용량의 $\dfrac{5,629}{3,797} \fallingdotseq 1.5$(배)이다.

② 5인 이상 가구의 전기 사용량은 1인 가구의 전기 사용량의 $\dfrac{8,175}{6,117} \fallingdotseq 1.3$(배)이다.

③ 가구원 1인당 전기 사용량과 탄소배출량을 구하면 다음과 같다.

• 가구원 1인당 전기 사용량
  – 1인 가구 : 6,117Mcal
  – 5인 이상 가구 : $\dfrac{8,175}{5} = 1,635$(Mcal) 이하(5인일 때가 1,635Mcal이므로 5인 이상이면 1,635Mcal 이하이다)

따라서 $\dfrac{6,117}{1,635} \fallingdotseq 3.7$(배) 이상이다.

• 가구원 1인당 탄소배출량
  – 1인 가구 : 1,943kg-CO_2
  – 5인 이상 가구 : $\dfrac{2,669}{5} = 533.8$(kg-CO_2) 이하(5인일 때가 533.8kg-CO_2이므로 5인 이상이면 533.8kg-CO_2 이하이다)

따라서 $\dfrac{1,943}{533.8} \fallingdotseq 3.6$(배) 이상이다.

④ 5인 이상 가구의 수도 사용량은 1인 가구의 수도 사용량의 $\dfrac{219}{95} \fallingdotseq 2.3$(배), 5인 이상 가구의 지역난방 사용량은 1인 가구의 지역난방 사용량의 $\dfrac{1,523}{515} \fallingdotseq 3.0$(배)이다.

25

| 정답 | ④

| 해설 | 단위 표시, 범례나 축 값, 그래프 종류 선정 등에서 모두 적절하다.

| 오답풀이 |

① 우측 65세 이상 인구의 단위는 천 명이 되어야 한다.

② 범례의 설명 중 좌측과 우측이 바뀌었다.

③ 원그래프는 구성비율을 나타내기에 적절한 그래프이다.

⑤ 그래프에서 두 개의 추이선의 교차하는 것은 의미가 없으며 지속적인 상승을 보여주는 것이 바람직하므로, 이런 경우에는 좌측 축 값의 범위를 더 넓게 설정하여 ④와 같이 교차하지 않으면서 두 추이선 모두 상승함을 표현하는 것이 적절하다.

Memo

미래를 창조하기에 꿈만큼 좋은 것은 없다.
오늘의 유토피아가 내일 현실이 될 수 있다.

There is nothing like dream to create the future.
Utopia today, flesh and blood tomorrow.

빅토르 위고 Victor Hugo

이랜드그룹
ESAT
최신기출유형

기초인재검사
직무적성검사
상황판단검사
인재유형검사

2025
고시넷
대기업

이랜드그룹
인적성검사
최신 기출유형 모의고사